MICHEL-MARIE ZANOTTI-SORKINE

Après une carrière artistique d'auteur-compositeur-interprète à Paris, Michel-Marie Zanotti-Sorkine a été ordonné prêtre à l'âge de quarante ans. S'il continue de créer des chansons, il est aussi l'auteur de plusieurs livres. *La Passion de l'amour* (2008) et *Homme et prêtre* (2012) ont parus chez Ad Solem. Il a publié des ouvrages aux éditions Robert Laffont : *Au diable la tiédeur* (2012) et *Le Passeur de Dieu* (2014). Il est également l'auteur, aux éditions du Rocher, de *L'Amour : une affaire sacrée, une sacrée affaire* (2014). Ses prédications sont écoutées dans plus de vingt pays sur le site Internet qui lui est consacré. Son dernier ouvrage, *Un coeur de feu*, a paru en 2015 aux éditions Artège.

Retrouvez toute l'actualité de l'auteur sur :
http://www.delamoureneclats.fr

DU MÊME AUTEUR
CHEZ POCKET

AU DIABLE LA TIÉDEUR
HOMME ET PRÊTRE

HOMI

MICHEL-MARIE ZANOTTI-SORKINE

HOMME ET PRÊTRE

*Tourments, lumières
et confidences*

Entretien avec Jean-Robert CAIN

AD SOLEM

© 2012, Éditions Ad Solem
ISBN : 978-2-266-24229-5

À saint Jean-Baptiste,
mon cousin par alliance.

Certaines choses de votre vie peuvent ne pas être comprises par les hommes. À cause de cela, ne cherchez pas à être compris par eux à tout prix : cela pourrait vous induire à de déplorables abandons. Soyez seulement vous-même.

S. S. Paul VI

Me décider à aller au bout de ce que je pense et à parler comme je pense ; alors commencera la vie véritable avec ses épreuves et sa fécondité.

Cardinal Jean Daniélou

Chapitre premier

À L'AUBE DE DIEU

JEAN-ROBERT CAIN – *Mon Père, bien que ces derniers temps vous ayez accordé quelques articles à la presse, vous demeurez extrêmement discret sur votre personne, sur les livres que vous publiez, sur le ministère sacerdotal que vous accomplissez à Marseille dans la paroisse Saint-Vincent-de-Paul « Les Réformés », qui connaît depuis votre arrivée, disons-le, une renaissance spectaculaire. N'en déplaise à votre discrétion coutumière, votre église fait le plein, un site internet qui vous est consacré diffuse vos homélies qui sont attendues comme le Messie, et votre bureau où vous recevez chaque soir ne désemplit pas. Comme il était prévisible, les critiques, les incompréhensions, les jugements, mais aussi les questionnements sur votre personne et sur votre action, sont aussi au rendez-vous de votre vie. Toutefois, la caravane passe. Aujourd'hui, sous l'insistance, car nous avons longuement tambouriné à la porte de votre cœur, vous avez accepté de vous livrer davantage. Enfin, pour notre joie, vous lâchez prise. Comment expliquez-vous ce revirement ?*

MICHEL-MARIE ZANOTTI-SORKINE – Cher Jean-Robert, bien que vous ne soyez pas un ange, je vous répondrai

que depuis le jour où la Vierge a prononcé un « oui »
déterminant pour l'histoire de l'humanité jusqu'à pro-
voquer la conception du Fils de Dieu dans sa chair, je
n'aime pas dire « non », du moins en m'obstinant. Et
puis, au fond, je me décide à le penser : chaque parcours humain, aussi modeste soit-il, reçoit le pouvoir
de déposer en d'autres vies quelques lumières. Je veux
le croire, et par conséquent, je me rends, d'autant plus
qu'il appartient à la nature du sacerdoce de vouloir jeter
les filets le plus loin possible.

JRC – *Commençons donc par le commencement.*

MMZS – Très bien, je suis à vous, mais nous sommes
bien d'accord, c'est à votre esprit et à votre cœur que je
réponds et non à votre curiosité.

JRC – *Cher père Michel-Marie, je sens que notre
entretien ne va pas manquer de sel ! Vous êtes né à Nice
le 8 janvier 1959.*

MMZS – Oui, le jour même où le général de Gaulle
accéda à la présidence de la République et constitua son
gouvernement. Si je vous raconte cela, c'est parce que
mes parents, de loin en loin, se plaisaient à me répéter
qu'ils avaient choisi de me donner pour prénom *Michel*,
en raison de Michel Debré, devenu ce jour-là Premier
ministre. Je veux bien les croire. Quoi qu'il en soit, j'ai
hérité d'un prénom magnifique qui, malheureusement,
je le déplore, n'est plus donné aujourd'hui. Sur les centaines de baptêmes que j'ai administrés, je ne crois pas
avoir baptisé un seul Michel. Que faire ? On préfère à
ce soldat, patron des anges et des archanges, pourtant
archi-puissant contre le mal, des noms d'oiseaux, de

voitures et même de stars. Quelle dégringolade ! Quant à Pierre, Jacques et Jean, tout ce beau monde est passé aux oubliettes… et Robert, j'en suis désolé – cher Jean-Robert –, n'en parlons plus !

JRC – *Considérez-vous vraiment que le choix du prénom est important ?*

MMZS – Essentiel. Celui-ci doit être choisi de manière à ce qu'il participe à l'intégration parfaite de la personne. Si le prénom est bizarre ou compliqué, assez rapidement l'enfant en souffrira et parfois cela pourra durer toute une vie. De plus, comme je le constate, souvent les parents doivent répéter cent fois le prénom de leur enfant pour arriver à le faire *passer* dans la mémoire du grand-père, de la grand-mère, des amis, et tout cela parce que l'on a voulu faire *original*. Dommage pour l'enfant. Et puis, surtout, je crois dur comme fer à la protection du saint dont nous portons le nom !

JRC – *Le vôtre vous protège donc depuis plus de cinquante ans ?*

MMZS – Oh, que vous faites bien de me rappeler que j'ai déjà plus d'un demi-siècle ! C'est tellement nécessaire d'avoir à l'esprit son âge et de vivre à l'heure exacte de son horloge. Qui sur ce point triche se prépare de mauvais jours. Vous savez, les années sont bien faites, chacune a sa grâce, même celles qui dévalent en direction de la limite. Sincèrement, je crois que nous avons tout à gagner en aimant notre âge, même si *apparemment* – et l'adverbe est on ne peut plus juste – le corps et plus encore le visage glissent vers le bas. J'avoue que de temps en temps, ultime coquetterie, quand on me demande mon âge, je réponds comme Sacha Guitry : « J'ai un peu plus de quarante-dix ans » ; tout cela, je ne me fais pas d'illusion, pour rester encore un peu dans la dizaine qui précède. Et puis, zut ! on est jeune tant que l'on garde ses raisons d'agir.

JRC – *Vous avez donc passé votre « première » jeunesse à Nice ?*

MMZS – Oui, jusqu'à l'âge de vingt et un ans.

JRC – *Vous êtes attaché à cette ville ?*

MMZS – Je ne cherche à m'attacher qu'au Christ et aux personnes. Le reste est toujours décevant. Peut-être Paris, et encore le Paris que j'ai connu, saturé de romantisme, de musique, de chansons, de liberté et de désir d'aimer, des quais de Seine au jardin du Luxembourg, constitue une forme d'âme qui me retient. Encore que… Nice a son charme avec son architecture Belle Époque, ses façades italiennes aux tons incarnats et ocrés. Mais tout cela dans ma mémoire est si loin…

JRC – *Et de vos parents, quels souvenirs gardez-vous ?*

MMZS – À vrai dire, c'est l'actualité de leur présence qui m'intéresse. Désormais, morts tous les deux, je les imagine plus vivants que moi et surtout dotés d'une liberté incroyable dans cet univers surnaturel qui nous dépasse et nous attend. Rarement, je vous l'avoue, je retourne vers l'enfance pour les retrouver.

JRC – *Pour nous, peut-être, aujourd'hui, ferez-vous ce retour ?*

MMZS – Si vous y tenez, mais sans m'attarder, car je ne voudrais pas blesser par une évocation trop longue ceux qui n'ont pas eu la grâce de voir l'amour se vivre entre leurs parents. Je le dis sans détour : ce fut ma chance. Mon père et ma mère se sont aimés dans une communion de cœur et de pensée inouïe qui leur a valu – je vous demande de me croire sur parole – de ne jamais connaître le moindre désaccord ou la moindre dispute. Cette situation avait d'ailleurs le don de susciter de nombreux commentaires dans la famille élargie, les uns ou les autres assurant qu'il n'était pas possible qu'un tel état de choses existât. Et pourtant, les faits sont là. Je revois mes parents, en quelque lieu où il se trouvaient, tendus l'un vers l'autre, dans une complicité qui m'échappait totalement mais qui me rendait heureux.

JRC – *Deux êtres en profonde communion...*

MMZS – C'est à vrai dire le minimum à rejoindre pour que la vie puisse être supportable. Je sais bien qu'aujourd'hui, il est de bon ton de considérer les différences entre les êtres comme une richesse et de jeter au panier les ressemblances qui, selon certains, de plus en plus nombreux, aplatiraient le lien en lui enlevant tout mordant. Permettez-moi de ne pas partager ce point de vue.

JRC – *Vous voulez dire que les êtres doivent, pour que l'amour soit possible, être semblables ?*

MMZS – Je dis qu'ils doivent être en parenté sur l'essentiel et, en âmes sœurs, partager la même conception de la vie, car l'amour est communion, je le redis. Avant le grand voyage, c'est-à-dire avant d'acheter le Frigidaire et de vivre ensemble, même si l'on frissonne de la tête aux pieds sous les caresses et les baisers, et surtout s'il en était ainsi, il faut vérifier les aspirations de chacun, et voir si elles *collent* entre elles. Encore une fois, c'est le minimum.

JRC – *Sans doute reparlerons-nous plus loin du mystère de l'amour…*

MMZS – Très volontiers. C'est là toute la vie du prêtre.

JRC – *Revenons à votre enfance. J'ai su par une indiscrétion que vous étiez né avec deux dents, est-ce vrai ?*

MMZS – Eh bien, dites donc, vous en savez des choses ! C'est exact. Deux incisives m'ont valu un petit tour dans la maternité sous les yeux effarés, m'a-t-on dit, du personnel médical, et ont surtout contraint ma pauvre mère, après quelques essais coupants, à ne pas m'allaiter. Vous savez que dans les récits hagiographiques, souvent l'on croise des saints qui, paraît-il, par vertu, ont refusé de prendre le sein maternel, eh bien, pour moi, c'est plutôt mal parti : il m'a été refusé. Comme vous le voyez, rien d'exceptionnel dans mon destin !

JRC – *Laissons faire le temps, nous verrons. Pour l'heure, vous êtes enveloppé de l'amour de vos parents…*

MMZS – Et de mes grands-parents maternels (du côté de mon père, ils n'étaient déjà plus de ce monde) que j'ai beaucoup aimés et qui ont marqué profondément mon adolescence. Pensez que durant treize ans, tous les dimanches, sans exception aucune, nous les avons retrouvés pour une grande et belle journée familiale où, là encore, la qualité battait son plein.

JRC – *Décrivez-nous un peu cette atmosphère dominicale...*

MMZS – Rien de bien original, et pourtant, tout cela m'est si précieux. Tandis que les femmes de la maison, c'est-à-dire ma grand-mère, ma mère, et parfois ma tante, étaient en cuisine comme je suis en religion, les hommes, tous tirés à quatre épingles, devisaient, en attendant la sacro-sainte liturgie du déjeuner. Quant à mon frère et moi, chemise blanche, cravate à élastique ou nœud papillon, nous guettions à peu près sagement que sonne, à la pendule de l'entrée, l'heure fatidique. Une table magnifiquement dressée nous attendait... et là, c'était l'extase, je n'exagère pas, devant les plats qui arrivaient, plus recherchés les uns que les autres. Il faut ici que je vous dise que ma mère avait été reçue première sur mille candidates à un concours national de cuisine, et ça se voyait !

JRC – *Ou plutôt ça se goûtait !*

MMZS – Oui, vous avez raison. Notamment quelques plats d'origine russe qui – c'était signé d'avance – rempliraient de larmes les yeux de mon grand-père au souvenir de ses années de jeunesse en sa terre natale. Au cours de ce déjeuner dominical, à plusieurs reprises, on me rappelait au silence avec l'obligation de garder mes poings fermés en bord de table, car j'étais de tempérament plutôt joyeux et volubile ; et puis, que voulez-vous, en ces temps révolus, les enfants ne devaient pas interférer dans les discussions. Malgré ce régime, le bonheur d'appartenir à cette famille quelque peu à cheval sur les principes n'en était pas pour autant compromis. Je me souviens que le déjeuner s'achevait en début d'après-midi dans un climat serein, sous un nuage de cigarettes américaines, survolant un fond de chartreuse ou de Cointreau servis aux adultes dans de minuscules verres en cristal qui ravissaient mon imaginaire. Puis mon grand-père se retirait dans sa chambre pour un moment de repos, où là, allongé, il lisait quelques pages d'Anatole France en riant parfois à gorge déployée, ce qui m'intriguait beaucoup. Depuis, j'ai essayé de lire dans la même direction, *Le Puits de sainte Claire*, *Monsieur Bergeret* et compagnie, mais rien à faire, je ne ris pas. Au fond, peut-être l'esprit d'enfance était-il plus à l'œuvre en cet homme de quatre-vingt-huit ans façonné par sa propre expérience de vie et la lecture d'émotions simples et de sentiments vrais que dans mon propre cœur exposé à la chienlit des images !

JRC – *Vous voulez dire que l'homme perdrait en sensibilité sous le coup des images ?*

MMZS – C'est notre propre vie intérieure qui compte et non celles que l'on nous sert sous l'enchaînement effréné de fictions cinématographiques ou publicitaires qui, au fond, nous violentent. Sous cette avalanche, l'esprit humain n'a plus le temps de se retourner sur lui-même pour mesurer ce qu'il ressent et pour entrer dans l'univers de l'émotion réfléchie. La profusion d'images est écrasante, et il est difficile de résister à cette intrusion massive et, avouons-le, subjuguante. De nos écrans, seul l'œil reçoit, consomme, et sans attendre, se pose ailleurs. On ne goûte plus, on ne savoure plus, on avale – et sans vomir, ce qui est peut-être le pire. Et c'est pourquoi je crois que rien ne vaut les caractères qui défilent sur la page écrite pour vous permettre de marcher à votre allure, de retourner en arrière si cela vous chante, de trouver l'erreur éventuelle ou la grâce à retenir, donnant à la résonance de l'esprit toutes ses chances.

JRC – *Le film a pourtant ses lettres de noblesse...*

MMZS – Certes, la pellicule a ses chefs-d'œuvre, mais laissez-moi tout de même penser que les images à répétition produisent de grands blasés qui, je le crains, en raison de leur rumination cathodique, ne songeront plus à la construction de leur propre monde intérieur, ni peut-être même à apporter leur contribution à l'œuvre créatrice, ce qui est encore plus grave, car il faut un vide, un trou dans l'âme, un silence, pour y glisser une œuvre nouvelle.

JRC – *Ces propos nous ont fait quitter votre enfance...*

MMZS – Qu'est-ce que je vous avais dit ?

JRC – *Revenons-y !*

MMZS – Au cœur de l'après-midi du dimanche, nous nous rendions tous ensemble, selon un protocole immuable, au jardin public, où sans activité particulière, après avoir payé la chaisière, nous restions assis près de nos parents, toujours cravatés et les chaussures, grand Dieu, bien cirées. Petit-fils de bottier et de marchand de chaussures, il fallait donner l'exemple ! De temps en temps, les parents nous lançaient : « Allez jusqu'au bassin ! » Obéissants, avec mon frère Guy, nous allions durant quelques minutes au pied du bassin voir flotter et surtout chavirer quelques malheureux bateaux sous des jets d'eaux sortant des orteils des *Trois Grâces* en tenue d'Ève sculptées par je ne sais qui. Qu'importe, elles nous laissaient de marbre ! Puis nous nous rendions au kiosque à musique où l'harmonie municipale se risquait à l'interprétation de pièces musicales quelquefois de haute volée sous les yeux plissés de vieillards heureux, de visons à l'odeur de poudre de riz, que nous devions d'ailleurs saluer à la demande de nos parents avec beaucoup d'égards. Voilà pour nos après-midis où les générations en se mélangeant ne semblaient plus en être.

JRC – *Il vous semble qu'aujourd'hui le mélange est moins assuré ?*

MMZS – C'est le moins que l'on puisse dire. Aujourd'hui, les âges constituent de véritables frontières, notamment parce que les goûts nous séparent. Et en particulier sur le plan musical qui revêt une importance considérable dans la vie sociale. À quelques exceptions près d'enfants éduqués dans l'écoute des grandes œuvres ou même de bons chanteurs dominant leur art par une réelle technique vocale, par la qualité interprétative, par l'offrande de textes intelligents, la majorité des jeunes, écouteurs sur les oreilles, ne fait pas exprès d'aimer ce qu'elle appelle *musique* et qui dans la plupart des cas n'est que *bruit* impossible à intégrer pour les générations précédentes. Là, il y a bien rupture en un domaine qui crée des atmosphères sociales souvent insupportables tant elles accueillent la dissonance. C'est là, il me semble, un univers plus déterminant que le monde des idées, j'en suis convaincu. Dans ce domaine, les conséquences sont graves. Sans compter que toute la société s'aligne sur cette musique de dingues, audible sur pratiquement toutes les radios, dans tous les grands magasins, et jusque sur les quais de métro. La rythmique est venue prendre la place de la mélodie, assiéger nos rues, nos maisons, nos esprits, cisaillant les générations entre elles.

JRC – *Que pouvons-nous faire ?*

MMZS – Mesurer la gravité de cette rupture qui s'opère non seulement dans l'ordre du goût, mais, plus profondément encore, dans l'ordre de la perception humaine qui se modifie, qui s'abîme, oui, qui s'abîme, perdant en qualité émotionnelle, en harmonie intérieure, en délicatesse. Et qui détruit aussi, permettez-moi d'insister, le tissu social, affectant nos lieux publics d'une atmosphère saturée de bruit et de désordre. Quand, au feu rouge, vous entendez résonner dans la voiture d'à côté, toutes vitres fermées (et encore, si elles sont fermées, ce n'est déjà pas si mal pour les autres !), le rythme tribal des basses, écrabouillant la tête du conducteur qui se secoue en mesure, c'est à gémir sur l'avenir de l'homme cadencé qui, de cette manière, j'en suis sûr, se blesse, et se prépare à emprunter un jour ou l'autre des chemins de non-maîtrise et donc de violence.

JRC – *Est-ce que nous ne pourrions pas aussi reconnaître que chaque époque a ses préférences et qu'il est donc normal qu'apparaisse cette diversité de goûts ?*

MMZS – Très bien, *diversité*. Plaidons donc pour la diversité ! À quand les *Scènes de la forêt* de Schumann ou les *Danses hongroises* de Brahms aux enceintes des grandes surfaces ? Que la musique en toutes ses facettes retrouve ses droits de cité dans nos magasins et dans nos rues. Et que l'hégémonie de la prétendue musique cesse, car elle est encore une fois créatrice de rupture, j'y reviens, comme jamais cela ne fut, je le maintiens. La jeunesse occidentale baigne en grande partie dans un climat musical univoque. Pourtant, mieux éclairée, elle pourrait trouver sa joie en d'autres formes musicales où tout simplement – je n'en demande pas plus pour son bonheur – la mélodie prédominerait et les textes diraient quelque chose. Par pitié, qu'il y ait des notes qui s'enchaînent et qui créent l'émotion ! Je me souviens de ce mot très éclairant de Jacques Chancel, s'exprimant sur la composition des programmes télévisés, disant qu'il ne fallait pas donner aux hommes ce qu'ils aimaient, mais ce qu'ils *pourraient* aimer. Ah ! là, nous respirons un air pur. Nous sortons de cet enfermement musical qui oppresse et avilit.

JRC – *Pensez-vous que les pouvoirs publics soient conscients de cet état de dégradation ?*

MMZS – J'en suis certain. Les hommes politiques sont pour la plupart favorables au déploiement d'une culture diversifiée, et, sans doute, française, du moins je l'espère, mais que voulez-vous, le jeu des partis, la peur de heurter des masses entières, la perspective de votes manquants, et la démagogie qui préside à bien des choix pour sauver les intérêts des partis, font que les choses restent en l'état, le resteront, et sans nul doute, s'aggraveront. Nous ne pouvons plus compter sur une intervention étatique pour gouverner l'ingouvernable, même si le bien commun, à savoir le climat général de notre société, souffre entre autres de la musique qui résonne dans nos tympans.

JRC – *Vous donnez à la musique un pouvoir immense…*

MMZS – Oui, et bien au-delà de l'émoi qu'elle est capable de susciter dans l'être, je le redis, en tant qu'elle féconde un climat général de société. C'est le mot de Maupassant que je trouve si juste : « Je ne sais pas si je respire de la musique ou si j'entends des parfums. » Je vous assure que cette invasion dite musicale que nous subissons à coups de rythmes, de bruits et de chaos, enveloppant de toute part la vie sociale, a des conséquences extrêmement néfastes sur les personnes et sur leur rapport entre elles.

JRC – *Le courant semble à vos yeux irréversible…*

MMZS – Il revient aux familles dûment conscientes de créer de véritables oasis où les enfants reprendront contact avec l'harmonie des sons adaptée à la structure de l'âme. Je me souviens qu'à l'âge de sept ans, je fus ému aux larmes en écoutant sous la conduite de ma mère le deuxième mouvement du *Concerto pour piano n° 1* de Chopin interprété par Arthur Rubinstein. Un peu plus tard, la même joie devait m'inonder à l'écoute de Mouloudji, d'Yves Montand, de Jacques Brel, de Leni Escudéro, d'Édith Piaf, de Charles Trenet, de Tino Rossi, et de tant d'autres qui charriaient l'amour à tout va… et la même émotion montait en moi lorsqu'un accordéoniste, sous nos fenêtres, venait mendier quelques pièces en interprétant une valse qui sentait bon cette âme française et populaire, agonisante aujourd'hui, et qui m'a toujours plu.

JRC – *Au fond, nous ne nous sommes guère éloignés de l'harmonie municipale de Nice qui achevait d'égayer vos après-midis que vous me permettrez de juger plus que sobres pour des enfants...*

MMZS – En effet. Comme vous l'avez constaté, nous n'étions pas invités à vivre de grandes activités ludiques. Sur ce plan, pas de surprises, pas de nouveautés renversantes, seulement la régularité de l'amour sur des lieux mille fois traversés... Puis la soirée descendait inexorablement sur la pensée de la journée de classe du lendemain, ternissant quelque peu ma joie, car je dois ici l'avouer, je n'ai jamais aimé l'école. Voilà pour nos dimanches où mon enfance, sobre, silencieuse, éduquée, ultrasensible, se déroula, ma main essentiellement dans celle de mes parents à qui je n'aurais jamais demandé de vivre autre chose, ne sachant pas qu'autre chose existait.

JRC – *Je vois que vos dimanches dans leur simplicité vous ont profondément marqué. Cependant, je suis surpris, vous n'évoquez pas la messe du dimanche que vous viviez sans doute en famille ?*

MMZS – Pas du tout. Et pour cause. Jusqu'à l'âge de sept ans, excepté le jour de mon baptême et celui du mariage de ma tante, je crois n'être jamais entré dans une église, ni avoir formulé la plus courte prière. Mais il faut ici que je vous explique le contexte familial et religieux dans lequel Dieu notre Père m'a donné de naître. Partons de mes grands-parents. Mon grand-père Henri Sorkine, de religion juive, quitta sa Russie natale autour des années 1910 pour la France, et s'installa à Paris dont il était amoureux comme nombre de ses compatriotes. Bottier de profession, créateur de belles et bonnes chaussures sur mesure, il arriva dans la capitale avec pour seule richesse un rouble en or à l'effigie du tsar cousu dans l'un de ses ourlets de pantalon. C'est à Montparnasse dans le XIVᵉ arrondissement qu'il s'installa et qu'entre autres, il se lia d'amitié avec Modigliani. Ses affaires fructifiant, il fit venir à Paris de leur lointaine Russie ses parents prénommés Lazare et Sarah, qui reposent depuis 1923 dans le carré juif du cimetière de Bagneux, tous deux attendant sagement la résurrection sous une pierre tombale des plus originales où les tables de la Loi sont gravées. Je garde jalousement leurs portraits et, de temps en temps, dans le couloir où ils ont pris place, je leur redis en les regardant droit dans les yeux : « Vous le savez bien maintenant ! Je ne vous ai pas trahis en épousant le Christ ! » Mon grand-père avait onze frères et sœurs, une partie gagna la France et l'autre l'Amérique. En 1925, il épousa ma grand-mère, originaire d'un petit village du Piémont en Italie, et bien qu'elle fût catholique, le droit de l'Église ne permettant pas le mariage religieux pour des personnes de religions différentes, ils restèrent cinquante et un ans ensemble, respectueux l'un de l'autre, mariés civilement, alliances aux doigts, mais étrangers à toute pratique religieuse. Toutefois pour eux comme pour beaucoup, en ces temps désormais reculés, amour promis signifiait amour sacré.

JRC – *Votre grand-père ne se rendait pas même à la synagogue pour les grandes fêtes ?*

MMZS – Jamais. D'ailleurs, il ne parlait pas religion. De temps en temps, il faisait allusion – et je voudrais que mes frères juifs n'en fussent pas offusqués – à ce qu'il appelait « la vétusté de la Loi ». Il se souvenait des efforts considérables de ses parents pour mettre en œuvre toutes les exigences du judaïsme, toutes les prescriptions de la Loi, et Dieu sait si elles sont nombreuses ! Je pense qu'il a voulu se libérer de ce qu'il jugeait être un poids. En tout cas, ce qui est certain, c'est que les dix commandements donnés par Dieu à Moïse, j'en suis témoin, il les vivait.

JRC – *Pensez-vous donc que la diversité des religions ne gêne pas l'amour conjugal et la qualité des liens qu'il suppose ?*

MMZS – On ne peut répondre de manière générale. Il est certain que si l'une des parties est profondément enracinée dans sa foi, ce sera difficile pour elle, le combat sera rude et quotidien. Et si les deux sont motivés à l'extrême, alors là, c'est l'assurance de grandes tensions, surtout lorsque les enfants surgiront et qu'il faudra mettre en place leur vie spirituelle. L'un veut la circoncision, l'autre le baptême, celui-ci veut le temple, celui-là l'église. Aussi, au rythme des années, le débat risque bien de s'envenimer et de conduire à de vives douleurs intérieures. L'amour n'est pas un grand voile doré recouvrant le concret de l'existence, enveloppant les différences en leur ôtant leurs caractères saillants. L'idéal, je le redis sans nuance, au sein de la réalité conjugale, est d'être d'accord sur tout, du moins sur l'essentiel, ce qui revient à affirmer que l'appartenance à une même famille d'esprit facilite grandement l'entente mutuelle. Ce qui vaut ici sur le plan religieux vaut aussi sur le plan politique. Qui pourrait nier que la militante CGT a intérêt à trouver son mari dans les rangs de la *manif* du dimanche ? Si celui-ci préfère la chasse à courre, il vaut mieux changer de gibier ! ne croyez-vous pas ?

JRC – *Cette logique est difficilement contournable...*

MMZS – À moins que... à moins que l'on ne trouve sur la terre deux êtres capables de se redire tous les jours ce que Lacordaire ne cessait de marteler à son auditoire : « N'enchaînez pas vos cœurs à vos idées. » Cependant, je ne sais pas si cette pensée peut s'appliquer à la disparité des religions au sein du couple, car la foi n'est pas une question d'idée, c'est pour l'homme chrétien un parti pris irrépressible pour le Christ, Sauveur du monde, greffant par son Église, à coups de grâces et de sacrements, sa vie divine dans l'être des hommes. Et sur ce point crucial, il vaut mieux, me semble-t-il, être d'accord.

JRC – *Mais comment donc votre mère, dans ce contexte, parviendra-t-elle à recevoir le baptême catholique ?*

MMZS – En passant par la petite porte, car Dieu n'ouvre pas toujours à ses enfants la porte principale. Pour entrer dans son cœur, on peut aussi passer par la porte de service, voire, au sens strict, par la porte dérobée, et même par la fenêtre si Dieu y tient. Et c'est bien ce qui s'est passé pour ma mère que mes grands-parents ont voulu faire inscrire à l'âge de huit ans dans l'école la plus cotée de la ville de Nice, où ils s'étaient installés en 1936. Les religieuses qui tenaient ce cours exigeaient que leurs élèves fussent baptisées avant leur admission. C'est ainsi que rapidement, et je dirai sans complexe, grâce à Dieu, durant l'été qui précéda leur première année de classe, ma mère ainsi que sa jeune sœur Yvette reçurent ensemble le saint baptême.

JRC – *Sans préparation ?*

MMZS – Oui, sans préparation. Parce qu'à cette époque, ô combien éclairée sur la théologie du baptême et sa nécessité en vue du salut éternel, l'Église ne prenait pas le risque de perdre un enfant en reculant encore l'échéance avec le danger de le voir grandir, et peut-être même mourir, sans que la grâce du Christ irrigue son être. Et elle continue d'ailleurs, dans sa doctrine la plus sûre, de rester sur ce versant.

JRC – *Pourtant, je connais de nombreux prêtres qui n'acceptent pas de conférer le baptême à des enfants qui ont dépassé l'âge de trois ans et qui demandent aux parents d'attendre l'âge de sept ans pour le recevoir...*

MMZS – C'est en effet répandu. Pourtant le rituel actuel du baptême des petits enfants stipule nettement que tout enfant qui n'a pas atteint l'âge de raison et qui, par conséquent, « ne peut professer une foi personnelle », peut être baptisé comme le sont les nouveau-nés. Cette pratique du renvoi du baptême est le résultat d'une théologie baptismale que vous me permettrez de juger pour le moins problématique. Pour ma part, je préfère continuer de m'en tenir aux vues du Christ et de l'Église universelle en pensant que le baptême est le chemin ordinaire qui ouvre sur le royaume. Certes, Dieu peut sauver qui il veut, et sans doute il ne se gêne pas pour charger son Ciel d'âmes y compris non chrétiennes ; il est évidemment plus grand que les sacrements dont il est l'auteur, cependant nous avons appris par Jésus que « personne ne peut entrer dans le royaume s'il ne naît de l'eau et de l'Esprit ». Cette parole à l'allure tranchée venue du Maître lui-même devrait secouer notre cœur et nous inviter à la plus haute vigilance et, plus encore, à l'humilité qui s'en tient non pas aux petites idées de tel ou tel prêtre, mais à celles que l'Église, dans sa sagesse, professe depuis des siècles. Refuser un baptême ou l'ajourner sine die est lourd de conséquences, pour l'enfant lui-même, et pour ses parents aussi, qui, au fond, malgré les explications fournies toujours avec beaucoup de soins et de circonvolutions, voient leur demande rejetée. Dernièrement je lisais les orientations édictées par un diocèse de France pour le baptême des enfants de trois à six ans, stipulant que les baptiser à cet âge « comme des bébés », dit le texte, ce serait ne pas les respecter – tenez-vous bien – parce qu'on serait appelé à « faire devant eux des gestes mystérieux et dire des choses incompréhensibles pour eux ». Vous vous rendez compte ! Faire des gestes mystérieux, c'est-à-dire une onction d'huile sur le cœur et sur la tête et verser de l'eau sur le front, porteraient atteinte au respect de l'enfant !

JRC – *Et le stéthoscope du médecin qui se promène sur le torse des bambins, qu'allons-nous devoir faire pour ne pas les perturber ?*

MMZS – Vous touchez ici le caractère absurde de ces orientations intellectualistes et psychologisantes qui ont fleuri dans certains diocèses depuis quarante ans. Le texte continue : « Après un temps de préparation de trois à six mois, les parents peuvent opter pour le baptême ou peuvent toujours le différer dans le cadre du rituel des enfants en âge de scolarité (donc à partir de sept ans). » Comme vous le voyez, pas d'urgence, et pas d'encouragement. Et voici la dernière note du texte qui vaut son pesant d'or : le prêtre est invité « à rassurer certains parents plus scrupuleux, et surtout à leur faire saisir qu'étant catéchumène, on est déjà reconnu par l'Église et qu'on y a sa place ». On aimerait que ce fût aux prêtres à être plus scrupuleux ! C'est le monde à l'envers, et c'est grave.

JRC – *Ces pratiques semblent vous blesser profondément...*

MMZS – Encore une fois, oui, j'ai mal, par amour pour l'enfant, pour son destin éternel, et pour ses parents qui sont mal jugés et éconduits. Il se peut que ces derniers – et c'est souvent le cas –, pour de multiples raisons, aient lâché la barque de l'Église, mais que toutefois ils continuent de désirer le baptême pour leurs enfants. En les repoussant, sous prétexte que leur démarche n'est pas assez fondée, nous les éloignons de la foi, nous perdons des centaines de familles, nous les coupons de la source de la grâce, de la confiance en l'Église. Nous nous montrons d'ailleurs, nous, prêtres, sous un jour d'exigence qui ne nous réussit pas et qui demeure incompris, et tout cela à cause de certaines pédagogies que nous avons érigées en absolu. Aussi, rien d'étonnant si nous nous retrouvons seuls, nous, les prêtres, avec quelques brebis rescapées à qui psychologiquement nos systèmes conviennent. Le grand peuple ne suit plus, ce peuple qui pourtant, comme le disait Pascal, « a des opinions saines ». Je crois qu'il faut lui faire confiance bien au-delà de ce qu'il énonce, et savoir tenir allumée la mèche qui vacille. Faire la volonté de ceux que l'on aime, n'est-ce pas le propre de l'amour ? Si oui, ce qu'il me semble, il convient de répondre positivement aux attentes des personnes que Dieu nous envoie. Et c'est par là qu'on les gagne au Christ, en leur faisant plaisir et en assurant le bien absolu de l'âme de l'enfant.

JRC – *Beaucoup de prêtres agissent avec rigueur pour, affirment-ils, sauver le sacrement, sa valeur intrinsèque.*

MMZS – Le sacrement est sauvé quand il pénètre dans l'âme humaine pour laquelle il est fait. Son efficacité est indépendante de la perception que le bénéficiaire en a. S'il en était autrement, il faudrait arrêter de le conférer aux nouveau-nés. Non, une autre méthode s'impose : recevoir avec beaucoup d'amour les ménages qui se présentent à l'Église pour demander le baptême de leur enfant, et s'ils sont peu éclairés en matière religieuse, cela n'est pas vital. Ils sont là devant nous, par une grâce de Dieu qui a fait naître le désir de faire baptiser l'un des leurs, Dieu se servant de n'importe quelles raisons, de la plus futile à la plus essentielle, pour les faire venir jusqu'à son prêtre. Faire plaisir à la grand-mère, au parrain ou à je ne sais qui, continuer la tradition familiale, assurer la protection de l'enfant, et les voilà devant nous, ces êtres faits pour Dieu, créés par son amour. Nous ne sommes pas les propriétaires des sacrements, mais les dispensateurs. Et voyez, le plus curieux dans cette affaire douloureuse, c'est que ce sont les prêtres et diacres qui font profession d'ouverture au monde qui sont les plus étroits, les plus restrictifs, les plus intransigeants, les plus intraitables. L'Église est une mère et non une administration qui vérifie si les papiers sont en règle !

JRC – *La préparation au baptême est donc à vos yeux inutile ?*

MMZS – Je n'ai pas dit cela. Il y a plusieurs manières de préparer une famille à la compréhension du mystère du baptême et à la responsabilité qui lui incombe dans l'avenir. La rencontre avec le prêtre, avec l'équipe de préparation, les discussions sur la foi, l'explication du rite, tout cela peut être très bon et très fructueux ; l'Église d'ailleurs encourage à préparer les familles au don du sacrement, notamment en les visitant. Cependant, il ne faut pas pour autant sacraliser nos systèmes, nos parcours, nos exigences. Laissons donc une porte ouverte à d'autres manières de faire, et évitons de croire que tout l'apparat conceptuel déballé, que le dialogue, que les rencontres successives avec les parents, garantiraient une découverte profonde du geste divin qui va être reçu. À mes débuts, je récitais ma leçon, je m'appliquais à expliquer les divers rites du baptême, j'insistais beaucoup pour que les familles rencontrent d'autres ménages, et je considérais alors les deux ou trois heures que je donnais aux familles comme essentielles, me disant en fin de compte qu'il en resterait quelque chose. Assez rapidement, j'ai pris conscience que cette préparation imposée avait aussi ses limites, et pouvait même parfois, surtout quand elle était communautaire, agacer, et même braquer un grand nombre de personnes qui satisfaisaient à l'obligation de la préparation, mais qui disparaissaient ensuite à jamais. Avec certains êtres, il faut s'y prendre autrement. Par exemple, je constate qu'à l'heure du baptême, près de l'enfant que tous contemplent comme le héros de la journée, là, par la force de la prédication, et en déployant le rite tout en l'explicitant, pris par l'action sainte qui se déroule, souvent les âmes même les plus éloignées se laissent prendre, s'ouvrent, écoutent, reçoivent, jusqu'à en être bouleversées. Cela suppose évidemment une juste appréciation des personnes auxquelles on s'adresse, et singulièrement du milieu social auquel elles appartiennent.

JRC – Très bien, mais comment parvenir à cette adaptation lorsque vous célébrez plusieurs baptêmes en même temps ?

MMZS – Pour ma part, je n'ai jamais célébré deux baptêmes en même temps. Dans notre paroisse, nous avons une centaine de baptêmes par an, je peux donc tout à fait les célébrer individuellement. Qu'ai-je donc à faire de plus important ? Très souvent, je célèbre un premier baptême le samedi en fin de matinée, le dimanche, à midi après la messe, et puis après un déjeuner tardif, vers trois heures : place à un autre enfant pour un nouveau baptême. Voyez, c'est simple, mes dimanches sont bien remplis, c'est le minimum pour un prêtre, et les familles sont heureuses d'être considérées dans leur visage propre et d'être reçues par l'Église avec autant d'égards.

JRC – Certains pasteurs parlent de la dimension ecclésiale à faire découvrir à tout prix en rendant communautaire le baptême. Qu'en pensez-vous ?

MMZS – Il y a mille manières de faire découvrir l'Église, la meilleure étant de la faire aimer par la bonté, le respect et la compréhension que les prêtres se doivent de dispenser aux personnes qui les rencontrent. J'invite aussi les familles qui demandent le baptême à venir à la messe du dimanche et, croyez-moi, la majorité d'entre elles, bien qu'elle ait souvent décroché de toute pratique religieuse, obéit à cette injonction insistante, surtout le jour du baptême où au milieu d'une assemblée d'au moins cinq cents fidèles, parmi lesquels de très nombreux jeunes, l'Église apparaît, sous leurs yeux ébahis, étrangement vivante. Et puis, entre nous, quand vous baptisez cinq enfants en même temps et que, pendant une heure, ça crie de tous les côtés, je ne suis pas sûr que le mystère de l'Église transparaisse alors dans toute sa beauté !

JRC – *Et pour les chrétiens convaincus, pour les pratiquants fidèles, comment vous y prenez-vous pour les préparer ?*

MMZS – Écoutez, il me semble qu'ils le sont déjà ! Leur vie de prière quotidienne, la sainte Eucharistie qu'ils reçoivent au moins une fois par semaine, les préparent admirablement à vivre de leur baptême et par conséquent à saisir le sens du sacrement que leur enfant va recevoir. Inutile d'en rajouter. Encore une fois, le rite parlera de lui-même s'il est bien célébré et si l'on prend soin de le servir tel que l'Église nous le donne. De plus, très souvent, la préparation consiste pour eux, et j'en suis souvent étonné, à dire au prêtre ce qu'ils attendent, allant même jusqu'à préciser sa propre action. C'est ridicule. C'est comme si l'on disait à un chirurgien qui va vous opérer quel scalpel il doit utiliser ! Tout sacrement se reçoit du Christ à travers l'Église. Il n'appartient ni aux prêtres, ni aux fidèles. Que la famille choisisse les lectures et les chants, très bien, mais tenons-nous-en là ; il y a un rite, il est très juste et très beau, il s'agit simplement de le faire rayonner. Et c'est là que la science du prêtre jouera à plein. Si l'étole du prêtre est sans valeur significative, si son aube ou son surplis sont froissés, si le saint chrême est rance, et qu'à la place des fonts baptismaux, vous utilisez une vulgaire bassine, n'espérons pas, malgré l'avalanche des paroles, parvenir à toucher les êtres au plus profond d'eux-mêmes. C'est cuit. Ils ne sortiront pas de l'horizontalité pour pénétrer dans l'univers surnaturel. Pour le coup, ils ne comprendront pas la hauteur du geste divin.

JRC – *Ce que vous dites là me réjouit. Tant de fois ai-je souffert de cet « à peu près » palpable à l'œil nu.*

MMZS – C'est normal, vous êtes un artiste, Jean-Robert, vous ne sauriez donner aux seuls concepts la charge d'atteindre l'être. Si ce que l'on entend a reçu le pouvoir de communiquer le vrai, ce que l'on voit, ce que l'on sent, ce que l'on touche, le fait pénétrer dans l'âme. C'est vrai pour l'artiste, mais aussi plus largement pour tout homme à la sensibilité bien faite.

JRC – *Je voudrais, Père, que l'on revienne sur un point que vous avez évoqué comme en passant : c'est la question des fonts baptismaux que vous reconnaissez, si j'ai bien compris, comme essentielle.*

MMZS – « Toute église paroissiale, dit le Code de droit canonique, aura des fonts baptismaux. » C'est un ordre de notre Mère l'Église qui veille avec beaucoup d'intelligence sur la naissance spirituelle de ses enfants, soignant particulièrement la chapelle où la source baptismale se trouve, entourant de silence, de dignité, et souvent de beauté, le lieu sacré de la renaissance. Sans compter qu'il est émouvant de pouvoir indiquer en cours de vie à ceux que l'on aime l'église et l'endroit où la grâce a coulé en nous. Dernièrement, j'ai appris que des transformations dans l'église paroissiale du village natal de Don Bosco avaient poussé le curé, il y a quelques années, voulant rénover sa vieille église, à « balancer », il n'y a pas d'autres mots, la cuve baptismale à la décharge, cuve dans laquelle saint Jean Bosco, saint Joseph Cafasso, le bienheureux Joseph Allamano – ces noms, en dehors de celui de Don Bosco, ne vous disent peut-être pas grand-chose – ont été baptisés. Ce sont de très grands amis du Christ. Grâce à Dieu, un habitant du village a récupéré ces fonts baptismaux et n'a proposé de les rendre qu'à la seule condition qu'ils reprennent leur place initiale. Que cet enfant de Dieu soit remercié pour sa vigilance et pour sa foi ! En tout cas, ici, à Marseille, depuis mon arrivée dans notre paroisse Saint-Vincent-de-Paul, tous les enfants ont été portés par leur marraine sur nos fonts baptismaux qui font partie d'ailleurs des plus beaux du sud de la France. Plus tard, ils pourront donc indiquer l'endroit précis, et si cela les émeut, toucher le marbre où la très sainte Trinité les a pris dans ses bras.

JRC – *Est-ce le baptême précipité de votre mère qui vous a conduit à diversifier l'accueil et les exigences que vous réservez aux familles qui se présentent à vous ?*

MMZS – En partie, sans nul doute. Savoir que votre mère a été baptisée sans même que l'on s'assure de la foi des parents, et qu'au premier maillon de la chaîne, cela donne un prêtre, n'est pas sans retentir sur ma manière de me situer face aux familles qui demandent le baptême. Mais il y a aussi depuis plusieurs années un nombre impressionnant de personnes qui se présentent avec dans le cœur des larmes rentrées et parfois de la haine à l'égard de tel ou tel ministre de Dieu, de tel ou tel laïque dit « engagé », qui ont refusé le baptême, parce que ceci, parce que cela… Sans donner obligatoirement raison à ces gens éconduits, je me rends compte que, parfois, le système a prévalu, et les personnes ne voulant pas s'adapter parce qu'elles ne sont pas bien disposées, parce qu'elles se sont vexées à tort, parce qu'elles ne comprennent pas ce qu'on leur demande, ont été refoulées. Et c'est l'échec. Il faut le mesurer et se le dire. Encore une fois, faisons attention, adaptons-nous, non seulement aux personnes, mais à Dieu lui-même qui passe par mille chemins pour attraper une âme dans les filets de sa tendresse. Un jour le cardinal Bernard Panafieu, au tout début de mon ministère, glissa à mon oreille un précieux conseil que je n'ai jamais égaré : « Souviens-toi, m'avait-il dit, qu'à chaque fois que tu confères un sacrement, tu dois faire un acte de foi. Tu ne sais pas ce que deviendra cet enfant que tu baptises, ou ce couple qui s'unit devant Dieu, fais confiance à la grâce. » C'est dans cette ligne à la fois surnaturelle et infiniment humaine que je veux me tenir.

JRC – *Au fond, on pourrait dire que votre ligne pastorale consiste à régler les choses au cas par cas.*

MMZS – Exactement. C'est le principe d'action qui m'apparaît le plus juste et le plus consonant avec la sagesse du Christ.

JRC – *Après ce grand détour « salutaire » sur la question du baptême des enfants, je voudrais vraiment que nous revenions à votre enfance, car nous n'avons évoqué que vos dimanches ; qu'en était-il de la semaine ?*

MMZS – L'école, bien sûr, avec sa blouse, ses devoirs, son encre, ses récréations, ses sonneries, ses relations de camaraderie qui n'en sont pas, cette école qui ne m'a jamais séduit ! Les cycles d'études primaires et secondaires m'ont été un véritable *pensum* que j'ai assumé sans joie et sans m'investir vraiment. Je crois que ma forte sensibilité liée à une émotivité excessive ne m'a pas aidé à me sentir à l'aise dans cet univers. Et puis j'étais ailleurs… D'autres réalités occupaient mon esprit.

JRC – *Lesquelles ?*

MMZS – En premier lieu, la musique qui me prenait beaucoup de temps, car le conservatoire où j'étais inscrit en classe de piano exigeait un travail âpre et régulier. Ma mère qui était une excellente pianiste me servait de répétitrice, et plusieurs fois par semaine, avec le dévouement qui la caractérisait, elle m'accompagnait aux divers cours de solfège, de déchiffrage et d'instrument. Je puis dire que j'ai passé mon enfance parmi les gammes, et, il faut bien le dire, les rechignements, et même parfois une certaine révolte, car mon caractère était fort. Il me semble que l'enfant que j'étais ne savait pas que son âge permettait aussi une certaine insouciance. L'univers des loisirs m'était étranger. Je jouais peu, pour ne pas dire pas. À côté de l'école, il y avait ce piano qu'il fallait travailler, car les examens viendraient immanquablement en fin d'année offrir leurs doses d'émotions, et je vous l'ai déjà dit, sur ce point, j'étais d'une faiblesse extrême.

JRC – *D'autant plus que le directeur du conservatoire, était, si je ne me trompe, le grand Pierre Cochereau,*

qui était en même temps le titulaire des grandes orgues
de la cathédrale Notre-Dame de Paris.

MMZS – En effet, et il m'impressionnait beaucoup.
Je le revois passer dans les couloirs d'un pas alerte,
toujours bien habillé, rejoignant l'auditorium, pour
l'occasion bondé de parents d'élèves et chargé d'un
silence grave. Le grand piano à queue, une lumière
dense sur le clavier, la salle dans l'obscurité, l'appel
de votre nom, et il fallait y aller… Et puis ensuite on
attendait dans l'anxiété, sous la moiteur des mains, le
verdict des mentions annoncées sous les applaudissements.

JRC – *Tout cela devait griser votre cœur ?*

MMZS – À aucun enfant de la terre, je ne souhaite
aujourd'hui de vivre ce scénario, à moins qu'il ne soit
une pierre ou que sa personnalité ne soit celle d'un dilet-
tante. Cependant, une fois passée l'épreuve, il faut bien
le reconnaître, c'était la joie, non pas d'avoir réussi,
mais d'avoir satisfait aux exigences et de s'en être
libéré. C'était ainsi. Ma sensibilité excessive était source
de tension intérieure, impossible d'ailleurs à juguler, ce
qui ne m'empêchait nullement de parvenir au but, mais
qui, en cours de route, m'anéantissait.

JRC – *Votre sensibilité que vous présentez ici sous un*
visage limitant, n'appartient-elle pas au fond à l'ordre
de la grâce, vous permettant d'exercer aujourd'hui votre
ministère dans une lumière de compréhension des situa-
tions et des êtres plus « sentie » que ce ne pourraient
être le cas pour ceux dont la sensibilité est moindre ?

MMZS – Je veux bien le croire, continuant de faire confiance à celui qui nous fabrique pour l'œuvre qui nous attend. Si je vous suis dans votre raisonnement, il faudrait remercier le Ciel pour la force du ressenti ! Peut-être convient-il aussi, comme l'a si magnifiquement écrit le grand écrivain trop méconnu Guy Dupré, de chercher « longtemps encore le secret de conduite qui permet de lier la douceur sans quoi la vie est peu de chose au déchaînement intérieur sans quoi la vie n'est rien ».

JRC – *Cette pensée de Guy Dupré vous est si chère, au point de la retenir par cœur ?*

MMZS – Comment voulez-vous ne pas la retenir alors qu'elle met en scène ce double mouvement au premier regard antagoniste enserrant toute la beauté de la vie ? Se maintenir dans une forme de passivité, de repos, de comblement, de « douceur », sans sacrifier le « déchaînement intérieur », cet élan vital qu'il faut servir à tout prix, constitue à mes yeux cette ligne de crête sur laquelle, je crois, l'existence humaine doit serpenter pour être réussie.

JRC – *Et durant les mois de vacances scolaires, vous restiez à Nice ?*

MMZS – Il n'en était pas question. Un autre rêve mille fois évoqué durant l'année nous attendait. Mes parents possédaient une maison familiale au charme évident, cachée au milieu d'un modeste village corse bordé de maquis. Chaque été, du 1er juillet au 10 septembre, nous y séjournions avec beaucoup de plaisir. Rien alors ne me convenait davantage que de pouvoir, les fameux devoirs de vacances accomplis, courir librement de tous côtés, montant et descendant les ruelles du village, sautant les barrières des jardins, caressant les chèvres, pataugeant près des cochons, visitant quelques parcelles de terre qui appartenaient à mon père, et qui, dans ma tête d'enfant, ne laissaient de me faire croire que je faisais partie des plus privilégiés des enfants du monde. Je comptais sur mes doigts les châtaigniers que nous possédions, et déjà, je m'assurais, par des calculs qui n'en finissaient plus d'agacer mon entourage, que je pourrais très bien dans l'avenir venir m'installer dans ce petit village et vivre aisément en mangeant trois châtaignes. Des journées entières, habillé malgré la chaleur en pantalon de velours côtelé, une large ceinture serrant mes reins, j'ai suivi des ânes ou des mulets chargés de bois ; je me croyais alors berger, heureux comme personne.

JRC – *Et toujours sans jeux ?*

MMZS – Sans jeux, et sans la compagnie d'enfants de mon âge. Je n'en souffrais nullement. Ma meilleure compagnie, notre voisin, âgé d'une bonne cinquantaine d'années quand j'en avais huit, et que j'accompagnais tous les jours pour donner à boire à son âne et arroser son jardin, me racontait à longueur de journée sa vie de berger et les gestes qu'il fallait faire pour tenir et soigner un troupeau, et je l'écoutais des heures entières, ouvrant grands mes yeux, de plus en plus assuré qu'il fallait aller du côté de la nature pour recevoir une ondée de bonheur. Mon père travaillait dur pour remettre en état notre maison laissée dix mois de l'année fermée, il entretenait aussi un beau jardin potager pour que de bons légumes nous accompagnent durant toute la saison. Mon frère avait ses amitiés, et ma mère, avec

41

son savoir-faire et son goût exquis, décorait la maison et continuait de servir à chaque repas ses plats savoureux. Et le soir, sous la tonnelle qui quadrillait la maison, c'était la joie de nous sentir tous les quatre infiniment unis dans l'amour sous un silence impressionnant, avec au loin le clocher qui sonnait les heures et nous rappelait à la valeur de l'instant présent.

JRC – *Au fond, la vie, la vraie ?*

MMZS – Oh, que je suis touché que vous résumiez ainsi les choses ! Nous avons besoin de si peu pour être heureux.

JRC – *Si peu ?*

MMZS – Oui, je maintiens cette affirmation : il y a un « peu » qui est à la portée de tous, quelles que soient les conditions de vie. Dans ce « peu », la densité de l'amour, la certitude de l'unité affective entre les êtres, doivent occuper la plus grande part. Et pour que cela soit, il faut le vouloir, il faut préférer sa femme et ses enfants à tous les autres projets de carrière, de voyages et autres mirages, ce qui suppose évidemment que l'on a bien choisi sa femme ou son mari avant de se jeter dans la mêlée de l'existence. Dans ce « peu », je place aussi volontiers la présence de la nature qui doit trouver son rayonnement en toute vie. Et que personne ne dise que c'est impossible ! Si l'on est urbain jusqu'au bout des ongles et que l'on passe ses journées dans le bruit des villes, il vaut mieux choisir, pour le bien de tous, de passer en été huit jours en pleine campagne dans un gîte ou même dans un camping de fortune si l'on ne dispose pas de maison familiale, plutôt que de s'acheter le dernier portable à la mode. Et cela, parce que nous sortons du limon de la terre et que Dieu nous a plantés depuis les origines dans un jardin que nous rétrécissons tous les jours davantage sous les coups de constructions pour la plupart inesthétiques et étouffantes. Nos corps ont un besoin vital de retrouver leur terreau d'origine, de respirer de la menthe et du thym, de gravir des chemins caillouteux et, chapeau de paille en tête, de s'asseoir à l'ombre d'un arbre, et de chasser sur sa jambe la fourmi qui monte, si possible – et c'est l'idéal – en compagnie d'un véritable ami.

JRC – *La nature, restauratrice de l'être.*

MMZS – Parce que infiniment respectueuse de notre liberté. Je suis toujours émerveillé de voir comment elle se tient devant nous, sous le vent chaud de l'été, agitant ses herbes folles, muette à l'extrême, nous obligeant à nous soumettre à Dieu qui la conduit si bien, s'engendrant elle-même dans la beauté de sa liberté. *Liberté*, oui, *liberté*, c'est la leçon majeure que me donnent les vallons de Savoie lorsque l'été, entre deux offices de mon bréviaire, je les contemple ou les traverse.

JRC – *C'est sûr qu'à Marseille, à part le parc Long-champ qui se tient au-dessus de votre paroisse, vous n'êtes guère servi sur le plan « nature »...*

MMZS – Détrompez-vous ! Contre la façade de mon église, à dix mètres de ma fenêtre, entre deux pierres disjointes, un bouquet d'herbe sèche réussit l'exploit entre terre et ciel de se maintenir à peu près vivant. Je supplie d'ailleurs le sacristain de ne pas l'arracher. Plus sérieusement, sur le parvis de notre église, nous avons créé un véritable jardin d'oliviers, de lauriers-roses, de cyprès, de fleurs multicolores, tout cela pour aider l'âme humaine à sortir de l'enfermement bétonné dans lequel elle gît à moitié morte.

JRC – *Sur votre site, je vous avoue avoir fait preuve de curiosité et avoir beaucoup apprécié les réponses que vous avez données au fameux questionnaire de Proust, et à la question : « L'oiseau que je préfère », vous avez répondu : « Celui qui s'approche et se pose au rebord de ma fenêtre en sautillant sur deux pattes élastiques, et qui, parti, me laisse un doute, celui d'être venu. »*

MMZS – Voyez, encore la liberté ! la sainte liberté d'être soi-même dans la lumière de ce que Dieu permet. Chez l'oiseau, comme chez toute bête, il y a, j'en suis sûr, n'en soyez pas surpris – Dieu se moquant parfois de ses propres lois –, un dépassement de l'instinct, notamment pour émerveiller l'homme, et par là, l'éduquer. Je vous raconte ici un fait qui a marqué mon enfance, puisque nous y sommes encore…

JRC – *Allez-y, j'adore les histoires !*

MMZS – Un soir d'été, avec mes parents, assis sur les marches de notre maison, un martinet est venu emmêler ses pattes dans le rideau à mouches. Vous savez que les martinets, du sol, ne peuvent plus reprendre leur envol. Il présentait une grande faiblesse, les yeux quelque peu vitreux, respirant à cent à l'heure. Mon père le prit entre ses mains, et vous pouvez imaginer l'enfant sensible que j'étais, courir en tout sens pour trouver une petite boîte où il aurait pu prendre refuge. Mon père eut la bonne idée durant huit jours de le fortifier en pressant des grains de raisin dans son bec. En une semaine de soins intensifs, le gaillard avait repris ses forces, et l'on entendait au plancher de sa boîte ses petites pattes dansant le tango. Un matin, mon père décréta que l'heure était venue de le renvoyer dans les airs. Alors, nous sommes allés tous les deux dans un pré qui se trouvait à quelque deux cents mètres de notre maison. Tous deux, nous avons caressé l'oiseau pour la dernière fois. Je vis mon père s'éloigner de quelques mètres, prendre son élan et en tournoyant sur lui-même le lancer de toutes ses forces en plein ciel. Celui-ci, telle une fusée, perça l'azur, puis s'immobilisa quelques secondes dans les airs. C'est alors qu'inattendu, il fondit sur nous et s'arrêta juste au-dessus de nos têtes, voletant tout autour de nous durant quelques secondes, formant de son vol quelques jolis cercles avant de disparaître au loin. Mon père, visiblement ému, me fixa dans les yeux et dit : « N'oublie jamais qu'il est revenu nous dire merci ! » Il me semble qu'au-delà de l'instinct, la bête avec son âme sensitive peut aller parfois très loin et très haut, je veux le croire, comme le chien dont parle Francis Carco dans son livre *Nostalgie de Paris* qui, immanquablement, à l'étonnement de tous, disparaissait tous les samedis matin. Intrigué, on le suit, pour le découvrir à l'angle d'une rue, portant dans sa gueule la casquette de son ancien maître mendiant à ses côtés. Vous allez voir, cher Jean-Robert, qu'au Ciel, la création animale ne sera pas absente. Si le paradis est un jardin, il suppose des fleurs, et, je l'espère, des roses, il est donc alors impossible qu'il n'y ait pas trois abeilles pour les butiner. Et puis que serait saint Roch sans son chien, saint Benoît sans son corbeau, saint François sans son loup ?

JRC – *C'est votre âme franciscaine qui vous fait estimer de la sorte la création animale ?*

MMZS – C'est mon âme d'homme qui s'émerveille de voir un petit enfant vaincre ses peurs et dormir en paix parce qu'il serre contre lui un petit ours brun.

JRC – *C'est incroyable ce que votre pensée à la fois réelle et poétique peut nous atteindre ! Sur cette belle image ô combien vraie, nous allons quitter le monde de votre enfance, du moins de l'enfance familiale, pour vous suivre et découvrir la naissance de votre vocation sacerdotale.*

MMZS – Enfin, nous y sommes. Il me tardait de plonger avec vous dans ce que je pourrais appeler le non-désiré, le non-pensé, le non-attendu, le non-prévisible, autrement dit : le révélé. Peut-être, cette fois-ci, comprendrai-je et saurai-je remercier.

Chapitre 2

SINGULIÈRE EMPRISE

JRC – *Par où le Christ va-t-il donc passer pour vous atteindre ?*

MMZS – Par la volonté de mes parents, qui souhaitaient m'inscrire au catéchisme – j'avais alors sept ans – pour y recevoir les premiers fondements d'une éducation religieuse jusqu'alors inexistante.

JRC – *Pourquoi ce choix alors que vos parents ne pratiquaient pas leur religion ?*

MMZS – Oh, vous savez, l'esprit humain garde vivant en lui des vérités qui ne sont pas pour autant principes d'action ! Si l'assistance à la messe dominicale et la prière quotidienne signent évidemment la présence de la foi dans une âme, bien des personnes continuent d'adhérer aux grandes lignes du mystère chrétien sans pour autant le vivre en ses sommets. Je pense soudainement à ce garçon de vingt-six ans qui sur son lit d'hôpital, juste avant de mourir, me dit ces mots : « Mon Père, j'ai peur... Comme je ne crois pas en Dieu, j'ai peur que Dieu ne m'aime pas ! » Il y a contradiction, me direz-vous ; peut-être ; cependant, la pensée de ce jeune homme, quelque peu paradoxale, manifestait sa croyance en l'existence de Dieu. En quel Dieu, en quelle image de Dieu, ne croyait-il donc pas ? Un jour avant sa mort, il se confessera et gagnera l'au-delà avec un aplomb impressionnant, digne des plus grands saints. Faisons attention de ne pas conférer aux mots que les êtres prononcent : « Je crois – je ne crois pas », une valeur absolue de signifiance. La langue parle vite, et souvent bien avant le travail de l'esprit. Dites à une personne qui se proclame athée de cracher sur un crucifix ou de le piétiner, vous verrez ses réticences, signe que *quelque chose* du Dieu vivant demeure en son intelligence. Pour revenir à mes parents, ils ne se montraient en opposition ni avec la foi, ni avec la sainte Église. Je me souviens même de la très haute estime, et plus encore de l'affection, dont mon père entourait le souvenir du bienheureux pape Jean XXIII. Mes parents, bien qu'éloignés de toute pratique religieuse, tenaient absolument à ce que leurs deux fils empruntassent la route traditionnelle qui va du catéchisme à la commu-nion solennelle. Ils vont donc nous inscrire chez les pères salésiens qui avaient en charge la très belle église Art déco Notre-Dame-Auxiliatrice, alors vivante en ces années 1960, aujourd'hui à peu près vide comme une coque de bateau échoué.

JRC – *C'est dire que les vocations peuvent éclore y compris dans des familles non pratiquantes…*

MMZS – Le destin d'un homme ne saurait dépendre exclusivement de ce qu'il reçoit dans son milieu naturel. Sur ce point, l'optimisme doit être de rigueur. Certes, nous sommes conditionnés par l'agencement de vie offert par notre milieu, fût-il dense ou nul, cependant nous ne sommes pas pour autant déterminés. Ce regard devrait donner à tout homme un espoir merveilleux quant à la mise en place de sa propre personnalité. Mais, évidemment, cela suppose qu'une autre instance ou une autre personne prenne le relais et assure la transmission d'un certain nombre de paramètres de qualité qui structureront la personne et l'aideront à mettre en œuvre ses potentialités et à marcher résolument en direction du dépassement de soi, le tout à partir d'un idéal découvert, choisi, aimé. Car, de fait, nous sommes chacun l'aboutissement d'un certain nombre d'influences, mais encore une fois, celles que l'on a subies peuvent être largement transcendées par celles que Dieu nous donne ou que nous choisissons nous-mêmes.

JRC – *À quelle nouvelle influence allez-vous donc être soumis ?*

MMZS – À l'influence, mieux, à la domination de Dieu et de son vouloir ! Je suis sûr qu'en annonçant cela, je fais déjà trembler d'indignation les champions de l'autonomie humaine. Que ceux-ci surtout ne s'inquiètent pas et ne me reprochent pas cet angle d'attaque. C'est bien ce que j'ai vécu que vous me demandez, n'est-ce pas ?

JRC – *Bien sûr, les théorisations sur l'action de Dieu, nous les connaissons...*

MMZS – Et rien ne vaut le réel, au fond, le concret d'une histoire, pour en vérifier la justesse. Pour moi, tout a commencé lors de la première messe à laquelle j'ai assisté. Mon regard d'enfant s'est posé sur un prêtre

– et je dis bien : un prêtre et non le prêtre – qui, non pas à l'autel, mais à l'ambon, donnait les annonces de la semaine. Au sens propre, ce fut une impression dans mon âme sans que je ressente une émotion particulière. Ce prêtre était alors âgé d'une soixantaine d'années : ce jour-là, de sa part, ni parole, ni geste, ni attention spéciale envers moi. Dans ma mémoire, il est revêtu de la soutane et du surplis et son attitude intérieure transparaît notamment à travers ses yeux qu'il ferme parfois comme pour rassembler sa pensée ou aller dans un *ailleurs* que je ne connais pas encore. Le père Antoine Galas, car tel est son nom, salésien de Don Bosco et curé de cette paroisse, je vais pouvoir l'approcher, le voir vivre et, disons le juste mot, *l'admirer* dans ses gestes les plus quotidiens.

JRC – *L'admirer...*

MMZS – Eh oui, *l'admirer*, car sans admiration, la greffe du meilleur ne se fait pas et les acquisitions sont plus lentes. Jean-Paul Sartre qui, de sa doctrine, a raccourci l'esprit humain en l'enroulant sur lui-même jusqu'à la désespérance totale, clamait haut et fort qu'il n'avait jamais admiré personne, et qu'il tenait « l'admiration pour un sentiment dégradant ». Soyez chic, permettez-moi de me tenir sur l'autre versant. J'ai donc admiré ce prêtre, j'oserais dire : sans le faire exprès, notamment à force de l'observer les jeudis après-midi alors que je participais à la vie du patronage qu'il assurait lui-même malgré la charge pastorale extrêmement lourde qui lui incombait.

JRC – *Parlez-moi un peu de cet homme à vos yeux subjuguant.*

MMZS – Je ne sais que peu de chose sur son passé. Le père Galas était issu d'une famille modeste, laborieuse, très chrétienne, à l'image de celle de Don Bosco dont il deviendra un jour le fils. À l'âge de dix ans, il sera profondément marqué par la mort de son frère aîné Paul, tombé au champ d'honneur alors que celui-ci se préparait au sacerdoce. Après ses études secondaires, il entre au noviciat des pères salésiens et prononce ses vœux perpétuels le 9 mai 1929. Ses études théologiques accomplies, le 1er avril 1933, il reçoit la prêtrise des mains du cardinal Maurin, alors primat des Gaules, et il est envoyé à Gradignan, près de Bordeaux, dans une maison de correction pour entourer de son amour et de sa foi une jeunesse en piteux état. Là, il se dépense sans compter dans un élan de joie et de charité incroyable, infusant l'esprit de Don Bosco. Je me souviens qu'en 1990, je m'étais rendu dans cette maison où se trouvait un très vieux frère salésien qui avait collaboré dès 1933 avec le père Galas, et j'avais été émerveillé de constater que ce qu'il me disait de lui, de ses vertus, de ses qualités, de son style, de sa piété, était identique à ce que j'avais contemplé moi-même quarante ans plus tard. Par la suite, il sera nommé vicaire à la paroisse Saint-Aubin de Toulouse, puis, en 1947, curé de la paroisse d'Eckmül à Oran et directeur du patronage. En pleine force de l'âge – il a quarante-cinq ans –, son zèle se déploie bien au-delà des frontières de la paroisse, et quand Oran connaîtra ses heures les plus sanglantes, il sera au rendez-vous du parfait oubli de soi, risquant plusieurs fois sa vie pour aller porter secours à des blessés. La nuit – de nombreuses personnes en témoigneront après sa mort –, on pouvait apercevoir dans les rues d'Oran sa silhouette ensoutanée s'aventurant dans des secteurs dangereux, forçant le respect de part et d'autre. Lorsqu'il m'était donné de voyager à ses côtés en voiture, dans sa vieille Peugeot 403, et cela arrivera souvent, il me racontera tel ou tel fait de son passé et mes yeux d'enfant n'en finiront plus de boire à la source de son idéal. En 1962, il est contraint de rejoindre la France, et après un court séjour à Marseille, il prend en charge la paroisse Notre-Dame-Auxiliatrice de Nice, où il restera dix ans.

JRC – *Deux mots simplement sur son apparence qui joue sans doute aussi, n'est-ce pas, sur le travail accompli ?*

MMZS – Oh, que vous avez raison ! Comme disait Wilde : « Il faut être bien superficiel pour ne pas juger sur les apparences ! » Taille moyenne, visage émacié, regard franc, les yeux noirs et perçants où rien de mièvre ne se laissait entrevoir, si ce n'était une bonté exigeante offerte à tous sous un pas large et décidé vendu au rythme qu'imposaient les événements et le devoir sacerdotal. À la main, son bréviaire, son sifflet, et dans la poche, mais si vite sorti, son chapelet. C'était un vrai fils de Don Bosco ! Je dois vous dire aussi que physiquement, il lui ressemblait. Au-delà des traits communs, il y avait un air de famille que la soutane continuait bien sûr d'entretenir, cette fameuse soutane si populaire, au fond, beaucoup plus populaire que la cravate arborée par les ecclésiastiques à l'allure de chef d'entreprise ou de petit fonctionnaire ; véritable blouse de travail souvent salie par la route, pauvre, anachronique, invention géniale pour dire au monde qu'on ne lui appartient pas. Mais il y avait aussi chez cet homme, et d'ailleurs chez tous les salésiens de cette génération, la volonté d'imiter et par conséquent de copier formellement Don Bosco. Par exemple, tous se faisaient photographier assis au milieu des enfants, avec la fanfare ou avec d'autres groupes, le prêtre toujours au centre ; de 1870 à 1965 : même cliché ! La courroie de transmission était donc bien tendue et un même esprit roulait sur les générations successives. Par l'apparence, par l'extériorité – ce que je vous dis là me tient terriblement au cœur –, que de vérités passent dans l'esprit des hommes sans que la parole ajoute un mot.

JRC – *Mon Père, vous allez donc participer régulièrement à ces après-midis récréatifs au patronage de votre paroisse. Quels souvenirs précis en gardez-vous et en quoi ont-ils influé sur la découverte de votre vocation ?*

MMZS – Je crois vous avoir déjà confié que le jeu n'avait pas tenu une grande place dans mon enfance. Eh bien, cela va continuer. Si j'ai le souvenir d'avoir participé à quelques parties endiablées de ballon prisonnier, habituellement je passais tout l'après-midi auprès du père Galas, sur le banc d'où il nous surveillait. De temps en temps, s'il s'apercevait que l'un des enfants avait triché, ce qu'il appelait de son expression coutumière « ne pas être franc », les choses se gâtaient. Brusquement, il se levait, sifflait le rassemblement, et de sa main paternelle secouait le gaillard et le mettait sur la touche, le temps qu'il « réfléchisse à son acte ». Ah ! ça ne badinait pas. Quelques minutes plus tard, il allait le rechercher à l'angle de la cour, et sur un beau sourire, il ajoutait ces mots : « Allez, je crois que tu as compris, va jouer, je te fais confiance ! » Quand nous donnions satisfaction par notre gentillesse, et surtout par notre franchise, je le redis, qualité à ses yeux insurpassable, il nous accordait alors le privilège de mettre en œuvre un jeu des plus hardis : « le jeu des boucliers », qui consistait à aller dans le camp adverse chercher un foulard en se protégeant à l'aide de boucliers en fer alors que les équipes s'envoyaient sur la figure de vieilles balles de tennis bien dures. On tâchait d'esquiver et d'avancer jusqu'au foulard ; toutefois de temps en temps, et c'était inévitable, sur la tête ou sur les jambes, la vieille balle venait rougir la peau. Aïe ! aïe ! aïe ! Et selon les tempéraments, les uns se mettaient en colère, les autres pleuraient, et l'on entendait alors retentir la voix du père Galas : « Allez, ne vous laissez pas vaincre par l'adversaire ! Un peu de courage ! Foncez ! »

JRC – *Eh bien, dites-moi, c'était une éducation plutôt rude…*

MMZS – Une éducation tout court qui, d'ailleurs, s'harmonisait parfaitement avec celle que nous recevions de nos parents qui considéraient la volonté comme une faculté maîtresse à développer quotidiennement. Quant aux vertus de franchise et de courage, elles devaient être vivantes et décelables sur notre comportement. De nos jours, qui prétend être parvenu au but fixé *à la force des poignets* est considéré comme un imposteur, ou du moins comme un modèle à ne pas imiter. Et cette position mortifère se répand non seulement sur le plan humain, avec des conséquences dramatiques sur la personnalité et l'avenir des personnes et des sociétés, mais aussi dans le domaine spirituel où l'âme est laissée à son bon plaisir, livrée aux vents de l'envie de prier ou de ne pas prier, de vivre la messe ou de s'en passer. Surtout, pas de coercition intérieure, pas de règlement de vie, pas de formules à réciter qui pourraient contraindre, chacun devant partir de son seul désir de faire ou de ne pas faire pour organiser sa relation avec Dieu. Aujourd'hui, il semblerait bien que la pauvre volonté doive rester les bras croisés, tranquille dans son coin, presque inopérante, attendant que Dieu fasse tout le travail en s'imposant à l'âme. Malheureusement, qui ne veut pas manger ne mangera pas, qui ne veut pas aimer n'aimera pas, qui ne veut pas prier ne priera pas. Aussi, en jetant la clef de la volonté aux orties, je crains fort que les canonisations à venir soient compromises !

JRC – *Si je vous ai bien compris, jetons les jeux vidéos et reprenons les bons vieux boucliers de fer et les balles de tennis...*

MMZS – Avec un bon père Galas qui, se surajoutant à l'éducation donnée par les parents, faisait travailler les vertus en les fortifiant par des exercices répétés. Que l'on arrête de mésestimer l'indispensable volonté ; ce n'est pas le danger actuel. Les êtres volontaires ne sont pas des pitbulls inquiétants, psychorigides, obsédés par le devoir à remplir, manquant de souplesse et de liberté intérieure. Vouloir ! Vouloir ! Rien n'est plus humain et plus achevé. Au diable les velléités impuissantes !

JRC – *Vous ne craignez pas que la volonté trop armée se mue en volontarisme et fasse des dégâts ?*

MMZS – De l'équilibre avant toute chose. Cependant, je maintiens que pousser depuis l'enfance un être à vouloir avec constance... et à prendre les moyens pour atteindre... c'est lui assurer un avenir magnifique et, par là même, décupler ses forces face à l'épreuve.

JRC – *Revenons à ce prêtre qui vous a si fortement marqué malgré sa vigueur apparemment si peu tendre…*

MMZS – J'ai donc passé près de lui, assis sur le même banc, de nombreux après-midis sans recevoir, je le redis, aucune marque particulière d'affection, et cela m'était bien égal. Il y a dans l'essence de l'amour une intention d'aimer qui précède toute reconnaissance. Je suis convaincu que l'amour le plus gratuit habite le premier moment, le moment le plus pur et le plus authentique, où l'on est saisi et entraîné à aimer la personne entrevue comme un bien absolu. Qu'importe la réponse, qu'importent même les éventuelles rebuffades. On aime tout simplement parce que l'on aime, parce que l'on veut aimer telle personne.

De temps en temps, le Père quittait la cour pour se rendre à son bureau ; quelqu'un venait de sonner, et c'était toujours le même accueil tranquille, chaleureux, dévoué. Puis il revenait avec son bréviaire à la main, et comme si je n'existais pas, il se penchait sur ses pages noircies par les nombreux passages de ses doigts laborieux et entrait immédiatement dans un univers qui m'échappait. Je l'enviais. Parfois, une balle se coinçait dans le baby-foot, il arrêtait alors sa lecture et se levait pour aller secouer l'engin et permettre aux jeunes de continuer la partie. Vous savez, tout était très pauvre. La cour où il nous recevait était plus que modeste, les jeux déjà bien usés, les ballons à demi gonflés, mais les enfants étaient là, c'était pour lui l'essentiel, à l'abri du « mal » – c'était son expression – qu'ils auraient pu accomplir s'ils étaient restés dans leur quartier difficile, livrés à eux-mêmes.

JRC – *Et ces garçons, que je suppose dans l'ensemble dépourvus d'éducation, acceptaient sans broncher les règles fixées et ce climat éducatif ?*

MMZS – Ils avaient tout à gagner en demeurant dans les clous et je crois pouvoir dire qu'ils y restaient volontiers. Et puis, sur le plan pédagogique, le père Galas était un défenseur absolu du système d'éducation mis en place par Don Bosco, appelé « le système préventif ». Ce système pédagogique, que j'ai donc expérimenté et dont je m'inspire encore, implique à titre de nécessité une sorte de complicité entre le prêtre et le jeune garçon, une forme de pacte intérieur fondé sur la confiance mutuelle et sur l'affection nettement manifestée. « Sans affection, pas de confiance, et sans confiance, pas d'éducation », a répété à longueur de vie le grand Don Bosco. Ce climat fermement établi, la liberté de la joie débordante octroyée, les choses allaient pour le mieux, et nous mesurions aussi combien le père Galas se donnait beaucoup de mal pour demeurer à notre service, et cela nous touchait profondément. De plus, nous le savions infiniment aimant et infiniment juste, et ses emportements, ses éclats de voix – car c'était un nerveux –, loin de nous éloigner de lui, nous en rapprochaient. Et puis, il faut dire que dans la cour, tout était permis : sauter, crier, chanter, danser, tout, sauf le péché. Sur ce plan, nous étions aussi aidés : aucun isolement possible, aucune discussion dans les coins où des conversations mauvaises auraient pu naître, aucun sous-groupe ne pouvait se former, car le système préventif avait pour fondement de placer l'enfant dans l'impossibilité objective de pécher. Tous ensemble, nous devions donc nous maintenir dans la clarté de la franche camaraderie et nous en étions heureux.

JRC – *Et sur le plan religieux, que receviez-vous ?*

MMZS – Je dirais volontiers : en premier lieu, l'exemple. La foi traverse le témoignage de la personne. Jusqu'à ma mort, que cela plaise ou non, car aujourd'hui, je le constate amèrement sous le peu de fruits qui se ramassent et le peu de vocations qui germent, on s'imagine que la transmission de la foi repose en grande partie sur la connaissance, et l'on multiplie donc les instances réflexives, les groupes d'échanges, les sessions et autres communications ; on propose aux jeunes de venir *réfléchir* à la *question* de la foi. Je pense qu'il y a là une emphase réflexive qui, en faisant appel à l'intellect, ne convient pas à tous, notamment aux petits, aux humbles, aux manuels, et qui de plus laisse froide une grande partie des enfants de Dieu. Si la croissance de la foi dans un cœur suppose la réflexion, la naissance de la foi suppose une expérience de Dieu, ce qui revient à dire, une rencontre avec lui. D'où l'importance de la prière, de la sainte messe bien célébrée, des sacrements conférés avec beaucoup de soin (et je pense que nous aurons l'occasion de parler de ces réalités majeures), mais aussi du témoignage, donné tout d'abord – et cette préséance, je n'y renoncerai pour rien au monde – par le prêtre, car celui-ci est l'image de Dieu dans l'imaginaire des hommes. Je sais bien qu'aujourd'hui on aime à dire que tout le peuple chrétien, Corps du Christ, reçoit la charge de témoigner de Sa présence et de Son amour ; très bien ! je signe des deux mains, mais en même temps, il n'empêche que les premiers visés par le regard du monde, ce sont les prêtres. La preuve, c'est que lorsque l'un d'entre eux déchoit, toute l'Église est atteinte. J'ai donc reçu en premier lieu le merveilleux témoignage d'un prêtre dévoué à l'extrême, habité par une prière constante qui semblait jaillir de son bréviaire et de son chapelet. Voilà pour l'exemple ! Ensuite, il tenait à nous confesser régulièrement, et rapidement, d'ailleurs, selon, là encore, les indications de Don Bosco, qui ne traînait pas, mais qui cependant faisait bien attention de demander à chacun un effort particulier, la confession étant considérée par lui non seulement comme le moyen de purifier l'âme, mais aussi comme le lieu où se construit l'homme rêvé par Dieu.

JRC – *Et la messe ?*

MMZS – Seulement le dimanche, et il insistait beaucoup pour que nous venions la servir en tant qu'enfant de chœur. Je me revois arriver le matin de bonne heure et apercevoir sur le meuble de la sacristie les ornements préparés avec les aubes respectives installées, l'amict placé sur chacune, et les calices recouverts de leurs voiles, attendant sagement que les pères salésiens, les uns après les autres, célèbrent leur messe. Je vous assure que dans mon cœur d'enfant, j'étais touché par tant de beauté et de soin. Le père Galas accueillait avec beaucoup de gentillesse ses confrères. À peine arrivés, les uns après les autres, ils se mettaient à genoux, et sous une petite lumière, récitaient dans un grand recueillement les prières préparatoires. Je me disais alors, sans comprendre le mystère de la sainte Eucharistie, que, sans doute, se jouait là quelque chose de grand. Enfant, pendant des années, j'ai donc servi la messe privée ou solennelle, parfois jusqu'à l'épuisement.

ambon

JRC – *Et vos parents vous laissaient le champ libre ?*

MMZS – En me rappelant toujours à la mesure. Je me souviens qu'une fois, à la fin de la messe de neuf heures, en me rendant avec mon plateau à la table de communion, je me suis évanoui, tombant de tout mon long à côté du père Galas. Lorsque je repris conscience, j'étais entre mes deux pères, celui qui m'avait donné la vie, et celui qui au fond la conduisait. Il me semble encore entendre la voix ferme de mon père, tout en arrangeant ma cravate, expliquant au père Galas d'où ma faiblesse provenait : « Il faut toujours qu'il aille jusqu'au bout de lui-même ! »

JRC – *Au fond, je me rends compte ici que malgré le temps, on change peu...*

MMZS – Tant mieux. Être soi jusqu'à la démesure ne tue qu'en dernière minute. Alors, il faut bien en profiter. Mais attendez, cher Jean-Robert, je reviens à la messe du dimanche, car je veux vous livrer quelque chose d'important. En principe, c'était le père Galas qui animait de l'ambon les chants de la messe. Lorsqu'il n'intervenait pas, il s'asseyait dans les stalles, et là, en raison de son programme de journée qui était, je le redis, extrêmement chargé, il priait son bréviaire durant la prédication, l'offertoire et la préface. Je signale ce point capital car sa manière de prier alors, avec intensité et en s'isolant du monde extérieur, me bouleversait. J'aurais déjà bien voulu d'ailleurs posséder un livre comme le sien avec sa belle couverture de cuir et ses images, et ses bouts transparents de radiographie qui servaient de marque-page. À la consécration, il quittait calmement son bréviaire et se mettait à genoux en s'abîmant dans un recueillement saisissant. De mes yeux d'enfant, je n'en perdais pas une miette, sans doute par une volonté expresse de Dieu. Une autre fois, alors que nous étions partis tous les deux en voiture pour rejoindre une colonie de vacances où nous devions travailler manuellement, j'avais autour de dix ans – il s'agissait de poser un grillage –, après le repas de midi, j'ai vu le père Galas allongé dans l'herbe, derrière les roues de sa voiture, lire avec beaucoup d'attention son bréviaire. Ce sont des images qui se sont définitivement gravées en moi comme autant d'appels à la vie surnaturelle et à la fidélité à la vie intérieure. Il faut que le prêtre soit pris en flagrant délit de prière personnelle si l'on veut que demain les enfants d'aujourd'hui devenus prêtres prient et donnent Dieu aux âmes de cette manière à la fois simple et insurpassable.

JRC – *Malgré le petit coup de patte que vous avez donné tout à l'heure à la connaissance, je suppose que vous suiviez quand même le catéchisme ?*

MMZS – Mais bien sûr et très volontiers. Nous avions alors quatre heures de catéchisme par semaine. Et c'était une bonne chose. L'enfance a besoin de découvrir essentiellement qui est son Père et Créateur, de contempler l'œuvre terrestre du Fils bien-aimé avec sa Croix pour trophée, de connaître le rôle du Saint-Esprit dans l'âme, d'approcher le mystère de la sainte Vierge, chef-d'œuvre de la Création, mère du genre humain, médiatrice de toute grâce, ainsi que celui de l'Église, plus difficile à admettre, en tant qu'Épouse du Christ composée de pécheurs mais sainte en sa nature, transportant la vie de Dieu et la vérité éternelle dans les âmes créées, sans oublier, bien sûr, les innombrables vies de saints et de saintes qui doivent devenir la pâture de l'enfant, de manière à gonfler les voiles de son idéalité et à le pousser en direction de l'imitation. C'est dire que le catéchisme est vital ; cependant il ne se transmet positivement, je le crois, qu'à travers un climat surnaturel où Dieu s'éprouve avant qu'il ne se pense ; et ce climat, il se crée déjà par la simple présence du prêtre habillé différemment des autres hommes, que l'on appelle « mon Père » et non par son prénom, et que l'on vouvoie, mais aussi par le rayonnement de la sainte Eucharistie bordée de beauté liturgique, par le scintillant chapelet que l'on donne à l'enfant, par la distribution d'images pieuses où les saints auréolés de lumière paraissent irradiés d'une gloire inconnue. Il faut aussi que dans l'esprit de l'enfant l'au-delà soit déjà présent avec ses trois voies, deux qui montent et une qui descend : paradis, purgatoire et enfer. Eh oui, ces réalités doivent être enseignées. Il convient que le terme du voyage soit entrevu avec netteté par l'esprit et l'imaginaire aussi, bien que ce dernier soit réducteur et blesse quelque peu le réel. Mais que voulez-vous, il faut faire avec ce que nous sommes. Il est bon aussi, croyez-moi, que les grandes apparitions mariales s'enfoncent avec leurs messages dans le cœur de l'enfant. Marie vivante, voyageant sur les siècles.

JRC – *Pour vous, le catéchisme est donc une matière que l'on enseigne ?*

MMZS – Et que l'on apprend. La vieille méthode charpentée sur les questions-réponses donnait peut-être l'impression d'un rabâchage qui ne passait pas dans la vie, cependant – restons humbles ! – nos méthodes actuelles, du moins une forte majorité d'entre elles, plus horizontales que verticales, se targuant de rejoindre l'enfant, ne donnent pas de grands résultats. Après la première communion, et même la profession de foi, de nombreux enfants n'ont pas intégré l'essentiel, ne connaissent pas même les répons de la messe, le *Confiteor*, le *Credo*, le *Gloria*, comment voulez-vous alors qu'ils y soient fidèles ? Nous apprenions tout cela. Je me revois d'ailleurs passer devant notre catéchiste qui était un ancien militaire au cœur d'or, un certain monsieur Wasmes, avec sa canne et sa jambe raide, pour réciter, impressionné et seul, ces textes et ces prières. Cela dit, je suis convaincu que le contenu doctrinal ne touche l'esprit et n'y fait sa demeure qu'à la seule condition que la sensibilité de l'enfant soit saisie et comme emportée par la réalité surnaturelle. Quand le père Galas parlait du saint Sacrement, ou bien de la sainte Vierge, on avait vraiment l'impression que Jésus et Marie étaient là près de lui et qu'il croyait dur comme fer en leur présence. Tout catéchiste devrait donc s'arranger pour que les mots employés en vue d'expliciter les dogmes de foi rendent présent et presque palpable l'univers invisible. À ce sujet, la terminologie choisie est essentielle à la transmission de la foi. Il y a tout un vocabulaire qui fait *goûter* le mystère et tout un autre qui en éloigne.

JRC – *Tout cela suppose une foi vigoureuse...*

MMZS – N'est-ce pas le minimum à exiger d'un prêtre ou d'un catéchiste ? Qui ne vit pas du mystère ne doit pas l'annoncer ! L'action des catéchistes qui ne vont pas à la messe tous les dimanches sera sans effet, qu'on se le dise. Ceux qui tordent dans tous les sens – et ils sont nombreux – certains dogmes de foi tels que le péché originel, la virginité de Marie, l'assomption et autres réalités renversantes, ou qui prennent leurs distances avec l'Église, avec la personne du pape, se permettant de critiquer ouvertement son action, n'ont pas à intervenir sur les cœurs d'enfants par nature dociles et influençables. Que ces personnes fassent autre chose, qu'elles comptent la quête et suivent des cours où leurs hypothèses seront admises. Car si le maître est incertain, divisé dans ses convictions, incohérent, voire en révolte larvée avec ce qu'il appelle dédaigneusement « l'Institution », il ne greffera pas la foi catholique dans les esprits. En vérité, trop de catéchistes, bien que ne maîtrisant pas la matière, se sont engagés dans cette voie à la demande d'un prêtre débordé par son ministère. C'est une erreur aux conséquences désastreuses.

JRC – *Peut-être serait-ce mieux que le prêtre fasse lui-même le catéchisme ?*

MMZS – C'est l'idéal, au moins une année, de préférence peut-être celle de la première communion. Mais c'est un idéal qui n'est pas toujours facile à réaliser, surtout quand le prêtre est seul et qu'il a plusieurs clochers. Dans ma paroisse, de bons catéchistes sont à l'œuvre, accompagnés d'un prêtre dominicain dont je rémunère la présence et qui, chaque semaine, rencontre les enfants, les fait prier devant le saint Sacrement exposé, leur prêche la retraite de communion, et les confesse pour les grandes fêtes. De toute manière, quelle que soit la qualité des catéchistes, le prêtre doit être présent avec sa vie offerte et visiblement en porte à faux avec l'esprit du monde. L'ai-je assez dit ?

JRC – *Je crois, et je vous en remercie. Votre langage est direct, vous dites clairement votre pensée. J'imagine sans mal que tous vos lecteurs ne partageront sans doute pas votre manière de concevoir les choses, mais il est bon aussi de les exprimer et de sortir ainsi de la voie commune, de la pensée unique qui sévit aussi dans l'Église de notre pays. Beaucoup aussi, j'en suis sûr, vous remercieront d'oser exprimer haut et fort une pensée qui est aussi légitime.*

MMZS – Je ne réponds pas à vos questions pour être compris, pour plaire, ou pour tenter de faire l'unanimité. Le Christ n'a jamais mangé de ce pain-là. Une chose m'importe : être vrai avec moi-même et dire ce que je porte et ce qui me tient au cœur. Et puis je suis de ceux qui pensent que les minorités font avancer le monde beaucoup mieux que les visions partagées par le plus grand nombre. Pardonnez-moi de citer encore Sacha Guitry ; il a un joli mot que je n'ai jamais perdu de vue : « Plaire à tout le monde, c'est plaire à n'importe qui. » Alors, voyez, ce n'est vraiment pas là mon ambition !

JRC – *Mon Père, il me semble que nous parvenons déjà à bien vous cerner et à vous imaginer dans ce contexte salésien dans lequel vous avez évolué et où vous avez reçu votre vocation.*

MMZS – Je suis vraiment heureux que vous parliez de « contexte », au fond, de climat, et non d'*ambiance*, car il n'y avait rien de superficiel, de surchauffant dans ce que nous vivions. Sous le mot *ambiance* on entend rugir un ramassis d'éléments épars très extérieurs composés de bruits, de sons, d'agitation nerveuse. Je lui préfère celui d'*atmosphère* qui à lui seul remplit de densité et d'infini l'univers dans lequel on est enserré. Près du père Galas, l'atmosphère générale était créée par un agencement particulier où la joie, l'élan, le don de soi, la prière, se donnaient la main et donnaient le ton, mais, encore une fois, sans extériorisation outrancière.

JRC – *En deux vertus, définissez cet homme à vos yeux exceptionnel...*

MMZS – Dévouement et piété saisissant le moindre mouvement de son être, un prêtre, quoi !

JRC – *Vous lui devez donc votre vocation.*

MMZS – C'est certain, ainsi qu'à la personne de Don Bosco qui se cachait derrière lui.

JRC – *Vous racontait-il sa vie, éblouissant votre cœur d'enfant, en particulier avec le torrent de miracles qu'il accomplit ?*

MMZS – Non. Sa méthode était moins étudiée. De la cour où nous jouions, il nous conduisait, en rang deux par deux, en silence – car à cette époque, il ne fallait pas broncher –, dans notre église impressionnante de beauté où Notre-Dame auxiliatrice, le pied en avant, le sceptre à la main, l'Enfant sur un bras, trônait au sommet du maître-autel. C'est bien elle, je ne parle pas ici de la statue, mais de la Vierge, qui entra la première dans mon cœur chrétien. Nous en reparlerons, je l'espère.

JRC – *Comptez sur moi !*

MMZS – L'artiste Étienne Doucet, que je vénère puisqu'il a couvert de poésie et de rêve éveillé mon enfance religieuse, a peint à fresque l'ensemble des chapelles latérales de cet édifice. Si certaines chapelles, notamment celle de Saint-Joseph, où l'on voit la Sainte Famille travailler sous un ciel des plus romantique, ou celle dédiée à saint François de Sales où le saint, à l'ombre d'un arbre séculaire, parle aux paysans savoyards qui n'en perdent pas une miette, m'ont profondément touché, c'est sans nul doute la chapelle consacrée à Don Bosco, placée sur l'allée latérale droite, qui emportera mon cœur et me plongera dans un désir de donation absolue. Sur cette peinture, la sainte Vierge en gloire, revêtue d'un immense manteau dont elle tient les pans, fait apparaître sur sa robe intérieure Don Bosco lui-même, grandeur nature, ensoutané, les mains jointes, sourire aux lèvres, le visage nimbé de lumière s'achevant en rayons. À ses pieds cachés par un nuage, sur la gauche, deux prêtres salésiens, l'un tenant par les épaules un jeune étudiant en costume et un jeune apprenti en habit de travail, l'autre, à genoux, en soutane blanche, avec à ses côtés un jeune Noir torse nu, revêtu d'un simple pagne, fixent Don Bosco et semblent vouloir le faire aimer à leurs protégés. De l'autre côté du tableau, sur la droite, en parfaite symétrie, deux sœurs salésiennes en grand habit accompagnent de leur dévouement trois jeunes filles, parmi lesquelles une au visage plus mat rappelle la première mission extérieure de la congrégation salésienne au fin fond de l'Amérique du Sud, en Terre de Feu. Comment voulez-vous que sous ce spectacle à portée de regard quotidien, encore une fois, assorti du témoignage admirable d'un prêtre, la vocation ne prenne pas corps ?

JRC – Si j'ai bien suivi, rien d'autre qu'un prêtre, qu'une atmosphère, et que quelques peintures pour inviter à servir le Ciel ?

MMZS – Rien d'autre ? Mais c'est déjà beaucoup, vous savez ! Une telle conjonction d'influences, cela vaut de l'or, et je la souhaiterais volontiers à tous les enfants d'aujourd'hui, bardés de jeux vidéos plus ou moins anesthésiants. Il y eut aussi, maintenant que vous me poussez dans mes souvenirs, l'impact sur mon esprit et sur mes rêves d'avenir de l'humble bande dessinée en noir et blanc de Jigé mettant en images la vie de Don Bosco, et qui me fit entrer dans le désir de l'imitation. Car au fond, vous savez, si l'appel de Dieu au sacerdoce demeure une réalité qui vient d'en haut et qui surprend, le « Grand Concepteur » ne se sert en principe pour le révéler que de matière humaine, et là-dedans, on peut en mettre ! Voyez pour moi, au-delà de l'exemple du père Galas, il y a une église, une cour, des peintures, un livre, une atmosphère. Il m'apparaît donc que c'est le miroitement d'éléments particuliers qui s'emboîtant les uns les autres appellent…

JRC – En dehors du père Galas, y a-t-il eu d'autres personnes ou des événements particuliers qui, en ces années-là, vous ont touché et entraîné vers Dieu ?

MMZS – Sans hésiter, je vous réponds : la présence des sœurs salésiennes. Elles avaient leur propre maison et leur propre patronage, destinés aux filles, bien sûr. Nous, les garçons, nous y allions trois fois par an, toujours en rang, deux par deux, pour y vivre une partie de ballon prisonnier haute en couleur, croyez-moi. Pour l'anecdote, je me souviens notamment qu'il y avait une jeune fille, courte sur pattes, vrai garçon manqué, bien en chair et c'est peu dire, qui vous envoyait le ballon avec une force telle que tous les garçons se garaient pour éviter le boulet de canon ! Quand l'un d'entre nous était attrapé, c'était l'humiliation. Alors, le père Galas qui, sur la touche, arbitrait la partie, en riant de bon cœur nous encourageait à la revanche : « Allez, les garçons, ne vous laissez pas faire ! Montrez-leur qui vous êtes ! » Et les sœurs de répondre avec leur grand voile sur la tête et avec la même joie : « Vous ne nous aurez pas ! » Le tout durait une heure, pas plus, dans une folle allégresse. Puis, sans avoir échangé la moindre parole avec les filles, après une courte prière, nous repartions dans notre cour.

JRC – *C'était là tous vos contacts avec les sœurs...*

MMZS – Non, car à vrai dire, en raison de ma proximité avec le père Galas, j'étais un petit privilégié. Souvent, en semaine, j'allais leur rendre visite. Et c'était toujours le même rituel : un bonjour à sœur Dominique qui veillait sur la porte d'entrée avec ses boîtes de bonbons et ses livres de prière, puis un baiser à sœur Marinette, la supérieure, dont le sourire me ravissait – il faut dire que c'était la plus jeune ! –, puis à sœur Rose qui semblait ne vivre que de lessives ininterrompues au beau milieu de ses machines à laver, puis à sœur Rosine qui gardait la buanderie de tout son accent italien. Et je dois vous dire que ces femmes me sont toujours apparues très heureuses, et bien qu'entièrement livrées à l'éducation des enfants et à la garde de leur patronage, elles assumaient un travail colossal d'entretien, de lingerie, de cuisine, pour faire tourner la maison. Et cela donnait à la vie religieuse féminine et active une dimension maternelle très appréciable que je ne retrouve plus aujourd'hui chez beaucoup de nos sœurs de France, qui entendent, certes, annoncer l'Évangile de mille initiatives, mais sans peut-être croire suffisamment qu'en se consacrant à la cuisine, au ménage ou au lavage des draps, les âmes sont emportées dans les bras de Dieu non seulement par la valeur surnaturelle dont ces actes peuvent se charger quand ils sont accomplis pour la joie du Père, mais aussi par le simple exemple de femmes rayonnantes, livrées aux œuvres mariales de Nazareth. À mes yeux, c'est un peu dommage car, de plus, toute mère de famille digne de ce nom – et la religieuse est mère – ne renvoie pas en principe ces aspects plus quotidiens qui donnent à la parole prononcée toute sa crédibilité. En les retrouvant dans ma mémoire, je les compare, bien que leurs situations soient différentes, aux religieuses polonaises qui ont servi durant tout son pontificat le pape Jean-Paul II : secrétaires hors pair et éplucheuses de légumes ! Bref, les sœurs salésiennes de l'époque, malgré l'avalanche des tâches, maternelles jusqu'au bout du geste, trouvaient le temps de s'occuper de la jeunesse pauvre et abandonnée, et de conduire immanquablement l'enfant que j'étais au comble de la joie en l'introduisant régulièrement dans leur cuisine pour lui servir un grand verre de limonade. Quelle gorgée de fraîcheur ! Et quand aujourd'hui, d'ailleurs, il m'arrive de boire à nouveau ce philtre sucré et gazeux, instantanément, je rejoins ce climat de bonté féminine et maternelle qui sentait bon le propre !

JRC – *À chacun sa « madeleine » !*

MMZS – Exactement ! Sauf que Proust, lui, rejoignait la chambre de tante Léonie à Combray pour restaurer son enfance évanouie, tandis que moi, je filais dans le cœur de Dieu pour préparer l'avenir.

JRC – C'est la première fois que j'entends magnifier les religieuses dans leur mission de servante...

MMZS – ... et de mère ! C'est ainsi. Les religieuses de mon enfance ont exercé sur moi et sur ma vocation naissante une grande influence par leur seul exemple de lingère, de repasseuse, de cuisinière, glissant de temps en temps à mon oreille, et cela suffisait, le mot juste, le conseil adéquat, pour que la route se continue dans la lumière de la foi. Il faut si peu pour ordonner à Dieu !

JRC – Si je comprends bien, la foi n'est pas un savoir ?

MMZS – C'est une adhésion de tout l'être à la personne de Jésus, certes, connue, entrevue, découverte, et par conséquent transmise par des voix humaines qui sur les versets de l'Évangile lus et réfléchis dévoilent son visage. Cependant, cette transmission cérébrale ne saurait suffire, car il ne s'agit pas seulement pour Dieu de saisir l'intelligence, mais de *séduire* – et j'emploie ce verbe à dessein – toute l'âme humaine, par mode d'impression venu le plus souvent du témoignage. Quand je voyais les sœurs toutes joyeuses plier les draps sous les éclats de rire, et tout de suite après consoler un enfant ou se tenir à genoux devant le saint Sacrement, j'entrais de plain-pied dans le réalisme de la présence de Jésus irriguant la vie. Il n'y a pas que l'avalanche des paroles, fussent-elles de nature religieuse, qui fait mouche sur un cœur. Les actes silencieux et quotidiens ont l'avantage de graver la sagesse divine dans la matière et, par ricochet, dans la mémoire. Et quand de plus ces actes sont vécus en grande humilité, nous savons par Jésus le charpentier leur puissance. C'est le mot de Newman qu'il faut répéter inlassablement à nos contemporains assoiffés d'efficience : « Le royaume des cieux est ordinairement fait d'actes secrets, de secrètes charités, de secrètes prières, de secrets renoncements, de secrètes luttes, de secrètes victoires. »

JRC – *Vos religieuses sont des servantes, des mères...*

MMZS – Je dirais aussi des femmes... efficaces, actives, à la page. Des femmes sur qui l'on peut compter, capables de vous faire une omelette ou un ourlet, et qui en même temps connaissent l'Évangile sur le bout des doigts et en parlent avec passion. Et en habit religieux, s'il vous plaît, à moins que leur communauté n'ait pas été pensée par son fondateur dans cette lumière.

JRC – *C'est vrai qu'aujourd'hui, on croise peu de religieuses actives en costume religieux dans les rues de nos cités !*

MMZS – Je le regrette vivement. Et laissez-moi vous dire que le peuple, c'est-à-dire les pauvres, les gens simples, aussi le regrette. C'est la rationalisation de la foi qui a induit le mouvement de sécularisation qui sévit au sein même de l'Église qui est en Europe. On s'imagine qu'il suffit de parler pour transmettre. C'est là sous-estimer les facultés sensibles et imaginatives de l'homme. On commence par dire « Madame » à la religieuse rencontrée, et c'est elle ensuite qui doit annoncer la couleur de sa consécration quand elle veut bien l'annoncer : « Je suis religieuse ! – Ah bon ! répond la personne surprise, excusez-moi ! Je vais vous dire "ma sœur" », et après un moment de recul : « Vous me dites bien la vérité, vous êtes vraiment religieuse ? » Mais quelle mauvaise entrée en matière ! Sans compter tous ceux qui n'adresseront jamais la parole à cette religieuse parce que tout simplement ils ne savent pas qu'elle l'est. Et puisque j'y suis, je continue de dire, non sans peine, croyez-moi, et avec respect, ce que beaucoup pensent tout bas, en espérant que les choses changeront dans les années à venir : les religieuses en civil sont, pour la plupart, habillées de façon désuète, sans compter celles aux allures de garçons manqués qui n'expriment pas même la féminité. Je suis désolé d'être si franc, mais je souffre trop de rencontrer de nombreuses jeunes filles désireuses de se donner à Dieu dans la vie religieuse active, mais qui, ne se voyant pas vivre dans ce climat d'anonymat faussement adapté au monde, foncent dans des couvents de contemplatives pour exprimer de manière radicale et totalisante leur amour pour le Père. J'ai bien conscience qu'en vous disant cela, beaucoup de religieuses qui sont entrées à la suite des prêtres dans l'insignifiance formelle de leur consécration m'en voudront à mort pour tant de franchise. Qu'elles ne se méprennent pas : je ne remets absolument pas en question la qualité de leur donation et de leur travail, mais je leur dis tout de même qu'elles font fausse route. Il est d'ailleurs aisé de constater que seules les communautés où l'habit religieux est encore porté reçoivent du Ciel des vocations. Le Saint-Esprit serait-il pour l'habit religieux ? Je le crois, quand je vois aussi l'insistance d'un Jean-Paul II et d'un Benoît XVI pour que les ordres, les congrégations et autres familles religieuses ne laissent pas leurs habits suspendus au portemanteau du passé.

JRC – *Vous pensez donc que l'avenir de l'Église est à la signifiance ?*

MMZS – Il faut être aveugle pour ne pas croire en l'importance de ce qui se voit. Une petite religieuse qui, dans le bus ou dans le métro, vous sourit, cela peut suffire pour vous redonner la foi. Voilà ce que je crois.

JRC – *Mon Père, vous devriez fonder un institut de sœurs !*

MMZS – Pourquoi pas ! Voilà une bonne idée. Si elle vient de Dieu, je suis prêt. Trouvez-moi trois femmes amoureuses du Christ, détachées d'elles-mêmes, et je leur taille un bel habit ; qu'elles soient resplendissantes de beauté sous leur long voile, rosaire à la ceinture et, sur leurs visages, la joie d'être femme et mère des âmes, assumant les charges quotidiennes et servant le prochain en grande simplicité. Croyez-moi, dans cette lumière anachronique, elles mettront le monde dans leurs poches ; c'est couru d'avance ! à l'image de nos chères petites sœurs de Saint-Vincent-de-Paul ou de celles de mère Teresa ou de Cottolengo qui, dans leur habit de consacrées, touchent des milliers de cœurs.

JRC – *Mais quel élan, mon Père ! Il me reste à trouver les filles…*

MMZS – Faites vite ! je vieillis… (*éclat de rire*).

JRC – *Le père Galas, les sœurs salésiennes, et puis qui donc encore travaillera à l'éclosion de votre vocation ?*

MMZS – Je me souviens d'un moment particulier. Le père Galas m'avait donné rendez-vous vers une heure de l'après-midi dans la cour de l'école technique Don-Bosco, qui jouxtait celle du patronage. C'était l'été, quelque chose de ouaté circulait dans l'air immobile. Pas un bruit sous ce préau sans élèves où j'attendais… Quand, tout à coup, la porte de la chapelle s'est ouverte, et les pères salésiens, les uns après les autres, sont sortis, bréviaire en main, en grand silence. Soudain, j'ai aperçu le père Galas qui esquissa un beau sourire sur fond de recueillement. J'ai alors perçu – et l'image s'est gravée en moi – un mystère de vie qui dépassait sa personne, traversant l'existence de cette communauté d'hommes qui partageaient un même idéal. Je me sentis soulevé de terre, emporté vers une forme de vie dont je ne maîtrisais pas les contours. Le rapt s'opérait.

Parmi ces salésiens, il y avait aussi un certain père Hubert Amielh, ancien provincial, qui m'impressionnait grandement car j'avais appris que Don Rua, premier successeur et compagnon de Don Bosco, aujourd'hui béatifié, l'avait revêtu de la soutane. Alors, vous pouvez imaginer dans ma tête d'enfant ce que pouvait représenter une personne ayant connu le premier fils, autant dire le *saint Jean* de Don Bosco ! Lorsque j'avais dix ans, il devait en avoir quatre-vingts de plus. En le voyant passer, j'étais ému et je l'enviais.

JRC – *Et cette seule vision vous transportait ? Pour vous marquer ainsi, sans doute ce prêtre vous parlait-il aussi ?*

MMZS – Très peu. Jamais plus de deux mots, mais toujours accompagnés d'un sourire, ce qui faisait beaucoup. Je vous l'ai dit, il m'entraînait vers Dieu en tant qu'il était lui aussi un élément majeur de la courroie de transmission qui me reliait à Don Bosco. Sur le plan spirituel, je lui dois d'ailleurs une prise de conscience riche de conséquences. Figurez-vous qu'un jour, j'étais allé chercher à la demande du père Galas je ne sais plus quoi derrière l'autel majeur. L'église était vide, seul le père Amielh, que je n'avais pas vu, priait, assis au milieu de la nef. Et comme à mon habitude, je courais de toute ma nature enjouée et entreprenante. Soudain, le bon et vieux père claqua dans ses doigts, je sursautai et demeurai cloué sur place. Avec sa main, il m'indiqua le tabernacle et me fit signe de faire la génuflexion. Jamais je n'ai oublié cet instant, et moins encore la présence vivante de Jésus dans le saint Sacrement de l'autel qui réclamait un genou à terre. Vous voyez que je lui dois beaucoup !

JRC – *Et du côté des fidèles de la paroisse, certains vous ont-il marqué ?*

MMZS – Oh oui, bien sûr, et en particulier, les irréductibles fils et les filles du père Galas qui l'avaient suivi depuis l'Oranie et qui assuraient le secrétariat, les lectures à la messe dominicale et enseignaient le catéchisme. Parmi eux, une mademoiselle Olmi, béret basque en tête, médaille de Don Bosco en sautoir, cartable de cuir bourré à mort de livres de vie, entièrement donnée à la cause de Dieu et évidemment à celle de son cher père ! Et puis monsieur Wasmes, mon catéchiste, ancien militaire, soixante-dix ans bien sonnés, toujours accompagné de son épouse qui elle non plus ne ménageait pas sa peine. C'était le temps où l'âge des serviteurs n'avait aucune importance. Tant que les jambes avançaient et que la voix s'entendait, on était bon pour le service, même en première ligne. On ne vous flanquait pas à la décharge parce que vous étiez chauve, boiteux ou arthritique. On regardait vos aptitudes et l'on avait l'intelligence de s'en servir. À plus de quatre-vingts ans, le bienheureux Jean XXIII avait dirigé de main prophétique la sainte Église, Paul VI lui succédait à l'âge de soixante-six ans, le général de Gaulle tenait les rênes de la France à plus de soixante-quinze ans, Maurice Genevoix abandonnait sa charge de secrétaire perpétuel de l'Académie à l'âge de quatre-vingt-trois ans, et Jean Nohain, vous vous en souvenez, ce cher *Jaboune* ? Je le revois animant l'émission *Trente-six chandelles* à plus de soixante-cinq ans ! Aujourd'hui, le petit écran qui tend à s'élargir n'offre que des jeunettes et des jeunots – et à dégager, s'il vous plaît, dès que les rides ou les cheveux blancs grimpent sur le front ! Quelle stupidité ! L'âge est devenu aujourd'hui le critère d'évaluation de la valeur des êtres. Et pourtant, une Mère Teresa, supérieure générale d'une congrégation dispersée sur tous les continents, a parfaitement assumé jusqu'au dernier jour de sa vie sa dense responsabilité, et un Jean-Paul II, à moitié paralysé et trachéotomisé, n'a pas non plus manqué sa sortie, éblouissant le monde par sa volonté, son courage et sa dignité. Permettez-moi aussi de pleurer sur le sort de nombreux chercheurs et professeurs en notre pays, qui, ayant atteint l'âge de la retraite imposé par notre cher système de société, et par la répulsion de plus en plus forte que nous éprouvons à l'égard de la vieillesse, sont obligés d'interrompre leurs travaux. Je pleure aussi sur les évêques qui, bon pied, bon œil, forts de leur expérience, pourraient encore gouverner leur diocèse à plus de soixante-quinze ans ! Il faut absolument que nos sages, fussent-ils des vieillards, retrouvent leur droit de parole et continuent le plus possible d'éclairer de leur savoir acquis et de leur expérience le coin de terre que Dieu leur donne de fouler. C'est à mon avis l'une des clefs à tourner pour que les nouveau-nés d'aujourd'hui soient des maillons de la chaîne humaine capables de recevoir les leçons du passé, et non des premiers hommes uniquement formatés par la technicité qui projette en avant, mais vers quoi ? Cela dit, pour en revenir à ma vocation, c'est à ce monsieur Wasmes, déjà bien avancé en âge, que je confierai en premier, le cœur battant la chamade, mon désir de devenir prêtre.

JRC – *Mon Père, pardonnez-moi si mon langage se relâche, mais j'aime vos coups de gueule ! Vous dites ce que vous pensez, et dans le débat, j'en suis sûr, ce ne peut être que bénéfique. Il faut à présent que nous revenions à l'éclosion de votre vocation. Il y eut bien un moment, une heure H, où intérieurement vous vous êtes dit : je serai prêtre ?*

MMZS – En effet. À la suite des multiples influences dont nous avons longuement parlé ensemble, et vraiment je vous remercie de m'avoir permis de m'y pencher comme jamais je ne l'ai fait, j'ai perçu intérieurement – mais je me trompe déjà en m'exprimant ainsi ! il vaudrait mieux dire : s'est imposée à mon esprit, à ma conscience, à mon cœur, à mon ventre, une conviction en forme de désir – « Demain, je serai prêtre, le sacerdoce est ma vie ». Ce fut une certitude intérieure qui littéralement domina mes huit ans, comme si j'entrais malgré moi dans la connaissance de mon destin sans que j'eusse besoin de le réfléchir, de le peser, de l'édifier, éventuellement de l'équilibrer par un questionnement, en voyant les avantages et les limites.

JRC – *Et votre liberté dans tout cela ?*

MMZS – Surtout, ne me demandez pas de la sauver, de lui trouver sa place, de vous donner la bonne réponse qui rassure, de vous sortir le bon discours consonant, du type : Dieu respecte la liberté de l'homme, il propose, il n'impose pas, et bla bla bla… Je vous dis ce qui s'est passé dans mon âme, un point c'est tout. Une sorte d'emprise située bien au-dessus du contraignant ou du libre, qui, loin de blesser l'esprit et d'angoisser le cœur, dilate et emporte.

JRC – *Qu'avez-vous ressenti intérieurement ?*

MMZS – Je vous l'ai dit : une forme d'emprise. Communément, dans l'Église, lorsqu'on évoque le mystère de la vocation, on utilise le mot d'*appel*. Je vous avoue que ce substantif magnifique et très signifiant, qui vient directement de l'Évangile, ne me dit rien. Pour traduire ce que j'ai vécu, je parlerais plus volontiers d'ascendant, de pénétration, d'empreinte, d'attraction, de saisie, et même de mainmise. Ce fut un saisissement intérieur accompagné d'une impression de mise en place de ma personne, comme si j'étais déjà parvenu au but désiré. Il n'y eut en moi aucune réflexion, aucun doute, aucune volonté de savoir comment les choses allaient se passer ; je ne connaissais pas même les exigences qu'impliquait le sacerdoce. Prêtre, je serai prêtre, et tout mon être en était ému. Voilà ce qui m'occupait. Le terme me paraissait d'ailleurs extrêmement proche ; j'aurais pu toucher du doigt mon destin accompli.

JRC – *J'ose vous demander, mon Père, de bien vouloir vous attarder quelque peu sur ce « saisissement » pour que nous comprenions mieux comment votre vocation a pris corps dans votre corps.*

MMZS – Un jour, et je revois bien la scène et l'endroit où elle se déroula – c'était sur le perron de la sacristie qui donnait dans la cour du patronage –, nous devions à tour de rôle rejoindre notre catéchiste pour réciter par cœur le *Credo*. Il faut dire que les quatre heures de catéchisme que nous suivions chaque semaine nous laissaient le temps de l'apprendre, ce long *Credo* qui nous paraissait si compliqué ! Monsieur Wasmes était assis, la jambe raide en avant avec ses mains nouées sur sa canne. Quand ce fut mon tour, debout face à lui, après avoir dévalé le *Credo*, je m'entendis lui dire, droit dans les yeux, les joues en feu, tout tremblant, la voix presque éteinte : « Je veux être prêtre. » Sur l'instant où j'ai articulé ces mots, j'eus le sentiment de jouer toute ma vie, de l'engager à jamais et, de plus, sans l'aval de mes parents, ce qui augmentait ma solitude et me fit craindre d'être allé trop loin. Cependant, j'étais heureux, j'avais parlé.

JRC – *Dans les heures qui suivirent, sans doute avez-vous livré votre secret à vos parents, à votre frère ou à un camarade ?*

MMZS – Je n'ai rien dit à mes proches. Non par pudeur, mais parce qu'il n'y avait rien à demander, ni conseils, ni approbation. Les choses étaient déjà jouées et ma nature au fond très indépendante malgré ma grande affectivité se laissait déjà entrevoir. J'avançais avec mon secret, sûr de moi. Voyez, même à Jésus et à la sainte Vierge, je n'ai parlé de rien. Ils étaient là, je les savais au courant de tout, et nous étions bien d'accord.

JRC – *Si vous le voulez bien, mon Père, en repensant à cette « emprise » que vous avez connue, revenons tout de même sur cette question de la liberté. Je ne vois pas que Dieu puisse « obliger » un être à prendre une route particulière... Rassurez-moi !*

MMZS – « Ce qu'il y a de plus admirable dans l'ordre universel des choses, disait Joseph de Maistre, c'est l'action des êtres libres sous la main divine. » Cette pensée, je vous l'avoue, me hante et me plonge dans un abîme de questionnement. Aussi, plutôt qu'« admirable », pour ma part, j'aurais peut-être plutôt écrit « incompréhensible », car la manière dont Dieu conduit les êtres nous échappe totalement. Nous pourrions ici partir dans de grands développements sur la liberté de l'homme, fondement de sa dignité ; pour ma part, je préfère m'en tenir à l'Évangile et regarder de près l'agir divin. Prenez par exemple la sainte Vierge, immaculée dans son être, revêtue de la plénitude de grâce et, par conséquent, graciée à l'état d'embryon, sans avoir rien demandé ni désiré, et de plus gratifiée de la visite d'un ange qui déroule devant elle, au futur et non au conditionnel, ce que Dieu a l'intention de faire ; c'est là, reconnaissez-le avec moi, plus qu'une emprise, c'est l'annonce d'une intention divine qui n'est pas, si l'on veut être honnête, soumise au choix. « Voici que tu concevras et tu enfanteras un fils, et tu l'appelleras du nom de Jésus. » Vous allez me dire : la Vierge aurait pu dire « non », et il y a d'ailleurs des multitudes d'homélies qui n'arrêtent pas de le clamer comme si l'on voulait protéger la liberté de la Vierge qui, en vérité, ne peut pas, avec son être sanctifié dans le degré que nous savons, s'opposer au vouloir du Père. Et si Marie pose une question à l'ange : « Comment cela se fera-t-il puisque je ne connais pas d'homme ? », ce n'est pas pour réfléchir en vue d'une réponse affirmative ou négative, mais tout simplement pour savoir comment l'enfantement sera possible. Si bien que le final : « Je suis la servante du Seigneur ; qu'il m'advienne selon ta parole » n'est pas équivalent à : « Je vous dis oui, je suis d'accord », mais plus profondément : « Tout ce que vous voudrez, je le ferai, comptez sur moi, je m'abandonne totalement à votre vouloir comme une servante à son maître qui obéit de grand cœur. » Il y eut donc à la première heure de la Rédemption une intervention divine qui ne prit pas l'allure d'une proposition, d'une invitation, d'un souhait, mais d'une volonté signifiée et adressée à une créature tellement parfaite qu'elle ne pouvait que la recevoir.

JRC – *C'est troublant...*

MMZS – ... de vérité. Attendez, je continue. Quand le Christ, sur le lac de Tibériade, appellera les apôtres à sa suite, ce seront des « Suis-moi » successifs qui retentiront à l'impératif. L'appel est lancé sous la forme d'un ordre, n'en soyez pas surpris, Dieu seul connaissant la route, la bonne route, sur laquelle l'homme doit marcher, pour son propre bien, pour celui de l'humanité et pour celui de l'Église, et donc, il y va fort et de manière directe pour exprimer son attente, son intention. Vous allez me dire : mais les apôtres avaient-ils la liberté de dire « non » à l'appel divin ? Avec vous, je réponds volontiers « oui », si cela peut faire plaisir à notre mentalité moderne qui aime à conserver la liberté de pouvoir dire « non » à Dieu. Soyons rassurés, l'histoire du jeune homme riche prouve que la liberté de l'homme face à Dieu demeure entière... Mais, voyez, pour moi, l'essentiel n'est pas du côté de la liberté de la réponse ; ce qui compte pour moi en ce moment, alors que vous m'interrogez sur la naissance de ma vocation, c'est de rappeler qu'un appel peut tomber du ciel à l'impératif sous la forme d'une emprise venue d'un choix divin mystérieux. Une personne est mise à part. Si l'on place très haut la liberté de l'homme, et l'on fait bien, plaçons au-dessus d'elle celle de Dieu qui choisit qui il veut et à qui il convient de laisser la liberté d'organiser tout un conditionnement interne et externe pour que la personne choisie se rende, à l'instar de Marie, à son vouloir. Quand vous pensez que Don Bosco, pour parler encore de lui, eut un songe à l'âge de neuf ans qui détermina sa vocation à la prêtrise et plus précisément encore son action future envers la jeunesse, songe qui se renouvellera sous des formes diverses tout au long de sa vie, permettez-moi de croire que son destin était écrit dans le cœur de Dieu, et cela ne me gêne absolument pas de le penser, compte tenu, je le redis, que Dieu étant notre Père, il sait mieux que quiconque ce que nous sommes et ce qu'il est bon que nous devenions. Que Dieu veuille que nous empruntions tel ou tel chemin, qu'il dessine pour nous notre vocation, qu'il appelle des enfants à la prêtrise comme ce fut mon cas, ce n'est pas une offense à la liberté humaine qui trouvera alors son accomplissement dans l'acquiescement à la sainte et adorable volonté de Dieu.

JRC – Vous pensez donc que tout homme est appelé par Dieu à occuper une place particulière...

MMZS – Tout homme est appelé à devenir son enfant par le baptême et à rejoindre un jour le Ciel. Voilà déjà, je crois, sa volonté que j'oserais qualifier de plus *viscérale*. Le Christ a des entrailles de père et de mère, on le voit bien dans l'Évangile. Je crois d'ailleurs me souvenir que Nietzsche appelle les créateurs des « hommes-mères » occupés uniquement de leur création, c'est donc vrai à la puissance maximale pour notre Seigneur qui, avec son Père, a créé toute chose. Ensuite, on peut aisément reconnaître dans l'histoire des saints et des saintes, et dans des millions de vies, ces fameux appels particuliers à la vie religieuse, au sacerdoce. Les ouvrages hagiographiques sont remplis d'histoires parfois rocambolesques que Dieu s'est plu à monter pour tirer vers lui ces vies humaines.

JRC – Et les millions de gens qui se marient, pensez-vous qu'ils répondent à un appel divin ?

MMZS – Pas tous. Ne nous précipitons pas pour dire que la rencontre fortuite entre telle et telle personne a été voulue de Dieu. Qu'au début de l'humanité les hommes aient reçu l'appel à croître et à se multiplier, pas de doute ; cependant, tout le monde n'est pas fait pour le mariage. Ce qui pourrait nous induire en erreur, c'est que tout homme en bonne santé a une envie folle d'étreindre. Si bien que de nombreux liens se nouent dans l'échange corporel qui de sa tyrannie garde les êtres ensemble, le temps que cela dure. Mais, par pitié, n'allons pas chercher le bon Dieu dans tout ça ! Pour savoir si l'on est appelé par Dieu au mariage, il faut se demander en toute vérité si ce qui m'intéresse en désirant partager ma vie avec telle ou telle personne, c'est la construction d'une famille ou si c'est uniquement la joie d'être à deux dans un lit, de s'aimer très fort, de se faire quelques petits restaurants, et de jouir de la vie en amoureux. Il est évident que si ces deux réalités cohabitent ensemble dans le cœur des fiancés, c'est parfait, on peut alors penser que Dieu les appelle au mariage ; mais si la venue des enfants et la construction de la famille ne sont pas dès le premier jour de leur mariage au centre de leurs volontés, malgré tout l'amour échangé, c'est peut-être le signe qu'ils ne sont pas appelés par Dieu à cette belle vocation. Ils seraient alors à eux-mêmes les seuls artisans de leurs choix, et cet état pourrait expliquer la quantité impressionnante de gens malheureux dans leur ménage et le nombre désormais titanesque de séparations.

JRC – *Et ceux qui se marient et qui ne veulent pas tout de suite des enfants ?*

MMZS – C'est là le signe qu'il ne sont pas prêts à se marier. Qu'ils se fréquentent encore avant de demander la bénédiction de Dieu sur leur amour, qui la leur donne en vue de la création de la famille. Sur ce point, les catholiques les plus fervents doivent donner l'exemple comme le monde musulman et juif ne manque pas de le faire. Je crois en l'élan naturel bien plus que dans les calculs des hommes. Comment peut-on penser quand on est un ami de Dieu qu'un enfant venu au premier temps du mariage risquerait de compromettre le développement de l'amour au sein du couple ? C'est une aberration à laquelle les siècles passés n'ont pas même songé ! En 1965, et ce n'est pas si loin, que l'on s'appelle

Johnny Hallyday ou monsieur Martin, une fois marié, tout le monde était heureux à la perspective de la venue d'un premier enfant. Aujourd'hui, c'est la confusion des méninges qui produit la confusion des ménages !

JRC – *Mon Père, je tiens absolument à ce que nous reparlions de cette question capitale de l'amour que vous appréhendez de manière si originale, mais si vous le voulez bien, pour l'instant, nous en restons à ce mystère de l'appel de Dieu en votre vie. Vous avez donc révélé votre secret... Que se passe-t-il alors ?*

MMZS – Le père Galas va l'apprendre de monsieur Wasmes qui, bien que boiteux, s'est empressé de le lui dire. Mais rien ne changera dans son attitude à mon égard, qui, je vous le rappelle, n'est pas particulièrement expressive, si ce n'est que régulièrement, notamment l'été, lorsqu'il se retirera quelques jours en famille ou pour accomplir son pèlerinage annuel à Lourdes, il ne manquera jamais de m'écrire comme on écrit à un adulte, en me donnant quelques nouvelles, en me promettant sa prière, en m'éclairant sur tel ou tel point, et il agira ainsi jusqu'à sa mort, sans doute conscient de la grâce de la vocation que j'avais reçue.

JRC – *Entre vos huit et vos douze ans, votre vie, c'est donc la famille, l'école, le conservatoire, le catéchisme, le patronage...*

MMZS – C'est cela, mais n'oubliez pas mon rêve éveillé : ce désir effréné d'être prêtre qui occupait tout mon esprit et qui ne fut pas simple à porter. Se dressèrent alors quelques ombres en famille, notamment lors des repas du dimanche. La conversation roulait souvent sur la question religieuse, sur ma vocation dont je parlais de plus en plus ouvertement avec beaucoup de force et de conviction. Malgré l'amour dont j'étais entouré, aucun encouragement ne se laissait entendre. Je voyais bien que mes proches ne pénétraient pas dans le mystère du sacerdoce, qu'ils n'en voyaient ni la grandeur ni la beauté, bien qu'encore une fois, ils n'eussent pour rien au monde prononcé un seul jugement négatif sur les prêtres. Face à l'avenir, face à mon rêve, j'étais donc seul ou, du moins, non suivi, et ce fut rude pour mon cœur d'enfant.

JRC – *Et cette disparité de vue ne vous a pas déstabilisé ?*

MMZS – Non. Mais je n'en ai aucun mérite, car il n'est pas dans ma nature de chercher des appuis ou de rebrousser chemin.

Chapitre 3

LE VRAI VISAGE DE LA VIE

JRC – *Treize ans, vous avez maintenant treize ans...*

MMZS – Ah ! cher Jean-Robert, ce chiffre, par-delà sa charge superstitieuse dont je me moque éperdument, marque dans ma vie le début d'une ère nouvelle. À cet âge déjà si difficile à assumer au regard de l'adolescence qui pointe son nez, un malheur silencieux devait s'abattre sur moi.

JRC – *Silencieux...*

MMZS – Oui, silencieux, parce que la maladie grave dont ma mère fut atteinte ne me fut pas révélée. On s'était imaginé sans doute qu'en me cachant les choses, la souffrance serait moindre. En vérité, elle fut amplifiée par l'imaginaire. L'amour protecteur n'est pas toujours le meilleur. Je voyais bien que ma mère commençait à traîner son pauvre corps et que l'éclat, le rayonnement, qui habituellement l'accompagnaient, s'en allaient en lambeaux. Ma mère, si liante, si attentive aux autres, si cultivée, si flamboyante dans sa conversation, perdait chaque jour de sa lumière. Et les mots, même voilés, n'étant pas là pour expliquer le drame qui lentement prenait corps dans son corps, je ne savais que penser – voulais-je seulement penser ? –, et je vivais en somnambule les journées de classe à l'ombre d'un état de tristesse irréfléchi.

JRC – *Vous pensez donc qu'il est préférable de révéler aux enfants la mort prochaine de leurs parents ?*

MMZS – Dès la petite enfance, il me semble, le mystère de la mort devrait être découvert, bien avant que les grands-parents ne quittent la terre ou qu'un drame ne surgisse. Seulement voilà, ceux qui ne voient en elle qu'une maudite intruse fauchant à son gré, sans intelligence et sans cœur, l'enfant qui traverse, ne savent pas parler d'elle.

JRC – *Mais la mort n'est-elle pas tout de même cela ?*

MMZS – De près, oui, mais de loin, on peut la saluer comme vitale pour que le nouveau monde émerge dans l'âme sauvée. L'enfant peut très bien comprendre ce passage obligé, mais évidemment à la seule condition que ses parents le rassurent en affirmant du haut de leur foi vivante que la vie éternelle, régie par le Dieu amour qu'est le Christ, existe réellement, et qu'elle vient couronner de bonheur la pauvre humanité qui, sur quatre-vingt-dix ans pour les plus vigoureux, s'est débattue au milieu des limites, et pas pour rien. Oui, il faut anticiper le plus vite possible le trouble métaphysique causé par la présence de la mort et ressenti d'ailleurs de manière aiguë par les plus intelligents et les plus sensibles de nos enfants.

JRC – *Et pour ceux qui n'ont pas la foi ?*

MMZS – C'est fichu ! Je regrette de le dire avec autant de radicalité, mais je le vérifie douloureusement dans l'exercice de mon ministère. Quand toutes les billes de la vie sont enfermées dans le sac de l'aventure terrestre, quand le terme du parcours humain est une place humide à deux mètres sous terre, si tous les efforts et toutes les joies de l'existence s'achèvent dans ce pourrissement innommable, il va de soi que la mort persécutera de son aiguillon celui qui lui confère autant de pouvoir exterminateur.

JRC – *Pourtant certaines personnes athées prétendent qu'elles ne tremblent pas devant la mort et que cette perspective ne les effraie pas !*

MMZS – En tout cas, pas les enfants qui sont les préférés de Dieu et qui tremblent devant toutes les formes de néant, qu'il s'agisse de la disparition d'un des leurs, du divorce de leurs parents, ou de l'abandon dont ils sont parfois l'objet. C'est aux enfants que je fais confiance sur le plan des idées, et non aux adultes dont la majorité, devenue incapable d'émerveillement, continue la route humaine, souvent sans joie, il faut bien le reconnaître, percluse d'angoisses et de problèmes psychologiques qui, à mes yeux, trouvent leur raison d'être dans la perspective consciente ou inconsciente de la mort inéluctable conçue comme un point final. Que certains hommes lèvent la tête et prétendent ne pas craindre la mort et marchent tranquillement en direction du néant, c'est un fait avéré qui, je l'avoue, me surprend. Au moins, j'ose espérer que ces êtres – et je ne songe ici qu'aux plus déterminés qui entendent faire école – cherchent et chercheront jusqu'au dernier souffle à découvrir une finalité plus noble et moins absurde que le néant à la grandeur et à la beauté de l'existence humaine. À ces esprits froids et glacés comme la mort qu'ils envisagent, je préfère un Racine, à qui la mort faisait horreur : « Ah ! que ce ne soit pas un trou, une fosse, une ténèbre immense. Qu'il y ait quelqu'un sur le seuil ; quelqu'un : des bras ouverts. » C'est plus humain.

JRC – *Au fond, qui ne le souhaiterait ?*

MMZS – Merci ! Vous voyez qu'il y a là, pour qui veut être honnête, une attente naturelle et donc universelle à respecter. Aussi, qui fait grandir son enfant sans espérance aucune en un au-delà de notre univers physique ampute son humanité en la séparant du sens de la finalité et, par conséquent, lui fait courir un grand risque.

JRC – *Celui du désespoir.*

MMZS – Exactement. Mais aussi le risque de voir l'enfant se démobiliser devant l'effort à fournir en vue d'un but précis. Pourquoi se donner de la peine ? Pourquoi travailler en vue de… ? Puisque de toute manière, à la fin, c'est l'anéantissement de son être qui l'attend. Permettez-moi aussi de penser – et je suis heureux de vous le dire avec mon ventre – que le hachich, la cocaïne, et l'alcool, ce dernier remontant dangereusement dans les habitudes de la jeunesse, sont autant d'anesthésies locales qu'elle s'inflige, non pas uniquement parce qu'elle serait désœuvrée, sans travail et sans argent – car nous constatons tous que les jeunes nantis, quand ils n'en donnent pas l'exemple, glissent aussi dans ce cocktail –, mais en raison d'un mal-être métaphysique qui atteint leurs intelligences et leurs cœurs vidés de la présence de Dieu et abreuvés de néant.

JRC – *Les raisons que vous invoquez pour rendre compte du mal-être assez général que nous percevons dans les nouvelles générations ne sont guère invoquées par les experts…*

MMZS – C'est pourquoi je les énonce. Je suis prêtre, et non sociologue ou psychologue ; n'attendez pas de moi le discours habituel sur la précarité profession- nelle, le climat social défectueux dans lequel la jeunesse évolue, la démission des familles, etc. Certaines causes, et elles sont légion, repérées par les experts, comme vous les appelez, je les reconnais et les reçois. Cepen- dant, laissez-moi vous dire tout de même que lorsque je vois les psychologues m'amener leurs propres enfants pour tenter de résoudre les crises qu'ils traversent, je me dis aussi que la psychologie n'a pas toutes les cartes en main et que le rééquilibre d'un être passe aussi, et à mes yeux essentiellement, par une découverte de la pré- sence aimante de Dieu conduisant la personne humaine à mettre en œuvre la sagesse contenue dans l'Évangile, et par la certitude que cette vie présente se continuera sous une forme nouvelle que nous savons éternelle et que nous appelons paradis. Et puis quand on pense qu'en notre pays la deuxième cause de mortalité chez les jeunes de moins de vingt-quatre ans est le suicide, on ferait bien de réfléchir et de se demander si un élément fondamental du puzzle ne manque pas à leur vie !

JRC – *Mon Père, vous convaincriez le diable !*

MMZS – De ce côté-là, les carottes sont cuites ! Si je pouvais au moins, avant de mourir, tourner une âme en direction de l'inventeur de l'Amour qui est Trinité, je serais le plus heureux des prêtres.

JRC – *L'année de vos treize ans, 1972...*

MMZS – ... a été pour ma mère une année d'agonie partagée par mon père, mon frère et moi, dans un silence retentissant. Lentement, ma mère est entrée dans le jardin des oliviers, je ne sais pas s'il y eut comme pour le Fils de l'homme un ange venu du Ciel pour la secourir ; ce que je puis affirmer, c'est que l'amour immense qu'elle portait à mon père et à ses enfants a continué de s'exprimer au cœur de son déclin. Je me souviens qu'un après-midi, alors qu'elle se reposait dans sa chambre, je me suis approché de son lit ; elle me fit signe de m'allonger à ses côtés, et comme si j'étais encore son tout petit, de son regard fiévreux, elle m'a regardé avec une intensité jamais connue, s'arrêtant sur mes yeux, puis sur mon front, semblant dépasser le temps et m'assurer de son amour bientôt éternel. Pas d'étreinte, pas de baisers, pas de pleurs, je dirais même une certaine distance entre la vie qui se fanait et celle qui fleurissait... Cet instant, il me semble que ce fut son au revoir pudique et constructif, sans un mot pour retenir ou donner un conseil.

JRC – *« Mater admirabilis ».*

MMZS – Je le crois. Et je l'ai vue, sous la douleur écrasante, continuer de sourire et de vivre encore, encore un peu, en se levant, en se traînant, devrais-je dire, jusqu'à la table de famille. Ces images sont en moi, insupportables, si je les précise, mais si dignes de vénération pour qui habituellement s'incline devant le Crucifié. Si je ne connaissais pas encore la mort, hormis la crainte enfantine de perdre mon chat blanc auquel j'étais si attaché, je n'avais aucune idée de la souffrance. Jamais nous ne nous étions croisés en dehors de quelques angines ou otites, qui d'ailleurs me donnaient le droit d'entendre la voix de ma mère me conter je ne sais plus quelle histoire, et de manger – ô suprême privilège – une banane cuite saupoudrée de sucre. Quel choc pour l'enfant que j'étais, quelle incompréhension, quelle révolte de vie face à ma pauvre mère, à peine âgée de quarante-trois ans, les yeux désormais fermés durant des mois, gémissant de douleur, l'artère carotide battant sur son cou décharné ! Et mon père, je revois mon père, dont la puissance d'amour m'a toujours ébloui, la portant jusqu'à son lit comme on conduit la vieillesse quand elle n'en peut plus.

JRC – *Que vos parents sont grands.*

MMZS – De l'amour, seulement de l'amour. Pas d'autre ambition que d'aimer. Rien d'autre. Désencombrer du reste. En cela, ils furent grands.

JRC – *J'ose à peine vous demander la suite...*

MMZS – Au contraire, cher Jean-Robert, c'est l'occasion pour moi de saluer la souffrance et la douleur.

JRC – *Les saluer ?*

MMZS – Oui, les saluer et rappeler leur grandeur au risque de soulever l'indignation de nos bien-pensants qui veulent les anéantir à tout prix au nom de la dignité de l'homme, certains préconisant la radicalité du suicide pour en finir avec elles. Voyez, la grande difficulté, aujourd'hui, c'est que l'on ne peut plus s'exprimer librement, notamment sur la souffrance. Il y a un discours imposé ; si vous ne le rejoignez pas, vous devenez un monstre, il faut donc vous couper les cordes vocales. La démocratie et ses prétendues libertés, tout le monde en a plein la bouche, mais en vérité, si vous émettez une idée différente de celle qui court les rues et surtout les médias, c'est le tollé général !

JRC – *Je vous suis...*

MMZS – Ma mère a souffert comme on pouvait souffrir il y a quarante ans, avec ce recul encore admis à l'égard de tous les antalgiques, mon père désirant, par un respect délibéré de sa personne, qu'elle demeurât lucide le plus possible. Je vous dis ce qui s'est passé, je ne cherche pas à justifier. Certes, ma mère fut soulagée dans ses souffrances dans une mesure que je ne saurais apprécier ni même qualifier de juste. Et même si aujourd'hui, quarante ans plus tard, le cœur serré, je garde en mémoire vive le souvenir de ses gémissements qui me poursuivent et me déchirent encore, je suis heureux d'avoir croisé sa silhouette cadavérique, il n'y a pas d'autre mot, soutenue de tout côté, se déplaçant lentement dans les couloirs de notre maison, articulant encore quelques mots à l'oreille de mon père, et cela jusqu'à la veille de sa mort. Dieu sait si je bénis les soins palliatifs et le travail merveilleux que de nombreux médecins accomplissent pour soulager les personnes, mais qu'il m'est douloureux de constater, en visitant les malades en fin de vie, l'état de tétanisation dans lequel ils se trouvent, les yeux fixes et vitreux, ouverts sur la mort, dans l'impossibilité de prononcer un seul mot, alors que la pompe à morphine inexorablement fait son œuvre. Ce qui est sûr, c'est que nous n'entendrons plus, dans les siècles à venir, ces fameuses dernières paroles de mourants que l'on recueillait avec soin et qui achevaient de dessiner dans la mémoire familiale le profil humain et souvent vertueux de celui qui mourait. Jésus, lui, de son côté, a connu la grâce de pouvoir prononcer au seuil de sa mort, sept paroles en Croix, qui ont été, reconnaissez-le, décisives pour l'avenir de la conscience humaine.

JRC – *Pour quelques jours de lucidité, pour quelques paroles qui seraient prononcées, vous laisseriez la souffrance – pardonnez-moi ce pléonasme – « qui fait mal » se glisser dans le corps ?*

MMZS – Si celle-ci n'est pas insoutenable, pour ce qui me concerne, le jour venu, je souhaite qu'il en soit ainsi. Ne pas souffrir du tout, ne sentir aucune douleur, semble être pour notre temps la voie royale à emprunter avant le grand passage. Permettez-moi de ne pas partager ce point de vue. Bien sûr, je le redis, le soulagement de la douleur s'impose, le soulagement, c'est-à-dire, en bon français, la diminution et non la cessation totale à n'importe quel prix de la douleur ressentie. Ainsi, je plaide pour la sauvegarde de la lucidité des personnes, même si elles devaient connaître durant quelques semaines, voire quelques mois, la lancinante et pénible présence d'une certaine douleur.

JRC – *Si je vous ai bien compris, en prônant la mesure pour endiguer la douleur, vous ne faites pas l'apologie de la souffrance, mais bien plutôt celle de la lucidité, de la protection des facultés intellectuelles.*

MMZS – Je vous suis reconnaissant de résumer ainsi ma pensée. Je veux simplement dire que même si l'on tourne péniblement dans son lit, même si certains gestes sont cause de souffrance, s'il vous est laissé la possibilité de poser lucidement les yeux sur votre femme, sur votre mari, sur vos enfants, sur le prêtre aussi qui se présente, sur un crucifix suspendu au mur, c'est beaucoup, vous savez, car c'est encore de la vie, de la vraie vie qui circule où l'amour se glisse et peut soulager des zones bien plus douloureuses que les régions du corps. Et si de plus vous pouvez entendre les prières qui sont récitées près de vous par les gens qui vous aiment, croyez-moi, vous faites partie des chanceux qui ont la grâce de se préparer à leur entrée dans la Vie.

JRC – *Pensez-vous, mon Père, que tout homme puisse désirer cet état que vous venez de décrire ?*

MMZS – Je l'espère de tout cœur, bien que la partie me semble presque perdue. Tout simplement parce que la souffrance n'est désormais l'objet d'aucune considération. L'homme contemporain ne lui accorde aucun crédit ; aucun bon fruit ne pouvant jaillir de sa présence ! Entre nous, sans la dépeindre nécessaire, on pourrait tout de même lui accorder quelques vertus, ne serait-ce que le pouvoir de nous montrer nos limites et nos faiblesses ! Mais non ! Chassons-la à coups de pied, elle n'a rien à faire dans le corps et rien à dire à l'âme ! Quant à l'homme souffrant qui se débat, sa lutte, jugée de plus en plus inutile, suscite de moins en moins d'admiration. En contrepartie, et il fallait s'y attendre, ceux qui de nos jours baissent les bras sont plus que compris. Le plus grave, dans cette affaire, c'est qu'avec la déconsidération qui affecte la souffrance, l'esprit de combat se meurt. Et la fragilité gagne du terrain, et le courage en perd. + Solyénitzine

JRC – *Mais faut-il donc avoir la foi pour donner à la souffrance ses lettres de noblesse ?*

MMZS – À défaut d'une conception de l'homme élevée, il faut la foi. « Aucun paganisme, disait Mauriac, ne s'adapte à la vie douloureuse. »

JRC – *Mon Père, vous croyez vraiment que l'homme peut parvenir à estimer la souffrance ?*

MMZS – Certains saints et surtout certaines saintes amoureuses à tout crin de Jésus sont allés jusqu'à la désirer, et même à l'aimer une fois à l'œuvre dans leurs corps, et cela pour ressembler à celui qui n'avait pas lésiné sur le prix à payer pour sauver les âmes et qui d'ailleurs, par sa Croix, les sauva. Souvenez-vous du mot de la petite Bernadette Soubirous agonisant dans son couvent de Nevers : « Je suis plus heureuse avec mon Christ sur mon lit de souffrance qu'une reine sur son trône. » Que voulez-vous, dans les années 1870, la valeur du sacrifice impliquant un état réel de souffrance courait dans les consciences chrétiennes ! Mais sans en arriver jusqu'à ce degré d'amour, peut-être pourrions-nous au moins ne pas vider la souffrance de tout sens, celui par exemple d'une simple participation au drame humain. Quand celle-ci nous atteint, nous pourrions de fait très bien nous dire, plutôt que de songer immédiatement à lui tordre le cou : « Je partage dans ma chair le sort de millions d'êtres humains qui souffrent de l'autre côté de la terre et, ainsi, je ne vis pas sur un nuage ou planqué dans un coin comme un égoïste qui ne penserait qu'à jouir. » Vue sous cet aspect, la souffrance offre un certain panache à l'âme humaine en la délogeant de toute immaturité et de tout repli. Ne trouvez-vous pas ?

JRC – *Cela suppose un cœur immense...*

MMZS – ...et la conviction que l'humanité, comme l'affirmait saint Thomas d'Aquin, est *une*, tous les hommes ne formant qu'un seul monde ; c'est bien la vérité, n'est-ce pas ? Toutefois, nous voyons bien qu'il est difficile de l'intégrer dans ses conséquences pratiques. Si mon lointain ou mon prochain souffre, et si je l'aime puisqu'il ne fait qu'un avec moi – étant de la même pâte –, je peux vouloir souffrir aussi avec lui, ne serait-ce que pour qu'il ne soit pas seul à porter sa douleur. D'ailleurs, comment pourrais-je me maintenir dans un climat d'insouciance et de joie, sachant que cet autre qui est un autre moi-même est sous le pressoir ? C'est impossible. C'est ici, je crois, que s'origine le grand désir des mystiques de souffrir pour le Christ et avec lui. Loin d'être masochistes, ils vont, me semble-t-il, jusqu'au bout de la logique interne propre à l'amour. Ce désir de souffrance éprouvé par empathie peut aussi revêtir la forme du don de soi et du service des malades, fussent-ils des inconnus, pouvant aller jusqu'à l'épuisement et même la mort.

JRC – *Vous n'avez pas évoqué l'idée de transformation de la personne que l'on attribue souvent à la souffrance. Qu'en pensez-vous ?*

MMZS – Sur cet effet de la souffrance, les voix sont discordantes. Là encore, tout dépend de la *matière* dans laquelle elle s'enfonce. Chez certains, elle produit la révolte ; chez d'autres, une véritable mutation. Il y a un mot très bien frappé de Dom Gérard, père abbé fondateur du monastère du Barroux, véritable ami de Dieu, au courage indéniable, qui toujours me ravit lorsque je me le répète pour m'en convaincre. Il écrivait : « Les coups de la souffrance donnés à notre corps sont comme les coups du bec du poussin enfermé dans l'œuf : dans quelques instants, ce sera le jour. » J'espère m'en souvenir quand la douleur sera mon lot !

JRC – *Vous aimez Dom Gérard ?*

MMZS – J'aime les hommes qui livrent à la vie intérieure l'essentiel de leur vie. On a fait de Dom Gérard un soldat, un croisé, et l'on a oublié le chapelet qui tintait sur ses béquilles quand il se déplaçait péniblement pour se rendre au chœur. Et puis, je vois son œuvre qui en dit long et qui ne s'explique que par une bénédiction de Dieu, Jésus nous ayant appris à discerner la valeur des choses à partir des fruits. Et là, le panier semble plein. Un jour, à l'occasion de l'enterrement de son cousin Bruno Calvet qui était un ami très cher, devant la terre retournée, nous nous sommes embrassés à la saint Paul, une belle accolade. Et je me souviens des trois mots qu'il m'a glissés à l'oreille sur un demi-sourire complice : « Ensemble, m'a-t-il dit, tous les deux, chacun sur son terrain, on remonte la charrette, n'est-ce pas ? » ; autrement dit, on lutte, on souffre, on peine, pour la cause épousée. Au fond, encore de la souffrance promise, et je voyais sa jambe à moitié morte aux prises avec une attelle, et je savais aussi les difficultés qu'il rencontrait dans la consolidation de son œuvre. Voyez, de quelque côté que l'on se tourne, elle est là, notre sœur la souffrance, et je la crois pour ma part terriblement féconde !

JRC – *Si vous le permettez, revenons à votre mère...*

MMZS – ... et à son œuvre douloureuse. Vous savez, souvent je me dis pour me préparer à la vie éternelle et dans le souci le plus constant qui est de sauver les âmes avec le Christ : « Lorsqu'un jour tu seras allongé sur ton lit et que le moindre mouvement sera devenu difficile et que le bassin pour le haut ou pour le bas sera nécessaire – pardonnez-moi ce réalisme ! –, alors là, sans bouger, tu travailleras comme jamais pour le bien des âmes en priant intensément et en offrant ton immobilité, ton vomi, tes douleurs, comme Jésus ton maître qui voulut choisir l'immobilité de la Croix pour entraîner le monde dans les bras de son Père. » Mais en serais-je capable ? Pour en revenir à ma mère, lentement son état s'est dégradé sous les yeux embués de pleurs de mon père, car lui aussi était un grand sensible. La vie s'en est donc allée au milieu des gémissements, jusqu'à son point d'orgue, au matin du 22 juillet 1972. Un simple souvenir, car je ne veux pas m'attarder sur cette journée où pour la première fois j'ai vu la mort sur un visage humain et le long d'un corps immobile aux mains jointes déjà dures et glacées comme le marbre. Au réveil, mon frère Guy, plus âgé de deux ans, et c'était beaucoup, m'a réveillé en me disant avec beaucoup de tendresse que notre mère « n'allait vraiment pas bien » ! Je percevais la gravité dans ses paroles, mais rien ne pouvait me laisser penser qu'elle était déjà morte. Là encore, l'amour voulait une ultime protection pour le plus petit. Et je redis ici, si cela pouvait servir, que si la délicatesse est une véritable grâce, la pleine lumière est préférable. Immédiatement, et je me revois, j'ai saisi mon chapelet, et j'ai prié, prié, sans aucune intention précise, comme on se blottit dans les bras d'une personne en qui l'on a confiance et qui ne peut pas nous décevoir. Et puis, il y eut la suite de cette première journée ou, plus exactement, il vaudrait mieux l'appeler *cette première nuit*, que vous me permettrez de garder secrète. Le défilé de l'estime a commencé près de sa dépouille. Ma mère, je voudrais le dire le plus sobrement possible, était très estimée et très aimée. Les amis de toujours, les collègues professeurs, ses grands élèves à qui elle envoyait d'ailleurs des cartes postales durant les vacances ou des petits mots pour les soutenir dans leurs épreuves – et ce fait en dit beaucoup plus long que tout ce que je pourrais écrire sur elle –, et ces centaines de fleurs qui jonchèrent l'appartement durant trois jours, et la bonté de mon père accueillant chacun, et ses obsèques à l'allure de funérailles. À cette heure-là, j'étais en pleurs, perdu, perdu, et si je vous confie mes larmes, c'est pour que vous saisissiez l'emprise que la mort va prendre sur moi... Je me revois dans le taxi noir qui nous conduisait à l'église, je revois les policiers postés aux angles des rues jouxtant l'église – mon père étant dans la police – et leurs présences en tenue sur le parvis. Jamais je n'oublierai ce témoignage inattendu des forces de l'ordre venant embrasser mon frère et moi en nous serrant contre eux. Depuis ce jour, je hais la bêtise de l'homme qui peine à croire que derrière un policier, un gendarme, un juge, de l'humain puisse respirer.

JRC – *Mon Père, arrêtons-nous quelques instants. Que le temps nous soit laissé de bien recevoir ce que vous nous dites. Nous reprendrons plus tard notre entretien.*

MMZS – Attendez, un dernier point. En arrivant au cimetière, la 403 était là… et le père Galas m'attendait avec mademoiselle Olmi. Ils ont salué mon père, mon frère, et dès que la voiture funéraire a commencé d'avancer dans les allées, le père Galas a sorti son chapelet et il a prié à haute voix tout près de moi. Je sentais le frôlement de sa vieille soutane et sa foi vigoureuse qui martelait sous les *Ave Maria* la confiance qu'il convenait d'avoir en Dieu aux heures les plus sombres.

JRC – *Et dans votre esprit, en ce moment si douloureux, aucun doute sur l'existence de Dieu, aucune révolte ne se levait contre celui qui vous prenait votre mère ?*

MMZS – Il ne me serait pas venu à l'idée de nier sa présence ou de me révolter contre lui, puisqu'il était là qui me soutenait à travers son prêtre. Je sais bien qu'aujourd'hui chez les hommes, du moins, ceux d'Occident, face au drame, jugé toujours incongru, il faut absolument retomber sur ses pieds en trouvant la cause humaine ou même, pour certains, divine, qui expliquerait l'irruption de l'inadmissible, et si possible – quelle vengeance et quelle aubaine ! – dénicher les coupables et leur faire cracher quelques sous. La vérité, c'est que l'homme contemporain, avec ses airbags gonflés à bloc et dans tous les domaines, n'accepte plus la non-maîtrise des événements ; il devient incapable de recevoir tout simplement la vie en l'état. Pour ma part, je dois vous avouer que je n'eus aucun mérite à demeurer dans le silence de l'acceptation, en raison du seul exemple de mes parents qui n'avaient pas le verbe haut, qui ne montaient pas au créneau de la revendication devant le premier obstacle, et surtout n'appartenaient pas à ceux qui s'imaginent avoir tous les droits, à commencer par celui de comprendre. *Étonant ?*

JRC – *Après ces considérations qui me bousculent et donc me font le plus grand bien, le moment est peut-être venu de refermer cette lourde journée du 22 juillet 1972 ?*

MMZS – Oh oui ! partons. Quittons ce cimetière. La tombe scellée, le père Galas me dit au revoir, très simplement comme à son habitude, sans emphase affective, et regagna sa voiture. Je me souviens que mon père fut alors assailli d'embrassements, et dans ce flot de personnes aimantes, ce fut un geste qui me toucha : mon père me fit venir vers lui et, malgré l'attention qu'il devait porter à chacun et à la peine qui l'étranglait, il sortit de sa poche un billet de banque et me demanda de courir le porter au père Galas. La 403, capot ouvert, fumait de tous les côtés et je me rappelle que, dans ma timidité, je posai le précieux billet sur le radiateur brûlant et sans attendre le moindre merci, je retournai en courant vers mon père, fier de le savoir si attentif à chacun, et plus encore à l'inattendu.

JRC – *Cette fois-ci, arrêtons-nous, il faut reprendre souffle.*

Chapitre 4

À CHAQUE JOUR SUFFIT SON ÉLAN

JRC – *Après la disparition de votre mère, que va-t-il se passer pour vous ?*

MMZS – Nous sommes donc en plein été. Mon père prend les rênes et décide de renouveler notre vie, plus encore, de la chambouler, il n'y a pas d'autre terme, voulant à tout prix nous sortir de nos habitudes, de notre école, de notre maison ; et pour ce faire, il décide à brûle-pourpoint d'un déménagement express en direction de la Corse, où sa maison natale nous attendait. La saison d'été achevée, il était évidemment impossible de résider dans ce village que nous aimions pourtant beaucoup avec ses maisons aux murs épais, encerclées de maquis, bourrées de souvenirs de vacances, mais sans collège, ni lycée, ni médecin – un curé, tout de même, ce qui n'est plus le cas aujourd'hui –, et de la neige, bien sûr, en perspective. Aussi, la décision fut prise, il fallait rejoindre Ajaccio et, devant l'urgence, un simple meublé avec trois modestes lits, une table et trois chaises, allait devenir notre maison pour quelques mois.

JRC – *Un saut dans le précaire...*

MMZS – Cela ne fait jamais de mal. Mon père ne semblait pas souffrir de ces changements ou, plus précisément, de ce campement. Toujours d'humeur égale, souriant, homme de peu de mots, pudique à l'extrême, combatif à l'image de sa haute silhouette svelte et déterminée, il ne formulait jamais la moindre plainte ni ne faisait sentir le poids de sa souffrance intérieure, si ce n'est de temps en temps, quand il murmurait sous les sanglots, se croyant seul au fond de sa chambre, ces trois mots qui me déchiraient le cœur : « Pauvre de nous ! » Et c'est vrai que nous étions devenus pauvres sans la présence de ma mère. Quant à mon frère, il suivait le cours des événements, très proche de mon père, avec la noble gravité de ses seize ans.

JRC – *Tout quitter pour l'inconnu, et en particulier votre cher père Galas, ce ne fut sans doute pas facile ?*

MMZS – Avant mon départ, j'étais allé le voir, et je me souviens très bien de cette dernière rencontre qui eut lieu dans la sacristie du sanctuaire. J'étais assis en face de lui ; au-dessus de sa tête, trônait un immense portrait de Don Bosco, le visage cerclé de lumière et, ce jour-là encore, je devais me redire la ressemblance qui les unissait, sorte de mimétisme dont la source ne sourdait pas uniquement des traits, mais d'un esprit transmis, d'une même orientation de vie. De même que le fils du boucher ou du gendarme porte sur lui quelque chose de la profession de son père, de même que l'enfant du château vous regarde avec l'air du maître, je suis porté à penser que les filiations d'idées et plus encore d'idéaux imprègnent les traits, le regard, le maintien, et jusqu'à la voix. Nous avons alors parlé de ma mère et de son « grand jour », et sans évoquer ma vocation, il m'a simplement assuré de sa prière avec son beau sourire et le don d'un regard posé sur moi comme jamais il ne l'avait fait ; un regard d'une profondeur unique qui m'ébranla. Dernier instant, dernière impression, du moins pour l'heure, gravée dans ma chair, comme si une corde venait de se nouer.

JRC – *Impressions « gravées dans la chair »...*

MMZS – D'autant plus fortement que quarante ans plus tard, elles me sont présentes comme au premier jour. Dieu agit dans l'âme, croyez-moi, en privilégiant le jeu des éléments humains dont les fruits s'appellent sensation, émotion, vibration. C'est par le cœur, ou si vous préférez par le ressenti, quelle que soit la nature du sujet, fût-elle apathique, que le travail divin s'opère. Pour emporter une vie, pour la sortir de soi, car c'est cela qu'implique le sacerdoce, il faut tout de même être quelque peu emballé, il faut donc que le cœur ou la sensibilité soit touché. On ne fait rien ou pas grand-chose si l'on n'est pas transporté !

JRC – *En attendant, vous allez vous séparer, mais je suppose tout de même que les contacts entre vous demeureront ?*

MMZS – Oui, bien sûr. Régulièrement, il m'écrira de longues lettres et répondra à mes interrogations, et c'est d'ailleurs par l'un de ces envois que j'apprendrai, au cours de l'été 1973, son départ de Nice pour la communauté salésienne de l'école Bon Accueil à Toulon, où il continuera de s'occuper de ses « anciens », comme il les appelait, et de jouer encore, malgré ses soixante-dix ans, dans la cour de récréation avec de nouveaux garçons vite adoptés, mais, cette fois-ci, sans boucliers…

JRC – *Et vous, mon Père, de votre côté, sur votre nouvelle terre, qui vous adopte ?*

MMZS – Il faut d'abord que je vous dise que le statut d'orphelin de mère avait en mon temps un impact très fort sur les êtres que nous rencontrions. L'heure était à la pitié et, de plus, le galon noir que mon père lui-même avait cousu sur nos chemises, contribuait à nous signaler dans cette lumière sombre. Quant à lui, il portait chaque jour, et portera pendant plus de dix ans, la cravate noire des endeuillés. De nombreuses personnes liées à mon père nous saluaient avec beaucoup de compassion, notamment la famille Filippi, je les nomme volontiers, parents d'un des filleuls de mon père, œuvrera, le mot n'est pas trop fort, pour que nous *ressentions*, et pas seulement que nous *sachions* – voyez encore le primat du sensible ! –, l'affection d'une famille. Avec eux, le dimanche, j'allais à la messe et, de retour, c'était toujours un bon repas qui nous réunissait, souvent autour d'une belle langouste pêchée dans les eaux vert-bleu du golfe d'Ajaccio. En en cassant les pattes, je ne pouvais m'empêcher de penser : « Si maman était là !… »

JRC – *Il manque toujours quelque chose à la vie pour que la joie soit plénière, ne trouvez-vous pas ?*

MMZS – « Le malheur a ses duretés et ses tendresses. » Ah ! que Chateaubriand a ici raison. Il y avait aussi, habitant non loin de nous, ma grand-tante maternelle, tante Irma, qui, à l'âge de quatre-vingts ans, tenait encore son magasin de chaussures, et ce fut pour moi un grand soutien que de pouvoir, chaque soir, l'école terminée, la rejoindre dans son magasin. Je crois devoir vous dire deux mots sur elle, car je lui dois beaucoup. Elle était la plus jeune sœur de mon grand-père Henri Sorkine. Lui-même m'avait raconté comment il la disposait, toute petite, sur une peau de bête à laquelle elle se cramponnait, et la tirait dans la neige de leur lointaine Russie pour la faire rire aux éclats. Car elle était joyeuse, ma tante, et elle l'était restée, et elle continuait de se cramponner à la vie qui avait bien failli lui échapper lors de sa déportation au camp de concentration de Ravensbrück, où cent trente-deux mille femmes et enfants furent entassés, dont une poignée seulement reviendra. Là encore, sous la voix assurée de ma tante à qui j'arrachais quotidiennement des bribes de drame, je devais vivre immergé dans l'univers de la mort innocente, entendre souffler le gaz aux poumons des enfants, voir les corps s'embraser dans les fours crématoires, avec en arrière-fond la chambre de ma mère dont l'image mortuaire ne s'éteignait pas… Étrangement, ces récits mortifères, loin de m'écraser, soulevaient mon courage, et lançaient ma propre douleur au-delà d'elle-même, ce qu'il convient, je crois, de faire toujours, si l'on veut s'en sortir. Ma tante en était à mes yeux l'exemple parfait, malgré la blessure qui demeurait. Je me souviens notamment de son incapacité viscérale d'entendre la langue allemande lorsque des clients venus de ce pays entraient dans le magasin. Immédiatement, elle se réfugiait dans l'arrière-boutique. Mais enfin, par-delà cette limite, sa force de caractère m'impressionnait, sa domination sur la mort, qui pour elle n'allait pas tarder, et qui ne l'inquiétait nullement ; et quand elle me parlait de ma mère à laquelle elle était très attachée – mais qui pouvait ne pas l'être ? –, ce n'était jamais pour pleurer sur son absence, mais me pousser en avant et être digne de la souffrance qu'elle avait connue.

JRC – *Substitution d'une mère...*

MMZS – Pas du tout. Ce n'était pas ce rapport qu'elle cherchait à créer. Elle était ma tante, un point c'est tout. J'aimais sa personnalité, j'oserais presque dire : sa dureté de cœur, mais n'interprétez pas ce mot en l'associant à l'idée de froideur. Je veux dire par là que la dimension affective ne se révélait pas chez elle par une écoute ou par des cajoleries, mais plus précisément par une volonté de me voir dépasser l'épreuve en gardant un regard juste sur l'existence, où se mélangent inexorablement joies et peines. Du côté de l'élan, du dynamisme, de la lutte et du courage qu'exige le parcours humain, son influence sur mon esprit a été déterminante, et je ne puis m'empêcher de penser que Dieu, bien qu'elle n'eût pas la foi, se plut à se servir de sa personne et de son exemple pour verser en moi cette énergie vitale qui, je dois bien l'avouer aujourd'hui, ne me manque pas. Elle m'aidait aussi, entre deux clients, à rédiger mes rédactions de classe de troisième, et là où elle mettait sa main, les notes étant meilleures, je la remercie encore.

JRC – *Mais dites-moi, le sang juif doublé de sang russe qui coule dans vos veines, comment le recueillez-vous ?*

MMZS – Quelle belle question bien formulée ! Ce précieux sang que vous évoquez, bien qu'il ne représente qu'un quart de mes origines familiales, il est en moi, et je le reçois avec respect au même titre que mes origines italiennes et corses, qui sans doute doivent

110

aussi de manière mystérieuse influer sur mon être, sans oublier Paris, ville de naissance et d'enfance de ma mère où je crois être né à mon tour à l'âge de vingt ans. Pour ce qui est de l'âme juive, car c'est davantage d'âme que de sang dont il faudrait parler, il est évident qu'en songeant au Christ, à sa Mère, aux apôtres, je me réjouis de notre cousinage ; cependant je dois vous avouer que mes parents ont gardé durant toute mon enfance le silence absolu sur notre origine par peur d'un retour antisémite aux conséquences que nous savons. À la décharge des miens, je suis né quatorze ans seulement après la Seconde Guerre mondiale, et la nature humaine, ne se séparant pas facilement des peurs éprouvées, des dangers encourus, est portée à la saine prudence – et on peut le comprendre. Plus tard, une fois prêtre, par amour pour le Christ et pour les membres de ma famille déportés, je livrerai mon secret, mais toujours avec un peu de réserve, sans doute à cause du rejet qui, je le déplore, continue de régner sournoisement sur certaines consciences que Barrès aimait appeler de « durs petits esprits ».

JRC – *Et l'âme slave, vit-elle chez vous ?*

MMZS – Par les temps qui courent, de même que je ne saurais définir l'âme européenne ou même plus sobrement « française » (de quoi parle-t-on ? d'histoire, de religion, de tempérament, de caractère, de langue, de savoir, de poésie, d'éducation, ou de ce maelström de populations qui se juxtaposent, cohabitent, se tolèrent, et, paraît-il, se respectent ?), je ne saurais pas davantage définir l'âme slave. Ce que je sais de source sûre, puisque mon goût s'y rend d'instinct, c'est mon attrait pour les longs hivers enneigés endormant la vie tels que la Russie les déploie : j'aime ce silence pauvre. Mais aussi, plus riche, la sainte invention de l'iconostase enveloppant de pudeur l'autel du Sacrifice, les icônes miraculeuses de la Mère de Dieu, la terrible enfance de Gorki, les nouvelles de Tchekhov, les mélodies de Tchaïkovski, la *Symphonie en ré* de Prokofiev, ultime joyau avant la hideuse révolution d'Octobre, les mains torrentueuses d'Horowitz ensorcelant le piano, et dans mon cœur, un attachement, jailli d'une immense pitié, pour Nicolas II, Alexandra, et leurs enfants martyrs.

JRC – *...qui ont été canonisés par l'Église ortho-doxe !*

MMZS – Ils le méritent, vous savez. Leur foi était immense. L'amour entre le tsar et la tsarine est un chef-d'œuvre de communion ; leur correspondance n'est que la révélation d'une épopée amoureuse développée sur vingt-quatre ans, à laquelle il faut ajouter la qualité d'un amour extrêmement soucieux, offert à leurs enfants et en particulier au tsarévitch Alexis. Depuis mon enfance, je puis dire que je vis en présence du tsar, ma mère portant en sautoir une monnaie de quinze roubles-or datée de 1897, avec à l'avers l'effigie de Nicolas II et au revers l'aigle bicéphale couronné qui compose les armoiries de la Russie. Aujourd'hui, c'est à mon tour de porter cette médaille et je suis heureux de l'embrasser tous les matins et d'implorer ainsi la protection de saint Nicolas II.

JRC – *Vraiment, je vous remercie de nous permettre de pénétrer dans votre univers le plus intime. Revenons à vos journées d'écolier, à vos fins d'après-midi près de votre tante...*

MMZS – …et aux longues soirées de mon adolescence consacrées à la musique dont je ne vous ai pas encore parlé. Car après le piano, ce fut au tour de la guitare et de la mandoline (nous sommes en Corse !) d'entrer dans mes cordes. Mon père était bon mandoliniste, et depuis l'enfance j'entendais le son de ce petit luth napolitain venu du lointain XVe siècle avec beaucoup d'intérêt. Je me jetais donc sans mesure dans l'apprentissage de ces deux instruments, passant, tenez-vous bien, cinq soirées sur sept jusqu'à onze heures du soir dans une école de musique, accroché à l'instrument pour améliorer la technique et le son. Une véritable passion qui, je crois, contribuait à endormir tous mes manques, même si, du coup, je dormais peu !

JRC – *Votre père vous permettait de donner libre cours à votre passion dévorante et de la vivre à ce rythme trépidant ?*

MMZS – Vous savez, mon père gouvernait ses enfants avec la méthode périlleuse du Christ qui laisse du mou à la liberté humaine, mais attention, avec une feinte que je vais essayer de préciser avec vous. D'abord, disons-le sans détour : j'admirais mon père, son allure, sa classe – voyez, même pour chercher du pain, il ne serait pas sorti sans cravate. « À mon âge, affirmait-il, il faut savoir s'arranger ! » Il n'avait pourtant que cinquante-quatre ans – et combien j'appréciais cette douce bonté qui se dégageait de son être immédiatement souriant, sans oublier cette humilité qui se traduisait par une absence de jugement sur les êtres qui, jusqu'à sa mort, d'ailleurs, restera sa ligne de force. En le voyant circuler dans la ville, personne n'aurait pu se douter que cet homme passait une grande partie de sa journée à laver le linge de ses enfants, à repasser, à préparer les repas, à nettoyer et à ranger la maison. Tant d'heures a-t-il passées à notre service sans jamais donner l'impression que cela lui coûtait ! Si bien que pour rien au monde nous n'aurions voulu le décevoir en ajoutant de la peine à son cœur par une mauvaise conduite ou des échecs scolaires, et c'est là que se situe cette feinte fondée sur l'amour. Mon père nous *tenait* à travers cette volonté qui nous habitait de ne pas blesser sa confiance et de ne pas rendre vains ses efforts.

JRC – *Un père doublé d'une mère...*

MMZS – Par nécessité. Toutefois le manque était là. Faut-il le redire et le prouver ? La présence d'une mère est aussi vitale à l'adolescence qu'elle l'est à la naissance. Et la mienne n'en finit plus de montrer combien son absence a provoqué de trouble, de repli intérieur, mais aussi de grâces, je veux le croire, advenues à travers une fêlure opérée dans ma sensibilité qui me donne aujourd'hui d'être l'homme que je suis, avec mes perceptions, mes goûts, mes attraits, et sur lesquels je ne vais pas passer ma vie à me lamenter. Pardonnez-moi de citer un géant auquel je ne n'oserais bien évidemment me comparer : notre Saint-Père le pape Jean-Paul II a perdu sa mère à l'âge de neuf ans, cela pour dire que Dieu sait ce qu'il fait ou permet quand il entend façonner ses serviteurs, les petits et les grands. Toutefois, au regard du manque qui m'a tant éprouvé, ici, permettez-moi de me poser une question : en dehors de la mort qui a tous les droits, comment des couples peuvent-ils choisir de se séparer, de rompre l'unité de la famille, de blesser leurs enfants à mort en les faisant vivre sur une chaise à trois pieds, souvent en raison d'insatisfactions puériles ou par l'arrivée, avouons-le, d'une tierce personne venue de son petit minois mettre la brouille ? La séparation des époux pour insatisfactions, chimères, aveuglements, rêveries et autres utopies, devrait être punie comme un crime. Pardonnez mes propos quelque peu démesurés, j'en conviens, mais je vous avoue que je suis consterné devant l'inconscience de certains ménages qui, en se séparant avec désinvolture, semblent ne pas considérer le mal irréversible qu'ils engendrent dans le cœur de leurs enfants.

JRC – *Contre la loi et l'opinion commune, vous êtes donc opposé au divorce ?*

MMZS – Totalement opposé, hormis quelques cas extrêmes où la violence ou d'autres formes de pathologie comportementale mettent en péril le bien des personnes. À ceux qui me jugeraient trop sévère, je signale que le Christ non plus n'est pas d'accord. La valse des séparations à laquelle nous assistons avec la bénédiction de la loi et de nombreux psychologues, pas question de l'accepter !

JRC – *Et si ça ne va plus au sein du couple ?*

MMZS – Mais *pourquoi* cela ne va plus ? voilà la vraie question. Où s'origine la remise en question de l'amour qui, pourtant un jour, au moins sur les premiers jours, a entraîné deux êtres à s'unir, à partager la même maison, à donner à un enfant quelques-uns de leurs traits ? Certes, chaque cas est unique ; toutefois, à force d'entendre les uns et les autres, on finit par identifier certains éléments qui provoquent la mort de l'amour à plus ou moins longue échéance.

JRC – *Pourriez-vous en signaler quelques-uns ?*

MMZS – Tout se joue au commencement du lien. Ceux pour qui l'amour se concentre dans ce que l'on nomme habituellement de manière erronée *les sentiments* – catégorie envers laquelle il faudrait être plus loyal en en voyant les dessous : attirance, séduction, vibration charnelle – courent un risque. Là s'origine le début du drame, surtout si les deux *aimants* se complaisent dans ce champ pseudo-romantique où les qualités foncières de la personne gisent à l'ombre de la pulsion. On se plaît, on s'attire, on s'émeut – et nous sommes tous passés par là –, et l'on croit que l'amour est présent. Il peut y avoir aussi, au milieu de ce magma sensitif, de la gentillesse, de la compréhension, de l'attention en bord de lien, cependant cela ne prouve rien. Qui croit que cela « prouve » risque bien d'être déçu.

JRC – *Il faut bien pourtant que le lien commence par un attrait ?*

MMZS – Bien sûr. Loin de moi l'idée de nier cet impact que nous subissons par l'unique présence de l'être qui surgit et qui percute de sa séduction, en son sens le plus noble du terme, les fibres de notre propre *moi*. Cependant, je le redis, cet attrait ne prouve rien ; gardons-le prometteur, mais ne nous précipitons pas. Si immédiatement les êtres se jettent l'un sur l'autre pour nourrir et étancher la soif de leurs ressentis – ce que la majorité ne se prive pas de faire, mais je vous rappelle en passant que la majorité échoue dans ses amours –, un double risque les attend. Avant de le regarder en face, je voudrais tout de même dire ici qu'il est toujours possible de parvenir à la réussite d'un amour en suivant un chemin scabreux ou glissant, comme il est toujours possible de monter un meuble sans regarder le mode d'emploi. Mais vous mesurez là tout de même combien le risque est grand.

JRC – *Revenons justement à ces deux risques que courent les personnes si elles s'unissaient rapidement après leur rencontre…*

MMZS – …. ou assez rapidement après la rencontre, ne négligeons aucune situation. Eh bien, si entre eux le rapport physique est satisfaisant, les voilà enchaînés à leurs désirs, et pratiquement tous leurs rendez-vous seront envahis par cet appel charnel qu'ils mettront en acte. Non seulement cela a le désavantage de conduire la relation dans une sorte de boyau où la découverte de la personne dans ce qu'elle est profondément passe à l'as, ce qui est loin d'être souhaitable, mais en plus, ces deux-là, devenus prisonniers de leurs jouissances, risquent de rester ensemble, de ne pouvoir plus se séparer, même si d'autres éléments inquiétants commencent à apparaître avec le temps, tels que des problèmes de caractère, de conceptions de vie différentes devenant source de tensions. On se rabiboche sur l'oreiller, et comme l'on crie sur tous les toits que l'union charnelle est la source du bonheur le plus absolu, en tenant les corps serrés les uns contre les autres, on croit tenir le bon morceau ! Donc, voyez, le premier danger vient paradoxalement d'une réussite jaillissant d'une union charnelle. Deuxième risque encouru, c'est celui de ne pas s'entendre sur le plan physique, tout simplement parce que le rapport a été précipité et qu'il n'y avait pas la confiance voulue pour que l'union soit totale et porteuse de joie. Ici, le lien risque de se dissoudre bêtement en croyant que l'entente est impossible.

JRC – *Vous plaidez donc avec l'Église pour l'abstention de tout rapport avant le mariage ?*

MMZS – Je plaide donc avec toute l'Église et avec les gens sensés pour que les êtres se connaissent vraiment avant qu'ils ne s'étreignent. Voilà le juste chemin, le moins risqué, le plus fiable : celui de la connaissance mutuelle, non des muqueuses, mais des personnes ! Qui ai-je en face de moi ? Avec qui vais-je vivre ? Quelles sont ses conceptions de la vie et du mariage ? Sommes-nous d'accord sur l'essentiel ? Nos caractères peuvent-ils s'accorder ? Sa manière d'être, son éducation, sont-elles en syntonie avec ce que j'ai reçu ? Ses passions sont-elles en harmonie avec mon univers intérieur ? Tout cela ne se vérifie pas entre deux draps ! Il faut, pour que la lumière soit, de nombreuses heures de dialogue et d'observation. Sans compter ce *quelque chose*, ce *plus*, cet *éclat divin*, qui fait que cela *passe* entre les êtres, que la connivence est là, que l'on se comprend au moindre clin d'œil – et là encore il faut un certain temps pour le déceler ou pour reconnaître qu'il n'y est pas. Regardez par exemple les précautions qui sont prises lors de l'achat d'une voiture. C'est saisissant. Tout est passé au crible. Le moteur, le confort, les options, la couleur, et beaucoup sont prêts, malgré leur désir, à attendre encore trois, six mois le bon modèle, celui qui correspond vraiment à leur attente. Et pour se mettre ensemble, on se décide en deux jours ou en trois mois, mais c'est de la folie ! mais pas de la folie pure, de la folie impure ! c'est de l'inconscience.

JRC – *Si j'ai bien compris, à votre avis, de nombreuses unions ne tiennent pas en raison d'un mauvais démarrage...*

MMZS – Je le crois. Les êtres ne se choisissent pas. Ils subissent une attraction, et demeurent prostrés sous elle en s'imaginant que l'amour est de l'ordre de l'instinct. Au départ, ils sont bien ensemble – comme ils disent –, et cela leur semble suffisant pour commencer la vie commune. Cinq ans plus tard, quand ce n'est pas trois mois après leur fusion vécue entre quatre murs, ils réalisent alors qu'ils n'ont rien en commun.

JRC – *Que leur conseiller ?*

MMZS – S'ils ne sont pas mariés et qu'ils n'aient pas d'enfants, qu'ils se séparent le plus vite possible, et surtout qu'ils ne renouvellent pas l'opération, car les conséquences sont lourdes et les blessures profondes, surtout dans le cœur de la femme. Autant les hommes – et en affirmant cet état, je ne les absous pas –, chasseurs dans l'âme, sont capables de passer d'une proie à l'autre, autant la femme se relève difficilement d'un lien dans lequel elle a engagé son corps et son âme. Là, avec vous, je réentends le mot de Montherlant qui sonne tellement juste : « L'homme n'aime de cœur que ce qu'il a d'abord désiré sensuellement. Chez la femme, c'est l'inverse : elle aime d'abord de cœur, et de là, coule au désir. » Donc, par pitié, avant de tout donner, à commencer par son corps, que la femme réfléchisse un peu, beaucoup, passionnément... à la structure masculine et à ses soifs. Je sais bien que dans ce domaine, la fragilité bat son plein sous l'appel des sens ; raison de plus pour se tenir sur ses gardes ! Deux ans avec l'un, trois ans avec l'autre, six mois avec ce dernier, et vous vous retrouvez à trente-cinq ans – et pour une femme, c'est dramatique – toute seule sans avoir rien construit, parce qu'au fond, mais avouez-le ! vous vous êtes embarquée sans réflexion, vous avez cru que… vous avez été séduite par… un inconnu auquel vous vous êtes attachée, et de ce point de vue-là, c'est pardonnable, mais que de dégâts !

JRC – *Et si l'on est marié ou s'il y a des enfants ?*

MMZS – Alors là, je crois qu'il faut tout entreprendre pour tenter de sauver ce qui est perdu. Si cela est possible, il faut instaurer un dialogue régulier et approfondi au sein du couple en essayant de comprendre ce que l'un ou l'autre traverse, ce qu'il perçoit, ce qui lui manque, ce qu'il attend. Si l'on est chrétien, et même si on ne l'est pas, la rencontre avec un prêtre, que l'on soit marié devant Dieu ou non, peut constituer une véritable chance. Avant de consulter un conseiller conjugal ou un psychologue, il faut songer au prêtre, car sa connaissance de l'humanité dans ses soubassements peccamineux, mais aussi dans ses ressources, permet bien souvent de sortir de l'impasse en dépassant le dossier, en tablant sur des pardons accordés. Que de situations pourraient s'arranger si chacun reconnaissait sa part de responsabilité dans le drame destructeur qui, lentement ou sous l'effet d'un événement, s'est construit.

JRC – *Espérons que vos propos qui ne sont pas habituels seront entendus ou du moins réfléchis…*

MMZS – C'est bien là le but assigné à nos entretiens, n'est-ce pas ?

JRC – *J'en conviens, et pour ce faire, avançons. Revenons à vous. Sur le plan religieux, durant votre adolescence, bénéficiez-vous d'un soutien ?*

MMZS – Oui, de celui d'un prêtre en crise. Car durant les années 1970, le sacerdoce, à la recherche de son identité pourtant si bien définie depuis les premières heures de l'Église primitive, apparaissait comme sincèrement tourmenté par l'émergence d'un nouveau monde en pleine germination, désireux de se libérer de toute oppression sociale, religieuse ou culturelle, et dans lequel une bonne partie du clergé entendait prendre place en cheville ouvrière, c'est le cas de le dire. De son côté, mon prêtre gardait mesure. Il célébrait la messe tous les jours, s'occupait de ses paroissiens, et notamment entourait d'un amour de prédilection les malades, ce qui le conduira à se présenter au concours d'infirmier d'où il sortira major. Plus tard, à plus de cinquante ans, il exercera comme infirmier dans un hôpital d'Ajaccio. Il était un homme de cœur, pétri d'humanité, à la bonté démesurée surtout pour les plus délaissés, en particulier envers les étrangers qui arrivaient sur l'île et qui trouvaient en lui un soutien de grand prix. Que de temps n'a-t-il passé à leur trouver un logement et du travail ! Mon propre père d'ailleurs, armé de ses relations, le soutiendra dans cette tâche. Au jugement dernier, ce prêtre aura de quoi dire. Néanmoins, malgré tant d'atouts concentrés sur le plan humain, je me souviens qu'un jour où je lui parlais ouvertement de mon désir d'être prêtre, il s'était retourné vers moi, nous étions en voiture, et il m'avait répondu ces mots : « Non ! Vois-tu, tout cela est dépassé. C'est fini. Deviens assistant social, c'est là que se trouve l'avenir ! » Ces mots descendirent en moi ; cependant, de cette réponse je ne fus ni offusqué, ni ébranlé, le Christ ne permettant pas que je pénètre dans ce goulot rétréci. Je perçus simplement que sa réponse n'était pas juste, et plus encore qu'elle ne s'adaptait pas à mon être. C'est là, en ces années, que je devais commencer à prendre conscience des diverses familles d'esprit qui allaient demain s'affronter au sein d'un clergé de plus en plus divisé.

JRC – *Mais vous allez tout de même continuer d'accorder à ce prêtre votre confiance ?*

MMZS – Mais bien sûr. Ses positions idéologiques touchaient son intelligence, mais non son être sanctifié par le baptême et le sacrement de l'ordre ! Quelques années plus tard, il m'écrivit une très belle lettre dont ces mots seulement me sont restés en mémoire et qui montrent la qualité de sa vie chrétienne : « Depuis que je soigne les malades et touche les corps, je n'ai jamais aussi bien compris la portée de l'Eucharistie ! » Voyez, il ne manquait pas de grâce intérieure ; toutefois, je ne l'ai pas suivi dans ce qui me paraissait en lui d'excessivement relié à son temps et non à l'éternité ! Et puis, loin de moi l'idée alors assez courante d'opposer le service de l'homme avec le service de Dieu, comme si un Vincent de Paul, un Cottolengo, un Camille de Lellis, une sainte Catherine Labouré, une mère Teresa, avaient été pris dans ce dilemme absurde : ou l'homme ou Dieu ! ou la charité ou l'annonce explicite du Christ ! C'est ridicule. Quand mère Teresa se penchait sur un malade, on savait d'où procédait son amour et la médaille miraculeuse qu'elle donnait immanquablement aux gens qu'elle approchait manifestait encore sa volonté d'unir l'âme et le corps souffrants à leur Père et Créateur. Espérons que dans les années ou les siècles à venir, le mot de *charité* pourtant si ample, aujourd'hui banni du vocabulaire chrétien, reprendra ses droits et réduira au silence celui de *solidarité* qui court en slogan sur tous les esprits, y compris les plus athées. Il est temps que nous, chrétiens, redevenions les serviteurs inutiles que Dieu attend, amoureux de la mission qui nous a été confiée et qui consiste en premier lieu à faire connaître son Fils bien-aimé le Christ, et le salut promis. C'est dire qu'en donnant un simple verre d'eau, celui qui le reçoit devrait sentir à quelle source il a été puisé !

JRC – *Il y aurait donc une manière chrétienne d'être présent aux malheurs d'autrui…*

MMZS – Exactement. Et pour savoir si nous la possédons, demandons-nous si lorsque nous rencontrons un pauvre, un clochard, un sans-abri, en lui payant un sandwich, nous nous préoccupons de savoir s'il est baptisé, si cela fait longtemps qu'il ne s'est plus confessé et n'a plus communié ; et si avant de le quitter, nous prenons soin de le bénir, de prier avec lui, ou de lui donner une image, une médaille. Et que personne ne me dise que les pauvres n'en ont rien à faire ! Ce serait ne pas les connaître et ne pas les fréquenter, à moins que l'on ne croie pas nous-mêmes au désir de Dieu de les rejoindre ou au pouvoir d'une bénédiction ou d'une médaille bénite ! Que chacun s'interroge et rectifie le tir, pour le bien de tous.

JRC – *Ah ! vous n'y allez pas de main morte avec nos habitudes et nos systèmes de pensée !*

MMZS – Qui sait si le Christ ne reviendra pas cette année ? Autant se préparer en affinant notre conduite évangélique sans sacrifier sur l'autel de l'humanisme la mission surnaturelle que l'Église accomplit à temps et à contretemps depuis deux millénaires. Tenez, tout à l'heure, nous avons évoqué Catherine Labouré. Très souvent, vous savez, je la rejoins par le cœur dans la maison de Reuilly, et plus précisément au bassin où elle lavait les chaises percées. Eh bien, cette race de saints increvables, bien avant que l'on se dispute le *monopole du cœur*, travaillait nuit et jour à l'amélioration du sort de ses semblables, cornette en tête, chapelet à la main, et sans grandes déclarations ni battage médiatique. L'alliance de la foi, de la piété et de la charité, voilà ce que l'Église a le devoir de manifester à notre société prétendument humaniste qui s'imagine sauver l'homme en le délivrant de toute transcendance. Pas un bout de pain, vous m'entendez, ne devrait être donné par le Secours catholique ou par les autres associations chrétiennes caritatives sans que soit dit *explicitement* au bénéficiaire que ce bout de pain, c'est le cadeau de Dieu pour lui. Et pourquoi ne pas lui donner aussi avec l'aide qu'on lui octroie, par exemple, une belle image représentant notre Mère la sainte Vierge avec une courte prière que le pauvre pourrait lui adresser avec confiance ? Nous sommes tièdes, nous sommes tièdes, voilà la vérité ! Nous manquons de courage pour pousser les âmes dans les bras du Père ! Et les pauvres meurent sans sacrement et souvent sans le baume d'une parole divine qui, en mettant le projecteur sur la vie éternelle, soulèverait quelque peu leur vie effondrée.

JRC – *Pour mettre en place cet esprit...*

MMZS – ... c'est simple ! Il suffit que les membres de ces groupements et associations soient de grands amis du Christ, qu'ils vivent eux-mêmes des sacrements, et qu'ils soient passionnés par l'évangélisation du monde ! Il est évident que si, dans les rouages, l'huile de la foi manque, si nos œuvres sont tenues par des humanistes, fussent-ils généreux, et non par des chrétiens convaincus, l'objectif ne sera atteint qu'à demi. Du responsable jusqu'à celui qui tartine ou donne une couverture, la cohérence est de rigueur.

JRC – *Après cette incursion dans l'univers de la « charité » – voyez, je retiens bien vos appels –, nous allons quitter, je crois, l'Île de Beauté pour rejoindre Nice, votre ville natale. Vous avez alors quinze ans.*

MMZS – En effet, mon père, pourtant très attaché à sa terre d'origine, ne voulait pas que nous restions davantage dans un univers somme toute assez réduit, la Corse n'offrant pas à cette époque de grandes possibilités, surtout sur le plan universitaire. Pour ma part, je serais resté volontiers, en raison de cette aménité, de cet esprit familial qui, alors régnaient sur l'île. Toutefois, la décision fut prise : il fallait rentrer. En vous confiant cela, je repense au mot de Pascal qui souvent me sauve aux heures où je serais tenté de rendre mon tablier, non pas celui du sacerdoce, mais celui de sa mise en œuvre la plus concrète : « Si Dieu nous donnait des maîtres de sa main, écrivait-il, oh ! qu'il leur faudrait obéir de bon cœur ; la nécessité et les événements en sont infailliblement. » J'ai donc suivi comme il convient quand on a quinze ans. Arrivé à Nice, j'ai tout de suite été envahi par la hâte de faire un pas en direction de cette vocation sacerdotale qui ne quittait pas mon esprit. J'avais appris l'existence d'un certain *foyer Saint-Paul*, maison diocésaine où l'on pouvait étudier sa vocation tout en suivant les cours à l'extérieur dans un lycée de la ville. Je vais y être admis. Les prêtres chargés de ce petit séminaire étaient remarquables de foi, de bonté, d'écoute, de patience aussi, et Dieu sait s'il leur en a fallu pour accompagner le jeune homme tourmenté, absolu, indépendant, que j'étais, quelque peu tranché dans ses positions, peu enclin à se laisser gouverner et surtout à dépasser le modèle de prêtre qui continuait, et qui continue d'ailleurs, à m'habiter, à savoir, vous l'avez deviné, le modèle exprimé par le père Galas, à mes yeux homme surnaturel par excellence, situé dans la droite ligne du témoignage renversant du prêtre italien Giovanni Bosco.

JRC – *Mais les rapports entre ces prêtres et vous-même étaient bons ?*

MMZS – Excellents. Nous vivions dans un contexte fraternel, suivis de près, je le redis, par trois prêtres de grande qualité, veillant sur nos études et sur le développement de notre vie chrétienne. La prière du matin nous réunissait et, le soir, ceux qui le souhaitaient pouvaient participer à la sainte messe. À l'époque, on ne pouvait pas demander davantage ; c'était déjà, croyez-moi, beaucoup ! Chacun, nous avions un conseiller spirituel, comme on disait à l'époque ; maintenant, on préfère le terme de père spirituel, qui dit bien mieux la nature du rapport et le possible engendrement.

JRC – *Vous étiez nombreux à vivre dans cette maison ?*

MMZS – Peu nombreux déjà à désirer le sacerdoce. Nous étions une vingtaine de petits privilégiés qui voyaient de leurs fenêtres toute la baie de Nice. Toutefois, je vous avoue l'avoir peu regardée car, en cette période, j'étais en moi, dans mes pensées, dans mes projets d'avenir, dans mes conceptions du sacerdoce et de l'Église. Comment vous dire ? Je me sentais une âme de pionnier, il fallait agir, sauver la jeunesse, que sais-je, apporter le Christ à la terre. Voilà pour mes quinze ans aussi démesurés et aussi peu souples qu'un adolescent peut l'être.

JRC – *Combien d'années allez-vous passer dans ce lieu ?*

MMZS – Quatre années dont je rends grâces, mais qui dans l'ensemble furent pour moi difficiles en raison des courants de pensée qui agitaient l'Église et des nouvelles manières d'être et de se présenter des prêtres. La plupart d'entre eux cherchaient en ces temps troublés à redéfinir leur identité, leur mission, et leur place dans le monde. Ce chaos me troublait. Du côté des prêtres diocésains, la sécularisation battait son plein ; tous étaient habillés en civil. Les formes traditionnelles de piété éprouvées sur des siècles, tels que le rosaire, le chemin de croix, l'Angélus et autres prières vocales, avaient disparu de l'horizon quotidien, la bénédiction et le salut du saint Sacrement appartenaient à l'âge de pierre, la sainte Vierge perdait chaque jour de son pouvoir, les statues n'avaient plus droit de cité, les représentations figuratives du mystère chrétien étaient désormais malvenues dans les églises, les saints et les saintes au placard ou à la casse ! Quant à la messe, elle prenait la forme d'un repas à moitié sacré où la dimension sacrificielle, qui est pourtant le cœur du mystère, était gommée. Le tout était vécu sans envergure, les prêtres immanquablement revêtus de leur éternelle aube sans cordon et d'une étole de laine moche comme pas deux. La chasuble était pratiquement absente, les linges d'autel, réduits au minimum ; quant aux cantiques et à la musique, des textes vides sur des mélodies insignifiantes. La grande majorité des prêtres se faisaient appeler par leur prénom et non plus « Père ». Radicalement nous descendions la pente au nom d'un égalitarisme idiot. Ce sont les années 1975, désacralisantes à souhait, dont nous avons encore du mal à nous relever complètement et qui, disons-le, par honnêteté intellectuelle, n'ont pas conduit les églises à se remplir de fidèles, c'est le moins que l'on puisse dire.

JRC – *Mais vous, mon Père, de toute façon, vous vouliez être prêtre salésien dans la lumière du père Galas ? Vous échappiez donc à ce contexte ?*

MMZS – Du côté salésien, la congrégation n'était pas en retard sur « l'évolution-régression », car c'est ainsi que j'appelle le processus qui s'est amorcé en raison de l'alliance des idées soixante-huitardes avec l'application faussée du Concile, et qui devait conduire cette famille religieuse, comme beaucoup d'autres d'ailleurs en Europe, à s'approcher dangereusement de la mort clinique faute de combattants, c'est-à-dire de vocations. « Les pays qui n'ont plus de légendes seront condamnés à mourir de froid ! » Le poète Patrice de La Tour du Pin nous avait prévenus, mais il n'y eut rien à faire :

la courroie de transmission se brisait ; le père Galas exilé à Toulon vivait ses dernières années ; avec lui et ses confrères de la même trempe allait disparaître dans les esprits, mais aussi du champ visuel, la surnaturalité du sacerdoce. Chez les salésiens, le prêtre me semblait désormais céder le pas à l'éducateur. Cette nouvelle génération salésienne, qui se comptait d'ailleurs sur les doigts d'une seule main, je ne parvenais pas à la comprendre. Parmi eux, il y avait les défenseurs des écoles et en face d'eux ceux qui rêvaient d'aller vivre en HLM formant de petites communautés de vie ; de toute manière, c'était en jeans que l'aventure s'annonçait, avec des perspectives sociales très intéressantes, mais la dimension surnaturelle, encore une fois, je la cherchais désespérément et ne la rencontrais pas au passage de cet esprit nouveau. Dieu sait pourtant si j'aimais Don Bosco, son œuvre et... la Vierge auxiliatrice ! Cependant pour rien au monde je ne remettais en question ma vocation salésienne. Je me répétais sans cesse que je ferais évoluer les choses.

JRC – *Vous pensiez vraiment parvenir à renverser ce courant ?*

MMZS – Tout à fait. Et je l'espérais de toutes mes forces. C'est là un des traits de mon caractère : croire que l'on peut tout si l'on aiguise bien son couteau. Et puis je comptais sur l'aide de Dieu et de sa Mère. Il y avait en moi, alors que j'avais à peine seize ans, une sorte à la fois d'élan et d'aveuglement qui me laissait croire – à juste titre d'ailleurs – que rien n'était impossible. Aussi, mon premier désir en arrivant à Nice sera de créer un patronage pour enfants dans la lumière de celui que j'avais connu. Les sœurs salésiennes auxquelles j'étais resté très lié me soutiendront dans ce projet et me prêteront volontiers leur cour chaque jeudi après-midi.

JRC – *Attendez un instant ! Il faut que je comprenne bien ce que vous vivez. Vous poursuivez vos études, vous habitez le foyer Saint-Paul, et en même temps vous lancez ce patronage !*

MMZS – Vous y êtes, seulement votre ordre n'est pas bon. Je lance le patronage, j'habite au foyer Saint-Paul et je poursuis mes études. Eh oui ! je l'avoue encore, ces dernières occuperont toujours, du moins jusqu'à mon entrée à l'université, le dernier wagon de mes soucis. C'est ainsi que je ne devais pas devenir un élève exemplaire.

JRC – *Mais comment donc allez-vous vous y prendre pour créer une œuvre de jeunesse alors que vous êtes en classe de seconde et que vous n'avez que seize ans ?*

MMZS – Il se trouve alors que l'un de mes camarades de classe désireux de découvrir quelques accords de guitare avait accepté mon aide et, en échange, son père qui était imprimeur avait bien voulu réaliser gratuitement quelques centaines de tracts annonçant l'ouverture du patronage. Le geste de cet homme me toucha profondément et connut en moi une résonance inouïe. À l'instar de tous les jeunes de mon âge qui se trouvaient en pension, je ne disposais bien évidemment d'aucun argent, et voilà que Dieu, d'un tour de passe-passe, résolvait le problème. Depuis cette première affaire que vous jugerez sans doute insignifiante, je crois *mordicus* comme Lacordaire que « de demain, tu ne sais rien, si ce n'est que la Providence se lèvera pour toi plus tôt que le soleil ».

JRC – *En bon avocat du diable, nous pourrions dire :* « *Coïncidence !* »

MMZS – J'en conviens, mais vous savez, cher Jean-Robert, quand la coïncidence est très intelligente, il faut peut-être chercher plus haut. De toute manière, dans mon cœur d'adolescent, je ne doutais pas un seul instant que les grâces renversantes accordées à Don Bosco ne pussent être reçues par d'autres.

JRC – *Et le patronage a pris son élan ?*

MMZS – À la stupéfaction de tous, car en ces années on affirmait doctement que le temps du patronage était révolu. On jugeait cette manière de regrouper les enfants, de les faire jouer et prier comme moyenâgeuse, l'Action catholique de l'enfance étant désormais l'avenir avec un grand A, comme si tous les enfants du monde devaient passer par la même porte et entrer dans le même boyau. Ah ! c'est fou ce que cet esprit de système a pu faire et fait encore de mal ! Que l'Action catholique de l'enfance vive et apporte son tribut, très bien, elle convient à l'état d'esprit de certains enfants, mais tous, encore une fois, ne sont pas aptes à passer par cette pédagogie. Grâce à Dieu, pour ne prendre qu'un exemple, la congrégation du Sacré-Cœur de Jésus, fondée par le père Timon-David, a maintenu contre vents et marées ses patronages où le jeu, la prière, la vie sacramentelle, continuent de se donner la main pour former des cœurs épris du Christ, de son Évangile et de son Église. Des garçons sortent magnifiquement formés de ses œuvres et celles-ci ne demeurent pas sans vocations. À l'heure actuelle, nous voyons d'ailleurs fleurir en France quelques créations de patronage, notamment à Paris, à Toulon, et avec de nombreux prêtres, nous en sommes très heureux. Fini le temps du parti unique ! Qu'une mosaïque de voies et de moyens s'élèvent pour une jeunesse qui n'a jamais été aussi diversifiée.

JRC – *Les sœurs salésiennes vous aidaient dans cette tâche ?*

MMZS – Chaque jeudi, elles étaient présentes dans la cour et trois mères de familles venaient aussi nous aider pour entourer la centaine d'enfants qui, chaque semaine, se retrouvait.

JRC – *À seize ans...*

MMZS – Ce qui me sauvait, c'était ma taille, car je mesurais déjà plus d'un mètre quatre-vingts, et mon enthousiasme et ma joie quelque peu communicatifs me faisaient sans nul doute pardonner mon immaturité. En tout cas, malgré mes limites, et Dieu sait si j'en avais, j'étais dans mon élément – et le père Galas, de Toulon, en bon père, m'encourageait de ses lettres à persévérer. Cependant, il y eut un événement apparemment anodin qui vint ébranler mes certitudes. Croyez bien que ce n'est pas pour le plaisir de me raconter que je vous livre tout cela, mais pour que, demain, des vocations ne soient pas brisées. À l'occasion du centenaire de la fondation de l'école Don-Bosco de Nice – nous sommes en 1975 –, le provincial des salésiens vint en notre ville pour ces festivités réunissant de nombreux salésiens de France. Le père Galas était présent. Vous imaginez ma joie de le retrouver ! À deux mètres de l'endroit où enfant j'avais révélé ma vocation à mon catéchiste, le père Galas me prend par le bras et en m'approchant du provincial lui dit sur un beau sourire : « Père, je vous présente un futur salésien ! » Pour toute réponse, il leva les bras et, en ouvrant la porte de la sacristie, il s'écria : « Oh ! il faut voir si le Seigneur l'appelle, il faut discerner ! » Et il sortit.

JRC – *La douche froide...*

MMZS – Exactement, l'effet d'une douche froide administrée à un adolescent qui avait besoin d'une main sur l'épaule et d'un encouragement plus que d'une affirmation théologique, fût-elle juste !

JRC – *Car en effet, en répondant de la sorte, il disait la vérité...*

MMZS – ... sans prendre en considération suffisante le discernement du prêtre qui me présentait – ce qui était déjà à mes yeux un manque d'éducation mais aussi d'esprit surnaturel malgré son emphatique : « Si le Seigneur l'appelle ! » – et surtout, sans prendre la précaution de poser une seule question à celui qui, à seize ans, exposait sa vie, car j'avais l'impression par cette présentation au supérieur que je faisais un pas décisif vers cette famille religieuse.

JRC – *Quelles réflexions vous inspire cet événement qui a joué si fort contre vous ?*

MMZS – Sur le plan humain, il convient de se redire souvent que la moindre parole déplacée, c'est-à-dire mal placée, même si elle exprime une vérité, peut avoir des conséquences importantes en celui qui la reçoit. Ce prêtre, de belle qualité par ailleurs, dans sa trop brève rencontre avec moi – mais c'était sans doute sa forme d'esprit –, a rationalisé à mort la question vocationnelle, oubliant qu'avant d'être une question, elle est un mystère entre une âme et son Dieu, fécondée par un travail divin très minutieux s'étalant souvent sur des années. Il faut donc y accoster avec cette délicatesse de manœuvre dont les commandants de bateaux font preuve quand ils se rapprochent du quai. En matière de vocation et de conduite des âmes, les gros sabots sont proscrits.

JRC – *Mais au fond toute rencontre humaine ne mérite-t-elle pas cette attention délicate ?*

MMZS – Vous avez raison. Au-delà de l'attitude de ce prêtre, avec vous j'élargis mon propos, et en profite pour rappeler qu'avant de formuler la moindre réponse à la question d'une personne, un certain arrêt sur elle, une prise en considération de ce qu'elle est, s'impose. Et le rapport doit alors être direct, franc, les yeux dans les yeux, pas en passant, pas en courant, et surtout en évitant absolument le recours à un ton supérieur, ou encore faussement plaisantin, ou à cette ironie que d'aucuns utilisent pour masquer leur manque de confiance, ou pour s'en tirer par une pirouette, ou pire encore pour dominer la personne. « Gagnez les profondeurs, l'ironie n'y descend pas », disait Rilke. Si je vous dis cela, c'est parce que je suis frappé de voir à quel point la communication est faussée entre les êtres, y compris dans l'Église, par un manque de simplicité dans la relation souvent lié à des rivalités et des jalousies plus ou moins avouées. Au lieu de s'estimer, de s'aimer, de s'enrichir mutuellement, de s'encourager, de se féliciter aussi, on joue les matadors en se contorsionnant sous le jeu du non-dit, de l'humour ou de l'ironie. Minable !

JRC – *Je vois bien que vous tapez juste. Comment sortir de ce labyrinthe d'incommunication ?*

MMZS – En étant vrai, tout simplement, avec nous-mêmes, et devant les autres. Ce n'est pas bien compliqué.

JRC – *Arrêtons-nous, si vous le voulez bien, sur vos années de jeunesse au foyer Saint-Paul...*

MMZS – Dieu soit loué, nous ne vivions pas dans un climat d'effervescence liée à la crise que traversait l'Église. Nos prêtres veillaient avec beaucoup d'intelligence et de respect sur chacun de nous. Le père Jean Bernardi, notre supérieur, qui était également directeur du Service des vocations et conseiller épiscopal, était omniprésent, remplissant sa charge avec beaucoup de dévouement ; le père Bernard Barsi, devenu depuis archevêque de Monaco, nous enveloppait de sa joie d'être prêtre et de servir le Christ ; enfin, le père Joseph Bertaina, si rapidement parti pour l'éternelle maison, homme de cœur, homme de foi, homme passionnément attentif à révéler l'amour de Jésus en particulier aux plus jeunes ; et le message convainquait sans effort à travers son sourire, à travers sa bonté, à travers ses allées et venues dans le couloir du quatrième étage récitant son bréviaire, à travers son accordéon dont il se servait – tenez-vous bien, c'était magnifique –, au début de la messe, pour enflammer des centaines de jeunes enfants venus vivre dans la maison du séminaire quelques heures de récollection en vue d'une éventuelle vocation sacerdotale. Un jour où nous étions tous les deux, je lui avais demandé son secret ; il m'avait répondu : « Je veux donner du bonheur aux personnes que je rencontre, je veux qu'elles soient heureuses, mais, vois-tu, pas demain, mais tout de suite, alors, ce qu'elles me demandent, je tâche de l'accomplir ! » Comme on est loin, ici, ne trouvez-vous pas, de la froide bureaucratie sacerdotale et de tous les slogans ecclésiaux-sociaux-gazeux ? Sa méthode archi-simple a donné du fruit partout où elle est passée, jusqu'à toucher si fortement la population du quartier où il fut curé les dernières années de sa vie qu'elle obtint de la mairie de Nice qu'une rue portât son nom. Vous voyez comme nous étions bien entourés !

JRC – *Il faudrait que tous les prêtres du monde finissent par avoir une rue, ce serait une manière originale de reprendre place dans le paysage social !*

MMZS – Que Dieu vous entende, et les prêtres aussi !

JRC – *Quel adolescent avez-vous été ?*

MMZS – Un adolescent tourmenté, je vous l'ai dit, de tempérament très enthousiaste, avec une propension à l'idéalisme, mais non au rêve, car je n'ai jamais aimé la fiction en quelque domaine que ce fût. Il y avait aussi en moi une pointe d'entêtement et d'esprit d'indépendance avec un mélange de joie et de gravité et, en prime, grâce à Dieu, une sensibilité à fleur de peau qui m'empêchait de faire de la peine, de blesser, ou encore de me révolter. Je n'étais pas un rebelle, mais je gardais mes idées. Pour rien au monde je n'aurais osé répondre, ruer dans les brancards, insulter qui que ce fût ; mon éducation et mon émotivité me l'interdisaient. Et je crois que je n'ai pas changé. Cependant, voyez, par exemple, dans mon débat intérieur au sujet de l'Église, ne sachant plus que penser, je n'eus pas peur de prendre la décision avec l'un de mes camarades d'écrire au cardinal Garonne, alors préfet de la congrégation pour l'Éducation catholique, tout simplement pour lui demander conseil – c'était un peu fort de café ! –, et je me souviens de sa belle réponse chargée d'encouragement. Ah ! j'avoue que je n'étais pas facile à cadrer. Tenez, un soir, à onze heures et demie, sans autorisation, j'enfourche mon Solex et me voici filant en direction de la promenade des Anglais pour contempler le feu d'artifice qui allait éclater à minuit. À mon retour, vers deux heures du matin, je voyais des tas de petites lampes qui cherchaient dans les fourrés du séminaire l'enfant prodigue. Alors là, je puis vous assurer que ce ne fut pas l'accueil du père de la parabole ! Cela pour vous dire mes pauvres limites et ce besoin que j'avais de vivre le plus librement possible.

JRC – *Vous avez été puni pour cette incartade ?*

MMZS – Puni, oui, même renvoyé une journée, mais… compris aussi, par notre supérieur, le père Jean, comme nous l'appelions, qui, au fond, saisissait ce que je traversais et qui, déjà le lendemain, au cours de la messe dominicale, au moment du don de la paix, fit passer comme jamais toute son affection dans son accolade, me demandant – et c'était la première fois de ma vie – de donner la sainte communion. Un beau souvenir.

JRC – *En ces années-là, il vous est arrivé souvent de désobéir ?*

MMZS – Non. Toutefois, je me souviens très bien d'une journée particulière où ayant appris que le père Galas était gravement malade, hospitalisé dans une clinique de Toulon, désormais aux portes de la mort, je suis parti le matin, l'air de rien, sans avertir qui que ce fût, comme si je me rendais en ville, et j'ai sauté dans un train. Je savais que mes supérieurs ne m'auraient pas donné l'autorisation. Ils m'avaient déjà rappelé la fameuse parole de Jésus en l'appliquant à la situation de ce prêtre qui à leurs yeux occupait trop fortement mon esprit : « Laisse les morts enterrer les morts ! » Pour moi, il n'en était pas question. D'abord, le père Galas était encore vivant, et je ne voyais pas que l'on pût m'empêcher de le revoir ; de fait, ce fut la dernière fois que je le vis, et je suis sûr que la sainte Vierge a été très heureuse de mon initiative. Un aller-retour ultra-rapide, certes risqué, car j'aurais pu cette fois-ci être renvoyé définitivement, mais que n'aurais-je accompli pour ce *Père* à qui je devais d'aimer le Christ et sa Mère ! En arrivant à la clinique, je revois parfaitement la scène, je suis entré dans la chambre, le Père était couché sur le côté en direction de la porte ; en me voyant, il a ouvert grand ses yeux, et nous avons parlé tous les deux comme des frères, et puis après m'avoir offert deux livres dont je ne me suis jamais séparé, mais que volontairement je n'ai jamais lus, attendant d'être dans mon propre lit de douleur à l'heure de ma mort pour les lire, il me fit un large sourire, déployé comme jamais, étincelant de lumière ; je n'avais jamais vu le Père sourire ainsi en ultime au revoir, plein d'avenir. Je suis rentré à Nice le cœur en charpie, mais heureux de mon escapade, ni vu, ni connu, apparemment…

JRC – Après votre mère, vous perdiez un vrai père ?

MMZS – Oui, sa mort fut une lourde épreuve pour mes dix-huit ans. À ses obsèques qui se déroulèrent à la Navarre, maison fondée par Don Bosco, perdu dans une foule considérable de braves gens qui louaient sa bonté, sa charité, sa piété, enfin tout ce que je savais par cœur, je mesurais la chance qui m'avait été offerte de rencontrer un véritable ami de Jésus et de Marie, un serviteur authentique du Sauveur, un prêtre qui, à mes yeux, cela ne faisait pas un pli, était saint. Et quelle ne fut pas mon émotion de recevoir de sa famille, le jour de mon diaconat, plus de vingt ans après sa mort, son calice avec lequel il célébra chaque jour la sainte messe durant quarante-quatre ans. Depuis mon ordination, le Précieux Sang continue de couler quotidiennement dans cette coupe sanctifiée par un être qui a mouillé sa soutane au service du Maître et, croyez-moi, en l'élevant tous les jours, c'est au dévouement, à l'esprit de sacrifice, essence du sacerdoce, que je bois.

JRC – Mon Père, pensez-vous que le moule soit cassé ? Que de tels prêtres ne surgiront plus ?

MMZS – Ce modèle de prêtre est en voie de réapparition. Le prêtre animateur de communauté, le prêtre président de l'assemblée, le prêtre « créateur de lien social », comme le définit le Service national des vocations, tire ses dernières cartouches. À ce sujet, je vous avoue avoir été fortement étonné en découvrant la manière dont cette instance présente la mission du prêtre sans évoquer son rôle premier qui est de communiquer la grâce par le don des sacrements. Dans ce texte archi-plat, pas un mot sur l'Église, pas un mot sur l'Eucharistie, pas un mot sur la confession, pas un mot sur la prédication. Cette horizontalité est affligeante.

JRC – *Pourtant, c'est l'organe officiel de la Conférence épiscopale en matière de vocation qui publie cet article et qui a priori le cautionne...*

MMZS – Ne faisons pas porter le chapeau de cette fadeur à tous les évêques de France ! Il ne m'apparaît pas possible que tous nos évêques, comme un seul homme, aient été en accord avec cette présentation faussée, parce que rétrécie, du sacerdoce. Il y a des rédacteurs qui ont travaillé à l'élaboration de ce texte, et ce sont eux qui sont responsables de cet aplatissement, qui, je l'espère tout de même – car Dieu se sert de tout –, a donné quelques résultats. En tout cas, pour ma part, je ne crois pas en ces paroles inoffensives qui font du prêtre un « créateur de lien social » et qui, de plus, on l'apprend, « croit au bonheur et cherche à le communiquer ». En vérité je suis très embêté par cette présentation du sacerdoce, car figurez-vous que mon boulanger, et le patron du bar où je vais tous les matins prendre mon café, sont aussi des « créateurs de lien social », et les deux, je vous l'assure, « croient au bonheur et cherchent à le communiquer ». Peut-être aurais-je dû, si je l'avais su, m'orienter autrement ?

JRC – *Mon Père, vous ne mâchez pas vos mots.*

MMZS – C'est la moindre des choses quand on sait que l'on devra, au dire de Jésus, rendre compte de la moindre parole prononcée. Et puis, il n'y a plus de temps à perdre, l'état de la foi en notre pays est désastreux ; pensez qu'à Marseille, les pratiquants ne représentent qu'un pour cent de la population ! Et moi, pauvre serviteur inutile, je n'ai pas à m'occuper de ce que l'on pense de moi ou de ce que l'on ne pense pas. L'avenir des âmes est en jeu, voilà ce qui me préoccupe, et j'espère que demain, que dis-je, aujourd'hui, des jeunes vont se lever pour suivre le Christ au cœur de l'Église inventée par son amour pour communiquer la vie divine aux âmes – ce qui n'exclut nullement et qui même exige le soutien purement humain qui *doit* être offert aux personnes, puisque l'amour toujours concret de Dieu se sert de l'amour toujours concret du prêtre pour se révéler. Et que de bons prêtres sur la terre vivent dans cette lumière, prenant soin de ne pas réduire leur mission à un humanisme, fût-il de source évangélique, coupé du but à atteindre qui est le salut des âmes !

JRC – *Au fond, malgré la force de vos propos qui taillent dans le vif, je ne ressens dans vos paroles aucune animosité, mais plutôt une volonté de clarifier les réalités en vue d'un bien meilleur !*

MMZS – Oh, qu'il me plaît que vous me perceviez ainsi ! Voyez, il me semble que toutes les divisions qui surgissent entre les êtres et qui peuvent aller jusqu'à l'entre-déchirement, même au sein de l'Église, sont dues à une méconnaissance des personnes, à un manque d'écoute approfondie de leurs positions, et à la volonté plus ou moins avouée de ceux qui sont en place et qui dirigent, de protéger le système qui tourne à peu près en écartant les risques d'ébranlement venus de pensées autres. Et pourtant, il n'y a, je crois, rien de meilleur pour le bien de tous et de la cause que l'on défend, que de faire connaître clairement ce que l'on pense. Jésus n'a pas hésité à annoncer la Vérité à la barbe des grands prêtres ; alors, pourquoi, nous aussi, ses enfants, hésiterions-nous à dire ce que l'on conçoit, dans la mesure où nous demeurons au cœur de l'Église, amoureux de sa doctrine, *fidelissime* au Saint-Père ?

JRC – *Continuons donc d'être vrais.*

MMZS – C'est à ce prix que notre livre prend valeur.

JRC – *Mon Père, si vous le voulez bien, nous allons fermer les portes de votre adolescence et du foyer-séminaire Saint-Paul où vous êtes resté jusqu'à votre première année de faculté – et nous allons où ?*

MMZS – Eh bien, c'est cousu de fil blanc, ou d'or, si vous préférez : chez les salésiens !

Chapitre 5

À LA SOURCE IDÉALE

JRC – *Comment donc allez-vous passer du foyer Saint-Paul à la maison des salésiens ?*

MMZS – Par un coup inattendu de la Providence. Comme toujours d'ailleurs, car il est dans sa nature de frapper là où l'on ne l'attend pas. Le curé de la paroisse Notre-Dame-Auxiliatrice organisait un voyage pour ses paroissiens sur les pas de Don Bosco à Turin et aux alentours. Sachant que je possédais sur le bout des doigts la vie du saint – et je l'avoue d'autant plus simplement que je n'en ai aucun mérite : quand on se passionne pour un être, on vit avec lui, on le suit à la trace, on connaît par cœur les lieux qu'il a fréquentés –, il va donc me proposer de conduire le voyage et d'en être le guide. Évidemment, j'acceptai, et malgré mes tout juste dix-neuf ans, je pris la tête de l'expédition. Lorsque nous arrivâmes au village natal de Don Bosco, après avoir visité sa maison – et Dieu sait s'il est émouvant de voir cet endroit si pauvre où Dieu s'est plu à enrichir de sa grâce l'un des plus grands saints de l'humanité –, j'ai raconté sa rencontre avec Don Calosso, chapelain du hameau de Morialdo, un homme déjà avancé en âge, soixante-neuf ans, alors que Jean Bosco n'en avait que quatorze. Puis-je vous partager cette rencontre si déterminante pour lui ?

JRC – *Mais bien sûr, mon Père, nous avons tout notre temps, la promenade avec vous est agréable !*

MMZS – Surtout que la région du Montferrat où nous sommes, avec ses douces collines sillonnées de vignobles s'achevant sur de jolies prairies, réjouit le regard. Jean Bosco était trop pauvre pour espérer devenir prêtre. À la suite d'un songe qu'il fit à l'âge de neuf ans, il eut la certitude que le Christ, par Marie, l'appelait au sacerdoce et le préparait déjà à veiller sur la jeunesse. Durant son adolescence, Giovanni a gardé son rêve tout en gardant les vaches et en bêchant la terre, jusqu'au jour où une porte va s'ouvrir par l'entremise de ce prêtre rencontré sur une route de campagne au milieu d'une foule de fidèles qui revenaient à pied du village de Buttigliera, où un triduum de prédication avait été organisé pour ouvrir un jubilé ordonné par l'archevêque de Turin. C'est sur le chemin du retour que le prêtre déjà courbé par les ans remarqua ce jeune garçon aux cheveux noirs et frisés, et ô combien décidé jusque sur son pas. L'air de rien, le prêtre l'interrogea sur la prédication qu'il venait d'entendre et fut surpris de ce qu'il en avait retenu. Aussi, le dialogue va s'instaurer et s'approfondir à mesure que les kilomètres seront parcourus. Giovanni lui révèle alors son désir d'être prêtre, mais aussi ses difficultés familiales, la pauvreté des siens, et cela suffira pour que Don Calosso propose au jeune adolescent de l'accueillir tous les matins à Morialdo pour l'apprentissage de la grammaire italienne et latine. Voilà pour l'histoire. Et c'est sur ce chemin qui conduit des Becchi à Morialdo que le père Lucien Aubert, car tel était son nom, curé de la paroisse Notre-Dame-Auxiliatrice, me proposera de venir partager la vie de la communauté salésienne qui veillait sur ce sanctuaire. Vous imaginez ma joie à la seule pensée de me retrouver dans les murs de cette maison où ma vocation était née, et plus encore de vivre dans ce lieu où le père Galas avait passé dix années de sa vie ! Évidemment, j'acceptai sur-le-champ. Mais attendez, avant de nous y rendre, je voudrais, cher Jean-Robert, ajouter deux mots d'importance sur la personne de Don Calosso.

JRC – *Je vous soupçonne de vouloir insister sur le fait que le Ciel s'est servi d'une médiation humaine pour mettre en œuvre la vocation de votre saint.*

MMZS – Je vois que vous commencez à bien me connaître. Et il est important de bien remarquer cette habituelle conduite divine. Aux pirouettes magiques sur fond de visions ou de paroles intérieures, Dieu préfère un bon témoin de son amour, bien en chair, pour révéler ses plans. Mais si j'ai évoqué Don Calosso peut-être, pardonnez-moi, un peu longuement, c'est aussi parce que j'ai découvert, il y a peu de temps, grâce aux dernières études salésiennes, que la vie de cet homme avait été plus que mouvementée. Jeune prêtre, il avait été dénoncé au ministère de la Police générale comme ennemi du gouvernement. Plus tard, à l'âge de cinquante-deux ans, sa moralité sera gravement mise en question, et l'archevêque de Turin le démettra de ses fonctions de curé. Il disparaît alors de la circulation, et réapparaît seize ans plus tard dûment nommé chapelain à Morialdo. Calomnie, cabale, vérité, qu'importe ? Ce que je vois, c'est que Dieu s'est servi de lui pour sortir

Jean Bosco de sa pauvre existence de gardien de vaches et donner à son rêve sacerdotal la consistance du réel. On ne peut que le reconnaître : Dieu a confié à ce prêtre autrefois suspecté d'intelligence avec l'ennemi, et peu recommandable sur le plan des mœurs, la formation première d'un des plus grands saints de l'histoire !

JRC – *Vous y allez fort ! Vous voulez dire par là que la droiture, la probité, la pureté des « intermédiaires », ne sont pas essentielles à la réalisation des plans divins ?*

MMZS – Je veux dire par là qu'il faut être bien immature sur le plan spirituel pour croire que Dieu a le regard de l'homme sur l'homme. *En bas*, nous sommes devant les êtres, ou plus précisément face à leurs péchés, comme des policiers qui notent sur leur calepin des numéros de plaques d'immatriculation en vue de la verbalisation. Nous ne comprenons rien à l'approche divine du péché ou, du moins, pas grand-chose ! *En haut*, notre Seigneur le regarde à peine, sauf chez ceux qui s'y enlisent de grand cœur et qui le justifient ! Mais qui en souffre s'en voit libéré d'une seule parole du Christ, c'est-à-dire d'une absolution, le Sauveur balayant en lui, j'en suis sûr, jusqu'à la mémoire du péché. C'est l'amnésie pour celui qui pardonne ; sinon, le pardon ne serait pas complet, or Dieu ne peut faire que du parfait ! Jésus dit expressément que nous devons nous-mêmes pardonner de grand cœur et volontiers à celui qui nous a offensés, alors comment voulez-vous qu'il ne s'applique pas à lui-même ce qu'il exige de ses enfants ?

JRC – *Dieu amnésique, quelle image audacieuse !*

MMZS – À laquelle je me suis rendu poings et mains liés, notamment lorsque j'ai découvert la vénérable Louise-Marguerite Claret de La Touche. Je ne sais pas si vous connaissez cette religieuse intrépide qui ne pesa avec son habit de visitandine jamais plus de trente-trois kilos ! À tous les coups, le prochain siècle la placera sur les autels. Figurez-vous qu'elle voyait régulièrement le Christ et qu'elle s'entretenait avec lui comme nous le faisons tous les deux en ce moment.

JRC – *Quelle chance !*

MMZS – Mais quelle charge, surtout, car Jésus, quand il vient, apporte, dans son sac, des désirs et des combats !

JRC – *Racontez-nous. Nous avons le temps. J'adore les histoires à dormir debout !*

MMZS – Vous allez être servi ! La mère Louise-Marguerite était dirigée spirituellement par le père Charrier, un jésuite de haut vol, mais qui avait la particularité d'être lent ou, si vous préférez, très prudent. C'est vrai qu'il n'est pas facile de diriger les âmes mystiques et surtout de discerner l'authenticité des révélations privées dont elles sont les bénéficiaires. Voici donc l'histoire qui va vous garder éveillé. Notre moniale était intervenue auprès du père Charrier de la part de Jésus lui-même pour qu'il lançât une œuvre en faveur du sacerdoce. Le père Charrier, fidèle à son attitude habituelle, freinait des quatre fers. Mère Louise-Marguerite insistait avec beaucoup de respect mais lui laissait aussi entendre que Jésus n'était pas content et qu'il s'apprêtait à confier la réalisation de cette œuvre à un autre prêtre, si de son côté il ne bougeait pas. Si bien que le père Charrier, très honnête et très humble, comme vous allez le voir, va proposer à la mère Louise-Marguerite, et en même temps au Christ, un défi. « Écoutez, ma Mère, lui dit-il, la prochaine fois que vous verrez le Christ, demandez-lui qu'il vous dise l'un de mes anciens péchés ! » Voyez, je vous l'ai dit, c'est un homme courageux ; moi, je ne serais pas allé jusque-là. La sœur s'exécute, et lors du premier tête-à-tête avec le Seigneur, celui-ci sans attendre lui dit : « Je sais ce qu'il t'a demandé : que je te dise l'un de ses anciens péchés, mais, vois-tu, c'est très ennuyeux, car je ne m'en souviens plus ! Quand c'est pardonné, c'est pardonné ! » Ici, nous voyons que nos péchés, autrement dit nos actes mauvais qui ont pu faire tant de mal à nous-mêmes et aux autres, sont donc pulvérisés jusque dans la mémoire de Dieu. Quelle nouvelle ! Attendez, je continue l'histoire ! Jésus dit alors à Louise-Marguerite : « Tu diras au père Charrier que lorsqu'il était jeune, par amour pour moi, il a gravé sur son cœur, à l'aide d'un stylet, le monogramme IHS [qui signifie "Jésus Sauveur des Hommes"]. » À l'annonce de cette nouvelle, le père Charrier tressaillit ; il la tenait, sa preuve ! Mais ce qui est important pour nous aujourd'hui, c'est de penser que Dieu, en un seul mouvement – celui de l'absolution donnée par le prêtre, car il faut que l'absolution soit donnée –, nous lave entièrement de nos fautes, aussi graves soient-elles, perdant mémoire de nos méfaits. Nous, les hommes, nous gardons le dossier du passé des êtres sous le bras, et nous les jugeons à l'aune de leurs fautes, et ces dernières n'en finissent plus de coller à leur peau comme un vulgaire chewing-gum sous nos semelles. Et l'on s'imagine alors volontiers, sûrs de nous – et c'est le comble ! –, qu'en raison de leurs manque-ments, Dieu les juge indignes de son amour, indignes de la grâce, indignes d'être à son service, indignes de devenir saints ! Décidément, nous ne comprenons rien. En vérité, Dieu fait des miracles avec la pauvre matière humaine défectueuse.

JRC – Vous renversez l'image traditionnelle du saint, impeccable sous toutes les coutures ?

MMZS – Pas du tout. Je rappelle simplement que Dieu sculpte ses saints à partir d'une matière blessée par le démon, irrémédiablement encline au mal depuis les origines, et j'ajouterai même que pour certains d'entre eux, la traversée du péché s'est révélée mystérieusement vitale ; le choc produit par la déviation et la douleur qui s'en est suivie permettant une transformation radicale de leur être. Aussi, aller fouiller dans le passé des êtres pour y trouver l'acte grave, délictueux, qui mettrait par terre leur réputation et anéantirait d'un seul coup leur crédibilité et toute la fécondité de leurs actions, c'est proprement ne rien comprendre à la nature humaine qui marche en se relevant sans cesse de ses bassesses congénitales. Allons plus loin : révéler au grand jour les péchés des serviteurs de Dieu pour les mettre hors d'état de servir, alors que ceux-ci, d'un rude combat intérieur, en étaient définitivement sortis, fait partie des profanations les plus sacrilèges qui soient et que nous paierons cher à l'heure du jugement dernier. Le passé, fût-il le plus lourd et le plus honteux, une fois enseveli sous la miséricorde de Dieu, n'a plus à remonter à la surface de la conscience du sujet, et encore moins à être livré en pâture à la connaissance de tous. Je parle évidemment ici de ceux qui ont souffert de leur péché, et qui s'étant repentis, tournent définitivement le dos à leur passé inique.

JRC – *C'est indéniable : votre raisonnement est évangélique. Nous ne sommes plus habitués à descendre dans ces profondeurs qui déstabilisent jusqu'à la justice, qui condamne sans regarder le relèvement peut-être déjà acquis de la personne.*

MMZS – La justice humaine a mille raisons, d'ailleurs légitimes, pour justifier ses droits. Mais je vous en prie, sans en être choqué, permettez-moi d'épouser la doctrine du Christ jusqu'au bout de sa logique. Permettez-moi d'être comme ces mères de famille – et j'en ai connu – qui, contemplant leurs fils au banc des accusés, savent que la condamnation pourrait être évitée parce que leurs garçons ont déjà compris jusque dans leur ventre quel chemin il faut désormais emprunter. Sans doute me direz-vous qu'il faut payer aussi le tribut de ses erreurs, et que les victimes ont le droit d'être reconnues comme telles par la condamnation des coupables ; tout cela est vrai, mais encore une fois, laissez-moi ressembler quelques instants au Christ, même si vous jugez ma position par trop utopique. Souvenez-vous de l'attitude silencieuse de notre Seigneur quand il croisa, le lendemain de sa première nuit de cachot, l'apôtre Pierre qui, à peine ordonné prêtre, l'avait renié trois fois devant une servante. En toute justice, il aurait très bien pu lui dire : « Écoute, mon Pierre, je ne t'en veux pas, bien que ton agissement de cette nuit fût grave, toi qui es le premier pape de l'histoire, tu t'es montré si faible en me reniant publiquement, que je préfère donner la garde de l'Église à André ! » Et Pierre l'aurait compris. Mais non ! Jésus le regarde avec tendresse, et d'ailleurs, connaissant la nature de l'homme, avant que ces heures sombres ne descendent sur le monde et sur la jeune Église, il avait prophétisé en annonçant à Pierre : « Quand tu seras revenu, autrement dit, quand tu te seras repenti, affermis tes frères ! » Vous voyez, ce que je vous disais tout à l'heure apparaît ici en pleine lumière : le péché servant de tremplin à un élan nouveau. La sainteté de Pierre vient de faire un bond magistral, peut-être bien plus important que s'il avait été fidèle. Dans quel abîme d'humilité sans doute ne fut-il pas plongé après cette démesure d'amour reçue du regard du Christ !

JRC – *Don Calosso nous a conduits très loin ! Vous avez bien fait, mon Père, de faire ce détour dans l'univers du pardon avant de rejoindre la paroisse Notre-Dame-Auxiliatrice de Nice, où vous entrez au mois de septembre 1978 comme postulant chez les salésiens.*

MMZS – Je n'ai jamais été, à proprement parler, postulant de leur congrégation. Je m'approchais lentement d'une possible entrée chez eux, mais n'oubliez pas mes réserves quant aux orientations nouvelles qui me laissaient quelque peu perplexe. La communauté dans laquelle je prenais place était composée de quatre prêtres dont un Breton pur jus, le père Michel Amil, qui avait eu des fonctions importantes au sein de la province, dirigeant de gros établissements scolaires, et avec lequel, tout de suite, sans grand bruit de parole, le courant passa. En vous disant cela, je repense à ce joli mot de Rilke au sujet de sa relation avec le poète Verhaeren, alors qu'il s'émerveillait de percevoir entre eux de « bonnes affinités silencieuses ». Ce fut exactement cela. Âgé de soixante-sept ans, malgré les tangages, il continuait en bon Breton la traversée de la vie, avec son chapelet à la main. C'est sans doute son amour pour Marie qui nous rapprocha tout de suite. Le soir, après le repas, nous allions tous les deux sur le parking découvert du Paillon pour réciter le rosaire et parler ensemble de Don Bosco et, bien sûr, de la vocation salésienne.

JRC – *Le Paillon…*

MMZS – C'est un fleuve côtier qui coule aujourd'hui en souterrain sous des tonnes de béton, sillonnant la ville pour se jeter dans la baie des Anges. Puisque nous suivons son cours, je vous raconte une anecdote de la vie de Don Bosco dégoulinant d'Évangile. Figurez-vous que lors de sa première venue à Nice, qui eut lieu en décembre 1874, les Niçois lui réservèrent un accueil plus que chaleureux, si bien que la foule, le serrant de trop près alors qu'il traversait le Paillon, le fit tomber à l'eau. Mais le plus beau dans cette affaire de plongeon, c'est que Don Bosco dut rester deux jours au lit, le temps que sa soutane séchât, car pauvre à l'appel de son Maître, il n'en possédait qu'une. Voyez, il n'y a pas de secret : les saints le sont sous toutes les coutures !

Cette amitié avec le père Amil sera extrêmement féconde, car il va me soutenir de toute son autorité morale auprès de la communauté salésienne pour que je puisse lancer pour les grands jeunes de ce quartier difficile, livrés aux escaliers des HLM, mais aussi au vol et à la drogue, une sorte de patronage que nous avions appelé, en souvenir de Don Bosco, *La Joyeuse Union*, nom que le saint avait donné au groupement qu'il avait fondé à Chieri en 1831, réunissant sous cette bannière des compagnons de classe avec pour seul but de « fuir ensemble la mélancolie ». Ce n'était pas mal, n'est-ce pas, comme raison d'être ?

JRC – *Aujourd'hui, rien que ce nom ne passerait plus...*

MMZS – Aujourd'hui, plus rien de sain, de pur, de génuine, de bon enfant, ne trouve vraiment sa place. Et ne me dites pas que je suis pessimiste ! Nous traversons un grand tunnel noir dans lequel une grande partie de la jeunesse s'engouffre à coups d'alcool, de déprime et de cannabis. Voilà pour la vue d'ensemble. En ces années 1975-1980, même dans les cités les plus pauvres, certes moins bigarrées que de nos jours sur le plan ethnique et culturel, un fond de réflexes éducatifs, de bienveillance, de respect mutuel, demeurait dans la majorité des esprits. En tout cas, quoi que l'on puisse conjecturer sur ces temps révolus, je n'eus aucune difficulté à regrouper dans une dépendance de la paroisse, située juste à côté de l'église, quatre-vingts garçons de seize à vingt-cinq ans et à leur présenter le père Amil qui, malgré son âge, son béret, son accent breton qui roulait sous les mots, fut immédiatement entouré de beaucoup d'égards par ces garçons dont la plupart, sans famille vigilante, étaient livrés à eux-mêmes. Le soir, plus que volontiers, ils passaient à la paroisse et, à cheval sur les barrières où l'on accrochait les mobylettes ou dans l'une de leurs voitures, nous restions des heures entières à discuter – n'oubliez pas que j'avais leur âge – et je ne me gênais pas pour leur parler de la sainte Vierge et de son Fils et de mon intention de devenir prêtre. Que de soirées nous avons passées à parler comme des frères de la vie éternelle et de l'univers surnaturel palpable dans les exploits et les miracles des saints, et croyez-moi, je puis vous assurer que l'écoute était au rendez-vous !

JRC – *C'était sans doute vos dons de conteur qui devaient emporter la partie...*

MMZS – Je ne le crois pas. L'esprit est ordonné à la connaissance des réalités mystiques qui éclairent le parcours humain et le soulèvent. Aussi curieux que cela puisse paraître, les jeunes eux-mêmes réclamaient cet au-delà dont une grande partie des prêtres de ce temps ne voulait plus parler ouvertement. Y croyaient-ils encore ? Portés par une vague de prétendu renouveau libérateur, ils envoyaient valser dans les décombres de l'obscurantisme les fins dernières et, en se libérant de leurs représentations jugées par trop médiévales, ils en perdaient l'essence et le chemin. Je vais vous raconter un fait très symptomatique du climat idéologique dans lequel l'Église qui était en France pataugeait. Un jour j'accompagnais un prêtre dans les rues de Tarbes ; nous marchions donc côte à côte. Soudainement, un garçon d'une vingtaine d'années surgit et vint le saluer en lui disant, un beau sourire sur les lèvres : « Père, vous ne vous souvenez pas de moi ? Je vous ai eu comme aumônier au collège. » Le prêtre esquisse un sourire chaleureux et la conversation s'engage. « Que fais-tu aujourd'hui ? – Je travaille chez un tel... tout se passe bien... Mais si vous saviez, Père, comme je suis content de vous revoir, continue le jeune, car je me pose tous les jours une question à laquelle je n'arrive pas à répondre. Ça tombe bien, vous allez pouvoir m'aider. Je me demande ce que nous devenons au moment de la mort ! » Et ce prêtre répondra à cette magnifique question avec l'agilité d'un pur terrien : « Ne pense pas à ce qui se passera après la mort, pense à transformer ce monde ! » Le garçon est reparti bredouille sans obtenir de réponse à sa question ; peut-être par la suite aura-t-il pris une carte dans un parti, un engagement au Secours populaire, ou sera-t-il devenu un pilier de la CGT ; en tout cas, j'espère qu'il aura rencontré depuis ce dialogue manqué un prêtre enfin centré sur sa mission. Cela pour vous dire l'orientation quasi générale qui présidait à la communication de la foi !

JRC – *Nous sommes en effet assez loin des intentions d'un saint Jean-Marie Vianney !*

MMZS – Qui, le 11 février 1818, se rendant pour la première fois à Ars – l'histoire est archi-connue, mais je la redis tant elle est émouvante –, tombe sur un jeune garçon dénommé Antoine Givre, à qui il demande son chemin : « Ars, lui répond le garçon, mais c'est facile, c'est tout droit ! » Et Jean-Marie Vianney d'ajouter en promesse d'avenir : « Tu m'as montré le chemin d'Ars, je te montrerai le chemin du Ciel ! » Voyez, même cette expression, « le Ciel », qui est si évocatrice, de nos jours elle est pratiquement bannie du vocabulaire ecclésial officiel. Vous l'entendez très peu. Ce n'est pourtant pas faute d'avoir croisé dans le chant des psaumes la présence des cieux, et d'avoir entendu Jésus lui-même nous en parler dans la prière du Notre Père ou à propos des anges gardiens des enfants « qui contemplent sans cesse la face du Père qui est aux Cieux ». Que voulez-vous, les images, les allégories, ne sont plus notre fort, et je crains que notre siècle demeure l'un des moins poétiques de l'histoire.

JRC – *À ces pauvres garçons livrés à eux-mêmes, qui formaient cette « Joyeuse Union », vous parliez donc du Ciel ?*

MMZS – Exactement. Et ils en redemandaient. Je leur parlais du Ciel, du purgatoire et de l'enfer, et des miracles et des songes de Don Bosco, et de l'immense amour que Dieu éprouve pour chaque âme humaine, et de sa peine quand il voit ses enfants se perdre dans la paresse, dans la drogue, dans le vide d'une vie sans amour, sans foi, sans avenir ! Je me souviens du premier Noël passé dans cette paroisse et de leur présence nombreuse et inattendue à la messe de minuit. Tous mes confrères en étaient soufflés, pas seulement les bougies ! Comment pourrais-je aussi oublier ce séjour à la neige que nous avions organisé avec le père Amil, au cours duquel tous ces jeunes s'étaient confessés, tout simplement parce que nous avions insisté sur l'importance de ce sacrement, rappelant ses effets à coups d'histoires marquantes tirées de la vie des saints ! Comment ne pas se souvenir de ce voyage en Corse avec une vingtaine de garçons, dont certains n'avaient jamais bougé de leur quartier, me demandant le soir, avant de s'endormir, à embrasser la croix de mon chapelet ! Et cette bénédiction inoubliable des motos que nous avons désiré vivre au sanctuaire de Notre-Dame de Laghet : ce fut un chanoine qui était alors gravement malade et handicapé qui nous avait reçus. Il avait du mal à marcher et s'était donc assis pour nous attendre sur un escalier du sanctuaire. Je revois deux de nos garçons, deux sacrés motards en blouson de cuir noir, se précipiter vers lui et le saisir par les épaules pour le soulever. Et quand le signe de croix est tombé sur leurs engins, il fallait voir la foi qui dans le silence gagnait les rangs ! Ce ne sont là que de petits faits, mais qui, je crois, en disent assez long, et qui répondent à tous les raboteurs de foi, aux empêcheurs de mystique, aux humanitaristes déconnectés de là-haut, que le cœur et l'esprit humains attendent avidement d'être nourris non seulement par un jus d'Évangile, mais par la présence actuelle et vivante de son Auteur.

JRC – *Développez, mon Père, c'est important !*

MMZS – Volontiers. Les valeurs humaines d'amour, de respect d'autrui, de don de soi, de pardon, d'abnégation, professées dans l'Évangile et présentes aussi en bien des sagesses non révélées, habitent aujourd'hui l'esprit humain et le perfectionnent. Que la mise en pratique de l'enseignement du Christ se confonde avec une mise en pratique de ces valeurs, nous sommes bien d'accord, cependant tout n'est pas là de ce qu'il nous a dit. Déjà, précisons que sur le seul plan de ces valeurs, le chrétien a une manière propre de les assumer qui confine à l'excès, pour ne pas dire au martyre. Avec moi, remarquez qu'il n'y a aucune mesure indiquée chez le Christ pour arrêter l'amour, le don ou l'oubli de soi. Qui se dit son disciple doit y passer tout entier. Sur ce point, il est inutile, n'est-ce pas, de préciser les attentes du Seigneur, on les connaît par cœur : de l'amour que l'on doit à l'ennemi au manteau que l'on donne à celui qui nous a pris notre chemise, et cela au grand dam de l'idée même de justice ! Il me semble que l'humanitaire ne descend pas si bas ou, si vous préférez, ne monte pas si haut. Dans l'univers louable de la générosité humaine, on crie au scandale devant les inégalités, on fustige les uns pour défendre les autres, on partage pour que personne ne soit lésé, on se bat pour que tous aient quelque chose, et c'est beau, mais cela ne saurait coller parfaitement à la doctrine du Christ. Pour le combler, il faut aller plus loin, il faut que Pierre se déshabille pour habiller Paul ; il faut qu'au premier crachat reçu en réponse à un acte de générosité, le disciple ne se laisse pas démonter et donne encore davantage de lui-même et de ses biens, et en souriant s'il vous plaît ! Il faut que le silence réponde à l'affront, il faut que les excuses jaillissent du cœur le moins coupable, il faut que tout jugement soit abandonné à Dieu ; en un mot, il faut entrer dans ce renversement renversant, jouer à qui perd gagne, et être prêt à mourir pour qu'un autre vive ! Vous savez, cette folie d'amour, clouée sur la Croix, elle est à annoncer de toute urgence à nos contemporains les plus humanistes et les plus généreux, mais entichés de justice, exposés, au fond, à qui mérite et à qui ne mérite pas.

JRC – *Si j'ai bien saisi, l'Église a la mission d'annoncer au monde ces valeurs désormais universelles, mais telles que l'Évangile les présente, dans leur version originelle déconcertante !*

MMZS – Exactement. Cependant, l'annonce et l'appel à la mise en pratique de ces valeurs ne constituent pas l'unique mission de l'Église. Si Jésus a supplié l'homme d'aimer son semblable jusqu'à subordonner le don de la vie éternelle à l'exercice concret de la charité – et ce n'est pas rien ! –, il convient de ne pas perdre de vue que Dieu s'est rendu sur la terre pour révéler, par des mots, des gestes salvateurs, tels que des exorcismes, des résurrections de morts et des guérisons, mais aussi et surtout par l'œuvre de sa Croix, l'issue heureuse de la condition humaine attendue en plein Ciel pour un bonheur sans fin. L'Évangile ne contient pas que le seul verset « Aimez-vous les uns les autres », il ruisselle de lumières sur le mystère de Dieu, sur ceux de Marie, de l'Église, de l'homme perdu et racheté par le sang précieux de l'Agneau. Tout cela doit être transmis avec de l'amitié sur le visage, en veux-tu en voilà, et de la conviction dans la voix.

JRC – *Amitié et conviction. À vous entendre, cela paraît simple !*

MMZS – Et ça l'est ! Je le redis avec joie : ce n'est qu'à travers un lien placé sous le signe de l'amour partagé que les idées se font communes et que la vérité de la foi pénètre réellement dans l'âme jusqu'à susciter des modifications importantes dans le comportement humain. Il n'y a qu'à voir comment Dieu s'y prend pour transformer l'humanité. N'est-il pas venu dans la chair humaine prendre un cœur qui bat, une voix qui articule, des yeux qui regardent et qui pleurent, des bras qui enserrent, et cela pour communiquer la foi en l'amour du Père ? Et le baptême, étreinte divine si prégnante et si indescriptible que l'âme humaine se retrouve fille du Père, c'est bien en le recevant que la foi et ses deux sœurs, l'espérance et la charité, sont greffées dans l'âme ? Ici, dans ce sacrement majeur, nous voyons bien que Dieu agit à l'intérieur d'un mouvement d'amour captatif que nous appelons d'un terme fade : « adoption », mais qui en vérité cache une réalité beaucoup plus élevée. Si nous voulons que la vie de Dieu passe dans la vie de l'homme, nous allons devoir nouer des liens très intenses avec les êtres, mais attention, non pas comme si nous avions découvert une méthode, une pédagogie infaillible ; il va s'agir de vraiment les aimer, et si fortement qu'ils le perçoivent. Souvenez-vous des mots déstabilisants de saint Paul l'ex-pharisien : « Je me suis fait sans-loi avec les sans-loi pour gagner les sans-loi, je me suis fait faible avec les faibles pour gagner les faibles, je me suis fait tout à tous pour les sauver tous. » Ça, c'est de l'amitié propre à faire toucher l'amour divin et à pousser chacun à le recevoir !

JRC – *Et en ce qui concerne la nécessaire « conviction » ?*

MMZS – Un seul mot suffira, et je vais le chercher dans la bouche de saint Bernard pour le mettre dans la mienne : « La foi se transmet par la persuasion. » À méditer.

JRC – *Surtout que nos contemporains n'aiment pas beaucoup que des idées, des systèmes de pensée, soient présentés avec détermination et volonté de convaincre. On crie vite au gourou, à la manipulation des esprits !*

MMZS – L'essentiel est que les membres de l'Église ne soient pas victimes de cette attaque sournoise du malin qui se plaît à agiter son grand plumeau de slogans, à commencer par le fameux respect que l'on doit à la pensée d'autrui qu'il convient surtout de ne pas contrarier, ce qui équivaut sur le plan pratique à laisser se noyer celui qui ne crie pas au secours. Piège machiavélique d'autant plus sournois qu'il repose apparemment sur la sauvegarde inaliénable de la liberté humaine. En songeant à cette technique insidieuse qui invoque le respect des consciences pour faire baisser le ton à la vérité, je repense à Judas ne supportant pas que Marie-Madeleine, dans la maison de Marthe et de Lazare, oigne les pieds de Jésus d'un parfum de grand prix. Et l'argument qu'il utilise alors vaut son pesant d'or : « Pourquoi ce parfum n'a-t-il pas été vendu trois cents deniers qu'on aurait donnés aux pauvres ? » Oh, l'hypocrite ! Son argument fallacieux à l'allure charitable est dramatiquement pervers. Je rappelle que parler avec conviction ne veut pas dire forcer la conscience ! La foi, avant de gagner les oreilles de l'auditeur, doit habiter le ventre de celui qui parle. Il appartient donc à l'apôtre de rester sur ce versant motivé et motivant. Le ton plat, lénifiant, peu incisif, face à la résistance, n'est-il pas le signe évident, du moins ce le sera pour l'adversaire ou l'indifférent, que la cause n'est pas en tout point défendable ? Si vous croyez que le Christ a les paroles de la vie éternelle et que, par conséquent, il en possède les clefs, vous n'aurez pas peur d'avancer en gants blancs face aux banderoles de tout poil et de dire au cœur humain par où il faut passer pour trouver la vie. Ce que tous les saints ont en commun, c'est cette énergie vitale, cette *niaque* jaillissant de l'intime, mise au service du Saint-Esprit en vue de gagner la partie ! Comment d'ailleurs qualifieriez-vous le ton du Christ lançant à ses apôtres avant de quitter la terre ces paroles prophétiques : « Allez, de toutes les nations faites des disciples, les baptisant au nom du Père, et du Fils, et du Saint-Esprit » ?

JRC – *Un ton de conquérant !*

MMZS – Merci. En effet, il n'a pas dit à la jeune Église, pourtant fragile : « Écoutez, la situation n'est pas simple, nous vivons dans une société qui… Demain vous serez affrontés à des peuples qui… Vous risquez de… Donc, faites attention, ne dites pas trop que… Il ne faudrait pas qu'ils… etc. » Mais plutôt : « Tout pouvoir m'a été donné dans le ciel et sur la terre. Allez, de toutes les nations faites des disciples, les baptisant au nom du Père, et du Fils, et du Saint-Esprit, leur enseignant à garder tout ce que je vous ai commandé. »

JRC – *Durant ces années passées chez les salésiens, au milieu de vos jeunes protégés, viviez-vous déjà pleinement de cet esprit ?*

MMZS – Oui, mais avec les limites de mon immaturité car, à dix-neuf ans, que comprenons-nous vraiment ? Sans réfléchir à la méthode, aussi naturellement que je respirais, j'avais simplement l'intime conviction que si Don Bosco avait été aidé par le Ciel, je devais l'être également à mon pauvre niveau. Il me semblait aussi, malgré les difficultés nombreuses qui se levaient, que j'étais mystérieusement soutenu. Et puis, il faut bien que je le reconnaisse, tout marchait comme par enchantement : mes études en faculté, le patronage des enfants, la *Joyeuse Union*, mes courtes nuits pourtant suffisantes.

JRC – *Vous évoquez des « difficultés »... Serait-ce avouer à mi-mot que vous n'étiez pas toujours compris ?*

MMZS – Heureusement que le père Amil, avec son ascendant naturel de Breton, était là pour me soutenir et parfois pour me défendre. Ma manière de faire avec les jeunes, de leur parler de Dieu, n'était plus de saison. Par exemple, quand un garçon venait me voir pour me demander de bien vouloir déposer dans l'eau bénite le stylo avec lequel il allait cocher le questionnaire auquel il serait soumis à l'auto-école pour obtenir son code, loin de l'éconduire, j'allais avec lui dans l'église, je le faisais mettre à genoux devant le tabernacle, je lui demandais de prier pour ses parents et, ensuite, à la fin, je mettais le stylo dans l'eau bénite ! Inutile de vous dire que je suppliais alors le Ciel de lui accorder son examen, et quand il revenait pour m'annoncer sa réussite, je recommençais le scénario : direction l'église, à genoux devant le tabernacle, « Dis merci, prie maintenant pour tes parents ! », et je finissais immanquablement par une petite exhortation à peu près en ces termes : « Surtout rappelle-toi combien tu as été aidé. Sois reconnaissant ! Et roule doucement si tu veux que Dieu te protège ! » Cette pédagogie n'était guère appréciée, et en ces temps très idéologiques, les choses prenaient vite une tournure de gravité. Ouvertement on ne me disait rien, j'avais avec moi la jeunesse, alors que partout l'on prétendait qu'il était impossible de la rejoindre ! C'était donc le silence qui m'était octroyé, mais un silence qui n'approuvait pas. Toutefois, la vie quotidienne suivait son cours. La paroisse de son côté était devenue une véritable communauté de vie très familiale et donc agréable, composée d'une centaine de personnes qui se retrouvaient volontiers, notamment autour d'une chorale de belle qualité dirigée par le curé lui-même. La messe, à quelques exceptions près, ne se déroulait plus dans la grande église, mais dans une crypte étroite et sans air qui, paraît-il, convenait mieux à l'assemblée désormais réduite. En semaine, nous rejoignions une petite pièce située au rez-de-chaussée du presbytère, où l'Eucharistie était célébrée devant une assemblée qui n'excédait pas dix personnes. L'église, avec son ampleur, ses fresques, son maître-autel, pourtant Art déco aux lignes modernes, et sa magnifique statue de Notre-Dame auxiliatrice en marbre de Carrare, devenait inopérante. À vrai dire, on ne croyait plus en elle, la voix lui était donc enlevée. Je ne comprenais pas ce choix. Je n'ai d'ailleurs jamais compris que l'on puisse faire taire un monument qui, par sa beauté, peut dire bien plus qu'avec des mots la présence ineffable de Dieu. Au fond, pour résumer, je crois pouvoir affirmer que l'univers de la piété populaire était alors déclaré suspect. De nombreux prêtres paraissaient se draper dans une volonté de purification générale du christianisme, redressant la barque à leurs yeux par trop ritualiste sur laquelle l'Église s'était embarquée en compagnie des religions païennes, mâchouillant des centaines d'*Ave Maria*, portant des Vierges en procession, lançant des pétales de roses au saint Sacrement ! « Mais tout cela, mesdames, messieurs, n'est que la christianisation de rites païens ; il faut en sortir ! » Voilà ce que l'on entendait. Enfin, nous devenions intelligents et purs dans l'expression de nos gestes de foi qui en vérité s'appauvrissaient grandement ! C'est simple : il ne restait plus que l'Eucharistie. L'heure était, comme on disait alors, à la démarche de foi, à la réflexion en équipe de vie, à la relecture communautaire du « vécu », et tout cela bien sûr partagé autour d'une table de réunion. J'allais oublier la sacrosainte division qui naissait alors entre les chrétiens dits « engagés » parce qu'ils participaient aux activités paroissiales, et les chrétiens de seconde zone qui ne venaient qu'à la messe dominicale. Cette nomenklatura allait tout bonnement créer un clivage important au sein du fonctionnement de l'Église, divisant les fidèles chrétiens en catégories, jusqu'à laisser certains d'entre eux prendre le pouvoir au sein des paroisses, perdant de vue la triple mission du prêtre à jamais définie par le magistère, mission de gouvernement, de sanctification et d'enseignement. Peut-être aurons-nous l'occasion d'en reparler. Cependant, dans la paroisse Notre-Dame-Auxiliatrice, le curé tenait encore bien les rênes, et de tout son charisme – notamment, il chantait très bien – contribuait à former une communauté de fidèles extrêmement fraternelle.

JRC – *La musique devait être pour vous aussi un atout considérable pour attraper les jeunes dans le filet de la foi ?*

MMZS – Oh ! oui, bien sûr. « La musique creuse le ciel », disait Baudelaire, et j'ajouterai volontiers : le ciel qui habite au tréfonds de l'être par la grâce ! Quelques arpèges de guitare, trois notes bien frappées sur un piano, et la voix, la voix, surtout, si elle est juste, voilée ou claire, qu'importe, mais qu'elle soit vibrante, et vous emportez l'âme humaine au sommet d'elle-même et même au-delà. Votre question tombe à pic ! Figurez-vous que durant l'année de mes vingt ans, mon père me demanda un jour de l'accompagner à une soirée entre amis qui se déroulait à Antibes, et là, face à un public enthousiaste et bienveillant, j'ai chanté un certain nombre de chansons... Le lendemain, dans le journal de région, à ma stupéfaction, un article paraissait. Rapidement, sans que je cherche quoi que ce soit, j'étais appelé pour une autre soirée, cette fois-ci au célèbre Café de Paris à Monte-Carlo, où, tenez-vous bien, en arrivant, je découvris que Tino Rossi était présent avec sa femme pour cette soirée privée au cours de laquelle j'interprétai quelques chansons, ce qui me valut une rencontre personnelle avec le célèbre ténor, qui me présenta ce soir-là à son imprésario, et qui surtout m'encouragea vivement à rejoindre Paris pour y commencer une carrière artistique. Là, je fis aussi connaissance de quelques personnalités monégasques de première importance qui par la suite me soutiendront de leur amitié.

JRC – *Comment avez-vous vécu cet enchaînement de circonstances plus qu'inattendues et si favorables à votre personne ?*

MMZS – Comme un appel divin à m'emparer de la musique... pour convertir la terre entière ! Pardonnez du peu, mais que faire ? j'étais complètement pris par l'idée qu'il fallait trouver une réalité suffisamment universelle pour toucher les cœurs et les emporter en celui de Dieu ! Alors je me disais avec la confiance insolente de mes vingt ans : « Si Don Bosco était là aujourd'hui, quel moyen utiliserait-il pour harnacher la jeunesse à la personne du Sauveur ? Évidemment, me disais-je, il utiliserait la musique ! » Je tenais donc mon moyen : je serai prêtre, et en chantant je toucherai en plein cœur les âmes rencontrées !

JRC – *Cette manière surnaturelle d'interpréter les faits et de les organiser dans l'imaginaire vous paraît-elle bonne ?*

MMZS – C'est ma préférée, car à force de raboter au nom de mille raisons sensées la planche de vos rêves, vous finissez par la rompre et peut-être même, ce qui est encore plus grave, par détruire un projet divin. Michel-Ange a ce mot féerique : « Pour œuvrer grand, il faut être habitué à penser grand », parole qui me laisse croire que l'on édifie davantage sur de la confiance et de l'élan que sur des atermoiements, fussent-ils fondés sur la prudence. Certes, les choses ne se sont pas déroulées comme je l'avais imaginé, cependant je demeure convaincu qu'il fallait que je les traverse – et de la manière dont je les ai traversées.

JRC – *Vous voilà donc à vingt ans investi d'un immense projet d'avenir...*

MMZS – ...qui ne m'empêche absolument pas de continuer à assumer ma vie qui se partage entre les études – je suis alors en année de licence –, ma présence à la paroisse, le patronage des enfants, et la *Joyeuse Union*, le tout s'harmonisant parfaitement. C'est alors que je vais avoir la grâce – voyez, ça n'arrête pas ! – de rencontrer à Monte-Carlo le chef d'orchestre officiel de la principauté et trompettiste de renom international, très apprécié du couple princier ; son nom peut-être ne vous dira rien : Aimé Barelli.

JRC – *Comment donc ! Aimé Barelli ! Quel musicien et quel compositeur de talent ! Les plus grands, Édith Piaf, Charles Trenet, Sidney Bechet, Claude Luter, Martial Solal, pour n'en citer que quelques-uns, tous voulaient être accompagnés par lui ! Et quel son de trompette tout à fait unique !*

MMZS – Ah ! cela me fait plaisir que vous l'estimiez sur le plan musical. Il mérite vraiment d'être redécouvert et réentendu, singulièrement dans ses solos de trompette vraiment époustouflants. De plus, c'était un homme sensible, un homme généreux, un homme de cœur.

JRC – *Vous êtes très attentif à la sensibilité des personnes !*

MMZS – C'est le mot de Baudelaire : « Ne méprisez la sensibilité de personne. La sensibilité, c'est son génie. » En déconsidérant la sensibilité au profit de la froide raison qui se croit tout permis, il me semble que l'homme cisaille non seulement son propre être, mais aussi le chemin qui le conduit à Dieu. Jésus lui-même ne s'est-il pas écrié un jour face à la fixité mentale des pharisiens : « Je te loue, Père, Seigneur du ciel et de la terre, parce que tu as caché cela aux sages et aux savants, et l'as révélé aux enfants » ? Et dans ce « cela », il y avait toute l'aventure de Dieu sur la terre, tout l'avenir de l'humanité mise à nu par l'action et les paroles du Christ auxquelles ces hommes de tête n'ont pas adhéré à cause de leurs raisonnements, et plus encore de leur dureté de cœur. Alors, voyez, la sensibilité n'est pas une petite fille en pleurs dont on doit moucher le nez parce qu'elle s'est laissé impressionner par un rien, c'est une faculté majeure offerte aux vivants pour attraper au vol le moindre soubresaut du réel et pour l'apprécier dans toute son étendue. Pour revenir à Aimé Barelli et à sa bonté, je me souviens avec quelle gentillesse il reçut le jeune homme que j'étais, écoutant très attentivement le timbre de ma voix, examinant mes textes, mon maintien, et acceptant, à la stupéfaction de tous, de signer la musique de deux chansons dont j'avais écrit les paroles. Par la suite, nous allons collaborer ensemble durant de longs mois et ses encouragements ne laisseront pas de me poursuivre...

JRC – *Votre plus beau souvenir avec lui...*

MMZS – Difficile de choisir. Peut-être le jour où devant moi, il a écouté avec ses yeux étrangement fixes, partis pour un voyage intérieur impressionnant, une chanson enregistrée par sa femme, la célèbre chanteuse Lucienne Delyle. Je le revois saisi dans une immobilité absolue, comme si de la voix à l'orchestre, ne perdant rien, il repérait chaque son et en vivait pleinement. C'est beau, vous savez, de voir des êtres entièrement captifs de leur histoire et de ce qu'ils font ! Aujourd'hui, beaucoup sont en demi-teinte, sur le plan de la vie et même sur celui de la foi. Des hommes d'un bloc, passionnés de ce qu'ils vivent, attachés sans aucun recul, et même je dirais sans nuance, à leur mission, c'est rare ! La majorité se promène entre deux eaux. Oui, même au sein de l'Église, voyez, parfois la nuance qui en soi est un signe d'intelligence, à condition qu'elle n'ouvre pas sur la tiédeur, prend le pas sur la détermination. Il est bon qu'aujourd'hui on trouve des êtres tranchés, irréductibles, enflammés, investis à fond comme les saints, avouons-le, l'ont tous été. Décidément, au sable fin, je préfère le granit. Je me souviens d'un autre fait. Un soir, il m'avait invité à une grande soirée au Sporting de Monte-Carlo. Toute la jet-society était là. Sous un tonnerre d'applaudissements, de sa main libre, l'autre tenant sa trompette d'or, le voici qui donne le départ à l'orchestre alors qu'un show à l'américaine se déploie sous un jeu de lumière éblouissant où danseurs et danseuses irradient leur talent. J'étais subjugué. Je regarde alors du côté de l'orchestre, et je croise le regard complice d'Aimé Barelli qui, en dodelinant de la tête, semblait me dire : « D'accord, c'est pas mal, mais rien de transcendant ! » À la fin du spectacle, il me fit signe de le rejoindre. Avec lui, je descendis à sa loge, le vis déposer très soigneusement sa trompette dans l'écrin, enfiler sa gabardine par-dessus son smoking, et reprendre le chemin de la vie, de la vraie, avec sa gentillesse habituelle. Et quelle ne fut pas ma joie de faire avec lui quelques pas dans la nuit devenue plus lumineuse que jamais sous les effets de cette simplicité dans le rapport humain qui signe toujours l'intelligence d'un être ! Il y aurait bien d'autres souvenirs, mais il faut bien que je garde quelques secrets…

JRC – *À quel grand écart vous avez été contraint par la vie en vous tenant en équilibre entre deux mondes apparemment opposés ! La vie religieuse et la vie du monde…*

MMZS – Deux univers que je rêvais d'unir…

*JRC – La communauté salésienne ne pouvait certai-
nement pas imaginer ce que vous viviez malgré votre
jeune âge !*

MMZS – J'étais extrêmement discret. Le provincial
de l'époque me proposa de rejoindre Strasbourg pour y
suivre des études à la faculté de théologie tout en par-
tageant la vie d'une petite communauté salésienne en
appartement. Tout cela me faisait frémir. Trop étroit, me
semblait-il, rien qu'en y pensant, j'étouffais déjà ; par
conséquent, je répondis négativement à cette proposition
qui n'était certes pas sans qualité, mais qui, je crois,
ne me correspondait pas. Et puis, je n'étais pas prêt.
Je crois beaucoup aux impossibilités que l'on ressent
et qui sont de purs canaux par lesquels Dieu manifeste
son vouloir, à moins que ce ne soit la peur qui tétanise
la volonté. Dans ce cas, il faut marcher sur soi. Pour
ma part, c'est dans la nuit du 1er janvier 1980, dans la
salle où habituellement nous recevions nos garçons, que
j'eus la certitude intérieure qu'il fallait que je me lance
dans l'univers artistique de manière à rejoindre ceux qui
apparemment se trouvaient loin de la foi. Ma décision
était prise. Toutefois, un prêtre qui, permettez-moi cette
expression, sortait du lot : grand priant, fidèle à l'Église
et au Saint-Père, et pour couronner le tout, portant le col
romain, véritable exploit en ces temps fascistes prônant
la liberté et l'amour de la différence tout en profanant
ces valeurs à longueur de journées et surtout de paroles,
me proposa de rencontrer Marthe Robin et de lui exposer mon affaire…

*JRC – À nos lecteurs qui ne connaissent pas Marthe
Robin, pourriez-vous dire quelques mots sur elle ?*

MMZS – Bien volontiers. Je résume sa vie d'une maxime que j'emprunte au fronton de la façade de l'église Sainte-Marie-de-la-Passion à Milan, et qui lui va comme un gant : *Amori et dolori sacrum*, « consacrée à l'amour et à la douleur ». La vie de cette petite paysanne native de Châteauneuf-de-Galaure, dans la Drôme, est tout à fait étonnante. Paralysée de la tête aux pieds, aveugle de surcroît, stigmatisée, ne mangeant et ne buvant absolument rien, recevant simplement chaque semaine la sainte communion, revivant, heure par heure, avec une intensité unique et un degré d'offrande inégalé, sous les vexations et les attaques du démon, la Passion de Jésus, et tout cela pour que le monde ne se détache pas du rivage divin ! En vous disant ces mots, je reste sans voix devant ce mystère victimal.

JRC – *D'autres pourraient s'élever pour crier au scandale !*

MMZS – Vous avez raison. Il me semble entendre la foule des rationalistes bêlants crier à l'impossibilité de ces états surnaturels, et celle des chrétiens qui n'entretiennent plus aucun contact avec le mystère de la Croix, si ce n'est pour le repousser, ne voyant plus l'*intérêt* de la souffrance. Je les entends s'élever contre ce Dieu moyenâgeux qui permet un tel holocauste pour que les âmes soient sauvées. Ce pan de christianisme où la douleur apparaît comme un instrument de salut inauguré par le Christ lui-même, mais aussi communiqué à une multitude d'âmes, à commencer par saint François d'Assise, premier crucifié de l'histoire, est aujourd'hui en péril. L'homme occidental n'a plus conscience des droits de Dieu sur sa créature. S'il lui dit « non ! », il s'imagine que c'est sans conséquence. En vérité, comme la pierre qui ricoche en cercles successifs au fil de l'eau, sa situation d'exilé a besoin d'une bouée que la communion des saints lui lance. Il faut donc qu'il y ait des Marthe Robin et, derrière elles, une foule de chrétiens qui substitue à l'indifférence des hommes des actes d'amour et de prière avec, à leur tête, tous les moines et toutes les moniales de la terre qui, à longueur de jour et de nuit, se sacrifient, n'ayons pas peur du mot, pour le salut éternel de leurs frères inconscients.

JRC – *Quelle mystérieuse alchimie !*

MMZS – Aussi juste que Dieu l'est.

JRC – *Vus sous cet angle, les monastères contemplatifs, livrés à la prière, seraient d'une utilité pratiquement métaphysique...*

MMZS – Vous pouvez enlever le « pratiquement », et ajouter que ces hommes et ces femmes consacrés à Dieu travaillent dur !

JRC – *Marthe était un monastère à elle toute seule !*

MMZS – Oh, oui ! car elle aussi travaillait dur, portant sur ses épaules les âmes du monde entier, inondant sa chemise de nuit d'un sang frais.

JRC – *Accepteriez-vous de nous raconter en détail votre rencontre avec elle ?*

MMZS – Ne m'en veuillez pas si je ne vous livre que quelques éléments de ma rencontre... Un matin du mois de juillet 1980, je suis donc arrivé à

Châteauneuf-de-Galaure, à l'heure prévue, quelque peu inquiet, n'oubliez pas mon émotivité native. Et me voilà dans la modeste cuisine qui jouxte sa chambre. Une demoiselle du foyer me sourit paisiblement, tandis qu'une maman avec son petit enfant trisomique attend son tour. Après leur passage, un prêtre me fait signe d'approcher, c'est le père Finet qui accompagne Marthe dans sa mission rédemptrice depuis plus de quarante ans. Je ne le connais pas. En deux mots, dans le petit corridor qui ouvre sur la chambre de Marthe, il m'explique que nous allons entrer dans la semi-obscurité à l'aide d'une toute petite lampe torche qui éclairera le chemin. Près de Marthe, je pourrai alors m'asseoir et me présenter. J'étais tendu, je vous l'avoue, un peu effrayé par cette vie surnaturelle qui me dépassait. Je suis entré dans la chambre et me suis assis sur une chaise qui touchait le lit de Marthe. Le Père s'est assis en face de moi et il a appuyé ses genoux contre les miens, puis il m'a dit : « Présentez-vous à Marthe. » Ce que j'ai fait. Je vous avoue que j'éprouve une certaine gêne à vous raconter cette rencontre, mais en même temps, si je vous fais ces confidences, c'est parce qu'il me semble qu'elles peuvent aider l'un ou l'autre dans sa propre évolution spirituelle. J'ai donc expliqué à Marthe d'abord briè-vement ce que je vivais à Nice auprès des salésiens, et ensuite, longuement, mon intention de rejoindre Paris, de me lancer dans le monde artistique et de suivre en même temps par correspondance des études théolo-giques en vue du sacerdoce. Sa première réponse fut inattendue. Et par-delà les mots, sa voix me surprit ; une voix aussi limpide et claire que celle d'une jeune fille de quinze ans. J'écarquillai les yeux et vis son ombre se dessiner dans la nuit. Bien loin de traiter immédiatement de mon grand projet parisien et de me dire ce qu'elle en pensait, tout de suite, elle me demanda : « Mais que vont devenir les garçons dont vous vous êtes occupé cette année ? » Ce retour en arrière soucieux de Marthe au sujet de ceux que je laissais ne m'a jamais quitté ; il exprime, au fond, le primat du bien concret des personnes sur l'intention, le projet, le rêve, ces derniers fussent-ils de l'ordre de l'inspiration. Une fois rassurée, car il y avait en effet un postulant qui allait prendre ma place – et je le dis à Marthe –, elle entra dans le vif du sujet. « Je ne vois pas bien, dit-elle, ce que cela peut donner, car je n'écoute pas la radio ni ne regarde la télévision. Qu'en pensez-vous, père Finet ? » Mais le père Finet ne répondait pas. Puis nous avons parlé ensemble, déployé le projet, quand, soudain, une phrase troua un silence… Marthe me dit : « Il vous faudra beaucoup de temps ! » Puis suivit un dialogue à trois voix, quelques phrases énigmatiques, l'une d'entre elles répétée plusieurs fois. J'en garde le secret. Un *Ave Maria* adressé à la Vierge Marie devait conclure notre entretien avant que le père Finet, sur le pas de la porte, en me regardant droit dans les yeux avec un beau sourire me lance : « Nous avons une réponse. Partez à Paris ! » En sortant, j'étais à la fois heureux et troublé. Et cette phrase : « Il vous faudra beaucoup de temps ! » continuait de résonner en moi de toute sa solennité. Marthe savait bien ce qu'elle disait, car il me restait encore vingt années à parcourir avant que les mains d'un évêque ne touche ma tête et ne me constitue prêtre. Si, à cette heure, je l'avais su, je crois que j'aurais abandonné la partie. Cependant, je suis aujourd'hui la preuve vivante que l'on peut endurer beaucoup, plus que l'on ne croit, et persévérer sans même que l'on s'en rende compte sous le flux de la grâce qui soulève les pas et en fait oublier le nombre.

JRC – *Vous avez donc annoncé aux salésiens votre intention de quitter la paroisse et de partir pour Paris ?*

MMZS – Pas du tout. Car les événements, une fois encore, vont forcer le passage, m'obligeant à m'engager dans la voie entrevue. Parmi les jeunes dont je m'occupais, il y avait quelques gitans qui m'avaient ouvert leur cœur et donné leur confiance. L'un d'entre eux me demanda un jour s'il m'était possible de le marier à une fille de son clan, et avec sa simplicité, en prononçant ces mots, il avait tracé devant son corps en plaçant sa main à l'envers, un signe de bénédiction. Évidemment, je n'étais ni diacre ni prêtre, toutefois j'appartenais à un groupe de formation universitaire, service officiel de formation offert à des étudiants qui désiraient se préparer au sacerdoce tout en poursuivant leurs études en faculté. Au bout de quelques années de cours, de sessions, nous obtenions l'équivalence du premier cycle de séminaire. J'avais donc en quelque sorte le statut de séminariste. À la suite de cette demande inattendue, car il faut que vous sachiez que les gitans en principe ne se marient pas religieusement, j'ai cherché de tout côté un prêtre qui accepterait de les recevoir et d'honorer leur requête. Malheureusement, comme dans l'une des paraboles de notre Seigneur, l'un avait son bœuf à rentrer, l'autre, son père à enterrer, et le troisième, des adieux à faire aux siens. Tous invoquaient leur nomadisme, les papiers administratifs, les risques que nous prenions, etc. Rien de nouveau sous le soleil ! L'aumônier des gitans, car il y en avait un, à qui je rendis visite, un saint homme, gravement malade, me supplia de faire quelque chose pour ces deux jeunes. D'ailleurs, ces derniers commençaient à s'impatienter, car toutes ces démarches prirent du temps, et je les entends encore me demander de toute leur mentalité superstitieuse, bien qu'ils ne fussent au courant d'aucun de ces refus ecclésiaux : « Sommes-nous donc possédés par le diable ? Pourquoi les choses n'avancent pas ? Qu'est-ce qu'on a fait au bon Dieu ? » Mon sang ne fit qu'un tour ; exaspéré, je l'étais, je vous l'avoue ; alors, sans plus attendre, je leur annonce qu'il n'était pas possible pour l'instant de les marier, mais que je ferais avec eux une prière dans une chapelle près de l'église. À cette nouvelle, les hommes se levèrent et exprimèrent leur joie débordante en tapant en rythme dans leurs mains, comme ils ont coutume de le faire. Voilà pour l'intention. Et maintenant voici le décor ! Je demande aux sœurs salésiennes de me prêter leur cha-pelle et de me préparer une soutane et un surplis, déjà convaincu que la forme en dit aussi long que le fond, et que chez les êtres dotés de facultés sensibles, autant dire chez tous les vivants, ce qui se voit traverse l'esprit et le nourrit. Bref, tout allait bon train. Durant la semaine qui précéda cette petite célébration, je reçus les deux jeunes et leur montrai, en diapositives – nous en étions là à l'époque –, *Jésus de Nazareth* de Zeffirelli (leur niveau d'instruction ne permettant pas d'aller plus loin), et je me souviens, ému, de leur éblouissement devant ces images fixes. Je veux vous redire ici qu'il était clair pour eux – et Dieu sait si je le leur ai répété ! – qu'il ne s'agissait pas d'un mariage mais d'une prière. Le grand jour finit par arriver. J'avais insisté : « Surtout, soyez discrets ! » Mais c'était sans compter avec leur culture, la conception de la discrétion n'ayant rien à voir chez les gitans avec celle de nos petits esprits bien policés. Soudain, alors que j'attendais tranquillement leur arri-vée dans la petite cour qui jouxtait la chapelle, un flot de klaxons a jailli dans la rue. J'ouvris la porte. Une vieille Mercedes se garait, et je vis alors apparaître une mariée en grand blanc, avec son chevalier servant en costume noir et nœud papillon. Là, un salésien en jeans et chemise ouverte me vit – ô suprême péché et offense à l'Église nouvelle – avec ma soutane et mon surplis ! Sentant que les choses allaient se gâter, je fis signe aux guitaristes d'avancer, et les guitares retentirent, et la tribu gitane suivit dans la joie. Vous voyez la scène ! Nous entrons dans la chapelle. Je m'approche des deux jeunes, leur demande de se donner la main. Un petit sermon est descendu sur eux – le premier de ma vie. Je me souviens alors d'avoir de nouveau précisé que ce n'était pas un mariage mais une prière, tout en assurant que Jésus était là, et près de lui la sainte Vierge et tous les anges aussi. Ils ont applaudi à tout rompre. Je rappelai également l'importance de la fidélité ; je martelai cette attente divine quand, tout à coup, en levant les yeux, je vois quoi ? je vois qui ? Je vois descendre dans l'allée centrale le curé de la paroisse ! Sans attendre la fin de la célébration, il pousse un cri : « Qu'est-ce que c'est que ça ? » Je lui réponds tout de go : « C'est une prière ! » Il ajoute : « Cela ne se passera pas comme ça ! » Et furieux, il sort de la chapelle. Un gitan m'interpelle : « Qu'est-ce qu'il veut, celui-là ? » « T'inquiète pas, répondis-je, il dort au-dessus et on a fait un peu de bruit ! » Est-ce bien la peine que je vous avoue que mes jambes flageolaient ? N'oubliez pas mon émotivité !

JRC – *Une émotivité, certes, qui ne vous empêche pas d'agir et qui, de plus, ne vous fait pas perdre vos moyens ! Continuez...*

MMZS – ... J'enlève le surplis, la soutane, et je regagne la cour où, j'en avais obtenu la permission, les gitans vont rester tout l'après-midi, le temps de partager une belle paella sous les chants et les cris d'une multitude d'enfants. De temps en temps, un salésien passait, je risquais un petit sourire… Et puis, le soir a bien fini par tomber avec le silence revenu, une fois la cour vide. Le temps de rejoindre ma chambre, de me changer, et de me retrouver au réfectoire avec tous les autres confrères. Je veux vous décrire la scène. Les salésiens les plus âgés souriaient en ma direction, m'envoyaient quelques clins d'œil qui sans conteste délivraient un seul message : « Tiens bon ! » Quant aux plus jeunes, aux fanas de la différence et de l'ouverture d'esprit, l'un d'entre eux s'approcha de moi et m'insulta publiquement dans des termes que je ne peux pas rapporter ici. Fidèle à mon éducation, je n'en eus donc aucun mérite, je ne répondis rien. Rapidement, dans les jours qui vont suivre, on me fera comprendre que je dois quitter les lieux. Mais attendez ! avant de partir, la sainte Vierge va permettre un autre événement à situer dans la même lumière. J'étais au premier étage de la maison paroissiale quand j'entends que l'on sonne à la porte. Je me précipite, mais le curé qui était au rez-de-chaussée me devance et ouvre la porte. En me penchant par-dessus la balustrade, j'aperçois une pauvre famille gitane et ne perds rien de leurs propos que je vous rapporte maintenant : « On voudrait voir le jeune Père ! – Mais il n'y a pas ici de jeune Père ! répond le curé visiblement agacé. – On voulait simplement lui montrer notre enfant qui a deux ans ! Il pleure tout le temps, et ça, c'est parce qu'il veut le baptême ! » Et le prêtre d'entrer alors dans les considérations habituelles, le sérieux de la démarche et tout le bataclan, pour finir par leur dire : « Non ! » Alors, là, cher Jean-Robert, la porte à peine fermée et le curé disparu, j'ai foncé à l'extérieur, et à trente mètres devant moi j'ai aperçu la famille : « Eh ! les amis ! » Tous se retournèrent. « Ah !

Père, vous êtes là ! On vient vous voir pour le baptême de notre fils. Baptisez-le, baptisez-le, baptisez-le, il pleure, il veut le baptême ! » En nous asseyant sur un banc, je les ai rassurés en leur disant que j'allais m'occuper de tout cela. Je vous avoue qu'en cet instant, j'étais envahi par quelques craintes : « Trouverai-je un prêtre ? » Et en même temps, je me disais : si personne ne se bouge, je le considère comme en danger et c'est moi qui vais le baptiser ! Par bonheur, je trouvai dans le Vieux-Nice un serviteur de Dieu remarquable, l'abbé Jean Royal, haut en couleur, protecteur des pauvres, directeur de l'asile de nuit, aussi simple qu'une page d'Évangile, et je le suppliai de baptiser cet enfant, et je me souviens de sa réponse sous son bel accent niçois : « Mais je vais te le baptiser, ce petit ! Allez, amène-le-moi dimanche ! » Et le dimanche suivant, alors que l'orchestre symphonique répétait dans la cathédrale Sainte-Réparate, il baptisa cet enfant dans un décor et sous une musique dignes des rois.

JRC – *Avec le recul, comment jugez-vous la liberté dont vous avez fait preuve ?*

MMZS – Vitale, même si les choses n'auraient jamais dû se dérouler ainsi. Il eût été bienvenu de marier les deux gitans, et plus que nécessaire de baptiser l'enfant. Je n'aurais pas alors eu besoin d'aller si loin dans une forme de détermination jusqu'au-boutiste, apparemment opposée à l'autorité en place, ce qui, de fait, me déplaisait souverainement. En tout cas, je le redis à trente ans de distance, je ne regrette pas ces actions, en songeant notamment à ce petit enfant baptisé qui aujourd'hui est un homme, et qui, vivant ou mort, je ne sais, porte en lui la grâce du Christ. Et puis, entre nous, Dieu n'est pas toujours dans la ligne du Parti ! Il y a un mot de la grande poétesse Marie Noël que je garde comme un anti-dote et que je vérifie amèrement en maintes occasions : « N'écoutez pas les clercs, disait-elle, ils compliquent tout. » De temps en temps, bien que j'en sois un moi-même, quand cela est nécessaire, j'enfreins nos tristes schémas pour servir l'immuable loi de Dieu qui, elle, travaille toujours au bien absolu et concret de la personne.

JRC – *Vous êtes un rebelle...*

MMZS – En cas d'injustice uniquement, à l'égard de Dieu ou à l'égard de l'un de ses enfants. Vous savez, l'amour est une puissance avant d'être un endormissement bienheureux sur un coussin ! il y a de la force et de l'entêtement dans son mouvement naturel, un peu comme dans la *Danse slave numéro 8* de Dvorak, ou dans l'univers wagnérien que j'aime tant et d'où jaillit une énergie musicale qui ne nuit en rien à la puissance mélodique. On le voit très bien d'ailleurs chez le Christ, dans ses prises de parole et dans ses gestes : il y a une vigueur sous-jacente qui court sous tous les versets et qui parfois sort au grand jour. Les pharisiens mais aussi les apôtres ont eu l'occasion de croiser parfois son regard de feu, chargé de colère, de mécontentement, d'impatience : « Jusques à quand vous supporterai-je ? » ira-t-il jusqu'à dire aux apôtres, et c'est peut-être en ces instants-là, sous cette impétuosité inattendue pour un Dieu, que le mystère de l'amour fut le mieux honoré et compris. Quoi qu'il en soit, il faut aller au bout de ce que l'on croit juste.

Chapitre 6

DE LA PASSION À PLEINE VOIX

JRC – *Mon Père, continuons le voyage. C'est un plaisir de vous suivre et, en même temps, de laisser retentir les réflexions que vous faites en cours de route, et qui, je crois, ouvrent de riches perspectives. C'est donc le départ pour Paris...*

MMZS – ... très bien préparé par mon père qui, en éclaireur, avait gagné la capitale et obtenu pour moi une petite chambre de bonne, rue Marbeuf, dans le VIIIᵉ arrondissement, sans douche, les toilettes sur le palier, mais quelle chance ! quelle grâce, devrais-je dire. Je me souviens de ce jour où j'ai franchi le porche de ce magnifique immeuble, mais évidemment, en tournant tout de suite sur la gauche pour emprunter l'escalier de service, bien connu des moins argentés, qui conduisait sous les toits. Avec mes rêves et mes vingt ans, qu'importe le confort ! j'étais heureux d'aller à la conquête de Paris et de mettre en œuvre mon idéal.

JRC – *Cette période de votre vie qui va de votre arrivée à Paris jusqu'à votre entrée dans la vie religieuse advenue plusieurs années plus tard, comment la définiriez-vous ?*

MMZS – Comme le véritable noviciat de ma vie. Plus important en matière acquise que tous les cours reçus depuis ma petite enfance. Là, je suis né sous l'exercice périlleux de la liberté. Tenez ! j'aime bien cette formule qui vient de jaillir de mon cœur : c'est exactement cela ! Mon père parti, je me suis retrouvé seul, avec mes économies de jeunesse qui étaient assez importantes, mais qui, toutefois, ne pouvaient me permettre de vivre longtemps sans travailler. Seul, j'étais désormais bel et bien seul, dans ma petite chambre de bonne, heureux de courir à la gare Saint-Lazare pour prendre mon tour aux bains publics.

JRC – *Personne parmi vos connaissances ne pouvait vous recevoir à Paris et vous offrir ne serait-ce qu'une chambre dans son appartement ?*

MMZS – Vous savez, la mode de la colocation n'avait pas encore sonné, et j'oserais dire : heureusement, car je ne connais rien de meilleur pour débuter dans la vie que cette chère solitude – et ne voyez là aucune allusion à une vision romantique des choses – car pratiquement elle seule est capable d'entraîner l'âme vers le plus élevé sur le plan réflexif et de la déterminer à l'action. En la plongeant dans de vastes angoisses, enserrée dans un univers inconnu, sans soutien immédiat – et c'est bien ce qui s'est passé pour moi –, il y a nécessité vitale à marcher en direction du but fixé, et c'est ce qui convient pour ne pas s'endormir et ne pas traîner dans un demi-confort apporté par la présence sécurisante des autres. Rien de pire que ce sommeil entretenu par un climat manquant d'exigences. En vous disant cela, je repense à Max Jacob, si misérable en ses jeunes années qu'il devait se coucher dans le lit de Picasso quand ce dernier en sortait. Mais voyez, en ce cas, chacun était à sa création, et cela revenait à être seul.

JRC – *Vous conseillez donc aux jeunes, quand ils partent au loin, de ne pas cohabiter ?*

MMZS – C'est l'idéal pour les garçons, à moins que leur fragilité psychologique les empêche de choisir une telle voie. En vérité, ils ont tout à gagner en éprouvant le cortège des inquiétudes formatrices qui va de la peur de la solitude à celle des lendemains. Je crois vraiment dans le pouvoir des situations limites qui poussent en avant – et la confiance en soi et la confiance en Dieu. Pour développer ces deux monstres d'efficience, il est bien nécessaire d'entrer dans des zones non protégées.

JRC – *En vous écoutant, je crois comprendre que vous avez souffert...*

MMZS – J'ai honte de répondre « oui », en songeant à tous ceux qui, le corps détruit, glissent irrémédiablement vers la mort annoncée sans le soutien d'un amour et sans la grâce de la foi. Ceux-là sont à plaindre. Pas moi. Cependant, pour vous répondre, je pourrais aller jusqu'à dire que j'ai promené ma carcasse au milieu de la limite et de quelques combats. Chaque souffrance a son prix, me direz-vous, et l'erreur est sans doute de les comparer, mais enfin, en ce qui me concerne, je remercie le Ciel des avantages acquis en luttant.

JRC – *En arrivant à Paris, vous trouvez tout de suite à vous produire ?*

MMZS – À vrai dire, j'étais gonflé à bloc par une prestation musicale réussie que j'avais donnée à Ajaccio, sur la place centrale de la ville, devant cinq mille personnes. À cette occasion, j'avais eu le privilège et la joie de revoir à nouveau Tino Rossi et d'échanger avec lui. Ma carrière semblait donc bien partie. Arrivé à Paris le 27 septembre 1980, je suis engagé comme chanteur le 1er octobre. Les premiers mois ne furent pas sans épreuves ; le salaire était bas, mais la joie était là, et le métier entrait.

JRC – *La question pécuniaire vous préoccupait-elle ?*

MMZS – Absolument pas. Étais-je inconscient ? Je ne le crois pas. De l'avilissante prison de l'argent, j'ai toujours été préservé et, en toute ma vie, je puis l'affirmer, je n'ai jamais posé un seul choix en dépendance de la mitraille. Oui, l'argent tue parce qu'il modifie, en faisant miroiter ce qu'il offre sur l'instant, le plan d'ensemble d'une vie, autrement dit le cheminement divin par lequel elle aurait dû passer. C'est en ce sens que l'argent est meurtrier et s'oppose à Dieu. Sur les années qui vont suivre, je ne vais cesser de sillonner Paris, jouant et chantant de pianos-bars en cabarets, travaillant comme un forcené six nuits sur sept.

JRC – *Que chantiez-vous alors ?*

MMZS – Le répertoire français indémodable, indémontable, insurpassable. Ne m'en veuillez pas d'aimer la belle et vieille chanson française, que j'estime être plus que jamais le dernier bastion audible de notre culture, transportant dans ses textes et ses mélodies le parfum d'une France perdue. Édith Piaf, Charles Trenet, André Claveau, Yves Montand, Jacques Brel, Léo Ferré, Barbara, Mouloudji, Francis Lemarque, Juliette Gréco, Jean Ferrat, Serge Reggiani, et toute la bande des poètes dont les voix se sont éteintes sous les coups du marché étranger. Voilà ce que je ressuscitais chaque soir à mon piano et sous ma voix ! Au fond, cet esprit français, quelque peu frondeur, souvent accompagné d'un zeste d'anarchie, mais épris de sentiments et de ce primat de l'amour que les poètes, maudits mais toujours bénis, partagent avec le Christ. Bien sûr, j'interprétais aussi en cours de soirée mes propres chansons, et dans certains cabarets de renom, uniquement ces dernières. Voilà pour mes années parisiennes sur lesquelles je ne saurais m'étendre, la page étant bel et bien tournée…

JRC – *Attendez, mon Père, ne quittez pas si vite ces années de votre vie. Je suis sûr qu'elles intéresseront nos lecteurs et que votre parcours fera du bien à plus d'un d'entre eux. Pour l'instant, si vous le permettez, restons-en à votre voix qui fait florès. L'avez-vous travaillée ?*

MMZS – Oui, avec l'un des plus grands professeurs de chant de la capitale, où se sont formés de grands chanteurs lyriques, mais aussi de nombreuses vedettes de la chanson et du cinéma. Tosca Marmor, tel était son nom, d'origine autrichienne, pianiste formée à Vienne à la *Hochschule für Musik* par Émile Sauer, le plus célèbre protégé de Franz Liszt. Je lui dois beaucoup, y compris indirectement mon sacerdoce, puisqu'elle s'opposa de toute son autorité, et Dieu sait qu'elle n'en manquait pas, à mon départ pour les États-Unis, où une proposition artistique mirobolante m'attendait à Beverly Hills. Que serais-je devenu ? En pensant à Tosca, je me souviens de notre premier échange téléphonique. Impressionné par sa stature musicale, j'avais hésité à prendre contact avec elle et puis, finalement, j'avais composé son numéro de téléphone et après que j'eus seulement prononcé trois phrases, elle avait articulé ces mots : « Venez immédiatement me voir. J'entends votre voix parlée : je vous prends comme élève. » J'étais stupéfait, car les places étaient chères.

JRC – Et les leçons de chant, le placement de la voix, ont donc commencé pour vous ?

MMZS – Certes, mais plus inattendu, plus surprenant encore, une amitié s'est nouée avec cet être d'exception qui passait la moitié de son cours à me parler de sa vie. Sur son avant-bras, son numéro de déportée d'Auschwitz. Sur le piano, la photo de son fils Alexis, âgé peut-être de quatorze ans, emporté par les armées allemandes en Sibérie, disparu à jamais... Et dans ses yeux, cet amour de la vie qui m'éblouissait. Tosca me faisait venir le soir, après six heures, quand tous ses élèves étaient partis, et là, elle se mettait au piano, je chantais, elle me corrigeait, m'obligeait aussi à interpréter de grandes mélodies ; je repense notamment à celle de Fauré sur un prodigieux poème de Sully Prudhomme qui me berce encore :

> Le long du quai, les grands vaisseaux,
> Que la houle incline en silence,
> Ne prennent pas garde aux berceaux
> Que la main des femmes balance.

Mais viendra le jour des adieux,
Car il faut que les femmes pleurent,
Et que les hommes curieux
Tentent les horizons qui leurrent.

Sublime, sublime ! Et après cette incursion dans la vérité entremêlée de notes et de mots, c'était à son tour de me la révéler dans un échange toujours très riche et très prégnant. Que faire ? J'ai toujours « aimé aimer », et quel que soit l'âge de celui ou de celle qui me fait face, c'est toujours dans une certaine démesure que je conduis le lien, les relations humaines policées, tout en surface, ne m'ayant jamais intéressé. Il faut dire aussi que Tosca avait désiré lire quelques-uns de mes textes qui sont aujourd'hui présents dans mon livre *De l'amour en éclats*, et c'est par cette lecture, je crois, qu'elle était entrée en moi et qu'une parenté s'était établie. D'où l'intérêt, voyez, d'écrire, de publier, de manière à ce que les êtres en similitude se reconnaissent.

JRC – *Sans être indiscret, quel âge avait-elle lorsque vous l'avez connue ?*

MMZS – Plus de quatre-vingts ans, je pense, bien qu'intemporelle.

JRC – *S'il vous plaît, un souvenir encore…*

MMZS – Très bien, je vous obéis. Un soir, accompagnée, il vaudrait mieux dire, car l'image rendue serait plus juste : *auréolée* de ses grands élèves, elle est arrivée, surgissant à ma stupéfaction, dans un piano-bar où j'étais engagé, et de toute sa classe elle a écouté pendant plus d'une heure toute une série de chansons que j'interprétais. Soudainement, elle s'est levée, et ôtant de ses épaules un foulard rempli de parfum, par ma chemise ouverte, elle le glissa dans ma poitrine. J'étais ému. C'était Tosca.

JRC – *Après votre départ de Paris, l'avez-vous revue ?*

MMZS – Oui, peut-être deux ans plus tard, de passage dans la capitale, j'étais alors dominicain, je crois en 1989, à l'occasion du cent cinquantième anniversaire de la prise d'habit de Lacordaire, après une journée de célébration émouvante passée à l'Académie française, je suis allé en habit blanc sonner à la porte de sa maison. Avec son calme sourire, sa robe longue, ses bagues à ses doigts déformés par le temps, elle m'a embrassé en m'étreignant très fort, et puis elle a tiré d'une pile de papiers trois feuilles qu'elle m'a tendues, trois poèmes, en me disant : « C'est de toi qu'il s'agit. » J'étais troublé, je vous l'avoue, d'avoir été ainsi gardé par la ferveur des mots ; une manière simple et réelle de demeurer matériellement en présence des êtres aimés.

JRC – *Et vous allez lui obéir en ne partant pas pour les États-Unis ?*

MMZS – En effet, elle croyait en ma carrière, et elle ne voulait surtout pas que je quitte Paris. Mon entourage ne comprit pas ma décision. Apparemment je passais à côté de « ma chance ! » comme on disait dans le métier. Ce que je veux croire, c'est que Dieu travaille à notre vraie chance en manipulant les événements.

JRC – *Une question me taraude. Comment avez-vous réussi à articuler votre désir de parvenir au sacerdoce avec ce métier qui semblait tant vous satisfaire et en même temps vous dévorer ?*

MMZS – Dans un premier temps, je n'y ai pas réussi. J'ai été emporté dans ma vie nouvelle non pas comme une barque projetée par la force des vagues contre des récifs, mais comme un bateau qui s'éloignerait du quai, gagnerait le large en se perdant dans la grande bleue. J'étais submergé par la nécessité de réaliser mon rêve…

JRC – *Mais vous continuiez tout de même d'aller à la messe et de prier ?*

MMZS – Bien sûr, mais je dois vous dire qu'assez rapidement, j'ai souffert, là, pour le coup ; j'ai souffert de ne pas sentir dans les paroisses où je me rendais ce climat de piété qui s'adapte à toutes les formes de vie, fussent-elles d'inspiration « publicaine » comme la mienne à l'époque ! Il n'était alors question que de problèmes sociaux, d'implication des chrétiens dans les structures politiques ou ecclésiales, d'engagement de tout poil dans la société – les idées, les idées, les idées ! –, et moi qui pourtant vivais dans les nuits parisiennes au contact des misères morales les plus aiguës, je trouvais que tous ces discours tombaient à plat et que le monde avait surtout un besoin urgent de Jésus, de Marie, de prières, de processions, de pèlerinages, d'exorcismes, de confessions et d'eau bénite ! C'est encore à la rue du Bac, dans la chapelle de la Médaille miraculeuse, que je me sentais le plus centré, mystérieusement entendu et compris par la Mère de Dieu. Quant à la messe, j'allais le dimanche à Saint-Philippe-du-Roule, à la paroisse de la Trinité où l'Eucharistie était dignement célébrée, et en semaine, je me rendais aussi dans une petite chapelle du boulevard des Ternes où la messe de saint Pie V, avant qu'elle ne devienne à la mode, était dite en catimini. Nous sommes dans les années 1982-1987, Mgr Lefebvre n'était pas encore excommunié. Là, je retrouvais, derrière le silence et les gestes sacrés, « la largeur, la hauteur et la profondeur », comme dirait saint Paul, de la présence de Dieu, dominant l'âme humaine et, par voie de conséquence, comprenant tout chemin humain. Ce n'était pas ce rite devenu « extraordinaire » que je recherchais, mais le contact qu'il établissait immanquablement entre l'âme douloureuse et le sacrifice du Christ.

JRC – *Vous alliez donc à la messe chez les fils de Mgr Lefebvre ?*

MMZS – En semaine, pour y trouver le Christ compréhensif et donc universel, comme je viens de vous l'expliquer. Au fond, aussi paradoxal que cela puisse paraître, les mots d'ordre étant absents en ce lieu, la liberté de pensée était plus grande.

JRC – *Permettez-moi cette question directe : que pensez-vous de Mgr Lefebvre ?*

MMZS – Il est un enfant de Dieu qui a reçu une sacrée dose de grâce puisqu'il a été appelé à la prêtrise, à la vie missionnaire et à l'épiscopat. Cela dit assez bien toute la confiance que Jésus avait mise en lui. Certes, je regrette son obstination – j'aurais tellement aimé qu'il se jette aux pieds de Jean-Paul II pour lui dire son tourment, loin des bureaux et des commissions ecclésiastiques qui par nature règlent les affaires avec détachement. Au risque de vous surprendre, il me semble que tous deux, amoureux de l'Église comme ils l'étaient, et Mgr Lefebvre jusqu'au fixisme, ils se seraient compris. Cela ne s'est pas fait. Nous comprendrons plus tard. Quoi qu'il en soit, pour juger l'action d'un homme, quand celle-ci engage un mouvement de pensée et engendre des disciples, il faut attendre au moins une centaine d'années pour voir en quelle manière elle a pu entrer à titre de nécessité dans un plan divin que nous n'eussions pu soupçonner. Plus tard, quand tous les protagonistes impliqués dans cette affaire déchirante auront débarrassé le plancher des vaches, la génération qui suivra se demandera : « Dans quelle mesure le combat de Mgr Lefebvre n'a-t-il pas influé sur le mouvement général de l'Église qui est en Europe ? » Et ce sera une bonne question, car il se pourrait bien que sa rébellion soit un jour jugée salutaire. Aujourd'hui, déjà, nous constatons que de nombreux prêtres, appartenant jadis à la mouvance de Mgr Lefebvre et qui ont choisi ces dernières années de quitter leur citadelle pour retrouver la pleine communion avec l'Église, ont réintroduit en son sein un visage de prêtre qui avait, du moins chez nous, pratiquement disparu. Et cet apport est incontestablement béni par le Ciel quand on lit ce que Benoît XVI et la congrégation pour le Clergé expriment sur le mystère du sacerdoce. Voyez, il y a donc déjà, indirectement, des fruits !

JRC – *Restent tout de même en travers de la gorge de nombre d'ecclésiastiques et de chrétiens les positions de Mgr Lefebvre vis-à-vis du concile Vatican II, notamment sur la liberté religieuse, sur le rapport de l'Église et de l'État mélangeant le politique et le religieux, sur la sainte liturgie...*

MMZS – Jean-Robert, si vous deviez inviter à votre table tous les prêtres qui ne sont pas d'accord avec le pape et qui circulent librement, pire encore, qui sont opposés à des pans entiers de doctrine catholique, tels que le péché originel, la virginité de Marie, l'Immaculée Conception, la transsubstantiation, la réalité du purgatoire, pour ne prendre que quelques exemples, vous seriez ruiné ! Mais là, on ne dit rien, on ne condamne pas, on ne crie pas au scandale, à l'hérésie, à la gravité de la désunion ! Eh bien, laissez-moi vous dire que sur ces points de doctrine et de foi que je viens d'évoquer, Mgr Lefebvre était blanc-bleu. Il était même au sens strict un exemple. Qu'il rêvât d'une société chrétienne, du catholicisme religion d'État, qu'il ne fût pas au point sur la question de la liberté religieuse, qu'il refusât la nouvelle messe, que ses propos fussent parfois outranciers, nous sommes d'accord, mais cela justifie-t-il pour autant la diabolisation dont il a été l'objet ? Quant aux querelles liturgiques, Benoît XVI les a sagement tranchées en permettant à tout prêtre l'usage du missel et des livres liturgiques édités en 1962, ce que Mgr Lefebvre ne cessait de proclamer comme légitime. Comprenez-moi bien ! Pour ma part, que ce soit bien clair, je demeure uni au pape et aux évêques en communion avec lui, à la vie, à la mort ! Cependant je n'admets pas qu'au nom de l'Évangile, on tende la main aux protestants, aux orthodoxes, aux juifs, aux musulmans, et que dans le même mouvement, on déconsidère des frères catholiques, on évite tout contact avec eux, prenant soin de les ranger avec mépris sous le vocable infamant d'« intégristes ».

JRC – *Votre cohérence est imparable.*

MMZS – La faute au Christ qui nous a appris : « Qui n'est pas contre moi est avec moi ! »

JRC – *Et si parmi les fils de Mgr Lefebvre, des irréductibles résistent et ne veulent pas faire un pas ?*

MMZS – C'est leur affaire et leur drame. Ici, je ne m'occupe pas des péchés d'autrui, mais de nos jugements à nous, chrétiens catholiques, qui prétendons être dans la juste lumière et vivre pleinement de l'Évangile. Montrons-le, un point c'est tout.

JRC – *Et cette messe de saint Pie V, la célébrez-vous quelquefois ?*

MMZS – Régulièrement, lorsque je suis seul. Non que je la juge supérieure à celle que je célèbre quotidiennement, mais parce que je suis heureux de pouvoir poser les mêmes gestes et prononcer les mêmes paroles, dans le même ordre, et sous le même maintien, que de nombreux saints tels que François de Sales, Alphonse de Liguori, Louis-Marie Grignion de Montfort, Don Bosco, Maximilien Kolbe, Don Alberione et tant d'autres. C'est merveilleux, vous savez, de se sentir leur jumeau durant la célébration de la messe ! Voyez, c'est encore l'approche spirituelle, mystique, d'ordre surnaturel, qui me retient. Franchement, je ne comprends pas que la libéralité de Benoît XVI ait soulevé tant d'histoires dans les rangs de l'Église. Là, on voit que dans le bon camp, l'obéissance ne coule pas de source ; ces gens ont bon dos de guillotiner Mgr Lefebvre pour insoumission ; qu'ils fassent attention de ne pas guillotiner leurs propres têtes ! Allez,

allez ! de la lumière sur les limites des autres, très bien, mais aussi sur les nôtres !

JRC – *Entendu et reçu. Après ces clartés, revenons à vos nuits. Comment se déroulaient-elles ?*

MMZS – Cela dépendait, bien sûr, de l'endroit où j'étais engagé. Normalement, j'arrivais sur place vers neuf heures du soir. Je dînais et prenais place à mon piano, et jusqu'à environ une heure du matin, je sévissais de toute ma voix. En m'installant, je ne manquais jamais de placer sur le bord du clavier une petite statue en ivoire de la sainte Vierge, et si vous saviez le nombre de fois où je l'ai tournée en direction des personnes qui s'étaient assises à côté du piano, en leur disant : « Ce soir, c'est pour vous ! », vous seriez surpris ! Surtout de voir et d'entendre leurs réactions toujours positives ! Un petit sourire, un remerciement, un signe de tête. En un mot, pas d'athéisme manifesté. Il faut dire qu'ils ne s'attendaient sans doute pas à ce genre de confrontation, et qu'en même temps, n'étant pas un professionnel de Dieu, les choses passaient. C'est la grâce propre du fidèle baptisé que de pouvoir attester ouvertement sa foi sans être injustement rangé dans la catégorie des inquisiteurs et des croisés. En tout cas, je puis vous assurer que jamais une seule fois je n'ai essuyé une remarque désobligeante. C'est ce qui me laisse penser que l'évangélisation des masses repose sur l'action individuelle des baptisés qui, comme des chiens de berger, font corps avec l'Église, marchent à l'avant du troupeau, parlent librement, montrent l'amour vivant dans leurs gestes, et enfin ramènent la brebis dans les bras du pasteur. C'est cela d'ailleurs la vraie mission des baptisés !

JRC – *Je les imaginais plutôt œuvrant au sein d'une paroisse ou d'un mouvement d'Église, soutenant les prêtres.*

MMZS – Avant d'aider le prêtre dans son église, de prendre part au conseil pastoral, de faire partie d'une équipe liturgique, ou de gérer les finances de la paroisse, ils doivent être présents à leur famille, à leurs collègues de travail, à leurs amis, et marcher à la recherche des hommes privés de la grâce baptismale. Comme le levain dans la pâte, ils sont appelés à faire lever les âmes à moitié mortes, gisant dans le paganisme, faute d'oxygène céleste. Aujourd'hui, face à la raréfaction des prêtres, le danger de cléricaliser les baptisés et de les faire vivre dans le temple est grand au nom du partage des responsabilités et du soutien dont les prêtres ont effectivement besoin. Ne tombons pas dans ce piège. Que chacun reste bien à sa place, si l'on veut que la foi atteigne le cœur humain, car le prêtre ne peut pas entrer dans tous les milieux, il n'est pas accepté partout, il ne peut pas être présent sur tous les fronts. Et en ce moment, en matière d'évangélisation, il n'y a pas de temps à perdre ! Le passe-partout de la foi, c'est l'homme baptisé qui, l'air de rien, en aimant comme il respire, provoque le regard, suscite un questionnement, emporte vers plus haut celui qui vivait en bas.

JRC – *Encore faut-il que le baptisé soit bien préparé à cette mission...*

MMZS – En effet. Cependant, précisons que cette préparation ne se confond pas avec un savoir à acquérir. La vraie préparation à la transmission de la foi suppose – pardonnez-moi ce pléonasme – de croire fermement dans le *Credo*, c'est-à-dire, d'y adhérer avec ses viscères, en un mot, d'avoir la foi ! Foi dans la présence actuelle de Jésus et de Marie dans la gloire – et en nous, et près de nous. Et si quelques aspects du mystère chrétien demeuraient flous, il suffirait d'aller voir un prêtre pour qu'il éclaire l'intelligence, ou d'ouvrir le *Catéchisme de l'Église catholique*, mais point n'est besoin d'un doctorat en théologie pour saisir l'essentiel du christianisme ! La foi, la foi, la foi ! enracinée dans la prière quotidienne, fortifiée par la réception la plus fréquente possible de la sainte Eucharistie. Et sous la houlette de la sainte Vierge priée tous les jours, vous allez voir si le chrétien ne devient pas un apôtre et si sa parole ne chamboule pas ceux qui le voient vivre et l'entendent !

JRC – *Il y a un instant, en précisant le rôle du baptisé, vous affirmiez aussi qu'il devait ramener vers le prêtre la petite brebis égarée.*

MMZS – C'est certain, parce que ce n'est pas uniquement un contenu doctrinal, un message, une morale, que le chrétien entend délivrer, mais bien mieux, c'est la Personne du Christ, autrement dit sa vie divine, ce que l'on appelle sa grâce qu'il veut greffer dans cette petite âme humaine dont il est proche, et qui peut-être n'en peut plus de traîner sa mauvaise vie sans finalité. Et, dites-moi, qui va lui faire retrouver la fraîcheur de sa jeunesse perdue ? Qui va l'aider à vider son sac à dos bourré de péchés et de culpabilités ? Qui va lui donner le pain de vie qui est Dieu lui-même pour assurer sa marche vers la Lumière ? Le prêtre, et seulement le prêtre, qui a reçu de notre Seigneur Jésus Christ le pouvoir de libérer l'âme de l'oppression causée par ses péchés et de consacrer le pain et le vin pour qu'ils se transforment en son Corps sacré et en son précieux Sang. Autant dire que sans le ministère du prêtre, il ne faut pas espérer de renouvellement décisif !

JRC – *Mais, malheureusement, reconnaissez qu'il n'est pas facile de pousser quelqu'un à rencontrer un prêtre...*

MMZS – Dieu aidant, il revient à chacun de tirer ses ficelles. Je vous en propose une en inventant pour vous un dialogue possible :

« Tu sais, je me rends bien compte que tu ne vas pas fort. Beaucoup de choses te tourmentent ; je vois bien que ton passé t'obsède, et dans ce choix que tu t'apprêtes à poser, je ne suis pas sûr que tu ne fasses pas une bêtise, et d'ailleurs je ne te trouve pas très en paix. Je vais vraiment prier pour toi !

— Oh, tes prières, c'est bien beau, mais je ne sais pas si ça sert à grand-chose !

— En attendant, tu es dans un trou noir depuis des années, depuis que tu as quitté Marc..., et quand tu vois tes enfants en crise, tu as beau donner le change, je vois bien que tu ne vas pas bien.

— C'est vrai, ce que tu dis, je suis mal, mais que veux-tu ?

— Ce que je veux, c'est que tu sortes de ce mal-être. Fais-moi confiance ! Tu as tout essayé sur le plan humain, j'ai un ami prêtre...

— Un ami prêtre ? Mais tu n'y penses pas !

— Mais fais-moi donc confiance... Tu vas voir : il va t'écouter, te libérer, te redonner courage. Allez ! fais un pas, remonte vers la source au lieu de t'enferrer dans ton angoisse ! »

Voilà un exemple de dialogue qui peut porter du

fruit. Mais il faut évidemment que le chien de berger croie de toutes ses forces que Dieu peut renverser une vie, et que sa conviction, rendue sensible sur sa voix, peut emporter la partie. Ensuite, il reste au prêtre d'être prêtre, et de tout faire pour établir un lien de confiance suffisamment fort, afin que la confession soit rendue possible et que l'âme soit libérée de son poids.

JRC – *Par le passé, alors que vous étiez encore dans le monde, vous avez ainsi renvoyé vers le prêtre ?*

MMZS – Oui, et plus encore aujourd'hui, j'invite tous mes fidèles, mes fils et mes filles spirituels, à aider le Christ à retrouver ses enfants perdus, et c'est ainsi que je me retrouve chaque soir, dans la pièce où je reçois, devant des personnes qui n'ont pas forcément la foi, mais qui sont venues sur le conseil de l'amitié, et là, croyez-moi, je ne les laisse pas repartir sans que Jésus et sa Mère fassent le nécessaire. Et c'est souvent le début d'un lien qui, avec le temps, se déploie harmonieusement entre Jésus, Marie, l'Église, le prêtre et la petite âme qui s'en est remise à eux.

JRC – *Mais dites-moi, à Paris, dans la nuit, près de la Seine, un air de piano, des visages, l'amour désiré, attendu, vous avez dû en voir de toutes les couleurs...*

MMZS – J'ai vu l'amour se faire et se défaire. Et le triomphe du sensible sur la raison...

JRC – *C'est ce que vous dites dans votre livre fascinant,* De l'amour en éclats, *véritable petite somme d'ingérences dans le monde de l'amour : « Il faut finir par l'admettre, écrivez-vous, le sensible dicte sans scrupule. »*

MMZS – Ce qui ne signifie pas qu'il gagne à tous les coups, mais, plus sobrement, qu'il persécute le désir, et qu'il appuie par conséquent de toute son hégémonie sur le rapport entre les êtres. Et c'est pourquoi, dans les amours humaines qui parfois n'en sont pas, l'indulgence doit dominer le jugement. L'amour n'est pas le lieu favori de la liberté. Je vous dis ce que mon expérience me dicte, et non le discours officiel. Nous sommes victimes du sensible qui frémit.

JRC – *Et vous avez résisté ?*

MMZS – Bien qu'humain, plutôt plus que moins. Et ce n'est déjà pas si mal. En y repensant, puisque vous m'y obligez, je dois avouer que mes années passées à Paris n'ont pas été sans erreurs, sans errements, sans faiblesses et, par conséquent, sans lumières. En certaines vies, la mise en œuvre des ténèbres a aussi son importance ; ténèbres qu'il ne faut pas d'ailleurs s'empresser de noircir, car elles peuvent aussi devenir pour certains une merveilleuse toile de fond sur laquelle Dieu notre Père, champion du recyclage, dessine un destin et une œuvre en grande partie inconnus à l'heure des naufrages. Ne croyez surtout pas que je canonise ici le péché, qui doit garder son volume. Toutefois, ce que chacun traverse, je le redis, peut entrer à titre de nécessité dans la réalisation des attentes divines. Comme elle est impressionnante, d'ailleurs, la liste de saints dont le parcours ne fut pas linéaire ! Il y a aussi ce mot de Mauriac qui, je crois, dit bien le réel à moins que l'on se joue la comédie en enfilant la longue robe des pharisiens : « Il y a souvent, écrivait-il, un vice jugulé, dominé, à la source des vies admirables. » Et même, j'ajouterais volontiers : de celles qui ne le sont pas, comme la mienne. Et puis, ce que nous appelons péché – parfois trop rapidement – n'est souvent qu'aveuglement. La doctrine de l'Église est sur ce point comme toujours d'une justesse absolue. Pour perdre l'amitié de Dieu, il faut mordre dans ses commandements en sachant ce que l'on fait, et en voulant le faire, sans que la liberté soit en rien comprimée. Là, déjà, vous pouvez jeter à la poubelle de nombreux prétendus péchés qui n'ont jamais eu lieu. Et Dieu, croyez-moi, qui est pour le tri sélectif, consent et applaudit de ses deux mains célestes, à savoir celle de la justice et celle de la miséricorde !

JRC – *Votre Dieu est infiniment compréhensif !*

MMZS – Ce n'est tout de même pas de ma faute si notre Seigneur Jésus Christ n'eut qu'une idée en tête quand il vint sur la terre : absoudre, absoudre, absoudre, jusqu'à l'absolution générale donnée du haut de la Croix à l'humanité tout entière – tout en fustigeant, à longueur d'enseignement, l'imbuvable prétention de l'homme qui s'imagine être sans tache !

JRC – *C'est dans la nuit de Paris que vous êtes entré dans cette lumière de compréhension du cœur humain ?*

MMZS – Je crois. Les êtres sont toujours beaucoup plus beaux que nous ne l'imaginons. Et je l'ai compris en croisant des milliers de visages sur une intensité souvent brûlante qui, venue des yeux, témoignait d'une qualité interne, décelable notamment lorsque les mots de l'amour dévalaient de grands textes mis en chansons.

Cette recherche de l'amour vrai, c'est sans doute ce qui m'a le plus frappé en ceux que je rencontrais. Qu'il existe des prédateurs sexuels assoiffés de jouissances, comme il existe des affamés d'argent prêts à tout pour remplir leur gibecière, c'est évident, mais je persiste à croire que ce n'est pas le lot commun. Et j'irais même jusqu'à dire que derrière bien des étreintes précipitées, se cache, désespérée, la pauvre peur humaine de ne pas être aimé, et le désir pur peut-être, en tenant un corps, d'attraper un cœur. Que ce chemin ne soit pas l'idéal de Dieu, c'est entendu, qu'il fasse courir un grand danger au bonheur, soit, mais ainsi va l'humanité percluse de failles congénitales… C'est pourquoi je plaide au nom du Christ pour la pleine indulgence à verser sans limites sur les histoires compliquées, maladroites, tordues, désaxées, dont nous ne saurons jamais, du moins avant le Ciel, si Dieu en était absolument absent. Autre chose est d'éduquer un enfant à prendre les bons chemins qui donnent au véritable amour toute sa fécondité, autre chose est de considérer avec respect les chemins dans lesquels les êtres se sont déjà engagés, en prenant bien soin de marcher à pas feutrés sur leurs vies, de manière à ne pas briser le travail de Dieu qui en principe prend tout son temps pour éclairer l'âme et la saisir en lui.

JRC – *Dans les années 1980, le sida faisait rage à Paris…*

MMZS – … avec ses monceaux de victimes finissant leurs jours qui ressemblaient à des nuits, dans la déchéance physique et, pire encore, couverts d'opprobre, de solitude et de rejet. Honte à ceux qui profanent ces jeunes garçons et filles mourants, allant jusqu'à proclamer au nom de je ne sais quelle morale, en tout cas, pas celle de la sainte Église : « Ils l'ont cherché ! C'est bien fait ! » J'ai bien dit : victimes ! Victimes dans la plupart des cas de l'amour espéré, attendu, recherché, et bien sûr, sous le mouvement impétueux des passions qui suscite l'appétit sensitif, convoité. Je le jurerais devant Dieu : dans la plupart des cas, c'est en cherchant l'amour, je le maintiens, qu'ils trouvent la mort. La sainte Vierge est au courant de ce paradoxe – pardonnez-moi ce ton familier –, et c'est elle – pardonnez-moi ce ton solennel, mais ne cherchez pas à savoir comment – qui m'a demandé expressément d'écrire en son nom quelques mots à l'adresse de ses enfants blessés à mort.

JRC – Je veux respecter votre silence quant à cette « demande » de la Vierge, mais puis-je savoir comment vous l'avez honorée ?

MMZS – Lentement, sur de longs mois, dans la prière, car il fallut du temps pour élaborer un texte que je soumis ensuite à diverses autorités qui m'encouragèrent. Le cardinal Bernard Panafieu, alors archevêque de Marseille, m'aida de toute sa paternité dans cette entreprise. Ce fut un véritable parcours du combattant pour parvenir jusqu'au Saint-Père. Je fus magnifiquement reçu par le cardinal Gantin, alors préfet de la congrégation des évêques, par le cardinal Deskur, président émérite du conseil pontifical pour les communications sociales et ami intime du pape, par le cardinal Cottier, alors théologien de la maison pontificale, qui, après avoir vérifié attentivement la justesse théologique du texte, me dit ces mots qui me foudroyèrent de bonheur : « Certainement, le père Kolbe aurait été d'accord avec ce projet ! », et il me poussa à le mettre en œuvre en me suppliant encore : « Faites quelque chose pour nos frères atteints du sida, car on accuse injustement l'Église de ne rien faire ! » C'est ainsi qu'à la demande du père Alphonse Gilbert, procurateur des évêques de France, qui en lisant la prière – cela, je ne l'oublierai jamais – s'était écrié : « Mais, cette prière, elle vient de notre Mère ! », je parvins à être reçu par le pape Jean-Paul II, qui, de sa main déjà tremblante, en bénit le texte. Je me souviens aussi avec émotion du cardinal Stanislaw Dziwisz, alors secrétaire personnel du pape, venant jusqu'à moi pour me rassurer et me dire que tout était en règle et que les choses allaient bien marcher. Quelques jours plus tard, le conseil pontifical pour les Services de santé m'encourageait à la diffusion. Je reçus alors de grands dons. Ainsi, toute l'Afrique francophone et anglophone fut inondée de centaines de milliers de prières, mais aussi les États-Unis, le Canada, les Philippines, l'Angleterre, l'Écosse, l'Irlande, la Jamaïque, l'Australie, la Nouvelle-Zélande, la Belgique, la Suisse, le Liban, le Mozambique, l'Éthiopie, la Tanzanie, Madagascar, le Maroc, la Mauritanie, l'île Maurice, la Thaïlande, et d'autres encore… Avec émotion, je pense en particulier au Mali, où la prière est récitée non seulement par les chrétiens mais aussi par les musulmans. Un seul bémol, la France ! Malgré la qualité du dossier, les attestations officielles, la gratuité absolue de l'envoi de la prière aux frais de port, seulement vingt-cinq évêques demandèrent pour leurs diocésains ce texte où Marie exprimait son amour et promettait son soutien à ses enfants séropositifs ou malades du sida.

Cette initiative, je la dois, excepté la volonté de Marie sur laquelle je désire rester silencieux, à mes années parisiennes où j'ai vu mourir de nombreux jeunes pour s'être égarés, parfois une seule fois. C'est cher payé quand on est un homme, et jeune et épris d'amour, par surcroît ! Pas de chance. Que chacun pense à ses propres démons et cesse de critiquer, de théoriser, de jeter la pierre. Rien n'est simple en ce bas monde qui porte bien son nom.

JRC – *Puisque nous sommes dans ces questions, que pensez-vous de la libéralisation des mœurs que prône notre société ?*

MMZS – Depuis le cours préparatoire, il faudrait parler aux enfants de la beauté et de la grandeur de l'amour vrai, fidèle, absolu, pour lequel l'homme, à moins qu'il ne se mente à lui-même, est fabriqué, d'autant plus qu'en notre temps, la plupart des enfants souffrent des divisions affectives qui secouent leurs parents. J'aimerais aussi qu'on leur parlât de l'amour éternel, mais n'exigeons pas trop de notre société laïque. Et si ce n'est l'État, qui de plus en plus se tait pour ne perdre aucune voix élective, que du moins les parents unis ne cessent de rappeler inlassablement à leurs enfants le chemin à prendre pour faire courir le moins de risque possible à l'amour. Au moins que la ligne d'ensemble, son fil d'or, soit tendu dans les intelligences ! Les jeunes sont ignorants en matière affective. Ils se jettent les uns sur les autres et se font mal dans la plupart des cas. Ce que Marguerite Yourcenar dit au sujet des enfants vaut aussi pour la génération supérieure : « Ils se figurent qu'ils aiment parce qu'ils ne s'aperçoivent pas qu'ils désirent. » Tout est dit. Il suffirait de rappeler la ligne directrice pour que bien des échecs et des pleurs soient évités, et cette ligne qu'il convient de suivre, non pas au nom de la morale, mais parce que l'amour en sortira fort et vainqueur, je la redonne ici à grands traits et dans l'ordre : attrait extérieur et intérieur, connaissance approfondie de la personne, dialogue sur plusieurs mois, choix intérieur et personnel de la personne aimée – et, s'il y a réciprocité, premiers gestes de tendresse –, enfin, l'union sacrée, ouvrant sur la vie commune et le don des corps. Si cet ordre est chamboulé, renversé, il y a un réel danger et de grands risques d'échec. Certes, cela peut marcher, mais, encore une fois, le risque est grand, parce qu'au fond, il n'est jamais bon de dormir avec une ou un inconnu et de se réveiller le matin, après avoir tout donné, en se demandant ce que l'on fait là, gisant dans le non-sens. C'est ainsi que je suis favorable à la libéralisation de la sexualité : au sein de l'amour prouvé et scellé.

JRC – *Et pour les situations particulières, telles que la reconnaissance de l'homosexualité, l'adoption des enfants par des couples d'hommes ou de femmes ?*

MMZS – Je vous avoue que je n'aime pas beaucoup les catégories dans lesquelles on enferme ou s'enferment les personnes, en particulier sur le plan de la tendance que j'appelle, à dessein, affective, pour la sortir quelque peu du corps et lui conférer un peu de hauteur. Le mot d'« homosexualité », si ma mémoire ne me fait pas défaut, n'a vu le jour qu'au début du XXᵉ siècle. Son caractère récent me donne donc le droit de le bannir et de lui préférer celui d'« amitié de similitude », dont les Grecs aimaient à désigner ce genre de lien. J'estime cette dernière appellation plus respectueuse des personnes dont l'élan vital ne se résume pas à la dimension sexuelle. Ma position en ce domaine est archi-simple. Je crois que tout homme est capable d'aimer – j'ai bien dit *capable d'aimer* – un homme ou une femme, en ce sens que notre capacité d'amour peut s'étendre jusqu'à la démesure, au-delà de toutes catégories, fussent-elles déterminantes, telle que la dimension sexuée, à tout être humain. L'histoire de l'humanité regorge d'ailleurs de ces liens forts qui peuvent aller jusqu'au sacrifice. Sur ce point, Jésus ouvre la marche quand il s'écrie : « Il n'est pas de plus grand amour que de donner sa vie pour ses amis. » Cela dit et admis, on peut donc *sans mal* aller jusqu'à penser que deux êtres du même sexe peuvent s'aimer très fort dans la lumière du Christ. Il faut aller jusque-là. Il convient donc de laver notre intelligence de nos idées souvent étroites et régulées par la peur en ce domaine, et dont la fâcheuse tendance est de rétrécir l'amour à la petite histoire romantique des couples tourtereaux ou à la fondation de la famille, qui demeure bien entendu la voie royale ouvrant sur la création de vies nouvelles. Toutefois, le souffle de l'amour jaillissant de notre capacité naturelle, surtout s'il est soulevé par la grâce, ne connaît pas de frontières.

JRC – *Si c'est la voie royale, pourquoi tout le monde ne l'emprunte pas ?*

MMZS – Parce que « tout le monde » n'existe pas pour Dieu, et qu'en l'histoire de toute vie – Dieu le sait – on trouve des configurations familiales, des situations parentales, des formes d'esprit, des inclinations, des dispositions, mais aussi des influences, des initiations, qui viennent *heurter* la personne humaine dès le départ de la vie, ou en cours de route, et qui modifient considérablement le plan initial, pourtant divin, en orientant la personne vers son semblable de manière provisoire ou apparemment définitive. C'est en ce sens que l'on peut affirmer, je crois, que les hommes et les femmes qui se retrouvent happés par l'*amitié de similitude* n'ont pas choisi leur état. D'où l'erreur de présenter aux jeunes enfants dont le développement psychologique n'est pas encore achevé l'« amitié de similitude » comme un chemin humain que l'on pourrait emprunter à son gré par simple choix personnel. En revanche, ce qu'il faut inscrire dans les consciences, quand celles-ci pourront l'entendre, c'est l'immense respect que l'on doit accorder à la personne humaine, quelle que soit sa manière de vivre.

JRC – *Et le corps dans tout ça ?*

MMZS – Et le corps, on en parle trop. Notre temps ne cesse pas de sexualiser les liens les plus métaphysiques. Nous sommes des obsédés qui fouillent dans les lits à la recherche malsaine des sensations d'autrui. La littérature, le cinéma, les journaux, la radio avec ses dégueulis psychologisants, tout le monde s'y met pour célébrer la sexualité en la détachant de l'amour, croyant la magnifier. C'est destructeur. Écrasée sous l'autocratie de la sexualité, la moindre amitié devient suspecte, le plus humble des gestes de tendresse, deux mains qui se touchent, un bras qui entoure une épaule, une tête posée sur un cœur, un baiser, et les jeux sont faits : « Ces deux-là couchent ensemble ! » crie l'imaginaire qui regarde et se délecte. Les rapports entre les êtres ne se déploieront bientôt que sur deux extrêmes : l'étreinte ou la distance, ou, si vous préférez, la copulation ou l'indifférence. Quelle perversion générale se prépare ! Oui, même l'amitié – et c'est ce qui me fait le plus souffrir –, dans notre cloaque de société, va devenir impossible à vivre. Par le fait même, l'homme se voit privé de liens forts, ardents, totalisants, portés dans la lumière de l'amour d'amitié, tels qu'entre autres, Aristote, saint Thomas d'Aquin, François de Sales, Montaigne, et même Max Jacob ou Mauriac les ont célébrés. Il faut absolument redonner à l'amitié toute sa densité et à la tendresse le droit de s'exprimer en elle – je veux parler de la pure tendresse, de la saine, de l'aimante, c'est-à-dire de celle qui pudiquement donne et qui au passage ne se sert pas. Quant aux personnes liées entre elles par un amour, de quelque nature qu'il soit, vécu dans la norme ou hors normes, si elles se rendent pieds et poings liés aux appels de la pulsion sexuelle en s'imaginant que celle-ci a tous les droits, elles finiront par penser un jour ou l'autre que l'enchevêtrement des corps est la raison d'être de l'amour, et c'est ici que débutent tous les problèmes : de l'insatisfaction qui remet en question le lien, jusqu'à la trahison qui le profane. Sur ce point, je le redis, tout le monde est à la même enseigne, et tout le monde doit travailler pour que l'amour soit plus aérien et gagne ainsi en profondeur et densité. En vous disant cela, je repense à une toile de Rembrandt, *Le Mariage juif*, qui, ce me semble, dit parfaitement le mystère de l'amour. Je ne sais pas si vous la voyez en votre esprit. L'époux délicatement penché vers son épouse a sa main gauche posée sur l'épaule de celle qu'il a choisie, tandis que sa main droite est appuyée bien à plat sur la poitrine. Ce dernier geste pourrait sembler osé, il ne l'est pas. Les regards sont intenses et calmes. Le corps joue son rôle. Le don réciproque transpire sous les couleurs douces. Voici l'amour.

JRC – *Au fond, vous ne repoussez pas le corps…*

MMZS – Je lui enlève seulement sa première place au banc de l'école de l'amour. Allez, qu'il laisse à l'âme un peu de mou, et qu'il se taise aussi, on l'entend trop !

Ici, je ne résiste pas à l'envie de vous citer encore ces vers de Sully Prudhomme...

Le meilleur moment des amours
N'est pas quand on a dit : « Je t'aime. »
Il est dans le silence même
À demi rompu tous les jours ;

Il est dans les intelligences
Promptes et furtives des cœurs ;
Il est dans les feintes rigueurs
Et les secrètes indulgences ;

Il est dans le frisson du bras
Où se pose la main qui tremble,
Dans la page qu'on tourne ensemble
Et que pourtant on ne lit pas.

Heure unique où la bouche close
Par sa pudeur seule en dit tant ;
Où le cœur s'ouvre en éclatant
Tout bas, comme un bouton de rose ;

Où le parfum seul des cheveux
Paraît une faveur conquise !
Heure de la tendresse exquise
Où les respects sont des aveux.

JRC – *Qui n'a pas rêvé de connaître cet état ?*

MMZS – Et qui peut nier l'étincelante beauté des prémices de l'amour ? De cet amour qui se nourrit de délicatesse, mais aussi de secrets, c'est bien connu, et que les plus fins et les plus avertis des hommes aiment à garder au chaud en leur esprit. Aussi, pourquoi étaler sur la place publique ses soifs, ses manques, ses frustrations, ses démons ? On connaît la chanson de la matière humaine. Il me semble qu'aujourd'hui – c'est du moins ma solution –, pour sauver l'amour, encore une fois, qu'il s'écrive à l'endroit ou à l'envers, tout homme doit entrer dans une discrétion absolue sur sa propre vie, appelée durant des siècles avec intelligence, *privée*. Personne ici-bas n'a besoin de savoir ce que les êtres font ou ne font pas. C'est ainsi que demain, peut-être, aucun être humain ne sera plus désigné du doigt ou de la langue comme appartenant à ce camp-ci ou à ce camp-là. Par pitié, de la pudeur, du respect, enveloppé de silence, pour chaque parcours humain ! C'est par là qu'une nouvelle effusion de pureté descendra dans l'imaginaire des êtres qui, à l'heure présente, par leurs suppositions, par leurs jugements à l'emporte-pièce, montrent seulement qu'ils sont obsédés par la chair. Permettez-moi d'ajouter que l'amour peut aussi se passer complètement, non pas du corps – car je le redis, les gestes de tendresse ont leur nécessité –, mais de rapport charnel. Il y a, sur ce point, un mot gorgé de lumière, venu de Cocteau que l'on ne peut pas suspecter, grâce à Dieu, d'étroitesse d'esprit : « Que la jeunesse sache, dit-il, qu'on peut lutter avec succès contre une nature troublée ; la beauté morale, la beauté divine, supérieure à tous les rêves de la terre, je l'ai vue ; il ne faut qu'un peu de courage pour l'atteindre et s'y tenir. » C'est affirmer que tous ceux qui, dans le monde et dans l'Église, pour reprendre les mots sublimes de Lacordaire, « trouvent dans leur sacrifice un abîme de tendresse et de joie qui ne leur permet pas de regretter le rapide et douloureux enivrement des sens », ne sont pas hors du champ de l'amour, peut-être même en sont-ils au cœur. Vivant aujourd'hui dans cette lumière, je vous en prie, ne me sortez pas avec mes frères prêtres de l'univers de l'amour intense.

JRC – *Merci, mon Père, de parler avec autant d'ouverture de cœur et d'apporter ainsi au débat contemporain votre participation. Reste la question de l'adoption homoparentale.*

MMZS – En premier lieu, laissez-moi crier mon indignation à la face des États et de leur bureaucratie qui offrent des procédures longues et complexes à l'adoption, destinées, paraît-il, à assurer la protection de l'enfant qui est accueilli. Sous ce régime de lenteur, les chiffres en témoignent : une procédure d'adoption sur deux en France n'arrive pas à son terme pour cause de découragement. C'est dommage ! Tant d'enfants de par le monde ont besoin de recevoir au plus tôt un père et une mère dignes de ce nom. Autre injustice : ce sont les couples sans enfant biologique qui ont le plus de chances d'adopter. Pourquoi cette ségrégation ? Que nous sommes loin ici d'un saint Vincent de Paul qui confiait de préférence ses enfants trouvés à des familles déjà nombreuses ! Et comment parviendrons-nous à enrayer cette inhumaine rumeur qui court en bien des esprits, à savoir que l'enfant biologique serait pleinement l'enfant de ses parents, tandis que l'enfant adopté ne rejoindrait jamais ce statut dans sa famille adoptante ? D'où la réticence de nombreux couples à l'adoption. « J'en veux un à moi ! » Voilà les horreurs que j'entends à longueur de rue. Faut-il rappeler que même les enfants reçus biologiquement n'appartiennent pas à leurs parents, et qu'ils leur sont simplement confiés ? Alors, en prendre un de plus, noir ou blanc, d'ici ou de là, valide ou handicapé, où est le problème ? Mais quoi ! Où sont donc passés l'intelligence et le cœur ? Pardonnez-moi cet exemple cynique : vous allez au chenil choisir un caniche ; deux jours après, vous ne pouvez plus vous séparer de ces yeux de chien battu sous ses oreilles pendantes, puis vous pleurez comme une madeleine dix ans plus tard en le retrouvant mort dans sa couche ; et cet enfant que Dieu vous a confié, vous ne le considéreriez pas comme *votre* enfant ? Mais où sommes-nous donc tombés ? Dans quelles griffes ?

JRC – *Vos conceptions sont décapantes, d'une exigence folle, mais je reconnais que leur mise en œuvre produirait un monde plus achevé, c'est-à-dire plus humain...*

MMZS – Plus divin, vous voulez dire, car Dieu notre Père aimerait, j'en suis sûr, que toutes les familles chrétiennes de la terre décident d'adopter un enfant ou, plus exactement, l'un de ses enfants, de manière à lui donner aussi la joie d'avoir des frères et des sœurs, et de grandir ainsi harmonieusement à l'ombre d'un père et d'une mère en attendant la vie éternelle où il ne sera plus alors question que d'une seule famille. Quant à l'adoption homoparentale, en songeant à l'enfant que je fus, privé de ma mère, triste et tourmenté, bien qu'abreuvé d'amour par mon père et mon frère, et en mesurant aussi les manques ressentis, je crois résolument nécessaire et vital au bonheur de l'enfant de bénéficier de la présence d'un père et d'une mère. Si nous les aimons vraiment pour eux-mêmes, donnons donc la chance à ces petits abandonnés de rejoindre le meilleur.

JRC – *Cette incursion dans les méandres du cœur humain ne nous a guère éloignés de vos nuits... Mais comment donc allez-vous pouvoir quitter cet univers qui semblait si bien vous convenir ?*

MMZS – Sous la pression du Christ et, à son service, le jeu des événements. À mesure que le temps m'emportait en direction de l'apparente réussite, car ma carrière progressait, les gages du succès ne l'emportaient pas sur le déroulé des images intérieures terriblement séductrices où Don Bosco régnait encore en mon esprit et sur mes rêves, tirant par le cœur et le souvenir de son prêtre mon âme écartelée. Mais enfin, j'étais tout de même englué dans ma vie nouvelle. Une proposition artistique venue du plus célèbre cabaret de Paris se chargea de me faire croire que cette fois-ci, je touchais au but. Une dernière crainte, et certaines sont bienfaisantes, me poussa alors en direction d'un ami qui, d'un seul conseil, me supplia de me rendre à Saint-Jodard pour y rencontrer un certain père Marie-Dominique Philippe, qu'il disait « clairvoyant ». Il se trompait, car le père Philippe n'était pas clairvoyant, mais pure lumière, ce qui était bien plus intense. Un train, et je suis devant lui. Taille moyenne sous l'habit des prêcheurs, grand front, visage tendu d'intelligence, et ce regard saillant qui fixe mes yeux comme on perce une vie aussi délicatement que l'on veut être efficace. Comment vous dire ? Le père Philippe respirait la certitude des êtres conduits. Rien de présomptueux, d'opaque, de surélevé en son maintien : de l'eau claire et limpide comme ce « Bonjour, je vous attendais ! » qui fusa de sa voix sans timbre quand il me serra très fort les mains.

JRC – *Il s'agit du père Marie-Dominique Philippe, le fondateur de la communauté Saint-Jean ?*

MMZS – En effet. Mais sur sa carte de visite, vous pouvez ajouter bien d'autres confiances de la part de Dieu : prêtre, dominicain, passionné par la vérité à découvrir et à transmettre, philosophe, professeur titulaire de la chaire de métaphysique de Fribourg, qu'il tiendra pendant plus de quarante ans, écrivain, conférencier, prédicateur de retraites, mystique, et ce dernier mot dit assez l'incandescence de son amour pour le Christ et sa Mère ; enfin, j'ajouterais volontiers : ami intime de Jean-Paul II. Tout cela pour vous dire que le père Philippe reste devant mes yeux l'un des êtres les plus admirables que j'aie rencontrés, dont l'impact sur mon avenir sera colossal.

JRC – *Pour l'heure, nous revivons avec vous votre première rencontre...*

MMZS – Sans attendre, face à lui, ma question fut précise et rapidement prononcée : « Mon Père, je veux être prêtre, et cela depuis l'enfance. Cependant, je poursuis une activité artistique à Paris, et me voilà sur le point d'être engagé comme chanteur dans un très grand cabaret. Qu'en pensez-vous ? cette proposition ne viendrait-elle pas du démon ? » Un temps d'arrêt sur fond d'intériorité, et c'est la réponse : « Elle vient peut-être de l'Esprit saint ! » J'étais sidéré par ce coup de canon ! Je ne savais plus que dire, seulement penser : « D'où lui vient cette autorité qui le place au-dessus des idées reçues ? » Mais pour toute réponse, c'est un sourire qu'il m'envoie, plus jeune que son âge, auréolant ces trois phrases à venir : « Ne vous inquiétez pas. Je vous aiderai. La Vierge Marie s'occupe de tout. » En sortant de cette rencontre, j'étais conquis par la vérité de l'homme, et en gagnant la chapelle où l'oraison des frères et des sœurs contemplatives de Saint-Jean pesait de tout son poids sur le tabernacle, je vis le Père s'approcher de l'autel, s'incliner jusqu'au sol en amoureux de Dieu, et demeurer, immobile, à genoux, consciemment perdu, les yeux clos, dans la source. Là, je montais avec lui… apprenant à prier enfin sur ce premier geste entrevu. Voilà pour notre première rencontre.

JRC – *Et puis Paris reprit son cours…*

MMZS – … avec ses nuits, ses visages, ses mélodies, mais la chanson du Père : « Ne vous inquiétez pas. Je vous aiderai. La Vierge Marie s'occupe de tout » me donnait l'espérance d'être un jour ordonné prêtre. Peu de temps après, sur ma route, un événement apparemment anodin vint me frapper. Un soir, sur la fin de mon travail, je chantais alors, rive droite, près de la place de l'Étoile, une douleur me saisit d'un coup au plexus et me plia en deux. Je devais rester dans cet état durant trois jours, perclus de fièvre et de spasmes violents dont je ne sus jamais l'origine, ne pouvant ni manger, ni boire, ni même me lever. Jusque-là tout serait au fond banal ; mais dans la dernière nuit où les tremblements atteignirent des sommets, je me retrouvai – était-ce un rêve ou un délire ? – dans la cour d'une école fondée par Don Bosco lui-même et, sous ses portiques, je vis une religieuse de mon enfance, morte depuis peu, me dire droit dans les yeux : « Tu seras prêtre ! Tu seras prêtre ! » Au matin, je me réveillai, trempé de la tête aux pieds, calme, et sans la moindre douleur dans la poitrine. Le petit jour entrait dans ma chambre. Je me levai comme on sort d'un cauchemar, étrangement heureux, libéré, et totalement guéri. Porté par ce rêve et une sorte de bien-être inexplicable, je téléphonai immédiatement à un ami très cher pour lui annoncer que je quittais Paris, s'il voulait bien me prêter sa voiture pour rapatrier quelques affaires jusqu'à Nice. Ainsi, je mettais un terme à ma carrière artistique.

JRC – *Et sur ce seul événement, vous avez tout lâché ?*

MMZS – Il est difficile de rendre compte de ce que j'ai ressenti. Nulle pression intérieure, nulle réflexion, nulle tergiversation impliquant une lutte. Il y eut simplement dans cette perception une atmosphère d'au-delà extrêmement sereine qui m'emporta. Au Ciel, seulement, je saurai si c'était Dieu. En tout cas, je partis pour Nice où mon père de toute sa bonté coutumière reçut en sa maison son enfant prodigue. Là, je devais passer quelques mois, bien décidé à trouver une solution pour mettre en œuvre ma vocation. Dès mon arrivée à Nice, je ne cessai de me répéter que le père Philippe existait, et cela me rassurait beaucoup, et cet étrange événement qui avait provoqué mon départ précipité de la capitale me laissait penser qu'effectivement la sainte Vierge « s'occupait de tout ».

Chapitre 7

MON PARIS RETROUVÉ

JRC – *Vous voilà donc de nouveau à Nice avec la volonté très concrète de réaliser votre vocation...*

MMZS – ... qui mettra encore – et Marthe Robin ne s'était pas trompée – « beaucoup de temps » à trouver sa réalisation. Pour parvenir au sacerdoce, les études de philosophie et de théologie étaient incontournables, et comment pouvais-je envisager de les accomplir sans rejoindre un séminaire ? Mais lequel choisir ? Et pour le compte de quel diocèse, de quelle communauté ? Je n'y voyais pas clair, et puis n'oubliez pas que le visage de l'Église qui était en France en ces années ne me séduisait absolument pas. Une autre rencontre avec le père Marie-Dominique Philippe organisa la suite. « Dans le secret, me dit-il, préparez-vous au sacerdoce par une première année de philosophie. Écoutez mes cours enregistrés, je vous ferai passer les examens en fin d'année. » Et c'est ainsi que je passai de *Que reste-t-il de nos amours ?* à la métaphysique !

JRC – *Et vous avez travaillé tout seul l'ensemble des matières équivalant à une année de philosophie ?*

MMZS – Tout seul, et à fond, tout en profitant de ce temps pour mettre en œuvre et achever un DEA d'histoire. L'été venu, je retrouvai donc le père Philippe dans le sud de la France pour ces fameux examens qui, tout en m'effrayant, m'offraient la joie d'une nouvelle rencontre que je n'eusse manquée pour rien au monde. Voir le Père, parler avec lui, m'était devenu aussi essentiel que manger, aimer ou prier. Que les esprits distants et insensibles s'en offusquent, je puis le comprendre, mais que les enfants de Dieu ne saisissent pas que la médiation humaine est le grand moyen dont Dieu se sert pour attirer les âmes en son sein, alors là, cela me consterne ! « Perdez la force d'attirer, disait Shakespeare, et je n'aurai plus la force de vous suivre. » On a d'ailleurs beaucoup reproché au père Philippe, comme aux saints d'ailleurs, d'exercer sur les êtres une séduction excessive, mais ce pauvre prêtre, riche de Dieu, à l'instar d'un Maximilien Kolbe ou d'une mère Teresa, n'y était pas pour grand-chose. Vous savez, on ne peut rien faire contre le rayonnement de l'âme unie à son Seigneur. Une bonne fois pour toutes, comprenons-le, et ne jetons plus la clef de la transmission de la foi dans le caniveau de nos froides idées détachées de l'humain. L'Évangile s'engendre de cœur en cœur ; en passant par l'amour, c'est le meilleur chemin, celui du Maître et de saint Jean. J'en viens à notre rencontre. Au seuil de sa cellule, une accolade, comme toujours, dans la lumière de l'amour offert, puis le Père s'est assis et, sur une demi-feuille de papier, a immédiatement écrit que je venais de satisfaire à tous les examens correspondant à une première année de philosophie. J'étais stupéfait quand, se tournant vers moi, il me dit ceci : « Nous sommes en régime évangélique. Je sais que vous avez beaucoup travaillé, écoutant quotidiennement les cours. Par conséquent, je vous donne votre année. » Puis il ajouta : « Maintenant, je vous interroge ! » Et l'examen se déroula en mille questions à l'issue desquelles le Père écrivit une appréciation au bas de cette demi-page de papier libre, aussi libre que lui, et qui me valut par la suite d'être dispensé d'une partie du cursus des études philosophiques. À travers ce simple fait, vous voyez l'homme qu'il était, et son basculement intégral dans les mœurs du Christ. Après cette *épreuve* évangélique, je restai quelques jours auprès du Père, vivant pour la première fois sous sa conduite une retraite autour de l'Évangile selon saint Jean dont il connaissait les moindres recoins, à force de travail et d'inspiration. Impressionnante transmission. Inutile de s'étendre : qui a entendu sa voix – une seule fois suffit – comprend ce qu'est une intelligence et un cœur saisis par l'Esprit saint. Pas de notes sur la table, les yeux sont fermés, les mains sont sur les genoux, parfois c'est l'une d'entre elles qui s'avance en forme de ciboire devant le visage pour donner à l'idée son poids de vérité. Mais tout est sobre. Le seul problème avec le père Philippe – et je suis heureux de vous le dire et je n'y peux rien –, c'est qu'une fois entendu, on ne peut plus écouter d'autres voix, fussent-elles magistrales, tant elles semblent apprises.

JRC – *C'est donc auprès de lui que vous allez décider de l'avenir ?*

MMZS – Ma décision se précise, le Père n'influe pas, ce n'est pas dans ses habitudes, je crois devoir quitter le monde et rejoindre le séminaire – et je choisis celui d'Aix-en-Provence rouvert avec beaucoup d'audace par Mgr Bernard Panafieu, alors jeune archevêque de cette ville. Seulement voilà, Isaïe avait reçu de Dieu pour nous cet avertissement qui laissait présager bien des sursauts : « Mes pensées ne sont pas vos pensées et mes voies ne sont pas vos voies. » Après seulement deux mois de présence en ce lieu de formation, par ailleurs remarquable, l'impression de ne pas être à ma place, étrangement ressentie dès le premier jour, résonnait avec force et ne me laissait plus en paix. Il fallait que je voie le père Philippe. Permission accordée. Je file donc à Saint-Jodard – et c'est l'hiver.

JRC – *Que de rebonds !*

MMZS – J'ose croire que la Providence les organisait. À l'ombre de l'habit blanc qui m'accueillit comme toujours les bras ouverts, je racontai tout sans incriminer personne, à part moi, et mes impressions intérieures. Un temps d'arrêt sur fond d'intériorité et ce sont les mots qui dévalent : « Venez ici, et nous réfléchirons ensemble à ce que Jésus peut vouloir. » De retour à Aix, je demande à rencontrer Mgr Panafieu et lui fais part de mon état intérieur. Tout de suite il me comprend et se réjouit pour moi. En sortant, sur le pas de la porte, de tout son amour paternel, il me glissera à l'oreille : « Tiens-moi au courant de ce que tu deviens, cela m'intéresse. » Oh ! que Dieu prépare ses coups de loin ! Mais je ne vous en dis pas plus. Huit jours plus tard, sans d'autres appuis que l'amitié du père Philippe, et l'assurance que Dieu le traversait, une seule valise au bout d'un bras, et mille cinq cents francs dans la poche, je franchissais la porte du prieuré Saint-Joseph saturé de novices en tous genres. Un programme en or m'attendait, celui de tous, exigeant comme l'amour. Après l'oraison du matin, avant le petit déjeuner, cours

de philosophie première avec la voix du Père qui martelait : « Il faut que vous ayez faim de la Vérité ! » Et la
joie s'ensuivait en mordant enfin dans les tartines d'un
bon pain complet lui aussi. Deux grands mois de bonheur en ce lieu d'élan et d'interrogations encerclées de
prière silencieuse, d'étude, de paroles de Dieu visitées
comme jamais au tamis de l'exégèse, du bons sens et de
la mystique, mélange détonant assaisonné par le Père,
plus jeune que nous, et surtout plus ardent.

JRC – *Cependant vous n'êtes pas entré dans la communauté Saint-Jean...*

MMZS – Non, car l'idéal que ces jeunes poursui-
vaient et qui était, certes, celui de la vie religieuse et du
sacerdoce envisagés sous une lumière des plus authen-
tiques, était chez eux fondamentalement orienté vers la
recherche de la Vérité, nécessitant une véritable vie de
contemplation et, par conséquent, un enfouissement
de type monastique, ce qui n'était pas mon chemin.
D'ailleurs, le père Philippe, jamais, ne me proposera d'entrer dans cette famille religieuse, à laquelle
il n'appartenait pas lui-même. Puis il y eut le jour de
mon anniversaire, où il me reçut quelques instants
après la célébration de la messe avec mes questions
lancinantes sur l'avenir incertain. L'appel au sacerdoce me paraissait indéniable. Cependant, le problème
demeurait entier : rejoindre la vie religieuse, intégrer
un séminaire, reprendre mon métier, par où fallait-il
donc passer pour rendre Jésus maître de ma vie ? Je
ne savais plus. Encore un temps d'arrêt pétri de prière,
et ce sont les mots du Père, incompréhensibles pour
ceux qui sous-estiment le mystère de l'inhabitation du
Saint-Esprit dans l'âme : « Venez me rejoindre à cinq

heures, me dit-il, après le cours, je vous dirai ce que vous devez faire. »

JRC – *Et vous étiez donc prêt à vous soumettre entiè-rement à sa décision ?*

MMZS – Entièrement. Notre temps ne veut plus de maîtres, de bergers, de conducteurs, et jusqu'aux influences les plus formatrices venues des êtres qui nous aiment ; il les récuse et prétend s'en passer. Là, pourtant, suivez-moi, ne jugez pas, comprenez, car nous sommes loin des affaires de la terre. L'après-midi s'est déployé comme un jour ordinaire, quand à cinq heures, et jamais je n'ai regretté d'avoir obéi, dans le bureau du Père, à ses genoux et à sa demande, je promettais de vivre selon l'esprit de Jésus, alors qu'il m'envoyait de nouveau, tenez-vous bien, à Paris, m'asseoir à mon piano et tirer les âmes par le bout du cœur. En achevant cette promesse, malgré la surprise, le cœur embué de joie, je me risquais à formuler une ultime inquiétude : « Mon Père, je pars sans savoir où je vais dormir, avec ma valise et seulement mille cinq cents francs ! – Cela suffira amplement, me répondit-il. Rendez-vous dans trois semaines à l'église Saint-Honoré-d'Eylau où je donnerai une conférence, et là, vous verrez que tout sera déjà rentré dans l'ordre. » Après une dernière prière, mes mains dans ses mains, devant une icône de la Mère de Dieu dont il excusa la beauté relative, je sortis de son bureau, ailes déployées, comme un oiseau à qui l'on eût ouvert sa cage. Le lendemain, je partais pour *ma* ville, ma ville préférée, avant que de m'émerveiller trois semaines plus tard, en présence du père Philippe, de ce plan divin étonnamment révélé par avance et réalisé en tout point.

JRC – *Tout de suite vous avez retrouvé du travail ?*

MMZS – Tout de suite. S'ouvrirent alors pour moi deux années et demie de présence à Paris, sous les feux de la rampe, entrecoupées de rencontres avec le père Philippe, plus rénovantes les unes que les autres, faites de conseils et toujours de confiance. Et quand il m'arrivait de me plaindre à lui parce que mon chemin ne semblait pas déboucher sur le sacerdoce, le mot d'ordre était clair et je me souviens avec stupeur de celui-ci : « Aucun religieux n'est présent là où vous travaillez... Préférez donc les âmes à votre vocation ! » Parfois, lorsque nous nous retrouvions, le Père ne manquait jamais de débusquer sous mes mots, et à l'orée de mes tristesses, péchés, trahisons et faiblesses, mais rien ne parvenait à le faire changer d'avis sur le chemin que je devais suivre ni à limiter la densité de sa miséricorde : « Marie répare tout ! me disait-il. Il n'y a qu'au Ciel que nous aimerons comme Jésus ! Et puis, je sais ce que j'ai fait : je vous ai placé sur le trou de Satan. En scaphandrier, descendez dans les profondeurs de la terre, et moi, je vous tiens, et je vous fais remonter ! »

JRC – *Vous n'avez jamais regretté ce prolongement ?*

MMZS – Jamais. Oh ! que j'ai bien fait d'écouter les conseils de ce grand apôtre, et de vivre encore aux prétendus bas-fonds de l'âme jusqu'à aimer suffisamment l'humanité avant que de prétendre la servir.

JRC – *La liberté de ce prêtre est stupéfiante !*

MMZS – Parce qu'il croyait au Saint-Esprit et par conséquent vivait sous son emprise. Un soir, à ma grande surprise, rive gauche, dans un piano-bar longeant la Seine, le Père est arrivé, en grand habit dominicain, accompagné de l'un de ses amis, avec cette joie d'enfant qui éclatait parfois sur son visage strié de luttes. Une heure de grâce pour tous et de sanctification pour ce lieu où ce prêtre s'est tenu en silence, à la fois très à l'aise et très écoutant, prêchant par sa seule présence l'aménité de Dieu. Aux tables voisines, ce fut le partage d'un étonnement admiratif visible dans les regards y compris de la jeunesse qui, nous le savons bien, n'a besoin pour se rendre que d'être rencontrée par un premier pas fait de vérité, de bienveillance et d'amitié. Le père Philippe savait ce mystère reçu de l'exemple du Christ, et il en vivait, grâce à Dieu, aussi librement que lui.

JRC – *Chez vous, l'amitié paraît souveraine…*

MMZS – Je crois que c'est l'idéal du Christ. Ceux qui l'ont regardé vivre le définissaient d'ailleurs comme *peccatorum amicus*, « l'ami des pécheurs ». Il avait donc épousé cette manière d'aimer à la fois ardente et engageante bien que située au-delà de toute possessivité, écartant le corps qui ramène à soi pour ne viser que l'union des âmes, car c'est sur ce versant que l'amitié se joue. Deux autres versets nous font entendre cette communion de pensées et d'intentions si chère au Christ. Quelques heures avant son arrestation, il lance à ses apôtres : « Vous êtes, vous, mes amis, si vous faites ce que moi je vous commande… », et il ajoute ce coup de grâce : « Je ne vous appelle plus esclaves, parce que l'esclave ne sait pas ce que fait son seigneur, mais je vous appelle amis parce que tout ce que j'ai entendu de mon Père, je vous l'ai fait connaître. » En revanche, il me semble que l'amour est moins pur, s'emmêlant les pinceaux dans ses jeux de jambes où les égoïsmes et les peurs pullulent comme les bactéries sur la viande exposée. « L'amitié est avant tout certitude », écrivait Marguerite Yourcenar, et elle précisait : « c'est ce qui la distingue de l'amour. » Permettez-moi donc de souhaiter à tous ceux qui nous lisent en ce moment le désir de la véritable amitié fondée sur des convictions communes en matière de vie et de foi – car sans unité de vue, et sans ce *je ne sais quoi* qui emporte le lien dans une vibrante échappée toujours libre en direction de l'essentiel, je ne crois pas en l'éclosion de l'amitié. Pour ma part, une très belle et noble amitié nouée en ces années parisiennes continue aujourd'hui d'éclairer mon parcours et de donner à l'exercice de mon sacerdoce hauteur et constance.

JRC – *En arpentant les pages de votre livre* De l'amour en éclats*, il me semble percevoir que ces années nocturnes que vous avez vécues sans soleil vous ont comblé...*

MMZS – Je suis désolé de le dire avec autant de certitude, mais je crois qu'il y a chez les êtres de la nuit une vérité que le jour n'offre pas. Quoi que le sens commun puisse penser, le factice est moins honoré de nuit que de jour. Les visages et les corps, ne bénéficiant d'aucune lumière naturelle, doivent, me semble-t-il, se sentir plus à l'aise dans le rapport humain, moins observé, au fond. C'est du moins mon interprétation. Chacun ressent plus de paix à l'égard de sa propre image, parce que de nuit où tous les chats sont gris, l'enveloppe charnelle apparaît moins contrastée, moins détaillée, moins saillante. Je crois que l'aspect physique des êtres est intimidant dans le grand jour et provoque de nombreuses exclusions, ce qui n'est pas le cas la nuit où les âmes sont recherchées plus qu'on ne le croit. La superficialité sévit davantage durant le jour. Cependant, je vous avoue qu'au petit matin, lorsque je regagnais mon domicile, après une nuit où pourtant les applaudissements n'avaient pas manqué et où les relations avec les êtres avaient été denses, dans le taxi qui me reconduisait, si le chauffeur m'annonçait qu'il commençait sa journée et si je percevais sur ses cheveux mouillés la clarté de l'énergie matinale, je l'enviais car, je le crois, bien que j'aie beaucoup de mal encore à me coucher le soir, nous sommes faits pour le jour et même le petit jour. Mais je reviens en arrière. La nuit, la vérité des êtres apparaît à fleur de mots. Quand la relation est établie, personne ne joue plus la comédie, endossant un personnage qui ne serait pas soi. Chacun clame ce qu'il est et se montre comme tel, en humain désirant de l'humain. C'est frappant ! Origines sociales, professions, situations économiques, culture, projets, tout disparaît au profit de l'amour recherché. C'est là, en ces lieux quelquefois infernaux, que j'ai compris, bien mieux qu'en philosophie, l'inscription souveraine de l'amour dans l'être de l'homme et son déséquilibre aussi lorsqu'il en a manqué, et plus encore quand il n'est pas là. Accoudés au comptoir de la nuit, que d'hommes ai-je croisés malheureux, le portefeuille bourré d'argent, assumant parfois de très hautes fonctions, déjà servis sur le plan de la réussite et même de la gloire, prêts à tout donner au cœur qui voudrait bien se rendre ! Et dans les dialogues avec eux, tout était simple et sans dissimulation, plus rien ne comptait que d'être vrai. La morale de l'histoire, c'est que le jeu social, surtout quand il se faufile dans le convenu des relations humaines, avec ses courbettes, ses mensonges, ses non-dits, ses hypocrisies, tord le cou à la morale du Christ. Pas étonnant que Dieu ait fustigé avec la force que l'on sait la pharisienne humanité et se soit complu jusqu'au dernier instant de sa vie, alors que la nuit soudain tomba sur le monde, en compagnie de sacrés larrons. Les brebis noires ne le sont pas forcément, voilà ce que j'ai appris à Paris et qui m'aide tant, aujourd'hui, dans le confessionnal, à comprendre la misère des hommes, et à la déceler, surtout là où elle ne semble pas régner. Et puis, je le redis, il y eut mes propres faiblesses, mes saintes faiblesses, comme il y a les saintes plaies du Christ qui nous ont sauvés. Pour comprendre l'humanité dans ses chutes et ses grâces, il n'y a que deux voies : ou bien être un grand pécheur cautérisé par la miséricorde de Dieu, ou bien être immaculé comme notre Mère, pur comme les anges, et, par là, pénétrer avec une infinie délicatesse dans la misère atavique des hommes. Comme la deuxième voie ne s'est pas ouverte pour moi, à chacun son histoire, il me restait la première, et je l'ai traversée.

JRC – *Est-ce à dire que tous les jeunes qui songent au sacerdoce devraient vivre quelques années en plein monde avant d'entrer au séminaire et dans une communauté ?*

MMZS – Je ne le crois pas. Si c'est la volonté de Dieu, on peut très bien entrer à dix-huit ans dans une vie offerte. Il faudra simplement que ce garçon sans expérience de la misère humaine, et en raison de la charge idéale qui remplit son cœur virginal, s'enfonce dans une vie spirituelle d'une intensité extrême, de manière à pouvoir greffer dans ses viscères la pensée du Christ sur l'humanité pécheresse et son immense ouverture de cœur et sa compassion pour les enfants prodigues. Sinon, évidemment, ce jeune homme court le risque de se situer dans le camp des justes et de regarder du sommet de sa préservation les gens se dépatouiller dans les eaux fangeuses de la plaine. Ainsi meurt le sacerdoce !

JRC – *Avec le recul, comment jugez-vous aujourd'hui vos années passées à Paris ?*

MMZS – Je ne les juge pas. Le temps qu'elles ont duré, elles font partie de mon destin d'homme.

JRC – *À plusieurs reprises durant nos entretiens, vous avez parlé de « destin ». Vous aimez bien ce mot ?*

MMZS – Beaucoup. Je sais bien qu'il n'est pas sans contenir une résonance quelque peu occulte, semblant amoindrir le champ de la liberté humaine, mais cela ne me gêne nullement. Je suis heureux de donner plein pouvoir à Dieu sur le cours de ma vie. Je pense donc que notre Seigneur a voulu pour moi ces années parisiennes ; du moins, il les a permises, jusqu'au jour J où il a sifflé le signal du départ. Il aurait pu le faire plus tôt… Pourquoi avoir attendu tant d'années ? Pourquoi être retourné m'asseoir durant plus de deux ans à mon piano alors que j'étais sur le point de mettre en œuvre ma vocation ? Pourquoi ? Pourquoi ? Ce sont là des questions divines, dirait Ionesco, auxquelles nous ne pouvons pas répondre. Donc, je me tais sur mon passé. Je le reçois, avec ses ombres et ses lumières, et cela suffit. Parfois, en dix secondes, je monte ce petit scénario, j'imagine le Christ devant moi au dernier jour me disant : « Bon ! Tu as donné ta vie à la cause de la très Sainte Trinité. Très bien ! C'était mon désir. Tu es allé de paroisse en paroisse, de ministère en ministère, très bien ! C'était mon désir. Mais tes années à Paris… Si tu savais comme j'ai aimé ce temps où tu es entré de plein fouet dans la pâte humaine, où tu as fait tes premiers pas dans le mystère de l'amour et du don de soi ! Bon ! cher enfant, nous allons nous retrouver bientôt après le temps béni du purgatoire. Ma Mère t'embrasse et Édith Piaf te salue. »

JRC – *Mon Père, votre Christ est bouleversant !*

MMZS – Soyez rassuré, ce n'est pas le mien, c'est le vrai ! celui qui descend dans les ravins au risque de dégringoler physiquement, mais aussi dans l'estime des autres, pour aller chercher sa petite brebis galeuse et insouciante à laquelle il tient de toutes ses fibres divines.

JRC – *Mais comment allez-vous donc pouvoir quitter Paris…*

MMZS – … avec son badigeon de gris étalé sur le ciel si conforme à l'âme humaine en exil ici-bas, avec ses immeubles haussmanniens ou de guingois, ses rues étroites et inégales entre l'Académie et le boulevard Saint-Germain, ses places et les pavés qui restent, Saint-Sulpice, les rues Bonaparte, Mazarine, Saint-André-des-Arts, sa succession de ponts cisaillant les quais dont je ne me lasse pas…, toute ma vie au fond de *déambuliste*, sans compter les affections les plus chères, les bouquins à deux francs non coupés et, un jour, à un angle du quai des Grands-Augustins, un livre à vingt francs : Lacordaire, *Lettres à des jeunes gens*. J'ouvre au hasard, et je tombe sur ce passage : « Hier, je recevais une lettre d'un jeune homme qui, pendant plusieurs années, a rencontré des obstacles invincibles à sa vocation ; maintenant le voilà libre. Des obstacles inouïs se sont abaissés devant ses vœux. Il en sera de même pour vous, mon cher enfant, à l'heure que Dieu a marquée. » Évidemment, j'achète le livre et je pars le cœur à peu près léger car, en effet, des obstacles en forme de bonheur, il y en avait. Par je ne sais quel biais, à quelques jours de Pâques, je prends contact avec les sœurs dominicaines d'Évry, nouvellement installées dans un couvent ultramoderne au centre de cette ville, pour y passer trois jours. Je me souviens de l'accueil chaleureux de la supérieure à qui je n'avais pas révélé mon métier et mes nuits. Sans mentir, j'avais simplement précisé que j'étais étudiant à la Sorbonne, ce qui n'était pas faux, puisque je suivais régulièrement les cours de Jean Pépin sur saint Augustin à la IVe section de l'École pratique des hautes études. Bref, ces trois jours sous l'égide de saint Dominique seront déterminants pour l'avenir.

JRC – *Racontez-nous.*

MMZS – Voilà ce qui va se passer, voilà ce que le Christ, me connaissant, va imaginer. Encore une fois, il va agir par une personne humaine pour me tirer vers lui, et non par ma seule réflexion. Si de nos entretiens, cher Jean-Robert, on retenait l'indispensable médiation humaine dans la communication du vouloir divin, nous n'aurions pas en vain parlé ensemble.

Dans le couloir qui conduisait à ma chambre, je croise une jeune femme qui très gentiment me salue et ouvre la conversation : « Je suis au monastère pour quelques jours ; j'accompagne le père Joseph-Marie Perrin, vous ne connaissez pas ce prêtre dominicain ? » J'avoue alors mon ignorance. « Il a été le directeur spirituel de

Simone Weil, la philosophe bien sûr, précise-t-elle. Il est aussi le fondateur d'un institut séculier qui, au cœur du XXᵉ siècle, fut le plus important de toute l'Église : *Caritas Christi*, mille sept cents femmes dispersées de par le monde, totalement vouées à l'amour de Jésus, tel le levain dans la pâte, gardant secrète leur consécration, œuvrant par-dessous ou plus exactement par-dedans à la construction du règne de Dieu. Vous devriez le rencontrer, ajouta-t-elle, ne perdez pas cette occasion unique de parler à un homme de cette stature intellectuelle et spirituelle. En ce moment, nous sommes ici pour préparer un livre et je vous avoue que je suis bouleversée par sa personne. » De mon côté, bien que médusé par ces propos dithyrambiques, je pris tout de suite la décision de ne pas parler à cet homme afin de ne pas troubler par une pseudo-direction spirituelle parallèle le travail de Dieu.

JRC – *Vous croyez que c'est important de ne pas mêler les avis des uns et des autres pour trouver le bon chemin ?*

MMZS – Habituellement, il faut faire attention ; toutefois, n'oubliez pas que Dieu notre Père est créateur et, par conséquent, de nature novatrice ; il peut très bien changer, même pour un seul coup, son fusil d'épaule ! Et c'est ce qui va se passer. Continuons. Je suis donc bien déterminé à ne pas parler au père Perrin quand, en sortant de ma cellule, il est à trois mètres devant moi, au bras de sa secrétaire, revêtu de l'habit de saint Dominique, calotte blanche sur la tête, le regard fixe, un sourire figé sur ses lèvres sans doute à force de servir la joie de Dieu. La secrétaire lui lance : « C'est le jeune étudiant dont je vous ai parlé ! – Ah ! bonjour, comme

je suis content de te connaître. Quel est ton prénom ?
– Michel ! – Comme moi, me répond-il ! L'ordre dominicain m'a baptisé Joseph-Marie, mais je suis fier de
porter pour prénom de baptême celui de l'archange ! »
Puis il conclut : « Il faudra que nous nous voyions. »
Jusque-là, je ne m'étais rendu compte de rien ; c'est en
lui prenant la main, sur une hésitation de sa part, que je
compris qu'il était aveugle.

JRC – *Quel âge avait-il ?*

MMZS – Attendez, que je réfléchisse. Nous sommes
en 1988, il était né en 1905, donc il avait quatre-vingt-
trois ans. Encore une occasion de balayer la vieille idée
préconçue selon laquelle la jeunesse attire la jeunesse.
Un jour de silence à l'allure monastique, et me voici
maintenant face au père Perrin, dans sa cellule où il
m'a fait appeler. Sans détour, je lui décris mes nuits,
mais aussi mes rêves éveillés de sacerdoce. Il réfléchit,
et comme toujours, avec le Ciel, en priant intensément.
C'est là qu'il me dira : « Je te vois bien dominicain.
Écris en toute confiance au père provincial de Toulouse.
Avance ! Ne crains rien. Puisque tu ne connais pas
encore le chemin dessiné par Dieu, je te laisse en compagnie de l'Ecclésiaste, et médite sa parole : "Le matin,
sème ton grain, et le soir, ne laisse pas ta main inactive,
car de deux choses tu ne sais pas celle qui réussira, ou si
elles sont aussi bonnes l'une que l'autre." » En regagnant
Paris, pour moi, la marche à suivre était claire : m'en
tenir à la direction du père Marie-Dominique Philippe, et
donc ne pas écrire à Toulouse. Mais voilà que quelques
jours plus tard, dans la bibliothèque du Saulchoir où je
me rendais pour travailler, je me trouve nez à nez avec
la mère supérieure du monastère d'Évry en vadrouille,

alors que les contemplatives en principe ne sortent pas. Tout de suite, en me saluant, elle me dit avoir reçu une lettre du père Perrin lui demandant de mes nouvelles. J'en suis touché, mais intérieurement, je ne bronche pas. Le lendemain – et là pour moi un signe est donné –, je trouve dans ma boîte aux lettres quelques lignes du père Perrin m'annonçant son passage à Paris, me demandant d'aller le rejoindre à l'adresse indiquée. Voyez, je ne décidais rien, j'étais comme emporté par les événements qui tiraient par la manche ma vie indécise.

JRC – *Vous croyez donc aux signes que la vie distribue ?*

MMZS – En 1784, le jeune Bonaparte qui rêve d'intégrer les forces navales verra son rêve échouer, l'examen d'entrée dans la marine n'étant pas programmé cette année-là à l'École militaire de Paris ; il se voit donc contraint de rejoindre l'artillerie. Sans cette impossibilité, pas de Napoléon ! Voilà pour l'événement coercitif et intelligent ! Bernadette Soubirous, pour chercher du bois, doit franchir le gave ; elle ôte ses chaussettes et s'étonne d'un coup de vent qui vient de caresser son visage. Dieu veut que ce souffle la surprenne et la dispose ; et c'est Marie qui apparaît dans le creux du rocher !

JRC – *Et pour vous, sur vos dernières semaines parisiennes...*

MMZS – ...Tout semble se liguer pour constituer un signe massif en faveur du départ. De plus en plus, je songe à la vie dominicaine, où il me semble que je disposerai d'une liberté suffisante pour annoncer le Christ sans être enfermé dans un système clos, c'est du moins l'image que me donnent le père Perrin et le père Marie-Dominique Philippe, qui poursuivent en accord avec l'ordre leur mission spécifique. Mais un signe encore viendra à la rescousse de mon ultime hésitation. Je vous le raconte. À la fin du mois de mai, en descendant la rue Jean-de-Beauvais, dans le Ve arrondissement, un attroupement appelle mon attention. Quelqu'un s'approche et me lance : « La Vierge va arriver dans quelques instants. » Vous pensez si j'écarquille les yeux ! « Oui, reprend cet homme, la Vierge représentée sur la célèbre icône *Marie Porte du Ciel*, vous savez, cette icône qui exsude de la myrrhe, eh bien, tenez, la voilà ! » Et je ne vis alors qu'une voiture se garer devant la petite chapelle néogothique de l'église orthodoxe roumaine et une icône en sortir, portée en triomphe par une foule de Roumains en liesse. Je veux entrer dans la chapelle, mais c'est interdit. La vénération de la *Portaïssa* est réservée aux orthodoxes. « Pour les catholiques, c'est ce soir ! » me lance le hiéromoine. Le soir a fini par tomber et, bien sûr, j'ai fait tout mon possible pour être au rendez-vous de la Mère de Dieu, avec le désir brûlant de m'approcher d'elle, de lui parler de mon avenir, et d'entendre de son cœur immaculé la marche à suivre.

Me voici donc dans la chapelle, une longue file de pèlerins me sépare de l'icône. Chacun attend son tour pour embrasser le bois et recevoir sur le front une onction de myrrhe. En voyant s'accomplir ce dernier geste au front des fidèles, mon amour pour la sainte Église catholique me fait hésiter. Je sors donc des rangs, me dirige vers un moine orthodoxe et lui demande si je peux, tout en étant catholique, recevoir cette onction. Ses yeux fixent les miens et d'un signe de tête il me donne son accord. Je reprends ma place dans la file quand, soudainement, le moine revient vers moi et me dit : « Oui, vous pouvez recevoir l'onction, mais attention, l'icône peut vous rendre orthodoxe ! » « Oh là là ! pensé-je, il ne manquerait plus que ça pour éclairer les choses ! » Je réfléchis, je prends sur moi et je reste. Et c'est là, je me souviens très bien, que j'ai dit à la sainte Vierge dans le secret de mon cœur : « Ah, ce serait merveilleux si maintenant saint Dominique pouvait m'apparaître [excusez-moi du peu !] ainsi je serais sûr qu'en entrant chez les dominicains je prends le bon chemin. » À cet instant même, une religieuse qui se trouvait devant moi, en se tournant vers sa voisine, s'écrie : « Mais c'est saint Dominique, mais oui, c'est bien lui ! Regardez, là, sur le vitrail, en face de nous. C'est bien saint Dominique ! » Vous imaginez ma stupéfaction ! Je lève les yeux et, en effet, je vois saint Dominique, le père des prêcheurs, dans son bel habit blanc enveloppé de sa chape noire. Pour moi, le signe attendu était là, traversant le cœur de la sainte Vierge – et je suis donc reparti le front brillant de myrrhe, avec dans l'esprit – comment aurais-je pu penser autrement ? – la certitude d'accomplir la volonté de Dieu en entrant chez les frères prêcheurs. Plus tard, j'apprendrai que cette chapelle désormais orthodoxe avait été un couvent dominicain entre 1868 et 1889.

JRC – *Et pourtant – pardonnez-moi d'anticiper sur l'histoire –, si vous allez entrer chez les dominicains, vous n'allez pas y rester. Comment donc allier ce fait avec le signe fort que vous avez objectivement reçu ?*

MMZS – Vous trouvez au livre des Proverbes, chapitre 4, ce trait de lumière : « Le sentier des justes est comme la lumière de l'aube, dont l'éclat va croissant jusqu'au plein jour. » Dieu notre Père ne fait pas en principe éclater dès la première heure le plan d'ensemble. La lumière monte progressivement en disposant l'homme à la coopération. Et les signes, en s'alignant sur cette pédagogie divine, expriment parfois une volonté temporaire.

JRC – *Vous voilà donc décidé à rejoindre l'ordre des prêcheurs.*

MMZS – Oui, je finis donc par obéir au père Perrin en écrivant au père supérieur de la province dominicaine de Toulouse, qui, très aimablement, me propose de venir passer deux jours dans le grand couvent de Rangueil. Accueil chaleureux, avec ce zeste de pudeur et de distance bien connues des atmosphères dominicaines. Le premier jour me laisse de marbre sous cette architecture de béton, pourtant classée monument historique, mais qui ne m'enchante guère. Vague impression de ne pas être à ma place, mais je ne veux pas écouter ce ressenti ô combien englouti par la gentillesse des frères. La nuit vient, je me retire dans une cellule de l'hôtellerie. Sur une table près du lit, une revue qui va m'emporter loin, très loin, et dessiner déjà mystérieusement – c'est incompréhensible – ce qui m'attendra quatre ans plus tard. Dans cette revue, la vie de Maximilien Kolbe que je ne connaissais pas, avec son amour inconditionnel pour la Vierge, sa puissante foi, son esprit d'entreprise, me ravit. Je suis en parenté, nul doute sur ce point, avec cet homme dont ses frères religieux se plaisaient à dire de leurs âmes consacrées, mais sans qu'elles fussent saisies par la charité, « qu'il voulait aller sur la lune avec une pioche » ! Cependant, pour l'instant, avec vous, cher Jean-Robert, rangeons sagement cet épisode étonnant dans un coin de mémoire, et filons sur le jour qui suit où se poursuivra la découverte furtive de l'ordre dominicain à coups de dialogue avec les uns et les autres. Lors du déjeuner, un frère me saisit par l'épaule et me demande de me rendre à la lingerie où l'on m'attendait, mètre à la main, pour prendre mes mesures en vue de la confection de l'habit. Vous voyez comme les choses sont allées vite, trop vite en vérité. Le soir même, de retour à Paris, sans plus savoir qui j'étais, je chantais, assis à mon piano, l'amour fou, l'amour impossible, l'amour passion, avec dans la tête le triste béton, la bonté des frères, et l'habit d'hirondelle... Évidemment, après cette « entrée » dans l'univers dominicain, à l'image de l'ouvrier qui se retrouve sur la scène avec son échelle devant le public, j'avançais, surpris, dans la confiance, les yeux clos... Une dernière chose me taraudait : recueillir l'avis du père Philippe sans lequel jusqu'à présent je n'avais pas fait un pas. Je lui écrivis longuement pour lui expliquer la situation et, entre deux avions et deux trains, je réussis enfin à l'intercepter au téléphone, et là, de sa voix cassée à la Mauriac, il me lança : « Je t'attends demain à Paray-le-Monial ! » Ça, c'était le père Philippe : à l'âge de soixante-dix-sept ans comme à quatre-vingt-quatorze ans, ce sera la même chanson sur le même rythme pour la plus grande joie de Dieu. Aussi, comme il était impossible de lui résister, le soir même, dès la fermeture du cabaret, vers deux heures du matin, un ami qui songeait aussi à la vie monastique m'embarqua dans sa voiture, direction la cité du Sacré-Cœur ; quatre heures de route. En arrivant, au milieu de la foule, j'aperçois de loin le Père qui se dirigeait vers une immense tente contenant plus de cinq mille jeunes réunis par la belle communauté de l'Emmanuel pour prononcer une conférence dont je me rappelle encore le thème : « Du dépassement de l'image dans la contemplation. » Comme toujours, une heure de grâce et d'écoute sans rien perdre de la voix chuchotante. Sous une ovation générale, le Père quitte la tribune, emprunte l'allée centrale, et le voilà devant moi. Je l'entends murmurer : « Il est là, il est là ! » Me saisissant alors par le bras, il m'emporte avec lui, et fuyant la foule qui l'enserre de toute part, enfin dans un coin tranquille, je lui dis l'essentiel : la vie dominicaine, Toulouse, mes impressions, mes craintes… Il n'est pas emballé. Cependant, il conclut : « Va, si tu peux faire ton trou, mais surtout, sois fidèle ! » Une dernière accolade, avant que le soir à mon piano, je ne chante *Y'a d'la joie !* le cœur en paix.

JRC – *Vous allez continuer encore longtemps votre vie d'artiste ?*

MMZS – Le plus longtemps possible, c'est-à-dire jusqu'à la fin du mois de juillet où il fallut bien partir.

JRC – *Voulez-vous bien nous raconter vos derniers instants à Paris ?*

MMZS – Pour la seule et dernière fois. Que plus personne ne s'avise de me demander ce récit.

JRC – *Pardonnez-moi…*

MMZS – Non, non, ne vous excusez pas, je vous en prie. Il m'est seulement difficile de rappeler ce dernier instant où la mort, celle qui est intérieure, telle que Jésus la conçoit et la veut, prend ses droits. C'était le matin, rue de Rennes, dans le quartier de Saint-Germain-des-Prés, j'étais accompagné de quelques amis et d'une dame qui s'était proposée pour me ramener en voiture dans le Midi, accompagnée de son fils. Je me revois attablé dans la brasserie du Vieux-Colombier, à l'angle de la rue Saint-Sulpice. Mon ami intime, comme on disait si joliment jadis, était auprès de moi, une autre amie était là. Pas un mot, pas un bruit, un silence lourd, chargé de nuages, il faisait gris partout. En mon esprit, j'entendais claquer comme en écho la parole divine : « Si quelqu'un vient à moi sans me préférer à son père, à sa femme, à ses enfants, à ses frères, à ses sœurs, et jusqu'à sa propre vie, il ne peut être mon disciple. Quiconque ne porte pas sa croix et ne vient pas à ma suite ne peut être mon disciple. » Alors, j'ai porté la tasse d'amertume à mes lèvres et d'un coup violent comme un orage, j'ai pleuré, pleuré, sans une main sur mon épaule, sans un regard vers moi, sans que personne ose la moindre diversion. Seul, jusqu'à la lie, il fallut boire, tout, sauf mon café qui est encore dans la tasse au fond de mes souvenirs. Allez, Jean-Robert, rideau ! Il faut partir, quitter Paris, et s'enfoncer dans le don de soi.

Chapitre 8

SOUS L'HABIT DES PRÊCHEURS

JRC – *Vous arrivez donc à Toulouse au mois de septembre 1988, au couvent dominicain de Rangueil.*

MMZS – Pour quelques heures seulement, car le noviciat que nous formons – nous sommes quatre – s'apprête à rejoindre un monastère cistercien où doit se tenir la retraite préparatoire à la prise d'habit. Ce temps, partagé entre le silence et de courtes instructions données par le père maître, me plongea dans une aridité souveraine, si bien que je m'empressai d'écrire au père Perrin pour lui dire cet état intérieur de désolation où s'affrontaient le souvenir encore brûlant des liens humains les plus denses vécus à Paris et ce climat peu fraternel qu'instaurait le père maître. Le père Perrin me répondit sur-le-champ par une lettre qui m'invitait à lire, devinez qui ? Lacordaire dans ses pages admirables sur l'amitié courant en diagonale dans sa *Marie-Madeleine, fille d'Israël et de Provence*. En lisant ce texte inspiré, je devais être rassuré sur le cœur dominicain, capable d'aimer avant que de penser. Toutefois, dès mon retour au couvent, la paix ne fut pas au rendez-vous de l'âme. Je me revois dans le parc, pleurant à chaudes larmes, coincé sous l'impression lancinante de ne pas être à ma place, et cela, avec une telle acuité, qu'il me semblait alors préférable de différer la vêture. Il en était encore temps. La présence de mes frères novices pour qui les choses, sans doute, n'étaient pas lisses, la douce fraternité des dominicains au jour de notre arrivée, la volonté de ne pas céder au ressenti et d'anéantir par le point de vue de l'idéal à atteindre ses propres réserves, tout cela eut raison de mes craintes, et le soir du 16 septembre, au chœur, je reçus l'habit des prêcheurs, comme il se doit, auréolé d'une couronne de frères dont les accolades furent plus que fraternelles. Joie de porter l'habit dominicain, certes, et de me rapprocher ainsi du père Philippe qui, au fond, était indirectement, sans qu'il le sût – et je vous rappelle qu'il n'était pas fondamentalement favorable à mon choix –, le grand responsable de mon entrée chez saint Dominique, mais, en même temps, mes questions intérieures demeuraient. Comment pouvait-il en être autrement ? On ne peut pas passer du cabaret à la chapelle, des arpèges romantiques à la psalmodie, sans que quelques remous vous gagnent, surtout que je ne connaissais en rien les us et coutumes de la vie monastique, et de plus n'éprouvais, n'étant nullement préparé à cet univers, aucun attrait pour ce genre de vie. Un jour, et cela me rassura grandement, dans un couloir, le père Courtès, philosophe de renom – peut-être avait-il repéré quelque chose de mon état –, me glissa à l'oreille sur un sourire complice : « Frère Michel-Marie, ne vous inquiétez de rien. Quand je suis entré dans l'ordre, j'avais l'impression de marcher sur la tête ! Et puis avec le temps, je me suis demandé, non pas quelles étaient mes raisons de partir, mais quelles étaient mes raisons de rester ! Faites de même. »

JRC – *Vous avez donc suivi ce conseil…*

MMZS – … très avisé. Il jaillissait d'ailleurs d'un homme étonnamment chrétien. Pardonnez-moi cette apparente évidence, mais en vérité, l'enfant de Dieu ne se confond pas toujours avec le docte religieux qui parfois semble en savoir plus long sur Dieu que Dieu lui-même. Chez le père Pierre Courtès, féru de philosophie et de théologie, on reconnaissait sous son affabilité et sur son visage éclairé d'un sourire à peu près constant les impacts de l'Évangile. Un jour, devant ses frères, à table, alors que fusaient des arguments en veux-tu en voilà au sujet d'une querelle d'école, il se tourna vers moi et me lança : « Ma médaille miraculeuse est usée ! » et en la jetant sur la table, il ajouta : « Pourriez-vous m'en donner une autre ? » Silence ! Enfin, nous redescendions vers les régions communes, en direction des humbles et pourtant divins moyens dont certains théologiens feraient bien parfois de se parer.

JRC – *Vous êtes donc resté dans ce climat…*

MMZS – … qui était excellent. Et je ne le regrette nullement, puisque c'était la volonté de Dieu que je fusse admis dans cette forme de vie qui enveloppa tel un écrin ma formation théologique initiale, recevant, au contact de frères dominicains de haute tenue sur le plan spirituel et doctrinal, de grands et riches enseignements. Assez rapidement, je vais choisir pour père spirituel et confesseur – et je demeurerai fidèle à sa direction durant quatre ans – le père Marie-Joseph Nicolas, grande et célèbre figure dominicaine, professeur de théologie dogmatique, doyen de la faculté de théologie de Toulouse, ancien provincial de l'ordre, prédicateur, écrivain, proche de Jacques Maritain, et, surtout, ami intime de la sainte Vierge, et c'est ce qui devait m'attirer le plus en lui. Tous les matins, à l'aube, je le voyais, sillonnant de long en large le grand couloir d'entrée, dans la semi-obscurité, rosaire à la main. Dès lors, rien d'étonnant à ce que la bonté ne le quittât pas en cours de journée, toujours disponible, vous prenant paternellement par le bras à la première question que vous lui posiez. Un père, voyez, ce n'est pas compliqué : un père avant d'être un prof !

JRC – *Chez vous, mon Père, la dimension humaine et la dimension surnaturelle en s'entrecroisant semblent libérer toute la beauté de l'être...*

MMZS – Sur ces deux versants, l'amour se promène et doit atteindre les sommets. Quand on l'y trouve installé, la sainteté est effective. Le père Nicolas, sans le savoir, car les saints ne savent pas qu'ils le sont, vivait immergé en Dieu, soit qu'il lui parlât, soit qu'il nous en parlât. Il lui arrivait même, tant il conservait ses mains jointes à la sortie de la messe, de garder son étole en sautoir sur les épaules pour venir déjeuner. Les jeunes frères que nous étions riaient de bon cœur à ce spectacle et plus encore à son étonnement lorsque nous lui faisions remarquer sa distraction. Et c'est ainsi que ce dominicain de Père nous formait, l'air de rien, sans mots, au goût de l'altitude.

JRC – *Quel âge avait-il alors ?*

MMZS – Il était déjà très âgé, quatre-vingt-huit ans, je crois. Il en présentait vingt de moins et continuait inlassablement de recevoir, d'écrire, de prêcher, sans jamais se mettre en avant. Vraiment, je le redis volontiers en pensant à lui : oh ! combien nous avons besoin de modèles de prêtre élancé pour donner le meilleur sans nous écouter outre mesure !

JRC – *Ces hommes exceptionnels dont vous faites mémoire tout au long de nos entretiens, où donc ont-ils trouvé leur propre ressort ? car la vitalité, c'est le moins que l'on puisse dire, ne leur fait pas défaut !*

MMZS – Leur vitalité, ils sont allés la puiser dans celle de leurs maîtres et de leurs pères dont ils n'ont pas hésité à imiter les lignes de forces. Tenez, le père Nicolas, souvent nous en avons parlé ensemble, a été saisi dans sa jeunesse dominicaine par le père Vayssière, le gardien de la grotte de la Sainte-Baume, dominicain atypique, infiniment saint, bien que terriblement limité en raison d'une asthénie cérébrale qui l'avait terrassé durant ses études qui pourtant s'annonçaient brillantes. Grâce à Dieu, c'était l'époque où la piété impressionnait davantage l'esprit humain, du moins au sein de l'Église, que les performances de l'intellect ou le prétendu parfait équilibre psychologique des personnes. On voyait les choses d'en haut ! On les jugeait à l'aune du Ciel ! La vie spirituelle apparaissait alors comme le principal atout de la vie du prêtre et du religieux. Nous n'étions pas encore vendus aux sciences humaines, on ne rampait pas devant elles. Quand je pense qu'aujourd'hui des psychologues sont consultés pour donner leur avis sur la véracité d'une vocation ! C'est sûr que le père Vayssière n'aurait pas satisfait aux tests, et que de nombreux saints prêtres canonisés ne seraient jamais entrés au séminaire.

JRC – *Vous êtes donc opposé à l'ingérence de la psychologie dans le discernement des vocations ?*

MMZS – Totalement opposé. Permettez-moi de l'être, sans demi-mesure, bien que le sujet soit de nos jours tabou et apparemment réglé, puisqu'il est désormais de bon ton, au nom de l'ouverture d'esprit, d'accorder grande liberté à l'approche psychologique qui, en vérité, ne peut pénétrer que par effraction et de l'extérieur dans le secret d'un appel divin, avec la prétention de le juger consonant ou non avec la nature du sujet qui prétend l'avoir reçu. Dans ce regard, les droits absolus de Dieu sur une âme ne sont pas envisagés en premier lieu, et c'est pourquoi le jugement du thérapeute en ce domaine surnaturel sera faussé. C'est en vivant avec un être ou, plus précisément, c'est en le contemplant, comme on regarde son enfant grandir, c'est en l'écoutant avec un infini respect sur de longs mois, c'est en priant intensément pour lui, sans idées préconçues, mieux, c'est en le regardant prier, que l'on comprend qui est cet être et ce que Dieu attend de lui. C'est pourquoi le discernement en matière de vocation doit se méfier comme de la peste de l'approche psychologique dont la tendance de fond ne prend pas en compte le vouloir divin qui en bien des cas – l'histoire de la sainteté le montre – se joue de nos critères les plus objectifs en les broyant. En revanche si, en cours de route, des obstacles insurmontables perturbaient une vie au point qu'on ne réussisse plus à la conduire, on pourrait alors recourir à quelques psychologues chrétiens, éclairés sur le mystère de l'homme, en particulier sur l'état de nature blessée par le péché originel. Mais à l'heure du discernement vocationnel, l'Église, maîtresse d'humanité, est assez grande pour se débrouiller toute seule, comme elle l'a fait durant des siècles. Aussi ai-je été souvent surpris de voir que les prêtres destinés à la formation des novices ou des séminaristes se formaient eux-mêmes en psychologie plus qu'en théologie morale, ascétique et mystique. C'est à mes yeux regrettable, d'autant plus que j'ai déjà ramassé sur ma route sacerdotale de nombreux cadavres de séminaristes ou de religieux en herbe refoulés par les instances formatives au nom des sacro-saints critères de dame psychologie. Mais je reviens au frère Marie-Étienne Vayssière et à son incapacité à terminer ses études et à mener la vie conventuelle. En raison de sa piété, il est donc ordonné prêtre et ne tardera pas – les supérieurs ne sachant que faire de lui – à rejoindre la grotte de sainte Marie-Madeleine où il restera, en raison du grand air et, par la suite, de ses charismes, pendant plus de trente ans.

JRC – *Que pensait-il de lui-même et de son état ?*

MMZS – Il ne se regardait pas. C'est la grâce des saints. Et pourtant, son état était plus que préoccupant. Pensez qu'il ne pouvait pas se concentrer plus de quinze minutes, et cependant son intelligence n'était pas altérée. Vous imaginez le calvaire. Il disait simplement : « Heureusement que la prière ne m'a jamais ennuyé ! » Pendant plus de trente ans, il va donc rester prisonnier volontaire de cette roche à flanc de montagne, ne voyant de novembre à avril que le frère qui vivait avec lui. Mais voici ce qui va se passer. Durant l'été, le père Vayssière avait pris l'habitude pour se changer les idées, et comment ne pas le comprendre, de descendre de la grotte jusqu'au plateau du Plan d'Aups – une heure de marche –, pour se détendre un peu et lire le journal. Un jour, et il l'a raconté mille fois, en prenant la descente, tout à coup, il entendit une voix céleste qui lui dit ces mots : « Et moi ? Où vas-tu, que vas-tu faire, te distraire ? Est-ce que je suis le cœur de ton cœur, pourquoi ne cherches-tu pas ma présence ? Et moi, dit Jésus, qu'est-ce que tu fais de moi ? » À cet instant, le père Vayssière, profondément troublé et littéralement immobilisé sur place, reconnut que cette voix ne venait pas de lui, de son imaginaire, mais du Christ lui-même qui était en train de l'appeler à vivre en lui – et c'est ce qu'il comprend – une véritable intimité d'amour. Ce jour-là, l'appel est si dense que le père Vayssière, au lieu de prendre le chemin de la plaine, prendra celui du Saint-Pilon grimpant jusqu'au plus haut de la montagne où la tradition affirme que Marie-Madeleine était transportée par les anges pour y vivre en la contemplation de son bien-aimé Jésus. Ce même jour, il prendra aussi la décision de ne jamais plus quitter la grotte pour lui-même, mais seulement pour des raisons de ministère. Il entre alors de tout son être dans l'univers de la prière, vivant avec le Christ, au milieu de ses humiliantes épreuves, blotti dans une contemplation aride très profonde. Eh bien, figurez-vous que depuis ce jour-là, il fallait s'y attendre, des centaines de personnes montèrent à la grotte rejoindre ce prêtre, perdu dans l'amour de Dieu. Son ministère sacerdotal ne fit alors que se développer de manière surnaturelle ; on venait vers lui de tous les coins de France, on cherchait sa présence, ses conseils, et tout le monde repartait, le cœur léger, convaincu d'avoir rencontré le Christ en personne. Et les jeunes frères de la province dominicaine de Toulouse, dont le père Nicolas, trouvèrent en lui le père et le maître dont ils avaient soif ; et pourtant, pourtant… objectivement, la physionomie dominicaine du père Vayssière ne semblait pas achevée. L'étude, point fort de l'idéal des prêcheurs, lui était interdite. Plus ermite que cénobite, il demeurait dans une solitude extérieure et intérieure impressionnante, perché sur son rocher et sur celui de la foi. Pas de prédications, pas de conférences, pas de cours. Au regard des constitutions de l'ordre dominicain, jamais il n'aurait dû rester en son sein, et pourtant, aujourd'hui, il en est l'une des plus belles figures dont le procès en béatification vient de s'ouvrir. Oh, que Dieu se plaît à se moquer de nos critères ! Le père Nicolas me disait tout lui devoir, et en particulier cet abandon à la volonté de Dieu et cet amour pour la Vierge qu'ils se donnèrent l'un à l'autre.

JRC – *Comment le père Vayssière a-t-il pu rester trente ans sans broncher sur son rocher ?*

MMZS – Il a dit lui-même que s'il avait su au départ qu'il allait y rester si longtemps, il aurait frémi. Et quand on lui demandait comment il s'y prenait pour résister à cette forme de vie si exigeante, il répondait toujours : « D'abord, il faut bien organiser sa journée, qu'elle soit dense et que le temps soit bien rempli, mais ensuite, ajoutait-il, le plus grand secret, c'est d'avoir Dieu en soi et de savoir lui parler. »

JRC – *C'est un conseil qui pourrait convenir à tout homme ?*

MMZS – Et qui pourrait le sauver du marasme dans lequel il s'enfonce souvent. Je suis frappé de voir à quel point le mal-être qui surgit en certaines vies est dû à une introspection abusive de soi, mettant à jour des insatisfactions, des manques, des désillusions, des frustrations. Si aujourd'hui encore, comme autrefois, le champ de pommes de terre et de carottes attendait qu'on l'arrose, s'il fallait aller en forêt couper son bois, si les poules, la chèvre et l'âne réclamaient leur pitance, pris dans ce rythme, on irait beaucoup mieux, surtout si le soir, avant de s'endormir, près d'un feu de cheminée qui crépite, avec une sainte femme à ses côtés et les enfants dormant à poings fermés, une dernière prière montait vers le Ciel pour dire merci au Créateur pour la vie qu'il nous taille. « Le bonheur, disait saint Augustin, c'est de continuer à désirer ce que l'on a. » Chez les anciens, il faut bien reconnaître que cet état d'esprit était assez courant, justement en raison de leurs journées harassantes qui ne leur laissaient guère le temps de réfléchir à je ne sais quel progrès possible – et bien sûr en raison de leur indéfectible foi. Je soutiens donc avec le père Vayssière que la « journée bien organisée » est la première marche par laquelle on monte inévitablement vers l'équilibre et la joie.

JRC – *Et ce cher père Vayssière, où a-t-il fini ses jours ?*

MMZS – Eh bien, pas à la Sainte-Baume ! Car il va finir par en partir à la suite d'un événement inattendu. Une difficulté s'était levée au sein de la province dominicaine. Les supérieurs ne savaient comment en venir à bout. En désespoir de cause, on consulte le père Vayssière, qui, en deux temps trois mouvements, par un simple conseil, résout l'affaire. Ici se vérifie que la lumière jaillit davantage du tabernacle et du rosaire que de nos réunions, commissions et autres instances. Lors du chapitre provincial, il est alors élu, à la stupéfaction de tous, la sienne comprise, supérieur provincial ! Et dans le train qui le transporte à Paris où il est attendu pour signer son acceptation, il se pince le bras en se disant : « Tu es provincial et tu vas à Paris ! » Les huit années de gouvernement qui vont suivre jusqu'au jour de sa mort, dont il connaissait d'ailleurs la date, seront déterminantes pour l'avenir de la province d'autant plus que le père Vayssière ne cessera pas de rappeler combien les frères doivent s'enraciner dans la grâce de saint Dominique pour conduire leur propre action apostolique.

JRC – *Vous semblez avoir été profondément marqué par ce père Vayssière...*

MMZS – Dès le début de mon noviciat, je mis le nez et le cœur dans les archives de la province et m'abreuvai abondamment de la sève qui coulait de cet arbre de vie jusqu'à désirer faire de nouveau émerger cette belle et originale figure spirituelle à l'occasion du cinquantième anniversaire de sa mort qui approchait. Le provincial de l'époque à qui je m'ouvris de ce projet – car vous savez que sans projet je meurs ! – me donna son accord, et dès ma première année de philosophie, je partis à la recherche des témoins oculaires, et organisai à la Sainte-Baume deux grandes journées commémoratives où pour la première fois de l'histoire de cette province, en présence d'un grand nombre de frères, les jeunes novices firent profession d'obéissance dans la grotte à l'ombre du père Vayssière et de sa sainte Marie-Madeleine dont il disait avec humour : « Je ne sais pas si elle est venue ici ; ce que je sais, c'est qu'elle y est ! »

JRC – *Cet idéal dominicain semblait donc vous aller ?*

MMZS – C'est vrai, j'aimais saint Dominique, et tout au long de mes quatre années de présence en son ordre, j'ai cherché, ce me semble, à correspondre à ses attentes, car il ne faut pas oublier que c'est pour le fondateur et l'esprit qui l'anime que l'on entre dans une famille religieuse. Mais en même temps – voyez, tout n'étant pas rationnel en nous – j'ai continué de porter en moi une certaine inquiétude, ou plutôt, devrais-je dire, la curieuse impression de ne pouvoir me sanctifier dans ce cadre, dans cette configuration pourtant de si haute qualité. La recherche théologique, l'enseignement de la *Doctrina sacra*, de l'exégèse, et de bien d'autres sciences d'ailleurs, marquent profondément la démarche dominicaine. Tout est fort heureusement organisé pour que l'étude en vue de la prédication ne soit en rien sacrifiée. Aussi je dois beaucoup à mes professeurs dominicains et à ce climat communautaire qui livrait en pâture une richesse considérable. Toutefois, comme je vous le disais à l'instant, une gêne demeurait, comme si je n'étais pas dans ma maison…

JRC – *Avec le recul, que retenez-vous de saint Dominique ?*

MMZS – Son cri ! Quand il était encore chanoine de la ville d'Osma, déjà dominicain dans l'âme, on l'entendait donner de la voix durant la nuit en direction du Ciel : « Mon Dieu, mon Dieu, que vont devenir les pécheurs ? » N'en déplaise aux historiens, ce cri prononcé aux degrés de l'autel n'était pas redevable à l'unique piété médiévale, mais à l'Évangile qui ne cesse de laisser retentir dans le cœur des saints le drame du salut. J'aime chez cet Espagnol irréductible l'ardeur congénitale qu'il tient de son peuple et du Christ ! Il me plaît aussi de le voir marcher jusqu'à l'éreintement pour annoncer le règne de Dieu et défendre la foi mise en péril par des doctrines erronées.

JRC – *Cet aspect de défense de la foi semble avoir globalement disparu des chrétiens qui parlent plutôt de dialogue avec les autres confessions chrétiennes ou avec d'autres religions, voire d'enrichissement mutuel...*

MMZS – De fait, aujourd'hui, nous avons largement perdu ce sens épidermique de la fidélité au dépôt de la foi que les anciens possédaient au plus haut point. Au sein de l'Église – évidemment je ne pense pas ici au Saint-Père qui ne perd pas de vue, ni lui ni son vénérable prédécesseur, l'annonce explicite du nom du Christ Sauveur par lequel nous sommes tous sauvés et les moyens qu'il a indiqués pour communiquer ce salut au monde. Parfois, je finis par me demander si l'unité entre les chrétiens est ardemment recherchée, et si la perspective de laisser chaque confession chrétienne exprimer ses manières et ses convictions ne convient pas à notre modernité qui prône la mosaïque, la diversité, l'enrichissement mutuel, abandonnant en bord de route l'idée de vérité objective à découvrir ensemble. Il me semble que, porté par cet esprit dit « ouvert » – mais ouvert sur quoi ? –, on marche vers une plate-forme commune, située non au sommet d'un mont mais dans la plaine, où la vérité tout entière n'est plus le but à atteindre. On veut s'aimer, se comprendre, s'estimer, se communiquer nos richesses respectives, parvenir à prier ensemble, et cela est très grand, et jamais sur ce plan nous n'en ferons assez. Mais où donc est passée – car cela ne s'oppose pas – l'ardeur d'un saint Dominique, d'un saint François Xavier, ou d'un saint François de Sales parcourant la région du Chablais au risque de sa vie, pour *convertir*, lâchons le mot, nos frères chrétiens séparés et, en l'occurrence, pour le doux évêque de Genève, nos frères protestants, partis sur une route périlleuse, bousculant les dogmes, abolissant des pans entiers de doctrine, privés depuis le XVIᵉ siècle du sacerdoce et, par conséquent, de la sainte Eucharistie – car la leur n'est pas valide –, du pardon des péchés, de l'intercession de la Mère de Dieu et de ses enfants les saints. C'est grave ! Mais qui le pense et qui le dit ouvertement ? Et ne me dites pas qu'en disant cela, je manque d'amour ! Ne me faites pas cet affront ! J'aime mes frères protestants comme je veux aimer tous les hommes, et c'est ce qui me permet d'ailleurs de leur dire leurs quatre vérités principales manquantes, à savoir, je reprends : la sainte Eucharistie, le sacrement de pénitence, la médiation universelle de Marie, et l'intercession des saints. Noyer le poisson en affirmant à longueur de journée, comme je l'entends, qu'ils aiment Jésus et que c'est là l'essentiel, est infiniment réducteur.

JRC – *C'est déjà grand !*

MMZS – Oh que oui ! vous avez raison. Cependant, le Christ n'est pas venu sur la terre simplement pour être aimé. Qu'un petit enfant protestant ne puisse pas recevoir Jésus dans la sainte communion, et soit ainsi privé de la présence réelle et suréminente du Sauveur dans son être, me déchire le cœur ! Qu'il ne connaisse pas la joie de savoir ses péchés désintégrés par l'absolution dispensée par le prêtre à la demande expresse de Jésus au soir de la Résurrection (souvenez-vous de ses paroles archi-claires : « Recevez l'Esprit saint, dit-il aux seuls apôtres, les péchés seront remis à ceux à qui vous les remettrez »), me désole et m'inquiète ! Et que cet enfant ne puisse pas déposer son cœur lourd en celui de la Vierge, Mère du genre humain, dispensatrice de toutes grâces après nous avoir donné l'auteur de la grâce qui est son Fils, me semble d'une cruelle inhumanité ! Qu'il lui soit aussi peu conseillé de s'émerveiller devant le parcours des saints et des saintes dont les miracles après la mort signent l'évidence que Dieu notre Père leur donne d'agir *post mortem*, me désole ! Comment voulez-vous que les fidèles et les prêtres, attachés viscéralement au dépôt de la foi, dorment tranquilles en voyant les attentes du Christ ainsi bafouées dans ses dons les plus grands ! Et puis, quand, de plus, certains groupements tels que certaines communautés évangéliques se permettent de baptiser à nouveau des catholiques passés chez eux sous prétexte que le baptême des nouveau-nés n'est pas valide, notre silence même au nom de l'amour ne peut pas être une réponse ; c'est, en ce cas, une lâcheté. Il faut monter au créneau et dire à ces enfants du Christ mutilés que jamais dans l'Église catholique nous ne nous sommes permis de rebaptiser des personnes venues de la Réforme. Le baptême administré par n'importe quel ministre appartenant à je ne sais quelle confession chrétienne, « au nom du Père, et du Fils, et du Saint-Esprit », est reconnu valide par la sainte Église catholique.

JRC – *Vous parlez franchement comme à votre habitude. Ne craignez-vous pas de vous attirer les foudres de nombreuses personnes aux idées opposées ?*

MMZS – Aujourd'hui, on ne peut plus parler ouvertement. Immédiatement, si vous n'êtes pas dans l'air du temps, si vous ne suivez pas le troupeau des idées bienvenues, vous êtes immédiatement écartés du débat et taxé d'extrémisme. Je suis désolé d'appeler ici à mon secours le Christ lui-même qui a parlé, comme vous le savez, « ouvertement », dans le Temple et hors du Temple, délivrant la vérité quel que soit le public qui lui faisait face. Son humanité fut tout simplement courageuse comme devrait l'être la nôtre. Le résultat, c'est qu'en ne mettant pas son drapeau divin dans sa poche afin d'éviter les conflits, il a sauvé ainsi le genre humain de la confusion des idées. Lumière née de la Lumière, il accordait à la lumière tous les droits. Encore une fois, dire la vérité, non seulement ce n'est pas manquer d'amour et de respect pour les personnes, mais c'est en faire preuve. La netteté dans les positions ne contient aucune offense ; on peut continuer de s'aimer en révélant aux autres les limites de leurs positions. L'homme protestant n'est pas ici visé, il est mon frère, seule la doctrine protestante, incomplète, et récente au fond – qu'est-ce que cinq siècles ? –, conduit l'âme à une impasse en la privant notamment de nombreux secours divins venus directement du cœur du Christ.

JRC – *Et avec les orthodoxes ?*

MMZS – Ce n'est pas du tout la même chose. Avec nos frères orthodoxes, nous partageons la même foi. Sur le plan du dogme, demeurent, certes, des questions ouvertes, mais, somme toute, sans qu'elles blessent la vraie foi. S'ils accordent au successeur de l'apôtre saint Pierre une primauté d'honneur, ils ne lui reconnaissent pas pour autant la primauté de gouvernement et son infaillibilité. Néanmoins, en leur Église, les évêques sont validement consacrés, le sacerdoce poursuit donc son œuvre, la sainte Eucharistie est célébrée validement, le pardon des péchés jaillit avec efficace, la Mère de Dieu n'en finit plus d'être vénérée ; quant à leurs saints canonisés, on peut les rajouter aisément aux nôtres. Là, pour le coup, nous sommes d'accord sur l'essentiel. En danger de mort, d'ailleurs, il est permis à tout fidèle catholique de recourir à un prêtre orthodoxe pour recevoir les sacrements. Un jour, et peut-être plus tôt qu'on ne le pense, l'unité plénière sera atteinte entre l'Église d'Orient et l'Église d'Occident. En revanche, les différentes familles formant la communauté protestante, je dis *communauté* et non Église – car ce n'est pas à proprement parler une Église, n'ayant pas l'Eucharistie valide –, ont perdu des valises en route, ou plutôt je préfère penser qu'elles les ont laissées en consigne. Charge à nous, catholiques, de les leur rapporter en grande bonté, pour que l'Église, la seule Église fondée par le Christ et confiée à Pierre, soit un jour *une*, selon le dessein initial et éternel de Dieu. Que ces composantes chrétiennes et le témoignage de leurs membres puissent apporter des lumières au monde, cela est incontournable ; ce sont des amis du Christ, à la charité et à la prière intenses, cependant nous n'avons pas la même foi puisque nous ne lisons pas la sainte Écriture de la même manière. Aussi, parmi les nombreuses différences qui nous séparent, je reviens sur celle qui m'apparaît la plus grave sur le plan pratique parce qu'elle constitue, pardonnez-moi cette expression, un manque à gagner considérable : c'est l'opposition du protestantisme à l'Église catholique qui a défini au concile de Trente ce qu'elle croyait depuis les origines chrétiennes, à savoir que dans la très sainte Eucharistie « sont contenus vraiment, réellement, et substantiellement le corps et le sang conjointement avec l'âme et la divinité de notre Seigneur Jésus Christ et, par conséquent, le Christ tout entier ». Dans les diverses communautés protestantes, les conceptions sont variables ; pour eux, de toute manière, quelles que soient leurs divergences internes sur le plan doctrinal, il n'y a pas transformation du pain et du vin dans le Corps sacré et le précieux Sang du Christ, même si certains d'entre eux professent qu'il est présent réellement dans la communion. De toute manière, la présence réelle du Christ étant subordonnée à l'action du prêtre renouvelant le sacrifice de la Croix sur l'autel, il est certain que nos frères protestants qui ont aboli le sacerdoce se trouvent par le fait même face aux espèces eucharistiques dans un registre représentatif ou symbolique. La multitude des prodiges eucharistiques qui émaillent l'histoire de l'Église prouve magistralement qu'après la consécration opérée par le prêtre qui agit *in persona Christi*, c'est-à-dire *dans la Personne du Christ*, celui-ci est présent substantiellement, c'est-à-dire réellement. Face au désir du Verbe incarné qui a voulu demeurer sous les espèces eucharistiques tout au long de l'histoire humaine en chaque église du monde – et c'est génial ! –, comment puis-je accepter que mes frères chrétiens, disciples du Christ, devenus pleinement enfants de Dieu par le baptême, se privent de cette Présence unique et, j'oserais dire, palpable ! Vous voyez là que c'est l'amour que je porte à mes frères séparés qui me pousse à vouloir leur annoncer la foi multiséculaire gardée par l'Église catholique depuis que Pierre en reçut la charge !

JRC – *Et avec les tenants des autres grandes religions ?*

MMZS – Le rapport doit être vrai, donc jamais inhibé. À tous, le don de l'amitié sincère sans ramener toujours les échanges à la question religieuse, ce que nous ne faisons pas habituellement avec nos amis les plus chers. Néanmoins, je le redis : à tous, juifs, musulmans, bouddhistes, hindouistes, et autres affiliés à je ne sais quelles sectes ou groupes religieux, le Christ, avec son beau visage d'amour, miroir humain de la divinité, doit être annoncé sans coercition, ni domination, ni exaltation, mais avec la ferveur propre de celui qui aime et qui veut transmettre aux êtres, connus et inconnus, comme un amoureux transi, la découverte bouleversante du vrai Dieu. Dans l'encyclique *Redemptoris missio* du bienheureux pape Jean-Paul II, notre mission d'apôtre est nettement définie. Permettez-moi de citer un passage de ce texte majeur qui a le mérite de libérer notre parole et nos intentions souvent trop tièdes ou faussées : « Aujourd'hui, l'appel à la conversion que les missionnaires adressent aux non-chrétiens est mis en question ou passé sous silence. On dit qu'il suffit d'aider les hommes à être davantage hommes ou plus fidèles à leur religion, qu'il suffit d'édifier des communautés capables d'œuvrer pour la justice, la liberté, la paix, la solidarité. Mais on oublie que toute personne a le droit d'entendre la bonne nouvelle de Dieu, qui se fait connaître et qui se donne dans le Christ, afin de réaliser pleinement sa vocation. La grandeur de cet événement est mise en relief par les paroles de Jésus à la Samaritaine : "Si tu savais le don de Dieu", comme aussi par le désir inconscient mais ardent de la femme : "Seigneur, donne-moi cette eau, afin que je n'aie plus soif." »

JRC – *Et comment parvenir à ce partage ?*

MMZS – Il me semble qu'il n'y a pas d'autre chemin à emprunter que celui de l'amitié. La confiance doit être établie et l'affection scellée ; le lien doit suivre un cours naturel, sans artifices ni manigances, avant que ne dévalent les accents de la vérité et qu'on ne recueille aussi les richesses intérieures de nos frères appartenant à d'autres religions et dont les vies sont rangées sous l'influence de Dieu. Il faut bien sûr ajouter à ce philtre une dose de prière conséquente, et laisser à Dieu le choix des armes, autant dire le mode, le moment, le ton et le silence aussi avec lequel il entend toucher l'âme. Le Christ incarnant Dieu, au sens strict du terme, et vous le connaissez, ce Jésus, amour infini, entiché de pardon, justicier du plus pauvre et du plus rejeté, protecteur du moins doté, sorti vainqueur de la mort, comment ne pas le faire connaître ? Paul Claudel a raison de nous secouer : « Vous qui voyez, écrit-il, que faites-vous de la lumière ? »

JRC – *Eh bien, dites-moi, votre cher saint Dominique nous a fait faire un sacré détour ! Au fait, avez-vous gardé des liens avec les frères dominicains ?*

MMZS – De loin en loin, je suis toujours heureux de croiser tel ou tel frère avec lequel j'ai vécu, et quand j'apprends la mort de l'un d'entre eux, quelque chose en moi meurt aussi. Je suis toujours très admiratif du travail apostolique qu'ils accomplissent, et très fier, comme on pourrait l'être de quelqu'un de sa famille, lorsque l'Église choisit un frère pour une mission importante, comme c'est le cas du frère Jean Legrez, désormais évêque d'Albi, ou du frère Jean-Louis Bruguès, l'un de mes anciens et passionnants professeurs de morale, aujourd'hui archevêque et secrétaire de la congrégation pour l'Éducation catholique. En songeant à leur grâce particulière (et j'en reviens à la défense de la foi si nécessaire en notre pays), je rêve – après tout, qu'est-ce que cela coûte ? – que quelques frères dominicains décident un jour de lire toute la presse nationale – des grands journaux quotidiens jusqu'à *La Croix*, *Femme actuelle* et *Gala* – débusquant les erreurs, les imprécisions, les malveillances, les injustices, qui frappent l'Église, et les signalent aux directions de ces journaux avec la charité, l'intelligence et la compétence qui, en général, les honorent. Je mets ma tête à couper, sans craindre de la perdre, qu'au bout d'une seule année de ce travail tout à fait dans leurs cordes, non seulement les erreurs se feraient plus rares, mais les rédactions de ces quotidiens et revues feraient appel aux jugements avertis des frères, sans compter que l'ordre dominicain mettrait ainsi en œuvre, pour le bien de nos esprits trompés par les médias souvent ignorants en matière religieuse, un aspect essentiel de sa mission originelle.

JRC – Qui sait ? Si des dominicains vous lisent, peut-être que certains verront derrière vos propos une invitation divine ?

MMZS – Vous vous souvenez des mots que Balzac met dans la bouche de Vautrin, l'un des personnages ambigus les plus célèbres de son œuvre, le faisant parler aux jeunes les plus ambitieux : « Il n'y a pas de principes, disait-il, il n'y a que des événements ; il n'y a pas de lois, il n'y a que des circonstances ; l'homme supérieur épouse les événements et les circonstances. » Et comme les dominicains ne manquent pas d'ambition et portent en eux, il faut bien le reconnaître, un zeste de supériorité admise et sont en principe, à l'image de leur fondateur, préoccupés par le salut de l'homme et par l'honneur de l'Église, pourquoi ne se lanceraient-ils pas dans cette aventure défricheuse de la presse pour y distiller régulièrement la juste et vraie lumière ? À vrai dire, je n'avais pas l'intention de parler de ce rêve ; d'ailleurs, habituellement, je rêve très peu, la vie est déjà si dense... Pourquoi me faites-vous parler ainsi ?

JRC – *Justement pour que des choses bougent. Comme vous, d'ailleurs, qui vous apprêtez à quitter l'ordre, je crois, après quatre ans de présence en son sein où, d'après vos propos, il n'apparaît pas que vous ayez été mal à l'aise...*

MMZS – En effet. Quel mystère ! Depuis quatre ans, je ne cesse de regarder en direction de saint Maximilien-Marie Kolbe. Sa doctrine mariale me soulève, son mouvement de vie me séduit, sa bure noire me retient, surtout depuis que je sais qu'à la prison de Pawiak où il fut incarcéré du 17 février au 28 mai 1941, avant son départ pour Auschwitz, il refusera de la quitter pour continuer sa mission sacerdotale. Le père Kolbe qui ne passe donc pas inaperçu sera en ce lieu giflé à plusieurs reprises. Il n'obtempère pas pour autant. Et j'aime cet entêtement. Ainsi vont les saints. Et ça leur coûte cher. J'aime sa démesure ; son courage m'impressionne et me donne des ailes. Comment vous dire ? Il me semble alors que je dois aller plus loin dans le don de moi-même, même si en soi, partout, le don peut être absolu et doit l'être. Ces quatre années sous l'habit de saint Dominique, trois à Toulouse et une dans la belle ville de Bordeaux, se sont pourtant objectivement bien passées, mais comment expliquer ? Il faut partir, marcher, marcher encore, parler du Christ, oui, parler et plus encore, lui ressembler, voilà ce que je cherche, en mettant aussi à mort cette certitude éhontée d'être devenu membre d'un ordre prestigieux, car, vous savez, ce n'est pas rien que d'être dominicain ! Et bien que saint Dominique fût lui-même un ardent amoureux de la pauvreté la plus radicale et, sur ce point, il n'a jamais lésiné, il n'y a rien à faire, le statut d'exception demeure, l'élite intellectuelle se précipite en cette famille royale où l'intelligence est convoquée à servir les mystères du Christ. Et c'est beau ! Toutefois, il faut lutter pour que le jeu social ne trouble pas l'âme offerte et n'entame pas l'idéal évangélique. Et Dieu sait si de nombreux frères sont admirables d'humilité. On vous dira aussi que de nombreux dominicains ne sont pas à proprement parler des intellectuels, ce qui est vrai ; toutefois, tout est organisé pour que l'étude aille le plus loin possible, ce qui montre bien la direction générale de l'ordre, et qu'ainsi la prédication nourrie de théologie la plus assurée rejoigne les sommets.

JRC – *En une phrase, dites-nous ce qu'est pour vous l'idéal dominicain.*

MMZS – C'est l'intelligence captive de l'Esprit saint.

JRC – *Beau raccourci...*

MMZS – ... sur la nécessaire vie contemplative qui doit enserrer dans l'Église l'esprit chrétien qui étudie.

JRC – *Ce n'était pas votre chemin.*

MMZS – Je ne sais pas. Ce qui est sûr, c'est que je ne suis pas resté dans la maison « large et parfumée » de saint Dominique, comme la définit Catherine de Sienne ; et pour ma plus grande joie et sans doute celle de Dieu, sans que mes vœux soient rompus lors de mon départ. J'avais promis pour trois ans, dans la volonté de dire « toujours », mais la prudence de l'Église a du bon, et j'ai tenu mes trois ans. Tant que vous n'êtes pas au sommet de l'escabeau où vous attend le dernier niveau pour poser vos pieds, l'Église vous permet de redescendre si vous jugiez que l'escabeau n'était pas bien placé et ne vous permettait pas d'atteindre le but fixé. Ce dernier niveau, c'est évidemment l'engagement solennel *usque ad mortem* – « jusqu'à la mort », que l'on a pris un jour et qu'il convient à tout prix de respecter, à moins que dès le départ, la donne ait été faussée, entraînant une erreur d'aiguillage. Cela peut malheureusement arriver. Mais en principe, sauf cas exceptionnel, je crois que chacun de nous, quel que soit son état de vie, prêtre, religieux, religieuse, ou marié, pourrait trouver mille raisons, dont certaines apparaîtraient valables, pour quitter le pont du navire et reprendre sa liberté. Gare ! par là s'ouvre un abîme.

JRC – *Il y a donc pour vous une borne au-delà de laquelle on ne doit pas aller...*

MMZS – Dieu aidant, oui ! C'est encore une fois celle de la parole solennelle que l'on a donnée un jour en engageant toute sa vie. Si vous retournez en deçà de votre promesse, vous déstabilisez votre être en n'accordant plus à la parole humaine son pouvoir mobilisateur et engageant. Au dire de Nietzsche – de temps en temps, il est bon de lui faire crédit – et du bon sens aussi, « l'homme est le seul animal capable de faire des promesses ». Si la parole donnée peut être reprise, vous retournez vers l'immédiateté des besoins, vous quittez les régions les plus hautes et, au sens strict, vous sortez de l'humain le plus abouti. Notre survie d'homme suppose la fidélité à la promesse donnée.

JRC – *Vos trois années de vœux achevées, vous allez donc quitter l'ordre dominicain pour rejoindre l'ordre franciscain...*

MMZS – Ébloui, comme je vous le disais, par saint Maximilien Kolbe ! C'est donc lui le responsable de mon départ, et nous en avons souvent parlé ensemble dans la prière. Néanmoins, ne croyez surtout pas que ce changement d'ordre s'est fait en une journée. Au cours de ma dernière année, je rencontrai la poignée de franciscains conventuels – au nombre de cinq – qui vivaient à Tarbes et à Narbonne et qui possédaient aussi une maison à Lourdes, où une exposition sur Maximilien était présentée. En cette terre bénie, durant le temps des vacances, des jeunes confrères en étude à Padoue aimaient à venir et à se relayer pour faire découvrir aux pèlerins leur frère saint. Je les trouvais fort sympathiques et joyeux, et au-delà de ces aspects humains non négligeables, bien rivés à l'essentiel. Les vocations françaises manquaient cruellement à l'appel. Aucune entrée depuis des années. La stérilité totale ! Pour vous dire l'état des lieux, depuis Napoléon, pas un seul franciscain conventuel français n'était mort dans l'ordre. La question de fermer les deux maisons de France et de rapatrier les frères italiens dans leur pays était fortement envisagée. Cependant, j'appris qu'un projet de renouvellement de communauté en notre pays habitait le cœur du père général et cette perspective me rassurait beaucoup, car je ne me voyais absolument pas conduire une vie religieuse sécularisée à outrance telle que l'avaient adoptée, sous le milieu ecclésial ambiant, les confrères, tous italiens, présents en France depuis quatre décennies.

JRC – *Et puis il y eut un matin, et ce fut le dernier jour sous l'habit blanc…*

MMZS – Avant ce dernier jour, je décidai de faire une ultime retraite au monastère de la Visitation de Tarascon, où m'attendait une lettre du cher père Nicolas que je venais pourtant à peine de quitter, puisque je vivais en communauté avec lui à Toulouse. Mais voyez, père jusqu'au bout du cœur, il avait cru bon de reprendre par écrit un certain nombre de points, allant tous dans le même sens et affirmant que j'étais appelé selon lui à la vie dominicaine. Toutefois, il ajoutait que si la volonté de Dieu ne penchait pas de ce côté, il abandonnait ses arguments et se soumettait humblement.

JRC – *Quel dilemme pour vous !*

MMZS – C'est vrai, mais en même temps, ma forme d'esprit n'étant pas encline à la tergiversation, j'étais assez sûr de mon choix, même si de nombreux paramètres me manquaient. Je priai et demandai conseil en particulier à la supérieure de cette communauté en qui j'avais pleinement confiance, mère Marie-Marguerite Dewintre, dont la personnalité humaine et spirituelle vous laissait sans voix. Laissez-moi vous dire deux mots sur elle, cela vaut le détour car le seul énoncé des concepts sonne creux face à une vie immergée comme la sienne dans la vérité. Cette femme amoureuse de Dieu avait été appelée, je vous prie de me croire, à l'âge de deux ans à la vie contemplative. Toute petite, elle se réfugiait dans les confessionnaux pour y prier à l'abri des regards – elle me l'a souvent raconté –, elle se rendait aussi dans le cimetière de Rosendaël, dans les faubourgs de Dunkerque, où elle rêvait du Ciel face aux anges qui restaient de marbre sur les tombes. À l'âge de treize ans, l'appel au don total est entendu au secret d'elle-même ; à seize ans, elle fera vœu de virginité.

Après des études à l'École normale, elle ne peut songer à laisser sa mère infirme et décide donc de vivre sa donation totale à Dieu au sein de la société des Filles du cœur de Marie fondée aux heures sombres de la Révolution par le père de Clorivière et Adélaïde de Cicé, voilant ainsi son état religieux sous les habits de tous, tout en assumant la direction d'une école primaire ouverte aux plus déshérités en plein milieu communiste. Son amour est toujours très concret : le matin, très tôt, elle prend en charge les enfants dont les parents travaillent en usine ; le soir, elle visite les personnes âgées et entoure de toute sa tendresse les enfants déficients mentaux, et dans sa tâche d'enseignante, que de compétence et de rigueur ! Ce n'est qu'au décès de sa mère qu'elle pourra enfin mettre en œuvre son appel à la vie contemplative en entrant à l'âge de cinquante-sept ans à la Visitation, dont elle deviendra très vite la supérieure, puis la maîtresse des novices. Il fallait s'y attendre : vous connaissez le critère absolu de discernement que le Christ offre au monde ? Si l'arbre est bon, les fruits le sont aussi. Les vocations vont donc surgir, de nombreuses jeunes filles vont arriver – Marthe Robin avait d'ailleurs prédit que la Visitation de Tarascon refleurirait ! Des évêques et des prêtres viendront près de mère Marie-Marguerite mettre à mort les découragements et ramasser des brassées de lumières pour leur ministère, sans parler de la disponibilité et de l'écoute qu'elle offrait aux familles. Une mère, tout simplement, à la Jeanne de Chantal, aussi humaine que spirituelle. Ses dernières années furent assumées dans l'ombre lumineuse du Crucifié. La Croix, toujours la Croix, pour les amis de Dieu ! Il n'y a rien à faire : ils y passent tous, aussi naturellement que la vigne est émondée, que la terre doit être retournée pour les nouveaux semis.

Huit ans de calvaire, dont trois alitée, tous offerts sans réclamer le moindre soulagement : « Que le royaume de Dieu s'étende, criait-elle dans sa douleur, que les âmes soient sauvées, que Dieu soit connu et aimé. » Voilà ce qui l'occupait. Cependant, au cœur de cette vie que nous ne craignons pas de définir comme mystique – et je me dois ici de garder le secret sur bien des faits surnaturels qui accompagnèrent ses dernières années –, elle me demanda un jour, alors qu'elle semblait perdue dans un recueillement qui ne pouvait pas venir de la terre, s'il me serait possible de trouver une armoire pour une jeune femme abandonnée par son mari. C'est là, voyez, que les saints nous surprennent, dans cette interpénétration de l'humain et du divin que les esprits chrétiens mal formatés ne conjuguent plus. Si l'on déploie la liturgie, on n'est pas pour les pauvres ; si l'on passe du temps à genoux devant le saint Sacrement, on ne peut pas s'asseoir au bord d'un caniveau près d'un homme paumé ; si l'on porte l'habit religieux, on ne peut pas entrer en contact avec le monde ; si l'on emploie le mot *âme*, on est forcément fermé à la modernité. Oh, que notre siècle a la vue basse !

JRC – *Cette Mère a donc exercé sur vous une grande influence ?*

MMZS – Une immense influence, à l'égal de celle que mes pères spirituels exercèrent sur moi. Je lui dois donc beaucoup. À l'heure du passage de l'ordre dominicain à l'ordre franciscain, mère Marie-Marguerite a suivi de toute son attention et de toute sa prière ce qui lui semblait être une volonté divine, demandant même à Mgr Barthe, alors évêque de Toulon, dont elle était très proche, de bien vouloir me recevoir pour m'aider dans ma décision. Le rendez-vous fut fixé. Je me souviens très bien de l'instant de la rencontre : Mgr Gilles Barthe m'attendait à la porte de sa chambre, chapelet à la main, ce qui me donna confiance. Nous parlâmes longuement ensemble… Quelques jours plus tard, je quittais l'ordre.

JRC – *Et vos frères dominicains, comment ont-ils vécu votre départ ?*

MMZS – Avec leur fameux mélange de pudeur, de silence, de foi, et de classe aussi, pour certains.

JRC – *Mais, au fond, la différence entre les dominicains et les franciscains est-elle immense ?*

MMZS – Ces familles religieuses sont sœurs. La tradition veut même que les deux fondateurs se soient rencontrés et bien compris d'ailleurs, tous deux étant séduits par dame pauvreté ! Évidemment, les historiens à la barbe longue qui ne connaissent que les documents écrits et le monde des probabilités font la moue. Je me souviens d'un professeur dominicain qui allait en ce sens, et voici l'argument qu'il avançait : « Étant entendu que Dominique et François n'auraient pu se retrouver qu'à Lyon à l'occasion du Concile, et qu'ils ne disposaient donc que de quinze jours pour se rencontrer, la marge de probabilité est vraiment trop étroite pour aller en ce sens. » Le résultat de ce type de propos, c'est que la poésie de la vérité meurt sous les coups des champions de la rationalité qui dessèchent le mystère et finissent par perdre leur bon sens, car entre nous, il suffit d'une seconde pour se croiser, s'aimer et se comprendre ! En tout cas, ce qui est sûr, c'est qu'aujourd'hui au paradis de Dieu nos deux saints sont ensemble. Tenez, une

petite anecdote pour vous montrer où se situe la différence entre les deux ordres. Avant de regagner l'Italie
où m'attendait la famille franciscaine, je passai à Paris
quelques jours et logeai chez les capucins. Bien que très
discret, je ne pus éviter à table cette question d'un des
pères : « Qu'allez-vous donc faire cette année qui vient ?
– Eh bien, répondis-je, j'entre chez les franciscains
conventuels ! – Oh, mais c'est magnifique, reprit-il,
et que faisiez-vous jusqu'à ce jour ? – J'étais dominicain ! – Do-mi-ni-cain, articula-t-il lentement, et maintenant franciscain ? Oh ! là ! là ! quelle chute ! » Voilà,
je vous ai tout dit. La différence est du côté de la gloire,
du moins de celle que les hommes s'octroient entre eux.

JRC – *Il n'y a rien à faire : la vie intellectuelle jouit
dans les esprits d'un prestige colossal !*

MMZS – À chacun sa lumière et plus encore la source
d'où il la reçoit. Les dominicains sont des ramasseurs de
livres tandis que les franciscains sont des ramasseurs de
pauvres. Mais ces deux familles, je vous rassure, filent
le parfait amour, comme on peut s'aimer entre cousins !

JRC – *Le père Marie-Dominique Philippe était-il au
courant de votre choix et le comprenait-il ?*

MMZS – En cette période de questionnement, je suis
allé bien sûr le rencontrer à Paris et je me rappelle très
bien sa réponse : « À Fribourg, j'ai bien connu ces frères
franciscains au demeurant remarquables, me lança-t-il,
mais ce n'est pas du tout ce qu'il vous faut ! Vous êtes
un parachutiste, vous êtes fait pour des missions d'urgence ; vous êtes appelé à vous rendre présent dans un
monde où la foi ne l'est pas ! Pourquoi ne pas continuer

à utiliser votre art ? Chantez à votre piano, rencontrez les êtres, allez les chercher dans leurs abîmes, et moi, de mon côté, je vous aiderai à parvenir au sacerdoce ! » Insurpassable père Philippe, toujours habité par le souci primordial du salut de l'homme. Il va donc tenter avec moi – et je me laisse faire volontiers – la création d'un tiers ordre de Saint-Jean pour des prêtres séculiers qui seraient appelés à accomplir leur ministère ordinaire ou extraordinaire tout en vivant au couvent sous l'habit religieux avec les frères. C'était son projet devenu le mien !

JRC – *Et vous avez marché tout de suite dans ses vues ?*

MMZS – Le père Philippe m'a toujours donné l'impression d'être *in visceribus Christi*, « dans les entrailles du Christ ». Et la volonté de Dieu, surtout celle qui surgit, m'a toujours semblé le chemin le plus raisonnable à emprunter. Jusqu'à ce jour où il me propose d'initier ce tiers ordre, le père Philippe ne s'est pas trompé une seule fois à mon sujet, et jusqu'à sa mort d'ailleurs, ce qu'il me conseillera ne manquera jamais de justesse. Me voilà donc parti chez un évêque de son choix – un seul à son avis pouvait trouver en lui la liberté d'accepter ! –, malheureusement celui-ci refusera, et le projet tombera à l'eau. Mais ce n'est pas grave, ni pour lui, ni pour moi. Il faut marcher encore…

JRC – *Alors pour vous, mon Père, cette fois-ci, c'est décidé, vous marchez en direction du noviciat des franciscains conventuels !*

MMZS – C'est ce qui était prévu par le droit de l'Église. Je quittais un institut pour un autre après quatre années de vie communautaire, dont trois sous les vœux, je me devais donc immédiatement de reprendre pied dans la vie religieuse en intégrant un noviciat. Le père général des franciscains allait dans ce sens, mais un sous-chef – c'est souvent ainsi, les adjudants gouvernent tandis que les généraux obéissent ! – décida qu'il me fallait accomplir une année entière de postulat de manière à m'interroger sur l'appel à la vocation religieuse. Impossible de lui faire entendre raison ! Il faut dire que ce frère était un psychologue réputé, ce qui explique les précautions, suspicions et fantasmagories mentales dans lesquelles il tournoyait habituellement, et la confiance aussi qu'on lui accordait ! Mais enfin, je lui pardonne, car il devint ainsi, sans le savoir, l'instrument de la Providence, du moins Dieu notre Père récupérera bien les affaires, et vous verrez plus tard comment.

JRC – *Qu'avez-vous donc décidé de faire lorsque vous avez appris qu'il fallait tout reprendre jusqu'au postulat ?*

MMZS – La rencontre avec ce frère, responsable de la formation, se déroula dans le bâtiment du noviciat qui jouxtait la basilique Saint-Antoine à Padoue, les frères de France étant rattachés à cette prestigieuse province. Sans pouvoir bien m'expliquer, car je ne possédais pas encore la langue italienne, j'écoute la sanction qui me coûte une année de plus, puis je me lève, rejoins une terrasse qui donne sur la ville, et là, accoudé sur le vide, je pleure, ce qui n'est pas dans mes habitudes, mais en vérité je n'en peux plus de ces hommes de système qui créent une loi par jour et un conseil par semaine. Puis je descends dans la basilique et rejoins l'autel privilégié de saint Maximilien Kolbe où une très belle toile représentant son martyre, peinte par le génial Pietro Annigoni, le laisse monter au Ciel les bras ouverts comme ceux de l'Immaculée tandis que son corps nu et décharné gît sur le sol du bunker. Devant ce spectacle, l'évidence prit la parole : « Accepte, accepte ! obéis, obéis ! », ai-je alors entendu au tréfonds de mon âme. Et c'est ce que je vais faire en donnant de grand cœur mon accord dans la lumière du numéro 16670, autrement dit : dépassant tout, injustices, désillusions, contradictions, pour le salut des âmes, unique raison vraiment motivante ! Cependant, une douleur me hantait, celle de devoir quitter mon état de religieux, alors que jamais une seule fois je n'avais remis en question le don total de ma personne. Alors, qu'à cela ne tienne, voilà qu'une idée me sauve, et je la crois venue de plus haut que moi : je demande à mère Marie-Marguerite à prononcer entre ses mains les vœux de pauvreté, de chasteté et d'obéissance. Surprise, mais convaincue, comme saint Thomas l'affirme, que la loi du chrétien, c'est « l'instinct du Saint-Esprit », elle accepte.

JRC – *Vous avez donc fait profession religieuse dans les mains d'une femme…*

MMZS – Oui, d'une femme… sainte !

JRC – *Et vous pensez qu'aux yeux de Dieu, cet engagement avait une valeur égale à celle que les religieux professent ?*

MMZS – Pour répondre à votre question, je vais vous raconter un fait qui m'a bien éclairé sur la logique divine. Je vous ai dit que le père Joseph-Marie Perrin avait fondé un institut *Caritas Christi* composé de femmes entièrement consacrées à Dieu, vivant en plein monde avec la particularité de ne révéler jamais leur appartenance au Christ. Le jour de leur donation, au moment de l'action de grâce après la communion, dans le secret le plus total, elles se vouaient à Dieu corps et âme. Eh bien, le père Perrin voulait que cette offrande fût de même valeur que celle des moines et des moniales. Il s'en était ouvert à de grands théologiens de la vie religieuse, qui en chœur, juridiquement bien formés, lui répondirent que cela était absolument impossible. Devant cette réponse, le père Perrin, plongé dans un grand désarroi, se mit à prier intensément, quand tout à coup, et c'est lui qui me l'a raconté, il entendit une voix distincte lui dire intérieurement : « Ce ne sont pas les vœux qui comptent, c'est l'esprit des vœux ! » Une joie immense devait alors l'envahir et lui redire avec netteté ce que l'Évangile ne cesse de crier en chacune de ses pages : Dieu regarde au cœur ! À travers ce fait, je crois donc vous avoir répondu. Les vœux publics ont leur grâce comme les vœux privés ont la leur. En dernier lieu, ce que Dieu observe dans une âme, disait le célèbre père Régamey, lui aussi fils de saint Dominique, « c'est la plus ou moins grande fidélité à l'exigence intérieure qu'il inspire par son Esprit ».

JRC – *Qu'importe au fond le chemin de vie que l'on prend…*

MMZS – … l'essentiel étant que le chemin choisi offre la possibilité de rejoindre les sommets de l'amour dans leur abîme de sacrifice et de don de soi, et permette d'atteindre la perfection chrétienne que Paul VI aimait à définir comme une « continuelle aspiration vers le Christ ».

JRC – *Avant de fermer la porte de la maison de saint Dominique, je voudrais évoquer avec vous votre livre intitulé* De sa part *– douze lettres de saint Dominique écrites « post gloriam », très original dans sa forme, puisque vous imaginez une série de lettres adressées par le saint à l'un de ses frères, livrant à nouveau, mais cette fois-ci sous la poésie du langage, les accents particuliers de sa spiritualité apostolique…*

MMZS – De même que mon livre *De l'amour en éclats* entendait recueillir la prédestination du cœur humain à aimer telle que je l'avais entrevue durant ma période parisienne, ici, j'ai voulu graver dans ces lettres – pas si imaginaires que cela, car elles sont fondées sur les sources dominicaines les plus sûres – ce que j'avais reçu et compris de l'esprit de saint Dominique. Une manière comme une autre de rendre hommage à ce grand saint qui eut la bonne idée de m'accueillir sous sa chape et au milieu de ses frères durant quatre ans.

JRC – *Filons à Padoue !*

MMZS – Plus précisément à Trévise, appelée communément, et elle le mérite, « la petite Venise ».

Chapitre 9

À LA BOTTE DE MAXIMILIEN KOLBE

JRC – *Mon Père, vous arrivez donc à Trévise au mois d'août 1992…*

MMZS – En effet, les franciscains conventuels de France envoyaient à Trévise leurs postulants car ils ne disposaient pas de structure formative propre. Il convient ici de préciser que ces frères n'avaient d'ailleurs envoyé pratiquement personne jusqu'à ce jour. Deux Français se trouvaient alors en formation, le premier avait découvert sa vocation à Assise, le second venait de la province suisse et poursuivait ses études à Padoue. La réalité était donc miséreuse. Par grâce, je n'arrivais pas seul ; avec moi, un garçon de grande valeur, tenez-vous bien, très estimé de mère Teresa et, par conséquent, des pauvres, était du voyage. Après un séjour prolongé en Inde où il servit à l'orphelinat de Shishu Bhavan et au mouroir de Kalighat, il venait étudier sa vocation et il sera pour moi d'un soutien incomparable. À la fin du mois d'août, j'entrais donc avec lui pour la première fois dans ce charmant couvent de Trévise aux proportions modestes, accueillis par le recteur du postulat, le père Valentin Maragno, avec cette bonté et cet élan chaleureux si caractéristiques du cœur franciscain quand il est bien centré.

JRC – *La pudeur dominicaine s'en est allée...*

MMZS – *O tempora, o mores !* Dans le jardin, le père recteur me prend à part et, en me faisant asseoir, m'avoue tout de suite son désappointement face à la décision des supérieurs qui m'obligent à vivre une année entière de postulat. Cela dit, les jeux sont faits, et je sens déjà intérieurement que le climat sera bon. Vous savez, les Italiens savent vivre et prendre un peu de distance avec les ambitions humaines et leurs pauvres plans !

JRC – *Tandis que les Français...*

MMZS – ... baignent dans le monde des idées, rigides et tranchantes, comme le couperet de la guillotine que nous avons inventée.

JRC – *Revenons au jardin...*

MMZS – Volontiers, d'autant plus que soudainement, alors que nous étions en manches de chemise et que nous devisions – je vous raconte ce fait car étrangement il se reproduira en un autre moment crucial pour mon avenir –, le ciel s'obscurcira en dix secondes atteignant les frontières de la nuit. Je revois le père recteur lever les yeux et me dire, quelque peu surpris : « Vite, rentrons ! » Le tonnerre claqua comme un intrus. À peine avions-nous eu le temps de franchir les portes du couvent et de nous retrouver dans une pièce du rez-de-chaussée que, dans la plus noire des nuits, un orage se déchaînait contre les volets. Ce n'était effectivement qu'un orage, mais il m'impressionna si fortement que je lui donnais alors une valeur de présage, cependant ininterprétable.

JRC – *La suite fut sans doute placée, je l'espère pour vous, sous le signe du soleil ?*

MMZS – Vous ne vous trompez pas. « Soleil », prête-nom du Christ et chaleur fraternelle. Le soir même, un postulant m'apportait de la part du père recteur trois belles paires de chaussettes en laine… Ce simple fait pour vous dire combien l'amour était concret et, par conséquent, fidèle à l'Évangile.

JRC – *Combien étiez-vous de postulants ?*

MMZS – Nous étions treize, et croyez-moi, nous ne faisions qu'un. Tout cela parce que le climat instauré était de nature familiale et non institutionnelle. C'est l'occasion pour moi de dire que si nos maisons de formation, et j'entends ici les postulats, les noviciats, les scolasticats, les studentats, les séminaires, perdent le caractère familial instauré par le Christ pour ses apôtres, leur préférant celui des écoles, des universités, des régiments, pire encore, des entreprises, des séquelles désastreuses ne manqueront pas d'être visibles, en premier lieu dans l'esprit des futurs religieux ou prêtres, mais aussi dans les paroisses et dans les œuvres qu'ils auront en charge.

JRC – *Précisez votre pensée, je la crois importante…*

MMZS – L'Église est une famille qui doit respirer le fraternel amour du Christ. Si la tête et les membres doivent subsister dans leurs positions hiérarchiques respectives, le climat général ne doit jamais dévier vers la froideur organisatrice, même si ce formatage promet bassement l'efficience. Il y a d'ailleurs un critère objectif qui permet de savoir si la déviance s'est installée dans nos foyers.

JRC – *Lequel ?*

MMZS – Eh bien, tout simplement l'accord donné tacitement à toutes les formes d'allégeance à l'esprit du monde qui se plaît à déterminer la valeur des êtres à partir du milieu social auquel ils appartiennent, du nom qu'ils portent, des études accomplies, des diplômes obtenus, des médailles reçues, du degré de richesse familiale ou personnelle, de la qualité de leur maison ou de leur mobilier, de leur allure physique et, peut-être même, quand on va très loin, de leurs traits, de la capacité d'expression, de l'intonation de leur voix, de leur accent éventuel et, bien sûr, de la façon de s'habiller. On choisit ses compères, ses élèves ou ses enfants, on les veut de telle facture, et l'on s'oppose ainsi gravement à la logique christique qui n'a que faire de nos prétendus accessits. « Il y a des premiers qui seront derniers », vous connaissez bien évidemment cette affirmation du Christ, elle devrait suffire à nous mettre en garde, mais non ! la tête est dure, et le cœur plus encore quand il faut monter jusqu'à l'âme pour y chercher la *vraie* valeur qui se confond en premier lieu avec le degré de bonté personnelle des êtres. Je me souviens d'un garçon colombien que j'avais rencontré d'ailleurs durant mes premiers mois de postulat à Assise. Il avait désiré rejoindre une congrégation religieuse. Seulement voilà, avant sa conversion, il avait fait quelques mois de prison dans son pays. Et ce fait, pourtant non gravé sur son front, ne cessait de le poursuivre. Il m'avait dit ces mots inoubliables : « Lorsque j'ai demandé à entrer dans cette famille religieuse, les pères m'ont posé mille questions : qui étaient mes parents, comment j'avais été éduqué, quel enseignement j'avais reçu, quels diplômes je possédais, évidemment pourquoi j'avais fait de la prison, et je comprends très bien que l'on m'ait posé ces questions, mais ce qui m'a tout de même choqué, c'est que pas un des pères ne m'a demandé tout l'amour que j'avais dans le cœur pour mon Seigneur et pour les âmes ! » Cette simple histoire en dit très long sur nos éventuels emprunts à ce que saint Jean nomme « l'esprit du monde ». Les franciscains là-dessus étaient au point. Il faut dire que leur père saint François était du genre intransigeant en matière de préceptes évangéliques. Et puis, zut ! nous disposons d'une entière liberté au fond de nous-mêmes et au sein de nos institutions pour penser comme on veut et mettre en pratique ce que le Christ a défini ! Ce n'est ni l'État ni je ne sais quelle puissance qui pourrait empêcher une paroisse ou un séminaire de marcher selon les lois évangéliques ! La recommandation du préféré du Christ dans sa première lettre ne doit pas caresser notre intelligence, mais la pénétrer : « N'aimez pas le monde ni ce qui est dans le monde. Si quelqu'un aime le monde, l'amour du Père n'est pas en lui, parce que, de tout ce qui est dans le monde – la convoitise de la chair et la convoitise des yeux, et l'orgueil de la vie –, rien n'est du Père, mais cela est du monde. » Le pape Benoît XVI a d'ailleurs eu des mots très stimulants lors du dimanche du Bon Pasteur de cette année : « *Le monde*, a-t-il affirmé, est une mentalité, une manière de penser et de vivre qui peut aussi polluer l'Église. » L'Église est une famille ! Je le redirai jusqu'à ma mort et je m'emploierai de toutes mes forces, là où je passerai, à anéantir jusqu'aux relents nauséabonds des conceptions mondaines qui en s'infiltrant dans la maison de Dieu faussent complètement la pensée du Christ !

JRC – *En vous écoutant, il me semble voir Jésus avec son fouet renverser la table des changeurs dans le Temple de Jérusalem !*

MMZS – Et voyez comme je suis gentil, je n'ai même pas de fouet. De temps en temps, il est plus que vital de secouer la vermine qui attaque nos esprits déjà si peu convertis.

JRC – *Vous voilà donc entré dans l'univers franciscain. Une question me poursuit. Lors de notre dernier entretien, vous disiez que l'on entrait en religion pour le fondateur, ou du moins pour son esprit. Or, en ce qui vous concerne, ce n'est pas la figure de saint François qui vous a attiré, mais celle de Maximilien Kolbe !*

MMZS – Et par-delà Maximilien qui, en effet, m'envoûte – et je conjugue ce verbe au présent parce que son impact sur moi est loin d'être achevé –, il y a la sainte Vierge, fil d'or de ma vie ! C'est vraiment pour elle, et seulement pour elle, que je suis entré dans cette famille religieuse. Je me souviens, lorsque je visitais Assise pour la première fois, c'était le 31 août de cette même année, en me rendant sur la tombe de saint François, je ne retenais plus ma joie en m'approchant de la chapelle de l'Immaculée. Je me revois, consacrant ma vie à sa personne dans la lumière apostolique et soldatesque du père Kolbe, la suppliant de me donner un cœur d'apôtre assoiffé de sauver les âmes apparemment les plus lointaines de son

Fils. Un peu plus tard, près du sarcophage emmailloté de grilles qui contient les os du Poverello, je me suis incliné filialement, convaincu que saint François me donnait au père Kolbe, que le père Kolbe me donnait à Marie, et que Marie me donnait aux âmes.

JRC – *Cette année de postulat imposée n'a pas été trop longue ou trop lourde à porter ?*

MMZS – Pas du tout. La vie de prière était dense, l'étude des sources franciscaines, passionnante, et la fraternité, réelle. Une dizaine de frères et de pères nous enveloppaient de leur franche amitié ; tout était simple, direct, sous les spaghettis et les risottos qui nous emportaient de leur saveur toujours plus haut ! Et puis, ce qui était formidable c'est que de nombreux frères du monde entier, de passage à Padoue, venaient nous voir. Nous découvrions alors les multiples visages du francis-canisme, et nous nous déplacions aussi pour aller à la rencontre des diverses communautés. C'est au cours de l'une de ces sorties que j'eus la joie de rencontrer pour la première fois un frère qui avait connu le père Kolbe et lui avait parlé.

JRC – *J'imagine votre joie !*

MMZS – Oui, et en même temps, sous son effusion, je révélais à mes confrères la raison d'être de ma pré-sence dans l'ordre franciscain, à savoir : continuer dans l'esprit de saint Maximilien à tirer les âmes par Marie en direction du Ciel.

JRC – *Ce qui n'était pas le cas de tous vos confrères…*

MMZS – En effet, la grande majorité d'entre eux avait été fascinée par la figure de saint François, cela va de soi. Cependant il faut que je vous dise tout de suite qu'en 1986, le chapitre général de l'ordre avait intégré à son idéal ce que l'on appelait *l'hérédité kolbienne* ; ce qui signifiait que le travail apostolique du père Kolbe n'était pas à considérer comme une excroissance dans le paysage franciscain, mais désormais comme une composante à part entière de son développement. Quand vous pensez qu'au moment où Maximilien entre dans l'ordre, il n'y a plus qu'un millier de frères qui le compose, et que lui, par sa seule initiative – mais dans ce coup il y a bien sûr la Vierge immaculée –, fera entrer plus de sept cents frères ! Comment voulez-vous que cette fécondité qui n'était rendue possible que par une bénédiction spéciale de Dieu ne franchît pas le temps et les frontières ?

JRC – *Dans leur ensemble, les frères ont-ils bien accueilli cette extension du propos franciscain ?*

MMZS – Il me semble. Néanmoins, ne nous faisons pas d'illusions, les œuvres prophétiques sont souvent incompréhensibles en leur commencement, et donc contestées. De son vivant, le père Kolbe essuya de fortes oppositions jusqu'à être au Japon destitué de sa charge de supérieur, tout simplement parce qu'un prêtre nouvellement nommé parmi eux ne comprenait pas son irréductible orientation mariale. Il pensait que le père Kolbe s'égarait en édifiant la vie des frères sur des racines théologiques fausses. Le démon tapait fort et marquait des points jusqu'au gouvernement central de l'ordre. Ces permissions divines accordées au mal sont impressionnantes ! Cinquante ans plus tard, il n'y a donc rien d'étonnant à ce que certaines résistances persistent chez ceux qui, par manque d'esprit surnaturel, refusent encore d'ouvrir les yeux sur les fruits abondants de l'action apostolique de ce saint. Le Christ conspué, le Christ rejeté, le Christ condamné, continue chez les saints – et même chez ceux qui font simplement quelque chose pour le royaume – à recevoir des coups. Et voyez, le père Pacifique – voilà un joli prénom parfaitement franciscain –, âgé de quatre-vingt-huit ans au moment où je le rencontre à Venise, m'avouera sans ambages que les pères de l'époque ne voyaient pas d'un bon œil le travail de ce franciscain polonais atypique. En revanche, lorsque le père Kolbe, de passage en Italie, annoncera sa venue à Venise, les jeunes frères ne tiendront plus en place à la pensée de le voir et de l'écouter dans ses intuitions.

JRC – *Le père Pacifique vous a-t-il donné quelques détails sur sa rencontre avec le saint ?*

MMZS – Vous pensez bien que je les lui ai arrachés ! C'est donc de nuit, car le père Kolbe était extrêmement pris en journée, que la rencontre eut lieu. Le père Pacifique me confia qu'il avait alors l'intention de quitter l'ordre, car il voulait partir en mission et il se rendait compte que sa vie allait plutôt se dérouler dans un couvent d'Italie. Alors qu'il révélait son élan missionnaire au père Kolbe, celui-ci répondit ces mots inattendus qui montrent bien l'essentiel de toute vie offerte à Dieu : « Pour aller en mission, lui dit le père Kolbe, il faut avoir au moins trente ou trente-cinq ans, parce que avant cet âge, on risque de se jeter dans l'activité, et d'oublier que la valeur première est avant tout la communauté ! » C'est une remarque étonnante de la part du grand apôtre efficient qu'il fut, mais à y bien réfléchir, nous comprenons ici que la charité fraternelle et l'esprit de famille qui doivent présider à l'union des êtres consacrés sont primordiaux, parce qu'ils sont pensés par Dieu comme l'humus de toute fécondité apostolique. C'est pour nous le dire – mieux, pour que nous le constatons de visu, que Jésus choisit douze apôtres en les faisant vivre ensemble et dormir côte à côte, paillasse contre paillasse. Il faut ce frottement entre les êtres qui appelle toutes les vertus pour que l'Évangile prenne corps en chaque homme. La tentation est grande de construire sa tanière, de s'envelopper de livres, de passer mille heures par jour inutiles sur internet, de faire à son rythme ce que Dieu demande, de s'organiser à outrance de manière à ne pas être dérangé, de bâtir une véritable tour d'ivoire, presque imprenable par autrui, au milieu de ses petites et grandes manies rétrécissantes. La vie commune – c'est-à-dire la prise en considération de l'autre qui est à côté – oblige à l'amour, à la compréhension, et surtout à la patience. Il n'y a pas de raison – ce serait une profanation – que la vie de l'apôtre soit plus facile que celle d'un père ou d'une mère de famille qui, de fait, mènent la vie communautaire avec leurs enfants, et ne peuvent donc jamais plus songer à eux-mêmes et à leurs désirs et envies qui les enlèveraient à leur mission spécifique. Je crois que seul un cœur fraternel, autant dire un cœur aimant et soucieux de son frère, peut devenir un cœur d'apôtre !

JRC – *En ce sens, la vie religieuse semble être un chemin d'excellence...*

MMZS – Vous avez raison. La renonciation à la volonté propre, le partage des biens, la vie commune, manifestent pleinement l'absolu de l'amour. Toutefois, le sacerdoce séculier se doit aussi de vivre dans cette lumière de donation. À chacun de trouver sa manière démesurée de servir, d'offrir sa disponibilité qui doit être normalement sans fond ; de vivre, sans repliement, lié aux autres, de *placer* son argent non pas simplement dans ses passions, qu'il s'agisse de livres ou de je ne sais quoi, mais aussi dans les liens humains qui se nouent autour d'un repas, d'un café partagé, d'un cadeau offert. Et que le prêtre paie ! Il n'y a rien de pire qu'un prêtre pingre. D'ailleurs, tout ce qui est mesuré, calculé, pesé, assourdi par une prudence préservatrice, repousse le saint Évangile qui se promène en tous ses versets aux chemins de la surabondance. Trouvez-moi un saint mesuré dans le don de lui-même et de ses biens et je vous laisse payer le repas de midi que nous allons prendre ensemble !

JRC – *Sacré père Michel-Marie ! Je vous préviens, c'est moi qui vous invite !*

MMZS – Pas question.

JRC – *Revenons à votre postulat…*

MMZS – … que nous n'avons pas quitté, puisque chez saint François la fraternité doit dans l'amour réciproque atteindre un sommet de perfection. Et c'est ce que nous venons de dire. Durant ces mois de prière intense et d'amour fraternel, le père Kolbe ne me quitte pas un seul instant, et son idéal encore moins. Un événement va venir encore m'enfoncer en lui. Nous sommes à présent au début de l'année 1993 et la perspective du centième anniversaire de sa naissance m'occupe intérieurement de plus en plus. Et je me demandais : que pourrions-nous organiser pour le célébrer comme il se doit ? Vous allez me dire : ce n'est pas le problème d'un postulant ! Qu'il réfléchisse à sa vocation, qu'il se taise, qu'il prie, qu'il se laisse former. Eh bien, voyez, là est notre erreur par trop redevable à cette fameuse logique humaine que Dieu se plaît à enjamber allègrement.

JRC – *Vous suscitez ma curiosité. Racontez-moi cette affaire…*

MMZS – Si je vous raconte ce fait, mettons-nous bien d'accord, ce n'est pas pour vous parler de ma personne, mais pour montrer comment Dieu s'y prend avec des instruments déficients pour réaliser son œuvre. C'était un soir ordinaire, nous étions tous à la chapelle pour les vêpres et pour le temps d'oraison qui suivait. Je ne peux pas vous expliquer ce qui s'est passé ; ce qui est sûr, c'est qu'en sortant, durant les cinq minutes qui précédaient le repas du soir, sur le perron du couvent, j'ai demandé à cet incomparable ami français avec qui j'étais arrivé – vous vous souvenez de lui ? l'un des petits préférés de mère Teresa – ce qu'il pensait de ce projet qui venait de pénétrer mon esprit, à savoir mon intention d'écrire au père général, en lui proposant de demander à toutes les communautés du monde d'écrire une lettre qui serait adressée fictivement au père Kolbe avec le style et la manière qui leur seraient propres – « Cher saint, cher père Kolbe, cher Max, cher confrère, etc. » –, dans laquelle chaque communauté se présenterait, dirait en quelques lignes ce qu'elle considère comme essentiel dans son action apostolique et son témoignage, et ne manquerait pas aussi de lui confier les intentions et les soucis actuels de leur fraternité. Nous aurions par là, me disais-je, un très bel annuaire international que nous pourrions publier. À peine avais-je fini de parler que le saint en herbe me répondit : « Fais-le. Écris. Cela vient de Dieu ! » Il est vraiment bon d'avoir un véritable ami spirituel ! Immédiatement, car il ne faut pas faire attendre le Ciel, je me mets donc au travail, et le soir même la lettre sera rédigée : tout y passe, le concept, la manière, la forme, en un mot, le livre tel que je le voyais...

JRC – *Lorsque vous proposez un projet à votre hiérarchie, procédez-vous toujours ainsi ?*

MMZS – Toujours. J'écris précisément ce que j'entends soumettre. C'est là encore un bon conseil venu du père Kolbe. Tout dire de ce que l'on porte sans hésitation aucune et de façon tellement précise que la réponse le sera aussi. Vous savez que dans son couvent – mais n'oubliez pas que Maximilien visait l'expansion du Règne de Dieu, ce qui n'est pas le cas de tous les responsables de l'Église pour qui le désir de faire de nouveaux et nombreux chrétiens n'est pas premier –, à l'affût de toutes les innovations, il avait donc disposé dans la cité où ils habitaient des boîtes à idées où les religieux pouvaient individuellement déposer les pensées qui traversaient leurs esprits. Aujourd'hui, je l'affirme sans détour, la pensée personnelle est en péril ; on ne la croit pas facilement habitée par la grâce ! On croit davantage, pour élaborer l'avenir, à la concertation, au consensus, au dialogue ; or, je le dis avec le secours de l'intelligence d'André Gide : « Aucun chef-d'œuvre n'est le résultat d'une collaboration. » Comprenons bien qu'il ne s'agit pas ici de nier la valeur du travail commun, Dieu sait si celui-ci est nécessaire ! Mais avant que celui-ci ne commence, il convient de partir – lâchons le mot – d'une *inspiration* en principe reçue par un être, et quand on l'a reconnue, de la servir en ajoutant au dessin, dont les traits sont nettement délimités, les couleurs. Si dès le départ, on se retrouve autour d'une table pour chercher à élaborer ensemble un projet quelconque, vous pouvez être sûr que sous les avis divergents, les arêtes saillantes du moindre projet exprimé seront élimées de manière à contenter tout le monde, à correspondre à chacun, car chacun donnera son avis, voyant les limites avant de voir les grâces. C'est là un travers de la nature humaine, et en particulier chez les ecclésiastiques. Dans la concertation trop précoce, l'anti-chef-d'œuvre par excellence se prépare sous le visage du neutre et du dilué. Il faut donc qu'au départ quelqu'un reçoive l'orientation générale de l'œuvre à accomplir – et ce peut être le plus petit, le moins doté, le moins bien situé dans la hiérarchie qui en sera le bénéficiaire – et que des collaborateurs, en y souscrivant, l'embellissent sans toucher le caractère unique et peut-être insolite de ce qui est proposé.

JRC – *Vous allez vous attirer ici les foudres de tous les champions de la concertation…*

MMZS – Vous voulez dire de tous les bureaucrates qui ne fonctionnent du matin au soir que par commissions, conseils, collèges, et autres étouffoirs d'idées géniales, et dont le langage reflète d'ailleurs tristement leur allégeance à l'esprit d'entreprise. Quand je pense entre autres à tous ces sigles employés au sein des diocèses qui contribuent à banaliser et même à vulgariser l'action de l'Église, j'en suis peiné ! Parmi bien d'autres, l'AEP pour désigner l'*Aumônerie de l'enseignement public*, les APS pour les *Animateurs en pastorale scolaire*, les

EAP pour les *Équipes d'animation pastorale*, le SDAV pour le *Service diocésain de l'audiovisuel*, sans oublier la ZEP pour la *Zone d'ecclésialité prioritaire* qui remporte le pompon de la la technocratie ! Et j'allais oublier « l'équipe funérailles » qui vous accompagne mais sans le ballon jusqu'à votre dernière demeure ! Mais fuyons donc ce nivellement par le bas qui afflige les éléments structurels de l'Église et qui n'a ni chair ni âme ! Le pape Benoît XVI lui-même dans sa *Lumière du monde* n'a pas eu peur d'affirmer que « la bureaucratie est usée et fatiguée », signe qu'elle a beaucoup servi, ce n'est donc pas la peine d'en rajouter. Quant à ma personne, je vous en prie, ne vous inquiétez pas ! Qu'importe ce que l'on pense de moi. Soit dit en passant…

JRC – *Alors, venons-en à votre lettre et à votre projet ; comment seront-ils accueillis par le père général ?*

MMZS – Durant mon année de postulat, je n'en saurai rien. Pas un mot. Rien ne transpire. Je garde mon secret et je prie. Douze mois plus tard, alors que je suis novice à Padoue, je vais recevoir, comme chacun des cinq mille frères de l'ordre disséminés en soixante pays, ce que l'on pourrait appeler une exhortation apostolique d'une soixantaine de pages écrite chaque année sur un thème particulier par le père général. Et quelle n'est pas ma stupéfaction de retrouver dans ce livret, qui signalait l'événement à venir du centenaire de la naissance de Maximilien, mon projet, point par point énoncé, avec l'obligation pour toutes les communautés du monde de faire parvenir à la curie généralice lesdites lettres adressées à notre saint confrère. Je me souviens que ce soir-là, dans la chapelle du noviciat, je mis ma tête par terre, et je remerciai la Vierge immaculée de sa puissance, comprenant comme jamais à quel point il était nécessaire de coopérer à l'action de Dieu en mettant à mort toute inhibition. Les ailes repliées ne conviennent pas aux aigles que nous sommes appelés à être, nous chrétiens, et ce n'est pas là une question de tempérament ou de vocation. Le contemplatif saint Jean, symbolisé par cet animal roi, appartenait à cette race de conquérants. Il l'a été au pied de la Croix par son courage, mais aussi en restant le prêtre caché de Marie. À ce sujet, j'ai été marqué par une pensée du père Dehau, l'oncle du père Marie-Dominique Philippe, illustre dominicain qui bien qu'aveugle pénétrait les mystères avec une acuité unique. Il aimait à dire aux jeunes qui se préparaient à la vie consacrée : « Il faut passer du ronronnement du chat au vol de l'aigle ! »

JRC – *Postulant et à l'initiative d'un projet mondial…*

MMZS – Vous ne pouvez pas imaginer à quel point cet événement m'a marqué. Surtout ses circonstances. Dans la prière, la lumière se donne, dans l'amitié spirituelle, elle se vérifie, et dans l'impuissance, elle s'accomplit.

JRC – *Et le livre a paru ?*

MMZS – Bien sûr, mais je vous en parlerai plus tard. Ne brûlons pas les étapes.

JRC – *Justement, mon Père, je ne voudrais pas que nous allions plus loin en votre vie sans que vous évoquiez davantage saint Maximilien Kolbe, dont nous ne connaissons à vrai dire que l'issue dramatique à Auschwitz.*

MMZS – Oh, quel plaisir vous m'accordez en me permettant de dire quelques mots sur cet être si humain et si ancré dans la foi ! En principe, cela va ensemble. D'ailleurs, le fait que le Sénat polonais demande que l'année 2011 soit consacrée à sa personne pour célébrer le soixante-dizième anniversaire de sa mort lumineuse dans les ténèbres d'Auschwitz prouve bien que le « plus grand amour » dont le Christ fait l'éloge sort de lui en flots irrépressibles en direction de Dieu *via* la sainte Vierge dont il est entiché à mort ! À vie, plutôt !

JRC – *C'est ce qui vous attire en lui…*

MMZS – Pour moi, Maximilien, c'est d'abord Raymond (de son prénom de baptême) que j'aime à rejoindre tout de suite au seuil de l'adolescence – car c'est là que j'entends résonner l'une de ses caractéristiques les plus foncières : son idéalité –, alors qu'il fixe de ses yeux neufs le corps du bienheureux Raphaël Chilinsky reposant dans un petit couvent perdu dans les bois proches de Lodz, belle figure captivante du XVIIᵉ siècle. Il s'agit d'un ancien officier de l'armée polonaise qui troqua son sabre contre la bure franciscaine, véritable chevalier de Marie, héros de charité durant des années de guerre et d'épidémie. Ce qui est curieux, c'est qu'en regardant de près son parcours, il y a de fortes similitudes entre les deux hommes, notamment ils mourront au même âge : quarante-sept ans ! Nous y revenons toujours : identification au Christ, certes, mais à travers des exemples, des modèles, des saints, immédiatement imitables dans le contexte culturel dans lequel on voit le jour. Aujourd'hui, il me semble que face à l'émergence d'un nouveau monde façonné par les facteurs que nous savons, provoquant de véritables ruptures dans le mode de penser et d'agir, l'Église doit assurer, au milieu de l'avancée technologique qui donne à la nouveauté tous les droits, une mission de continuité surtout dans l'ordre du langage symbolique qui frappe le regard et atteint l'esprit plus qu'on ne le croit, et cela sans craindre d'être traitée de rétrograde. Plus que jamais, il me semble que les ministres de Dieu, les religieuses et les religieux, pour qui le monde présent n'est qu'un sas, doivent être les représentants du monde à venir, que dis-je, d'un monde éternel, dont les racines n'ont pas à être dépotées de la terre du passé, comme si le monde venait de naître. Autrement dit, nous devons être les hérauts de la transmission et non de la rupture. Maximilien se reconnaissait dans ce franciscain momifié né trois siècles avant lui et pouvait sérieusement songer à l'imiter !

JRC – *Tenir à la transmission au milieu d'un univers en changement perpétuel...*

MMZS – Tenez, même le premier consul, devenu Napoléon, au dire de madame de Staël, portait « des habits tout d'or et les cheveux plats, mélange de l'ancien et du nouveau régime ». C'est cette alliance qui en vérité assure la victoire, parce qu'elle ne déstabilise pas l'âme en tuant ce qu'elle a reçu du passé. Et il s'agit pour nous aussi de choisir l'intelligente pérennité contre le *nouveau* séducteur, dont il vaut mieux attendre les fruits avant de le canoniser et de se jeter en lui. Et puis regardez, sur le plan ecclésial, c'est tout de même clair : prenez par exemple l'ordre bénédictin en France, et regardez avec honnêteté quels sont les monastères qui se développent et qui, par conséquent, attirent la jeunesse, et quels sont ceux qui prennent la grande descente. Seuls, les monastères où la règle de saint Benoît est suivie en tout point se déploient. Mais ouvrons les yeux ! Je ne prends qu'un exemple très significatif : l'abbaye Notre-Dame-de-Fidélité à Jouques, cinquante-sept sœurs, une mère abbesse de très grande qualité, formant ses filles en les accrochant au Christ et désirant que la liturgie bénédictine continue de régner en ce lieu telle que saint Benoît la concevait et l'avait organisée. Et en même temps, les sœurs ont adopté le nouveau sanctoral, et laissent chaque prêtre célébrer la sainte messe selon la forme qui lui est connaturelle : forme ordinaire, forme extraordinaire, en français, en latin… Voilà l'intelligente pérennité ! Quand une jeune fille rêve d'entrer au Carmel et de suivre la voie de sainte Thérèse de l'Enfant-Jésus, et qu'en arrivant, elle découvre qu'elle ne portera pas son habit, parce qu'il a fallu au nom de je ne sais quelle praticité en transformer la coupe, enlever la guimpe et le long voile, que voulez-vous, elle est déçue ; ne croyez surtout pas que cela est secondaire ! On a choisi en vérité de couper dans de l'essentiel, on a blessé la sensibilité préparée par des années d'images, d'impressions, de désirs ! Et quand, de plus, on prétend que ces vocations qui se présentent sont immatures parce que trop attachées à des détails, vocations au sujet desquelles on s'interroge sempiternellement : « Mais pourquoi ces jeunes filles restent-elles rivées au passé ? Quelles sont leurs motivations ? C'est donc pour l'habit, pour la liturgie, pour le latin, pour ces aspects accidentels et non pour le Christ qu'elles entrent ? » En vérité, les tenants de ces positions sont des êtres à moitié désincarnés qui ne considèrent plus en l'homme que le cerveau, et la pure rationalité. Il suffit aujourd'hui de regarder un jeune choisir son *iphone*, sa couleur, sa housse de protection, pour comprendre à quel point l'homme est intrinsèquement lié à la forme, et à l'idée de préférence, qui est bien légitime, pour exprimer le fond ! Et il n'y a rien à faire, l'homme ne sautera jamais à pieds joints sur la forme qui lui plaît ou lui déplaît. De fait, au milieu de la succession des modes, un certain classicisme demeurera impérissable et touchera toujours l'âme humaine. Le pull en V que vous portez, cher Jean-Robert, votre père le portait et les enfants de demain le porteront. Tout cela pour vous dire que l'Église qui est en Occident devrait représenter une alternative à l'esprit du monde en prenant bien soin d'innover en tout domaine, mais en conservant les formes symboliques anciennes.

JRC – *Pouvez-vous donner un exemple ?*

MMZS – Eh bien, il est tout trouvé ! Maximilien Kolbe fonde avec ses frères une imprimerie gigantesque parce qu'il voit que la presse prend une importance capitale dans la formation des esprits et, en cela, il est à la pointe, mais sur le même mouvement, il dit à qui veut l'entendre : « Qu'est-ce qu'un frère ? Un habit rapiécé, des chaussures trouées, un paquet de revues sous le bras, montant dans un avion dernier modèle pour accourir là où il faut sauver des âmes. » Et en cela, comme vous l'entendez, il se retrouve relié concrètement mais aussi symboliquement à saint François !

JRC – *Je comprends parfaitement votre position qui donne grande place à la dimension esthétique de la vie.*

MMZS – Esthétique et signifiante. L'incolore, le monocorde, est insupportable. C'est le détail, et le détail pensé et soigné, qui donne à la beauté et donc à Dieu ses chances. Chez Maximilien, et plus encore dans la cité dont il est le créateur, cette fameuse *Niepokalanow*, « la cité de l'Immaculée », qui abritera plus de sept cents frères, il y a justement – et c'est ce qui fait sa force – une véritable unité créée, non pas à partir d'une mosaïque de points de vue ou d'idées personnelles que l'on aurait essayé tant bien que mal de faire cohabiter, mais à partir d'une idée fixe qui sort de la seule tête de Maximilien, et qu'il a reçue en plein cœur le matin du 20 janvier 1917 alors qu'il était encore un tout jeune homme de vingt-trois ans, à peine consacré à Dieu. Et cette idée, cette intuition, cette réalité, me poursuit depuis des années, et jusque dans mon ventre, je la fais mienne.

JRC – *Développez, mon Père…*

MMZS – Nous sommes au matin du 20 janvier, son collège fête le soixante-quinzième anniversaire de l'apparition de la très sainte Vierge Marie à Rome à un jeune juif obstiné, Alphonse Ratisbonne qui, durant cinq secondes, la vit, alors qu'il avait bien voulu sans cœur quelques jours auparavant porter la médaille miraculeuse de la rue du Bac. En effet, Alphonse Ratisbonne, à la demande d'un ami catholique, avait accepté de porter cette médaille miraculeuse pour montrer qu'il était un esprit fort et que rien ne changerait dans sa vie. Pas de chance, quelques jours après, il apercevait la sainte Vierge de ses yeux de chair telle qu'elle est représentée sur la médaille ! Cette histoire ne va faire qu'un tour dans la tête et dans le cœur de notre Maximilien passionné ! Il est désormais convaincu que c'est par Marie que le Christ régnera dans le monde ; c'est par elle qu'il est venu, c'est par elle qu'il reviendra dans le cœur des hommes. Il faut donc, se dit-il, faire connaître Marie, l'installer au cœur du cœur humain pour que le Christ puisse passer dans l'être de l'homme. Vous voyez son intuition. Pour la réaliser, il conçoit donc un mouvement qu'il fondera avec quelques camarades étudiants, mouvement qu'il appellera dans son langage militaire et ardent : *Militia Immaculatæ*, « la milice de l'Immaculée ». En voici le programme : se donner sans condition à Marie, premier acte à ses yeux le plus essentiel, de manière à être vraiment à l'état d'instrument entre ses mains ; ensuite, que l'on cherche à tout prix la conversion des personnes rencontrées par la diffusion de la médaille miraculeuse et par tous les moyens possibles et imaginables, à commencer par les plus modernes, pour faire connaître et rayonner la personne de Marie. Pour vous dire son ardeur apostolique, il désirait même aller rencontrer le grand maître de la loge maçonnique de Rome pour tenter de le convertir. Les supérieurs s'y opposeront. Et il obéit toujours, bien qu'il appartienne à la race des ardents, des amoureux, des fous, qui poursuivent sans vaciller leur mission. En 1919, après son ordination, il rentre en Pologne, il est nommé professeur d'histoire et de géographie dans l'un de leurs séminaires. Le temps qui lui reste, il prêche, il confesse, il donne des conférences, et développe bien sûr dans son pays la *milice de l'Immaculée* qui grandit jour après jour, jusqu'à devenir un grand arbre où s'abriteront à l'instar des moineaux de l'Évangile des milliers de consacrés.

JRC – *Quel élan chez cet homme déterminé !*

MMZS – Comme tout prêtre devrait en être traversé ! Et ce n'est pas là une question d'énergie, de santé, puisque la sienne est plus que défectueuse. La tuberculose le ronge, ce qui, loin de le ralentir, lui fait mettre en œuvre le mouvement même de la vie qu'il a l'habitude de présenter en la divisant en trois étapes : « la préparation au travail, le travail, et la souffrance ». Qui aujourd'hui oserait présenter ainsi le parcours humain ?

JRC – *J'avoue que ce n'est guère prometteur !*

MMZS – Mais tellement vrai quand on s'en tient aux arêtes saillantes de l'existence ! Et le savoir pousse en avant la volonté de ne rien perdre de chaque seconde qui nous est laissée. Maximilien sait vraiment de quoi il parle. À plusieurs reprises, sous l'effet de la fièvre et de son demi-poumon, il devra cesser toute activité, répétant inlassablement ces mots : « Que l'Immaculée fasse ce qu'elle veut et tout ce qui lui plaît, parce que je suis sa propriété et parce que je suis à son entière disposition. » Néanmoins, avec le filet de vie qui lui reste, il fait des merveilles partout où il passe ; dans le train qui le transporte au sanatorium, de sa chaise longue en dialogue avec les uns et les autres, sur les routes et aux angles des rues, il ne perd aucune occasion pour faire connaître Marie afin que Dieu prenne corps dans l'âme humaine. Prêcher dans les églises, même bondées, ne lui suffit pas. Son intuition géniale sera donc de se servir de la presse alors en pleine expansion pour atteindre les consciences. Il s'installe donc près de Varsovie, stabilise sa fameuse cité, riche d'une multitude de frères plus pauvres que Job, couvent de bois où l'on se lave dans des bassines en terre, avoisinant les machines les plus perfectionnées qui tournent nuit et jour pour permettre à la sainte Vierge de donner son Fils au monde. Un jour, un prélat de passage, en visitant cette « usine mariale », effrayé par l'ampleur des machines, s'écriera : « Je ne sais pas ce que ferait saint François, lui, l'amant de la pauvreté, s'il voyait ces machines gigantesques ! » Et le père Kolbe de répondre : « Ah, si François voyait ces machines, il se retrousserait les manches et il appuierait bien fort sur les boutons ! » Rien ne l'arrête, comme vous le voyez, et les supérieurs le laissent faire malgré la pluie de critiques qui tombent sur ses épaules. Pour comprendre la suite de l'histoire, ici, je dois rappeler une grande loi que Maximilien ne veut pas perdre de vue : tout ce qui ne progresse pas meurt ! Le contrat d'entretien des situations existantes ne suffit pas. Il faut un développement, sinon la mort adviendra. Et c'est pourquoi, au cœur de son action en Pologne, pourtant plus qu'unique et satisfaisante, le père Kolbe veut à présent rejoindre, nous sommes en 1930, un continent non catholique ; et l'Asie l'attire grandement en raison de ses masses de populations qui professent d'autres religions et à qui il voudrait faire découvrir la personne de Marie. En définitive, c'est le Japon qui l'accueillera dans la ville de Nagasaki, où il restera trois ans, opérera de nombreuses conversions, avant de revenir en Pologne comme supérieur du grand couvent de Niepokalanow.

JRC – *Une vie pleine et exaltante…*

MMZS – Ne vous y trompez pas, jonchée de broussailles et d'épines, et de quelques grandes clartés comme celle qu'il racontera à mi-voix un soir à ses frères les plus proches, au mois de septembre 1939, la cité devant être évacuée après l'entrée en guerre de la Pologne. Le visage inondé de larmes, il leur confie : « Ne me posez pas de questions. C'était au Japon, l'Immaculée m'a promis le Ciel ! » Voyez, c'est cette alliance de la plus haute charité vécue dans le travail avec la foi éclairée par une véritable vie mystique, qui dessine à mes yeux l'archétype le plus achevé du prêtre et de l'apôtre et, au fond, du chrétien tout court. C'est ce qui en lui me retient et m'entraîne. Il faut voir avec quel amour il accueille dans la cité l'armée polonaise en déroute, les blessés, y compris allemands, sans compter les réfugiés et les juifs par centaines. Dans la nuit, tous ont droit à sa visite, même les ennemis, et bien sûr, beaucoup recevront de ses mains miséricordieuses la précieuse médaille de Marie.

JRC – *Tous les paramètres semblent ici renversés ou plutôt étrangement mêlés : l'ami, l'ennemi, le militaire, le civil, le blessé, le valide, le juif, le chrétien, le limité et le surabondant…*

MMZS – En effet, tout est cousu par la démesure évangélique qui habite le cœur de ce prêtre qui ne perd pas de vue sa mission, évangélisant le périmètre que les événements lui laissent, cherchant à convertir les âmes en passant par Marie. Ce qui ne l'empêche pas en pleine nuit d'aller chercher la bure déchirée d'un de ses frères et de la lui raccommoder.

JRC – *Quelle densité de vie…*

MMZS – … qui se continuera jusqu'à la dernière heure, alors que nous le retrouvons à présent au camp d'Auschwitz revêtu de l'habit rayé des déportés.

Un matin, un boulanger de Varsovie – on le retrouvera après la guerre –, un certain Klos, réussira à s'échapper du camp, provoquant la hargne du commandant Fritsch qui désignera au hasard de son doigt dix prisonniers qu'il condamnera en un instant à rejoindre, nus comme des vers, un souterrain où la mort par la faim les attendait.

JRC – *Continuez, cette histoire vous explique et nous grandit !*

MMZS – Parmi les *choisis*, ne figure pas le père Kolbe. En sortant des rangs, des voix s'élèvent : « Au revoir, mes amis, nous nous retrouverons ! – Vive la Pologne, c'est pour elle que je meurs ! » Un autre pousse un dernier cri sous les pleurs : « Adieu, adieu, ma pauvre femme, adieu, mes pauvres enfants, vous voilà orphelins ! » À cet instant, Maximilien, impressionnant de sérénité, sort des rangs et se dirige vers le commandant du camp. Son nom circule à toute vitesse : « C'est le père Kolbe, c'est le père Kolbe ! » Fritsch lui jette ces mots en pleine figure : « Qu'est-ce qu'il veut, ce cochon de Polonais ? – Je suis un prêtre catholique polonais, répond-il, je veux prendre la place de cet homme parce qu'il a femme et enfants. » Et là, chose incroyable, le sous-homme numéro 16670 fera obéir le commandant du camp, qui ordonne le transfert. C'est vers le bloc 11, souterrain de la mort, que fut acheminé le triste convoi des dix. Le père Kolbe, dernier du groupe, soutient en chancelant un autre condamné incapable d'avancer par ses propres forces. La dizaine est entassée dans une seule cellule. La lourde porte se referme. Un SS dit en ricanant : « Vous allez vous dessécher comme des tulipes ! » Comme le Christ, telle une hostie vivante, Maximilien venait de s'offrir en sacrifice. Le futur pape Jean-Paul II, alors archevêque de Cracovie, dira le 14 octobre 1971 : « C'est en tant que prêtre qu'il accompagna le troupeau lamentable des neuf condamnés à mort. Il ne s'agissait pas seulement de sauver le dixième, il fallait aider à mourir les neuf autres. À partir du moment où la porte fatale s'est refermée sur les condamnés, il les prit tous en charge, non pas ceux-là seulement, mais d'autres encore qui mouraient de faim dans les bunkers voisins et dont les hurlements de fauves faisaient frémir tous ceux qui approchaient. » Dans le bunker, des chants commencèrent à monter et, en particulier ce chant que le père Kolbe aimait par-dessus tout : *Au Ciel, au Ciel, au Ciel, j'irai la voir un jour* ! Dans cet enfer, jamais le père Kolbe ne s'est plaint. Nous savons qu'il encourageait ses compagnons à tenir bon. Il leur disait que le fugitif serait retrouvé et eux-mêmes libérés, et qu'ils reverraient leurs femmes. C'est beau, cette manière humaine d'encourager ! Très affaiblis, les dix récitaient les prières à voix basse. Ils buvaient leur urine pour résister encore. Quand on entrait dans la cellule, on pouvait voir le Père, debout ou à genoux, et son regard doux se posait sur les arrivants. Deux semaines passèrent. Les prisonniers mouraient les uns après les autres. Quatre restaient, dont le père Kolbe. Pour les nazis, la situation s'éternisait. Il fallait libérer la cellule. Aussi, le 14 août, le criminel Boch, chef de l'hôpital, fit à chacun des quatre restants une piqûre intraveineuse de phénol au bras gauche. Le père Kolbe priait, et de lui-même, il tendit son bras décharné au bourreau : « Ma vie, dit Jésus, nul ne la prend, mais c'est moi qui la donne. » Bruno Borgowiec, le traducteur, déporté polonais comme les autres, mais qui avait la triste mission d'accompagner les nazis dans le bunker pour servir d'intermédiaire avec les prisonniers, dira qu'au moment où le père Kolbe tendit son bras, « ne pouvant supporter ce spectacle, je prétendis que j'avais du travail au bureau, et je sortis. Le garde et le bourreau partis, je revins dans la cellule, et j'y trouvai le père Kolbe assis, appuyé au mur, les yeux ouverts. Il avait cessé de vivre, mais il me paraissait vivant. Le visage était radieux, d'une manière insolite, les yeux grands ouverts et fixés sur un point. Tout le visage était comme en extase. Ce spectacle, je ne l'oublierai jamais ! » Et c'est le vendredi 15 août 1941, fête de l'Assomption de notre Mère, que le corps du père Maximilien-Marie Kolbe était la proie des flammes. Tout était accompli.

Comment voulez-vous, cher Jean-Robert, que ce prêtre, nouveau Christ planté sur un nouveau calvaire, ne bouscule pas ma pauvre vie de prêtre ? Vraiment, je ne regrette pas de vous avoir emporté avec moi dans cet être qui me poursuit de son ardeur et qui me prouve que le Christ bénit l'action de l'homme qui se donne. La vie du prêtre ne se joue pas dans les réunions qui le dévorent, dans l'administratif qu'il gère, dans le fleuve tranquille de ses activités paroissiales qu'il poursuit sans renouvellement, dans la résignation à laquelle il se rend si la désaffection des fidèles se fait sentir. L'ardeur du pulmonaire que fut Maximilien doit nous secouer les puces ! À nous prêtres, mais aussi à tous les fidèles chrétiens qui doivent impérativement, là où Dieu les a placés, chercher la conversion des personnes rencontrées.

JRC – *Mais vous n'avez pas peur d'être traité de prosélyte ?*

MMZS – « Prosélyte » signifie « nouveau venu », autrement dit « dernier séduit ». Et celui-ci vous parle avec un feu irrépressible et souvent convaincant parce qu'il est allumé dans son être, et qu'il est repérable sur sa voix et dans ses choix hautement cohérents avec ce qu'il professe. Si votre fiancée ne vous exalte pas un peu, et si vous ne cherchez pas anxieusement à la faire aimer par votre entourage, il y a fort à craindre ! Saint Paul était prosélyte, le père Kolbe, mère Teresa, Jean-Paul II, l'étaient aussi, et tous les membres de l'Église avec eux dans la seule mesure où ils ont gardé leur jeunesse et la ferveur de leur premier amour, autant dire le feu sacré ! N'oubliez pas que Dieu, au livre de l'Apocalypse, fustige la tiédeur et la vomit. Et celle-ci, quand elle s'empare d'un être, l'estompe toujours et le laisse aphone. Or la foi passe par l'audition. *Fides ex auditu*, clame saint Paul, qui a laissé sa tête tranchée en gage à toute l'Église pour qu'elle comprenne que le prosélytisme est la voie royale pour entrer dans la gloire et faire avancer le royaume.

JRC – *Fort de l'exemple du père Kolbe, j'oserais dire : presque harcelé par son esprit, vous allez donc entrer au noviciat…*

MMZS – Parfaitement. Noviciat dont les bâtiments jouxtaient la basilique de Saint-Antoine de Padoue et surplombaient un cloître enchanteur du XVe siècle de style gothique ouvrant sur un jardin au silence plein. Il est certain que la beauté vérifiée par le temps et jamais démentie par le goût de générations successives parle directement à l'âme et l'entrouvre à plus grand qu'elle. C'était donc l'idéal !

JRC – *Un an donc de clôture… difficile peut-être pour votre tempérament ?*

MMZS – Pas du tout. Les journées filaient à toute vitesse sous les temps de prière, et ils étaient nombreux, les enseignements que nous recevions, les récréations fraternelles, les travaux de ménage – nous étions quatre-vingts en communauté ! Sans oublier notre service aussi à la basilique où nous distribuions la communion avec une autorisation spéciale et nominale du Saint-Siège, n'étant que novices, certes pontificaux, mais novices tout de même ! Tous les jours, la foule se pressait, les dimanches voyaient débarquer des files ininterrompues de pèlerins et, pour la fête de saint Antoine, trente mille communions étaient distribuées. Le travail ne manquait donc pour personne. Pour ma part, j'assurais aussi chaque samedi la garde de la tombe du saint devant laquelle des milliers de personnes venaient s'incliner et plus précisément – car c'est la tradition – en caresser le marbre. C'était pour moi une bouffée d'air pur que de pouvoir parler avec les uns et les autres, de compatir à leurs souffrances, de pleurer avec ceux qui pleurent, de les serrer contre mon cœur, de recueillir leurs bijoux…

JRC – *Comment cela, leurs bijoux ?*

MMZS – Eh bien, de nombreuses personnes atteintes de maladies graves ou espérant une grâce pour l'un des leurs offraient à saint Antoine bagues, colliers, bracelets, alliances de mariage… Et c'était souvent des pauvres qui se sacrifiaient ainsi. Lorsque je recevais l'un de ces dons, je m'attardais avec ces personnes, et sous leurs yeux souvent mouillés de peine, j'allais déposer religieusement sur le sommet du tabernacle un peu, et même beaucoup de leurs vies.

JRC – *Et que faisiez-vous ensuite de ces dons ?*

MMZS – Nous les laissions le plus longtemps possible près du corps de saint Antoine. Ensuite, ces bijoux étaient gardés dans le trésor de la basilique pendant quelques mois, puis fondus pour devenir des calices qui étaient ensuite envoyés dans les pays de mission.

JRC – *D'autre souvenirs en ce lieu ?*

MMZS – Inoubliables étaient les enfants malades – et guéris par l'intercession du saint, que l'on retrouvait habillés comme saint Antoine ! De fait, les parents faisaient cette promesse : « Si vous guérissez notre enfant, nous l'habillerons comme vous jusqu'à l'âge de trois ou quatre ans ! » Et comme ils étaient touchants, ces petits en robe de bure, la corde autour des reins, avec leur petit capuchon dans le dos ! Tout cela peut paraître bien puéril, mais *rira bien qui rira le dernier*, en attendant ils étaient guéris et les parents savaient dire merci ! Il y avait aussi des petites saintes vierges, avec leurs robes bleues et leurs voiles blancs. Beaux enfants promis à la mort, sauvés par le Ciel ! Près de la tombe, j'aimais aussi par-dessus tout… – mais là je vous livre tous mes secrets, cela ne va pas !

JRC – *Mais si, cela va très bien et nous fait beaucoup de bien !*

MMZS – … J'aimais donc par-dessus tout ladite Vierge noire à la peau à peine ambrée qui se trouve dans la chapelle médiévale du couvent où vivait saint Antoine. C'est d'ailleurs en ce lieu qu'il désirera être enterré. Je ne peux expliquer comment cette statue massive m'atteignit si profondément. En y réfléchissant, elle n'est pas loin de la Vierge auxiliatrice de mon enfance. La douceur de son visage, son léger sourire, sa taille imposante, son léger déhanchement et son sceptre rassurant – car rien n'est plus sécurisant que de savoir la Vierge souveraine ! – contribuaient à unifier mon parcours apparemment non linéaire autour de Marie. C'est d'ailleurs ce que le père Jean Lafrance que vous connaissez sans doute, écrivain, prédicateur apprécié de retraites, mais plus encore, homme de prière intense dont l'amitié imméritée constitua un sacré encouragement, devait m'écrire en dédicace sur la première page d'un livre qu'il m'offrit juste avant mon départ de Paris, dédicace d'autant plus précieuse qu'elle porte la date du 30 mai 1988 et que je serai ordonné prêtre un 30 mai : « Marie sera pour toi le chemin de la prière du cœur, mais il faudra que tu investisses tout en elle… » C'est ce que tout naturellement je ne cesse de faire depuis mon enfance, en vivant avec elle, tout au long du jour, malgré moi…

JRC – *Sans être indiscret, comment votre vie commune avec Marie se passe-t-elle ?*

MMZS – Il est difficile d'exprimer une relation aussi intime. Nous sommes ensemble, nous partageons tout, je ne lui cache rien, je la laisse entrer partout jusque dans les recoins de ma vie. Parfois, c'est sûr, je la déçois, je le sens bien ; toutefois, son regard sur ses enfants les hommes m'apparaît à la fois si profond et si élevé que le monde du péché ne semble pas l'effrayer. Cette perception est extrêmement lumineuse en moi depuis d'ailleurs un événement qui eut lieu durant mon noviciat franciscain.

JRC – *Pouvez-vous nous le raconter ?*

MMZS – Il me semble que Marguerite Yourcenar dit en un endroit de son œuvre que l'on ne doit faire des confidences aux hommes que dans la mesure où celles-ci peuvent simplifier leurs vies. En raison uniquement de ce principe, je veux bien vous livrer ce petit secret... Vous connaissez déjà, du moins en ses grands traits, quelques aspects de ma vie passée où le péché fut loin d'être absent. C'est ainsi. Cependant, durant le noviciat, caractérisé par une vie de prière et de réflexion sur soi intense avec, en toile de fond, le souci de correspondre à l'idéal qu'il faudra mettre en œuvre après la profession des vœux de pauvreté, de chasteté et d'obéissance, il m'est arrivé parfois d'entrer dans des formes d'inquiétude sur moi-même, par trop polarisé par un passé que j'aurais voulu autre. Au fond, il m'aurait plu de vivre ce fameux parcours linéaire qui semble être le *nec plus ultra*, la ligne droite à la Thérèse de l'Enfant-Jésus ou à la Gabriel de l'Addolorata. Malheureusement, ce ne fut pas mon cas. Dans un climat très religieux et très droit comme celui d'un noviciat, des questions de conscience peuvent aller jusqu'à martyriser l'esprit, et c'est ce qui m'est arrivé. Un matin, je me souviens très bien – mais je vous prie de bien vouloir laisser cette affaire à l'intérieur de mon âme –, avant que je ne sorte de mon lit, l'image de la Vierge noire, avec sa taille imposante, son léger déhanchement, et son sceptre rassurant, est venue se coller dans mon esprit et j'ai entendu cette parole qui sortait de sa bouche : « Nul vivant n'est juste devant moi. » Marie se faisait ici l'écho de la pensée divine exprimée au psaume 143. Je ne peux pas décrire ici ce que j'ai ressenti. Instantanément, mon âme fut délivrée de sa torpeur, et la joie était là ! « Personne n'était juste devant Dieu », pas même ceux qui auraient pu le prétendre. Quelle libération ! Ce matin-là, la Vierge noire s'était faite lumière. Vous comprenez pourquoi je l'aime, n'est-ce pas ? Au fond, nous n'aimons vraiment que les êtres qui nous comprennent...

JRC – ... *et qui nous montrent ainsi l'amour qu'ils nous portent.*

MMZS – Vous avez raison, l'amour est par essence compréhension. Et j'ajouterais volontiers : connivence inconditionnelle, se traduisant non seulement par les grandes défenses que nous pouvons opposer à ceux qui blessent de leurs jugements l'ami que nous aimons, mais aussi par de toutes petites attentions qui témoignent merveilleusement de l'amour accordé. Tenez, me revient justement en mémoire un fait du temps de mon noviciat digne des *Fioretti* de saint François. Nous étions donc treize novices, membres de la communauté de la basilique qui comptait quatre-vingts frères dont certains étaient très âgés. La table des novices se trouvait au centre du grand réfectoire dominé par une toile immense de la sainte Cène, peinte par Annigoni dont je vous ai déjà parlé, et qui crut bon, pour le bien spirituel des frères, d'habiller Judas avec la bure franciscaine. Génial coup de maître destiné à nous rappeler que nous demeurons tous capables du pire ! Bref, un jour à midi, je rejoins ma place habituelle qui était à l'angle de la table, et comme tous les frères, pour le bénédicité, je reste debout, mon regard se perdant quelque peu sur les assiettes – et qu'est-ce que je vois ? Sur mon verre qui était posé à l'envers, une petite noisette décortiquée qui m'attendait ! À la fin de la prière, je me tourne vers les frères de la communauté que je dévisage les uns après les autres, et là, je tombe sur le regard d'un frère prêtre très âgé qui en me faisant un petit signe de la main et sous un sourire déployé me fit comprendre que c'était lui ! Croyez-moi, ce petit geste de rien du tout m'a soulevé et instruit davantage que toutes les exhortations sur l'importance de l'amour fraternel. Voilà ce qui devrait qualifier les relations entre les êtres qui se réclament de Jésus.

JRC – *Chez les dominicains, régnait-il aussi cette simplicité dans la manifestation de l'amour ?*

MMZS – Chez saint Dominique, je n'ai jamais reçu de noisette décortiquée, c'était un autre esprit, moins familial, plus retenu, mais pas moins fraternel. Lorsque le maître de l'ordre des prêcheurs arrivait dans une communauté, et ce fut parfois le cas à Toulouse, rien de particulier n'était organisé, le repas était semblable à celui des autres jours, la vie commune continuait son cours, tandis que chez les franciscains, quand le père général annonçait sa venue, les nappes blanches recouvraient les tables du réfectoire, un bouquet de fleurs était disposé et les petits plats se mettaient dans les grands. Si le *maître* arrivait chez les dominicains, le *père* arrivait chez les franciscains. Mais ce ne sont là que deux approches différentes parfaitement cohérentes l'une comme l'autre avec l'Évangile.

JRC – *Votre préférence ?*

MMZS – À votre avis ?

JRC – *Le père.*

MMZS – Dans le mille ! Je crois que l'aspect fonctionnel de la responsabilité ecclésiale domine beaucoup trop nos esprits et nos affaires. C'est étrange, car d'un côté, l'institution est malmenée, et de l'autre, on sur-organise, on planifie, on dirige nos paroisses et nos œuvres comme des entreprises. L'analogie du père de famille me semble convenir parfaitement à tous les ministres ordonnés qui remplissent des tâches ecclésiales, du moins ceux qui ont reçu charge d'âmes – mais qui ne l'a pas reçue ? –, du curé en passant par l'évêque et jusqu'au pape.

En Europe, ces quarante dernières années, les services des vocations ont beaucoup insisté sur le fait que les futurs prêtres devaient être aptes à la relation conjugale, et il était de bon ton à mots couverts de reconnaître comme un signe positif d'avoir connu quelques expériences en ce domaine. Il vaudrait mieux, me semble-t-il, se demander si les jeunes hommes qui se destinent à la prêtrise sont aptes à exercer une paternité sur les âmes. Ce serait, je crois, plus juste. Ainsi disparaîtraient les froids, les insensibles, les portes de prison, les distants, les reclus, les militants syndicalistes, les fonctionnaires, les gestionnaires, les carriéristes, avec en première ligne, le modèle chef d'entreprise ou PDG de multinationale, costume cravate, attaché-case, qui convient si peu à l'image du prêtre père ! Quant aux femmes qui servent le Christ au sein de l'organisation ecclésiale, elles aussi, qu'elles soient mères avant d'être catéchistes, secrétaires ou membres de l'équipe d'accueil ! Je le dis d'autant plus nettement que c'est dans cette lumière de paternité, et non dans une dimension fonctionnelle, que le Christ ressuscité parle aux apôtres : « *Enfants*, leur dit-il sur le lac de Tibériade, n'auriez-vous pas quelque chose à manger ? » Et saint Jean, le disciple fidèle par excellence, ne cesse pas d'appeler les membres des communautés d'Asie Mineure à qui il écrit sa première lettre « mes petits, mes petits enfants, mes bien-aimés ». Prenons-en donc de la graine ! Qui ne peut pas dire : *mon enfant, mon fils, ma fille*, à ses fidèles, n'est peut-être pas encore entré dans le mystère du sacerdoce chrétien. En tout cas, ce qui est certain, c'est que les supérieurs qui acceptent d'être *père* vous font grandir et les remarques qu'ils vous font, les corrections auxquelles ils vous soumettent, sont reçues et deviennent source de progrès. Quand le cardinal Panafieu me disait « mon fils », comme il le disait d'ailleurs à d'autres jeunes prêtres, je serais allé au bout du monde pour ne pas le décevoir.

JRC – *Beaucoup diront peut-être que tout cela est très affectif !*

MMZS – Je crois me souvenir que Jean-Paul II avait demandé aux évêques d'être unis à lui par une relation *affective* et *effective* ! Et cela vaut, me semble-t-il, à quelque degré de l'échelle que nous nous trouvions. Si l'amour n'est pas manifesté concrètement, même si les slogans professés laissent entendre que tous sont aimés, permettez-moi d'en douter. À Anna de Noailles qui s'épanchait sur tous les cœurs, Cocteau un jour lancera : « Votre amour est innombrable et nul. » C'est ce que le prêtre doit à tout prix éviter, et ce n'est pas facile, car les âmes sont nombreuses, et chacun ne rejoindra le bercail qu'au prix d'une attention personnelle et aimante.

JRC – *Que de retours sur nous-mêmes vous nous obligez à faire en secouant notre vieille peau !*

MMZS – Ces retours, je les fais avec vous, et croyez bien qu'en répondant à vos questions, je m'enfonce un poignard en plein ventre, mesurant bien la béance qui sépare mes agissements de ceux du Christ. Il n'y a pas de doute : le noviciat dure toute la vie !

JRC – *Toutefois, vous allez le quitter…*

MMZS – Oui, l'institutionnel ; mais celui de l'âme se poursuit encore, cherchant à zinguer la coque du bateau pour qu'il tienne à peu près la mer aux jours de tempête…

JRC – *À l'issue de votre second noviciat, vous allez donc faire profession simple, pour trois ans, dans la basilique de Padoue, et quitter cette ville, je crois, pour Rome.*

MMZS – En effet, pour ma maison !

Chapitre 10

NUL N'EST PROPHÈTE EN SON PAYS

JRC – *Votre maison ?*

MMZS – Eh oui, Pierre et Paul, nos colonnes, nos exemples, nos modèles, nos pères, sont allés mourir à Rome par un dessein de la Providence qui nous intime de vénérer ce lieu d'où l'Église gouverne en maîtresse et mère tous les peuples. C'est donc objectivement la maison de tous les frères du Christ, même si tous n'en ont pas encore franchi la porte. Un jour viendra, puisque tous les chemins mènent à Rome ! En attendant, je vous avoue que ma peine est grande lorsque je vois qu'au sein de l'Église, l'unité autour de la personne du Saint-Père ne se fait pas manifeste. Que la vieille Europe déchristianisée tire à bout portant sur le pape, guettant la moindre parole pour le confondre, c'est son affaire ; elle ne se rend pas compte qu'en tentant d'affaiblir le catholicisme, elle se tire une balle dans le cœur et, par surcroît, déshumanise la planète. Mais encore une fois, c'est son affaire. Jésus avait prévenu : les persécutions font partie de la panoplie du chrétien, elles ont leur nécessité ; ne nous rebellons donc pas. En revanche les luttes idéologiques internes à l'Église sont en soi inadmissibles. Autour du Saint-Père, l'unanimité devrait être absolue, le soutien, indéfectible, comme on défendrait son père de la terre, notre sang ne faisant qu'un tour, s'il était injustement attaqué. J'aime Rome parce que j'aime le Pape mon père... mais aussi pour ses ruelles sombres et grouillantes de vie et d'art autour de la Piazza Navona, et pour l'éléphant de la Minerve, et l'église du Gesù, et ses petits restaurants où le parmesan coule à flots dans les minestrones...

JRC – *Vous y partez donc volontiers ?*

MMZS – Je me laisse conduire, et tout me laisse penser que Dieu veut qu'il en soit ainsi, car normalement j'aurais dû rester à Padoue pour terminer mes études théologiques à l'Institut Saint-Antoine-Docteur des frères mineurs conventuels, si ces derniers, voyant qu'ils ne parvenaient pas à concilier mes années de théologie à Toulouse entièrement fondées sur l'étude de saint Thomas d'Aquin avec leur propre orientation bonaventurienne, ne m'avaient envoyé – ironie du sort ou humour de Dieu – à Rome, à l'université pontificale de l'*Angelicum*, chez les dominicains ! Décidément, je n'en sortais pas. En outre, mon supérieur direct, le père provincial de Padoue avait pensé à la lumière de mon parcours qu'il serait préférable que je vive en paroisse plutôt que dans leur collège international appelé le *Seraphicum*, où de nombreux confrères venaient achever leur spécialisation. C'est ainsi que je me retrouvai à la paroisse Saint-Marc-Évangéliste de Rome avec quatre confrères on ne peut plus fraternels, paroisse d'où je partais le matin pour l'université et où je ne revenais que le soir.

314

JRC – *Je vois que vos supérieurs évitaient de vous enfermer…*

MMZS – Il me semble en effet qu'ils ont raisonné en ce sens.

JRC – *Vous accomplissez alors votre cinquième année d'études ?*

MMZS – Exactement. En me retrouvant le seul franciscain avec ma bure noire au milieu de religieux de toutes les couleurs venus de tous les coins du monde, je mis mon point d'honneur à me consacrer à mes études avec ferveur et volonté de réussite de manière à ce que mon ordre ne déçoive pas. Voilà ce que fut mon souci et voilà ce qui me sauva, car je dois vous dire que cette dernière année d'étude intensive fut une véritable bénédiction dont je mesure aujourd'hui encore les bienfaits. Je travaillais comme un dingue, multipliant les heures en bibliothèque, cherchant à pénétrer les matières, échangeant avec l'un, avec l'autre, avant de prendre un sandwich sur le pouce autour d'une heure de l'après-midi, assis dans le jardin de l'université où la vue des mandariniers était ma seule détente. Pardonnez-moi cette remarque anodine, mais j'étais toujours intrigué par le fait que les mandarines les plus colorées et les plus charnues étaient celles qui se trouvaient au centre du feuillage, comme si ces modestes fruits voulaient me faire comprendre qu'il était bon que je fusse caché dans le Christ, ignoré des hommes pour mûrir au soleil de son amour et être mangé demain par ceux qui ont faim de le connaître et de l'aimer. Que de cours, que de livres, ai-je engloutis en cette année semi-érémitique faite de silence, de prière et d'étude ! Le soir, je rentrais à la paroisse enveloppé par la nuit, et sur la place qui s'ouvrait devant elle, je passais alors une à deux heures avec les grands jeunes du quartier avant de faire la rue de long en large jusque vers minuit pour apprendre par cœur mes cours. De temps en temps, je me rendais aussi au *Seraphicum*, et dans ce contexte international, j'étais heureux de retrouver mes frères, et en particulier ceux qui entendaient vivre au sein de l'ordre le charisme kolbien. Belle et riche année !

JRC – *Et Rome, en profitiez-vous ?*

MMZS – À peine arrivé, je n'eus qu'un désir : retrouver les lieux où le père Kolbe avait respiré. Tout de suite je me suis donc rendu à la basilique San Andrea delle Fratte, près de la place d'Espagne, où le juif Ratisbonne s'était converti et où Maximilien célébra sa première messe pour tous les athées, tous les schismatiques, tous les francs-maçons de la terre. Au long de mon année romaine, cette église demeurera mon lieu de prédilection. À l'autel privilégié de la sainte Vierge, lieu de son apparition, que de prières, que de désirs, que de projets, sont sortis de mon ventre ! Puis je visitai le collège où avec ses compagnons d'étude Maximilien fonda la milice de l'Immaculée, et enfin, la basilique des Théatins où il fut ordonné avec une centaine de confrères, le 28 avril 1918, un matin de bonne heure. Oh, que j'aime la simplicité de son ordination ! Pas de flonflons, pas d'apprêt, pas de fête, le sacrement, point barre.

JRC – *De nos jours, les ordinations sont l'occasion de réunir l'ensemble d'un diocèse, témoignage, dit-on, qui serait à même de communiquer à certains jeunes le désir de rejoindre le sacerdoce. Qu'en pensez-vous ?*

MMZS – Il est tout à fait bienvenu que la célébration des ordinations réunisse comme il est de tradition autour de son pasteur l'ensemble du peuple de Dieu. Quant à croire que cette cérémonie puisse être appelante au sacerdoce pour de nombreux jeunes, pourquoi pas ? Tout est possible... Pour ma part, je n'y crois guère. C'est la vie concrète du prêtre qui communique la flamme. Jean-Marie Vianney sera ordonné sans faste dans la chapelle du grand séminaire de Grenoble, Charles de Foucauld, dans celle du grand séminaire de Viviers, Don Bosco, dans une humble paroisse de Turin, Maximilien Kolbe, sans qu'un seul membre de sa famille soit présent, Jean-Paul II, dans la chapelle privée des archevêques de Cracovie. Vous voyez le résultat ! Aussi paradoxal que cela puisse paraître, ne comptons pas trop sur nos fêtes pour entraîner la jeunesse dans le don d'elle-même. Ce qu'elle cherche, c'est la sainteté de vie, c'est un idéal authentifié par une existence aimante, offerte, donnée, sacrifiée, voire incomprise et raillée, qui ne va pas chercher du côté du monde sa manière de penser et de vivre. L'avenir est à l'anachronisme, à l'alternative, et non au sage alignement sur les idées et les comportements que le monde canonise. C'est à ce prix que les saints ont du succès !

JRC – *Après le Christ et la sainte Vierge, c'est fou ce que les saints semblent être vos maîtres !*

MMZS – Je les préfère aux idées, qui sont à mes yeux moins claires et, par conséquent, moins explicatives que les vies transfigurées par la grâce ployant sous le don de soi. Les apôtres ont-ils suivi notre Seigneur ou un livre ? Rien ne vaut l'imprégnation évangélique d'un esprit et d'un corps – et des lieux aussi, ceux que les saints habitèrent et qui étrangement semblent s'être imbibés de leurs vertus. L'une de mes grandes passions – encore une petite confidence –, et je ne m'en lasse pas, est de visiter les chambres des saints. À Rome, elles vous tendent les bras et délivrent, comme dirait Proust, « toute une vie secrète, invisible, surabondante et morale que l'atmosphère y tient en suspens ».

JRC – *À l'Angelicum, au milieu de vos professeurs dominicains, nous n'étiez pas déphasé…*

MMZS – Loin de là ! Je les ressentais et les comprenais dans leur manière d'être et d'enseigner. Parmi ces excellents professeurs, je me souviens en particulier du père Dalmazio Mongillo, grand théologien moraliste et chrétien authentique, ami inconditionnel de Jésus et de saint Thomas et, croyez-moi, cela se voyait et s'entendait. Avec lui, nous avons étudié durant six mois le traité de la Grâce et les textes essentiels du magistère sur cette question vitale. Je vis encore de ses paroles. Lorsque nous arrivions à son cours, en entrant dans la salle de classe, on pouvait apercevoir le père Mongillo assis à son bureau en habit dominicain, les paumes des mains appuyées contre son visage, l'homme entier immergé dans la prière. Je puis vous assurer que nous entrions en silence. Un signe de croix, une prière commune et la voix tonnait de toute la vérité du Christ, reprenant sans cesse ses explications sous des angles d'attaque différents jusqu'à ce que nous parvenions à contempler le mystère, le tout émaillé d'anecdotes plus savoureuses les unes que les autres. Je me souviens notamment de ce dialogue qu'il eut avec un vieux missionnaire dominicain de quatre-vingt-seize ans, alors qu'il venait à peine d'entrer dans l'ordre ; il lui avait demandé : « Que pensez-vous des jeunes frères que nous sommes lorsque vous nous voyez ? » Et l'ancien avait répondu : « De Dieu vous savez tout, mais vous donnez l'impression de ne l'avoir jamais rencontré ! » Ce sont là des paroles inoubliables et ô combien utiles pour le prêtre que je suis qui prétend parler à la place de Dieu. Que cet avertissement est salutaire ! À la fin de l'année, je soutins l'examen de théologie dogmatique sur le *De Gratia* auprès de ce Père exigeant qui ne comprenait pas que nous ne passions pas nos nuits à décrypter le mystère de la grâce dans la première lettre de saint Pierre, dans la *Somme*, dans le concile de Trente, dans le *Catéchisme de l'Église catholique*. Ce jour-là, j'arrivai dans le cloître de l'université au petit matin, bien avant l'heure, l'estomac un peu serré, ma fidèle émotivité mise à mal. Sur un banc, j'attendais tranquillement quand tout à coup, le Père apparut, lui aussi bien avant l'heure, et me fit entrer tout de suite dans la salle d'examen. Les questions commencèrent à fuser sous ses yeux plissés d'intériorité. Après l'interrogation, il me dit : « Est-ce que tu as bien compris que durant toute ta vie, tu n'auras au fond qu'une chose à prêcher : le mystère de la grâce ? Tout est là, tout est là ! ajouta-t-il passionné, tu as été créé pour voir Dieu et pour t'unir à lui, voilà pour la fin du voyage. Mais dès à présent, grâce à la grâce, qui est lui-même, et qui ne cesse de se donner à toi, de t'étreindre depuis le jour de ton baptême, Dieu te met dans les conditions de vivre en lui – l'as-tu compris ? –, de penser comme il pense, de vouloir comme il veut, d'agir comme il agit, d'aimer comme il aime. N'oublie plus que selon l'expression géniale de Pierre, l'humble pêcheur de Galilée, tu es rendu *divinæ consortes naturæ*, "participant de la nature divine". Crois-moi, le mystère de la grâce est encore méconnu ! L'homme place Dieu à l'extérieur de lui-même, il n'a pas conscience de cette pénétration intime, unissante, aimante, divinisante, qui le rend beau à ses yeux, et qui lui donne de coopérer avec lui au-delà de ses possibilités humaines, allant jusqu'à accomplir ce que Jésus lui-même a accompli. Dieu se plaît à agir à travers l'humanité. »

JRC – *Bien que je ne sois pas théologien, je crois comprendre qu'ici se trouve la clef de compréhension des actions éclatantes, démesurées, courageuses, des saints, des saintes, des martyrs, mus de l'intérieur par la grâce...*

MMZS – ... avec laquelle ils coopèrent, y compris pour accomplir les actions de leur vie les plus banales en apparence. Toute la sainteté repose sur la grâce qui étreint l'homme et à laquelle celui-ci consent de tout son être. Et plus il y consent, plus il coopère, plus il est saint. Ainsi l'action humaine des saints n'est que l'action de Dieu dans le temps. Mais vous savez, c'est extraordinaire que Dieu veuille se servir ainsi de l'homme, son enfant, pour continuer son œuvre dans le monde en passant par l'intérieur de son être qu'il divinise ! Et attendez, ce n'est pas tout. À travers cette doctrine, nous entrevoyons aussi à quel point *l'instrument humain* a son importance puisque Dieu va même jusqu'à lui attribuer un certain mérite à partir de son degré de coopération. C'est la théologie la plus saine qui l'affirme. De plus, l'intensité avec laquelle l'homme coopère avec Dieu, la qualité de son investissement dans ce qui lui est demandé, sa manière de répondre aux moindres attentes divines et de les servir et, bien sûr, le degré d'amour qui l'unit à Dieu, ne seront pas sans conséquence sur la réception des dons divins dans le cœur des hommes. La sainte messe célébrée par le curé d'Ars ou le Padre Pio avait un impact autrement plus fort que la mienne sur les âmes, même si le Corps du Christ est semblable sur nos trois patènes ! Un bout de pain offert par Vincent de Paul avait le goût de Dieu beaucoup plus que celui que je distribue à mes frères pauvres ! Il faut maintenir coûte que coûte cette doctrine qui donne à l'action individuelle du chrétien et du prêtre tous ses droits, et explique aussi la fécondité d'une action apostolique.

JRC – *Cette question de la grâce va-t-elle effectivement, comme le père Mongillo le souhaitait, occuper votre esprit, votre cœur ?*

MMZS – Totalement. Je vais obéir à cet appel, et m'intéresserai de près à ce mystère de la grâce et à ce que l'on appelle en théologie mystique *l'organisme surnaturel* qui structure la vie de Dieu en nous, s'écoulant dans l'être à travers les vertus infuses et les dons du Saint-Esprit qui viennent perfectionner nos facultés, comme une eau vive traverse les sillons d'un jardin. Savoir que Dieu veut penser dans notre pensée, vouloir dans notre volonté, agir par nos actes, mais c'est révolutionnaire et hautement dynamisant ! Que Dieu nous surplombe dans son Être personnel de toute sa puissance, cela va de soi, mais qu'il vive réellement par la grâce dans les cœurs sanctifiés de ses enfants, cela vous donne des ailes ! Il faut révéler au monde cette présence de la grâce dans l'être humain qui lui permet d'opérer les opérations divines !

JRC – *De l'*Angelicum *où vous étudiiez à fond à la paroisse où vous résidiez, en passant par la chambre des saints, que viviez-vous encore ?*

MMZS – Une légère et saine inquiétude en songeant qu'à la fin de l'année, mes études terminées, le sacerdoce ne pouvait m'être conféré, par le simple fait que je n'étais pas profès solennel de l'ordre franciscain, c'est-à-dire que je n'avais pas encore prononcé mes vœux définitifs. Cependant, mon cas était assez particulier puisque j'étais dans la vie religieuse depuis 1988 ! À cet effet, je vais rencontrer à l'université grégorienne le plus grand spécialiste du droit des religieux, un jésuite, qui entendra parfaitement la difficulté et qui me proposera pour toute solution de patienter « en faisant, pourquoi pas, me dit-il, deux belles années de droit canonique » ! Des études, encore des études, toujours des études, alors que les âmes se meurent par manque de prêtres ! Cet empêchement d'ordre juridique à l'ordination me brise littéralement. Mes études sont achevées, j'ai déjà trente-cinq ans, mon temps de vie religieuse est en durée supérieur à celui de tous mes confrères qui recevront durant l'année la prêtrise ; pourquoi ne pas intervenir et dépasser cet écueil juridique, d'autant plus que l'Église étant une mère, elle aime à affranchir par des dispenses ses enfants en vue du bien commun ? Pour l'heure, je m'enfonce dans la confiance que je place en Marie, comme jamais ! Et puis j'aime mes supérieurs, à commencer par le père Lanfranco Serrini, ministre général de l'ordre, cent seizième successeur de saint François, avec lequel un lien filial et à jamais sans ombre s'établira. C'est un travailleur acharné qui connaît le nom des quelque cinq mille frères sur le bout du cœur. Il parcourt le monde pour visiter les diverses communautés, il écrit des milliers de lettres aux uns et aux autres – j'en ai moi-même reçu plusieurs de sa main –, réveillant l'idéal, centrant sur le Christ et sur Marie le don de nos personnes, redisant inlassablement sa confiance, consolant s'il le faut, orientant au gré du Saint-Esprit la marche des frères. Avec cet homme de Dieu, placé au sommet de la hiérarchie par son amour, tout était simple. Nous avions déjà en commun le projet du livre sur Maximilien pour le centième anniversaire de sa naissance, et cela nous avait beaucoup rapprochés. Et c'était toujours une grande joie que de le croiser à l'occasion de tel ou tel événement.

JRC – *Un souvenir, peut-être, avec le successeur de saint François ?*

MMZS – Un souvenir parmi de nombreux... C'était le 8 décembre, fête de l'Immaculée-Conception particulièrement honorée dans l'ordre franciscain. À la tombée de la nuit, après mes longues heures en bibliothèque, je descends jusqu'à la maison générale qui se trouve en plein centre de Rome, j'entre dans le hall, un frère que je ne connais pas est à l'accueil. Il me demande ce que je désire, je réponds simplement : « Comme c'est la fête de notre Mère, je voudrais simplement embrasser notre père général ! »

JRC – *Mon Père, je vous reconnais bien !*

MMZS – Le frère portier me regarde alors avec deux gros yeux ronds et, après quelques secondes d'hésitation, sur fond de silence, me demande mon nom, décroche le téléphone, échange quelques mots avec le père Serrini, et me fait signe de monter. En arrivant dans ce grand bureau qui m'est si cher, tout simplement parce que le père Kolbe y entra un jour, je ne vis que deux choses au centre d'une obscurité priante : une petite lampe sur la table de travail où le bréviaire était ouvert, et les bras du père général qui l'étaient aussi ! Une accolade à la saint Paul, *Come stai, fratello ?* « Comment vas-tu, mon frère ? », et nous voilà partis pour une heure de dialogue ininterrompu. Ainsi, je voyage gratis aux quatre coins du monde sous la voix passionnée de ce serviteur infatigable de l'Évangile. C'est là qu'il me confiera la réalisation ultime du livre sur le père Kolbe, car « les lettres affluent du monde entier, me dit-il, des traductions s'imposent, le livre doit être prêt pour la fin de l'année ». Et je le revois déposant entre mes mains un dossier de quinze centimètres de haut d'où dépassent des idéogrammes japonais. À peine sorti de cet entretien, je contactais deux frères en or, le père Vincent Cosatti, aujourd'hui provincial de Suisse, et le père Roman Wadach, pénitencier du Vatican, vice-recteur de l'université séraphique, qui accepteront tous deux de travailler à ce projet, la nuit surtout, avouons-le, car dans la journée le travail ne manquait pour personne. Le livre, intitulé *Quand l'amour fraternel est plus fort que le temps*, sortira pour le chapitre général dûment traduit et rejoindra toutes les communautés du monde. Quelques jours plus tard, nous serons tous les trois appelés dans le bureau du ministre général. Fidèle à son habitude aimante, une lettre pour chacun et une poignée de bonbons fourrés ! Peut-être d'aucuns trouveront cela puéril ; moi, je vous dis que c'est cela, être *supérieur*, c'est être père et mère à la fois dans la lumière de Jésus qui jamais ne fit sentir son pouvoir à la manière des grands ou des bureaucrates.

JRC – *Vous le rencontrerez souvent ?*

MMZS – Oui, souvent. Une autre fois, en entrant dans son bureau, je le vois, les yeux brillants de vie, épris du désir de répondre aux attentes du pape Jean-Paul II qui confiait à notre ordre la charge d'évangéliser les petites républiques qui étaient nées de l'éclatement du monde soviétique, déplier la carte du monde en me disant : « C'est désormais le livre que j'ouvre le plus après l'Évangile. » C'est ce jour-là qu'il me fit un coup pendable, provoquant mon idéal jusqu'à la limite du possible. L'air de rien, il s'approcha de moi, avec à la main deux photos qu'il plaça précipitamment sous mes yeux en ajoutant : « Qu'est-ce que tu en dis ? » J'étais saisi, pétrifié, sans voix, et le père général me regardait fixement. « Tu vois ici, me dit-il, à quoi l'Évangile expose. Ces deux jeunes frères polonais, Michael Tomaszek et Zbigniew-Adam Strzalkowski, ont reçu chacun une balle dans la tête, tirée par les partisans communistes du Sentier lumineux à Pariacoto au Pérou, simplement parce qu'ils faisaient du bien et enseignaient le catéchisme. » Jamais, cher Jean-Robert, je n'oublierai ces jeunes visages troués et figés dans le don d'eux-mêmes. C'est aussi cela, l'œuvre de la grâce.

JRC – *En tout cas, ce que l'on peut dire, c'est que vous êtes conduit par Dieu – ou par qui vous voudrez – de manière à ne pas vous endormir !*

MMZS – C'est certain. La question de mon ordination diaconale va alors se poser dans la communauté romaine à laquelle j'appartiens et qui me voit vivre. Mes études étant achevées à la fin de l'année, pourquoi l'ordre ne demanderait-il pas au Saint-Siège une dispense pour que je puisse recevoir le diaconat et marcher ainsi plus rapidement vers le sacerdoce, compte tenu que j'étais dans la vie religieuse depuis de si nombreuses années ? Certes, je n'étais pas profès solennel franciscain, ce qui encore une fois m'empêchait d'être admis aux ordres, mais l'Église qui est une mère pouvait voir et concevoir qu'avec mes années de vie dominicaine cumulées, j'avais bel et bien dépassé le délai exigé. Par conséquent, le père gardien de ma communauté – c'est ainsi que l'on appelle avec intelligence le supérieur chez les franciscains – téléphona au père général pour lui demander ce qu'il pensait d'une éventuelle demande de dispense à mon sujet. Le père général répondit : « *D'accordissimo !* Je ne vois aucune opposition. Que les supérieurs de Padoue et de France fassent le nécessaire. Établissez bien le dossier de la demande, et je ferai suivre ! » Voilà sa réponse. Vous imaginez ma joie lorsque j'appris cette nouvelle.

JRC – *Enfin vous touchiez au but…*

MMZS – Je le croyais. Entre-temps, il y eut une soirée mémorable organisée par le père général qui avait tenu à réunir, à l'occasion du nouvel an, tous les frères étrangers qui se trouvaient à Rome pour des raisons d'études ou pour une mission particulière. Soirée fraternelle à la paroisse Saint-Pierre-Saint-Paul autour d'un bon repas, à l'issue de laquelle nous avons joué ensemble au loto sur de vieux cartons, et c'était le père général qui tirait les numéros et les annonçait. Ne soyez pas surpris de ce climat redevable entièrement à l'esprit de saint François ! Ce soir-là, je n'ai rien gagné ; il y avait des petits objets à remporter, et notamment un beau cartable en cuir. Enfin, je n'ai rien gagné… apparemment, si ce n'est – et ce n'est pas rien, pour ne pas dire tout – la volonté de Dieu. En fin de soirée, la vingtaine de frères que nous étions s'est groupée autour du père général, et là, nous lui avons demandé de parler de la situation de l'ordre dans le monde. Avec l'agilité qui était la sienne, franchissant les frontières qui existaient encore entre les pays, il nous fit passer de continent en continent, de communauté en communauté, pour s'arrêter de toute son émotion sur la situation de la Roumanie. Mais avant d'en venir sur ce point, je voudrais rappeler ici pour le bien de tous et l'avenir de l'Église – vous voyez ici combien ma formule est volontairement solennelle – comment cet homme de Dieu, ce supérieur majeur s'est alors exprimé sur un jeune garçon, élève en classe de seconde, qu'il avait rencontré en Lituanie et qui songeait sérieusement à rejoindre notre ordre. Il fallait voir et entendre comment il le considérait malgré son jeune âge et les années qui lui restaient encore à franchir avant d'entrer éventuellement dans la vie religieuse ! Il le contemplait comme un véritable don de Dieu. Et déjà, il organisait son avenir, faisait des plans sur la comète : « C'est vraiment un bon garçon ! Si tout va bien, il pourrait faire son postulat en telle année et ensuite rejoindre tel endroit pour faire son noviciat… » Oui, il fallait entendre le père général exprimer son espérance pour l'avenir du franciscanisme en Lituanie, espérance entièrement concentrée sur ce jeune adolescent que nos instances formatives européennes auraient vite fait de renvoyer à sa réflexion, prétextant son jeune âge, assurant que le moment n'était pas encore venu, qu'il ne fallait rien précipiter, et attendre, attendre, attendre on ne sait quoi, qu'une fille peut-être ne le ravisse. Nous connaissons la chanson de la maturité nécessaire alors que l'histoire de l'Église prouve sur des centaines de profils de saints la victoire de Dieu sur les considérations humaines plus rampantes qu'ailées. Un être attiré par Dieu, désireux de le servir, de huit à soixante-dix-sept ans, ne se renvoie pas dans ses pénates !

JRC – *Vous semblez profondément opposé…*

MMZS – … à l'usage intempestif des schémas, des normes, des systèmes clos, prétendument nécessaires, tamponnés du label de la science psychologique qui, à mesure que nous avançons dans le temps, prend du poil de la bête, domine les esprits, véritable Gestapo du comportement humain ! Recevoir la personne comme elle se présente, avec son âge, ses limites, ses grâces, dans sa facture propre et même déstabilisante, et avant de la mesurer au pied à coulisse de nos conclusions qui sont en vérité des préjugés, s'émerveiller de ce qu'elle est, en l'accueillant des mains d'un Dieu Père et non d'un Dieu thérapeute ! Spontanéité et confiance ne sont plus les mamelles des formateurs ! Et c'est aussi pour cela que la majorité des séminaires sont vides. Ce n'est pourtant pas bien compliqué d'ouvrir grand la porte et les bras et de voir *ensuite* comment le sujet se comporte, et plus encore ce que Dieu attend de lui.

JRC – *Votre père général baignait dans cette lumière…*

MMZS – Grâce à Dieu. En lui, l'adaptation aux êtres passait avant l'application stricte du système en place. La recherche des vocations, l'expansion de l'ordre, son rayonnement dans le monde, caractériseront son généralat. Il était de la race des bâtisseurs, et c'est ce qui me plaisait en lui. Mais je reviens à la soirée loto ! Après la Lituanie, il s'étendit longuement sur la situation critique de notre ordre en Roumanie qui, depuis l'assassinat du tyran Ceauşescu et le retour à la liberté, regorgeait de petits et de grands séminaristes, plusieurs centaines, vivant dans des conditions de pauvreté extrême, que dis-je, de misère. Il précisa alors simplement qu'il n'y avait que deux choses qui ne leur manquaient pas : l'amour de la prière et l'esprit de sacrifice. Après ses paroles, le père général, de toute son autorité, fit claquer ces mots : « J'ai besoin de deux frères pour partir là-bas. La vie y est dure, mais nous ne pouvons pas nous défausser. Vous m'avez bien entendu ! Deux frères ! » En moi, je me souviens alors de m'être dit : « Je ne peux pas prétendre être fidèle au père Kolbe si je ne donne pas ma disponibilité pour cette mission ! » Je ressentais en moi comme une sorte d'obligation morale. Le père général continua : « J'ai besoin de deux frères car nous nous retrouvons cette année en charge du plus grand noviciat de toute l'Église – cent novices nous attendent –, il me faut donc deux pères maîtres. Allez ! un peu de courage et de foi ! » En entendant ces mots, j'ai tout de suite pensé que, n'étant pas prêtre, je ne pouvais pas faire partie du voyage. Dans mon cœur, l'affaire était donc classée. Les mois vont passer au milieu de journées saturées d'étude, de prière, et de dizaines d'heures de travail avec mes frères pour réaliser le fameux livre promis, sans que je réussisse vraiment à perdre de vue cette pauvre Roumanie avec sa multitude de vocations engendrées par le sang de leur Église martyre. Si bien qu'un jour, semblable aux autres jours, j'eus la conviction qu'il me fallait offrir au père général ma disponibilité, même si je n'étais pas capable de remplir les fonctions prévues. J'étais prêt à me constituer *grand frère* de ces petits frères séminaristes, que sais-je, à les surveiller dans leurs études et leur croissance spirituelle. Une simple lettre adressée à l'autorité suprême et j'étais en paix avec Maximilien et en cohérence avec mon idéal de vie qui était le sien. Pas de réponse. En revanche, je suis convoqué à Padoue par le supérieur provincial et le supérieur de France au sujet de la demande de dispense auprès du Saint-Siège pour l'anticipation du diaconat.

JRC – *Vous espériez très fort une réponse positive ?*

MMZS – Bien sûr. J'étais dans la vie religieuse depuis sept ans, j'avais accompli deux noviciats, il était temps que je passe dans le camp du travail apostolique et que je réalise enfin ma vocation de prêtre. Bien que mes études fussent terminées, je me retrouvais dans l'obligation d'attendre encore deux ans pour recevoir l'ordination diaconale, et trois pour le sacerdoce ! Il suffisait au fond d'un peu de confiance, de souplesse d'esprit, et d'un zeste d'audace, pour débloquer cette situation. Mais, comme vous allez le voir, ces deux supérieurs étaient enchaînés au système et à leurs peurs comme deux chiens à leurs niches. « Ce n'est pas dans notre praxis. Pourquoi précipiter ? Il n'y a pas d'urgence. Pourquoi ce régime particulier ? Ce serait faire une exception. » Je risque une réponse : « Je ne donnerais, dis-je, ne serait-ce que deux absolutions en deux ans, cela vaudrait la peine ! » Réponse : « Alors, nous n'avons plus qu'à ordonner tous les gens qui passent dans la rue, et ainsi, les absolutions seraient multipliées ! » Je ne réponds pas. Le provincial reprend : « Il faut prendre le problème autrement. Comment utiliser ces deux années à venir de manière valable ? Allez », dit-il – et la chanson des études va recommencer son refrain : « Fais-toi une belle licence… Étudie, tu verras, tu en tireras profit ! » Comme je ne répondais toujours pas, il risque alors cette question : « Si nous te laissions la liberté de choisir ton orientation pour ces deux années à venir, que choisirais-tu ? – Moi, répondis-je avec un peu de force dans la voix, si j'en avais le choix, j'irais en Roumanie, là où les urgences crient, là où les besoins existent, puisque chez nous, on a tout notre temps et qu'un prêtre nouveau n'est pas utile ! » À cet instant, je me le rappellerai toute ma vie, le provincial sortit de ses gonds et tapa du poing sur le bureau en me lançant : « Comment ! Toi qui es français, nous t'enverrions en Roumanie alors que l'ordre en France ne compte que deux Français de souche ? – Père, vous m'avez demandé mon avis, je vous l'ai donné. Je choisis l'urgence et la nécessité ! C'est ma manière à moi d'être fidèle au père Kolbe, et de plus, ajoutai-je, je vous parie que si j'y allais, je ramènerais en France une dizaine de frères roumains pour faire repartir notre réalité française presque mourante ! » Un grand silence d'une vingtaine de secondes descendit alors entre nous – et ce fut long –, jusqu'à ce que la voix du provincial ajoute : « C'est peut-être l'Esprit saint qui est en train de nous parler ! » Je vous avoue que j'ai trouvé ce retournement très beau et très révélateur de la qualité spirituelle de cet homme qui pensait maîtriser la situation, l'organiser, et qui, au fond, commençait à sortir de son enfermement. Toutefois, force est de constater que, dans mon cas, leurs raisonnements ne partaient ni de Dieu, ni de ma personne – avaient-ils prié pour connaître la route à prendre ? –, et pas même des possibilités que le droit autorisait. Comme on est loin de cette année 1917 où le père Ignudi, supérieur du collège Séraphique de Rome, courut chez le cardinal secrétaire d'État pour que ne soit pas différée l'ordination de certains jeunes confrères en raison d'une nouvelle disposition canonique qui l'interdisait désormais ! Et dans le lot, il y avait Maximilien. C'est vrai qu'en 1917, on mesurait ce que représentait un prêtre de plus ou de moins dans l'Église, une messe en plus ou en moins n'était pas sans importance pour le salut des âmes.

JRC – *Vous avez dû être profondément déçu…*

MMZS – Oui, j'ai souffert, j'ai offert, et j'ai obéi. Mais l'histoire ne s'arrête pas là. À cette heure, je continue mon chemin, faisant taire mes peines, mes ressentiments, mes désillusions, travaillant le plus que je peux, quêtant l'amour dans le cœur de l'Immaculée et en celui du père Kolbe, notamment dans la basilique de San Andrea delle Fratte qui a entendu plus d'une fois ma douleur et mes élans. Souvent, pour m'encourager, je me redisais la parole terrible du père Dehau : « Il faut que l'instrument soit rapetissé de manière effroyable ! » Et de me savoir ainsi sous le pressoir de Dieu, au fond, me consolait. Peut-être cela voulait-il signifier que quelque chose de grand se préparait ? En attendant des jours meilleurs, en route, à la moindre rencontre, je parle de la Vierge, je donne sa médaille toujours reçue avec respect, et j'attends, j'attends mon heure, échafaudant mille projets d'évangélisation, je ne puis faire autrement. « Accepter ! Tout accepter, me dis-je à longueur de journée ; le plan de Dieu est en route, et je ne le connais pas. Fais confiance et avance ! » Quand, le 1er avril, le matin durant ma prière, je me souviens très nettement de ce fait, j'étais dans ma chambre, et face à l'image de la sainte Vierge, je lui demandais de bien vouloir me révéler ce que j'allais devenir. « Faites quelque chose, lui dis-je, je ne sais pas, par exemple, que le père général m'appelle et qu'il me donne une réponse, négative ou positive, qu'importe ! Mais que je sache ce que vous voulez faire de moi ! » À l'instant même, et je sais que vous me croyez, le téléphone

retitentit, et c'est la voix chaleureuse du père général :
« *Fratello*, pourrais-tu venir me voir cet après-midi ? »
Et en une seconde, le rendez-vous fut fixé pour quatre
heures et demie. C'était incroyable, je n'en revenais pas,
la sainte Vierge me montrait qu'elle était là, et qu'elle
conduisait ma vie. Je n'avais donc pas le droit de m'in-
quiéter, je n'avais qu'une chose à faire : me laisser faire.
Bouleversé par ce simple fait, je vais me rendre à ce
rendez-vous dans une volonté d'abandon total. De nouveau, me voici dans le bureau du père général. Tout de
suite, il ouvre ses bras, me donne une accolade, se jette
sur la carte du monde qu'il déplie sur sa table et, de
l'index, me montre un point en me disant : « Voilà ton
avenir ! Ici, s'ouvrira dans six mois le noviciat de Husi,
ville située dans le nord de la Roumanie, à trente kilomètres de la Russie. C'est là-bas que je t'envoie comme
vice-maître des novices. En ce lieu, ils seront quarante-
quatre. Veille sur eux, enseigne-leur tout ce que tu peux,
ils sont l'avenir de l'ordre. Je te demande de rejoindre la
Roumanie au plus tard à la fin du mois d'août. Arrange-
toi pour réussir tous tes examens. Ton arrivée ne peut
être différée. Et surtout, garde secrète cette nomination
qui n'est pas simple à faire comprendre… Une dernière
chose : je me suis souvenu que pendant ton postulat
tu t'étais particulièrement bien entendu avec le recteur
des postulants, le père Valentin Maragno ; par conséquent, ne voulant prendre aucun risque quant à l'entente
nécessaire qui doit unir les formateurs, je lui ai demandé
d'accepter cette mission. De tout son cœur franciscain,
malgré de grands obstacles, il a dit oui généreusement. »

JRC – *Le père général vous a-t-il alors demandé si
vous étiez d'accord ?*

MMZS – Non. Mon avis n'était plus de saison. La volonté de Dieu se faisait *commandement*. Il fallait suivre. Et puis que voulez-vous que je réponde à ce que je vais vous confier maintenant ? Le père général me dit encore : « Il faut que tu saches aussi que j'avais fait un appel à la conférence qui réunit l'ensemble des supérieurs des provinces franciscaines de la Méditerranée, demandant que me soient donnés deux frères pour partir en Roumanie. Aucune réponse ne m'est parvenue. Un peu plus tard, à l'occasion du huitième centenaire de la naissance de saint Antoine, lors d'une visite à sa tombe avec les autres ministres généraux des familles franciscaines, j'étais tellement préoccupé par cette question, que j'ai supplié le saint de me trouver ces deux frères. Et je dois te dire que c'est le lendemain que j'ai reçu ta lettre... » Après ces paroles inattendues et presque célestes, je sortis de cet entretien l'âme soulevée. Le Ciel était dans le coup et la perspective de travailler enfin pour ces jeunes Roumains dans des conditions difficiles ne cessait de m'exalter, car je vous avoue très humblement que je ne me sens jamais plus heureux que lorsqu'il s'agit de répondre à une situation d'urgence ou de redresser une réalité qui s'écroule.

JRC – *Vous n'êtes pas fait pour les contrats d'entretien...*

MMZS – Que Dieu m'en préserve ! Si je ne crée pas, d'une manière ou d'une autre, en écrivant trois lignes sur une page, en préparant une homélie ou un livre, en alignant sur une portée trois notes de musique, autrement dit, si je n'ai pas sur le gaz un projet qui pourrait en entraîner un second qui servirait le Christ et sa Mère, je suis bon pour la casse !

JRC – *Vous avez d'ailleurs l'année dernière écrit les paroles et la musique d'une chanson, « Pour l'amour de l'Amour », que vous avez vous-même interprétée sur dix minutes de film tourné par une équipe de France 2 montrant la vie du prêtre au sein de sa paroisse, et ce fut un beau succès puisque aujourd'hui ce DVD est déjà épuisé !*

MMZS – Un projet comme un autre. J'ai simplement voulu permettre à des personnes qui ne franchissaient plus le seuil des églises de redécouvrir la réalité surnaturelle en restant sagement assis dans leur fauteuil.

JRC – *Et à ce jour, quel est votre dernier projet ?*

MMZS – Un livre : *Marie, mon secret*, où je converse avec la Vierge en revisitant ses mystères, mais rassurez-vous, elle ne me répond pas ; cependant, elle ne me contredit pas non plus ! Ce livre est accompagné d'une très belle préface de Mgr Bernard Ardura, président du conseil pontifical des Sciences historiques, et il est édité par une maison prestigieuse, Liamar International Publishing Group, dirigée par Liana Marabini dont l'indéfectible amitié et le vif intérêt qu'elle porte à mon ministère me vont droit au cœur. Les encouragements ne courant habituellement pas les rues dans le milieu clérical, vous ne pouvez pas savoir combien il est stimulant de rencontrer de ferventes laïques qui, à l'instar des femmes qui entouraient le Christ de leur soutien, vous poussent à donner le meilleur de vous-même. Je prépare également un nouveau disque avec deux chansons inédites.

JRC – *Au fond, vous n'arrêtez pas de créer...*

MMZS – Penser et entreprendre, créer pour Dieu et pour les autres, marcher à l'encontre de toutes les passivités, de toutes les inhibitions, de tous les découragés et les perdants d'avance, c'est depuis longtemps ma ligne de conduite. Tant que la respiration est offerte au corps, tant que le couvercle du cercueil n'est pas à trois centimètres du visage bleui, il faut essayer de donner un coup de main au Christ et à la vie, ne pensez-vous pas ?

JRC – *En tout cas, à vous écouter, on ne risque pas de flâner ! Et ce n'est pas ce que vous avez fait vous-même en remettant au père général votre disponibilité…*

MMZS – Je ne cherchais qu'une chose : servir, et j'ai été servi ! Cependant, les frères de France, réunis autour de leur table, ne parvenaient pas à un accord quant à mon départ pour la Roumanie. Certains n'y étaient pas favorables. Le fossé se creusait donc entre eux et moi, à vrai dire sans raison, si ce n'est qu'une fois, à Rome, lors d'une rencontre avec nos supérieurs, alors que nous évoquions ensemble l'ouverture d'une nouvelle maison en France, j'avais soutenu ouvertement qu'il fallait pour cette implantation rejoindre une grande ville, affronter le mouvement de la foule, et chercher non un petit couvent avec son cloître, mais un lieu de grand échange où l'idéal de saint François doublé de celui du père Kolbe pourrait s'étendre et toucher la multitude. J'ajoutais que Maximilien, en 1928, n'avait pas cherché un *conventino* avec un ermitage à proximité pour réaliser sa mission évangélisatrice, mais bien plutôt à s'approcher le plus possible de la capitale, et surtout des services de poste et du transport ferroviaire. Deux conceptions s'affrontaient sans que nos cœurs se divisent, du moins je le croyais.

Malgré la houle, le père général appuiera de toute son autorité pour que je puisse partir. Ce départ ne sera pas sans retentissement sur l'avenir. Un autre problème va venir se greffer et appeler mon attention sur le peu de confiance que ces frères qui ne me connaissaient pas vraiment, avec lesquels je n'avais jamais vécu, me portaient. Je n'avais pas encore reçu les ministères institués de lecteur et d'acolyte anciennement appelés ordres mineurs. Ces ministères sont habituellement conférés en cours d'étude, j'étais par conséquent très en retard. Les frères de ma communauté romaine pensèrent alors qu'il serait bon que je les reçoive en paroisse avant de quitter l'Italie pour l'aventure roumaine, et firent donc connaître leur souhait aux frères de France. Là encore, mais cette fois-ci à la stupéfaction de tous, pour une démarche aussi simple, ce ne furent que questionnements, atermoiements, hésitations, pour finalement refuser. Tout cela m'épuisait, et en même temps me décevait.

JRC – *Vous quittez donc Rome…*

MMZS – Pas encore, l'année universitaire n'étant pas terminée. Les examens m'occupent, et en songeant à la Roumanie à venir, dans mon esprit tournoie le mot fabuleux de Péguy : « Heureux ceux qui sont morts dans les grandes batailles. » Je vous dis cela pour vous faire comprendre mon état d'esprit du moment. Les histoires ecclésiastiques ne m'intéressaient pas, les indécisions, les balancements des uns et des autres, les non-dits pas davantage ; les longues séances de réflexion et d'échange pour préciser « quel était notre charisme et comment le vivre… » me semblaient verbeuses et inefficaces. Ce qui m'importait, c'était les âmes et, en l'occurrence, la masse de ces jeunes Roumains qui remplissaient nos séminaires, et qui manquaient encore de tout, sauf de foi. Oui, j'avais hâte de les retrouver et de sortir de ce bouillon à la fois confus et tout-puissant que m'administraient ceux qui auraient dû être les plus proches, à savoir cette petite poignée de frères présents en France.

JRC – *Avec beaucoup de pudeur, vous laissez entendre que vous avez souffert…*

MMZS – Restons-en là. Je bénis le Ciel pour toutes les incompréhensions qui ont mis en œuvre la volonté de Dieu.

JRC – *Cette fois-ci, nous partons pour Bucarest !*

MMZS – Attendez, cher Jean-Robert, il faut d'abord revenir en France, où je vais passer quelques jours auprès d'amis très chers en Vendée, avant de partir – n'en soyez pas surpris – pour les plages du débarquement. Je voulais absolument voir ce théâtre d'opérations, où le génie humain, allié au courage, galvanisé par la grâce divine – du moins c'est mon avis –, se jeta à l'eau sous la mitraille pour assurer la liberté d'un peuple. Le débarquement en Normandie est à mes yeux l'archétype de la coopération entre l'homme et son Dieu. Rien ne manque : ni l'ingéniosité des stratèges – et c'est l'œuvre de l'intelligence –, ni le travail à la chaîne de milliers d'ouvriers notamment britanniques pour fabriquer le matériel nécessaire au débarquement – et c'est la générosité laborieuse –, ni le sang-froid et la hardiesse des combattants – et c'est l'œuvre des vertus dans l'âme humaine –, ni la tempête qui sévit dans la Manche et qui aveugle les sentinelles ennemies – et c'est l'œuvre de Dieu masquée sous les éléments –, ni Hitler dormant à poings fermés sous l'effet des somnifères alors que l'offensive alliée fait rage et détruit ses troupes, ni Rommel qui fête en Allemagne l'anniversaire de sa femme – et c'est l'œuvre de la vie facile et sans finalité ! Tout est en place avec, en sus, l'ardeur de la jeunesse casquée bravant la mort pour que le succès – et c'est l'œuvre de la volonté humaine unie à celle de Dieu – soit assuré. En bord de rivage, avec un ami si cher, près d'Arromanches, nous avons posé nos mains dans l'écume d'une eau sombre de manière à participer humblement au sacrifice rédempteur de nos frères soldats, admirant et enviant, je l'avoue, la teneur objective de leur sacrifice où l'héroïsme et le don de soi se sont à jamais unis dans le sang et dans la gloire.

JRC – *Mon Père, que faites-vous en notre siècle inféodé à la recherche du bien-être et de la mise en place de son petit périmètre de bonheur ?*

MMZS – Je reste contemporain du Christ et de sa pensée en me mettant dans le camp des pères et des mères de famille qui s'oublient sans cesse au profit de leurs enfants et qui, je l'espère, mourraient pour qu'ils vivent !

JRC – *Cette fois-ci, c'est le départ ?*

MMZS – Presque. Une dernière visite au monastère de la Visitation de Tarascon pour y chercher les dernières consignes. Vous vous souvenez de mère Marie-Marguerite, aussi mystique qu'humaine ? Je sentais intérieurement qu'il fallait que je la voie et que je l'entende aussi, avant de prendre ma charge, et Dieu sait si je ne l'ai pas regretté ! Pour rien au monde, je ne perdrais une miette de la parole des saints ! Avec elle, nous passons donc en revue toutes les questions, à commencer par celle du diaconat repoussé : « Il faut bien souffrir, me dit-elle. N'intervenez plus auprès de vos supérieurs à ce sujet. C'est auprès de l'Esprit saint qu'il faut intervenir, car lui seul est capable de changer les esprits. En voulant intervenir auprès de personnes très arrêtées sur leur point de vue, on obtient souvent le contraire. » Premières sages paroles de notre entretien, jamais oubliées. « Ce matin, continua-t-elle, en vous entendant lire la lecture à la messe, je me disais : "Ah ! Si vous pouviez déjà célébrer !… Mais en moi, vous célébrez déjà !" Et d'un sourire complice sous des yeux illuminés par l'offrande, elle prononça ces mots, avec un aplomb, une autorité qui semblaient la dépasser comme si elle transmettait sous la dictée : « Ce sont les épreuves qui préparent aux grandes choses. Les années que vous allez vivre seront dures, elles sont en vue du sacerdoce. Néanmoins, les jeunes dont vous allez vous occuper, vous ne pourrez les suivre que dans la seule mesure où vous serez sûr de Dieu. Il ne faudra pas les mettre dans la contrainte, eux qui ont tellement souffert de ce climat. "Tout par amour, rien par force", disait François de Sales. Et dans l'amour, mettre l'absolu, sous le souffle de l'Esprit saint. Avec ce qu'ils ont vécu, il faudra avec eux user de beaucoup de tact et de tendresse. À vos jeunes novices, vous leur révélerez la personne de Jésus à travers l'Évangile. Vous mettrez aussi en lumière sa nature humaine. Faites-leur aussi découvrir la présence de Dieu en eux. Et rappelez-vous que si vos jeunes Roumains n'ont pas de livre à leur disposition, c'est que le Saint-Esprit sera leur maître. »

JRC – *Vous n'avez rien oublié de ces propos…*

Chapitre 11

AU FRONT DU DON DE SOI

JRC – *Quel parcours du combattant que votre vie !*

MMZS – Vous pouvez le dire, d'autant plus que l'année qui s'annonce ressemblera pour moi à de grandes manœuvres qui vont marquer au fer rouge de l'Évangile le pauvre religieux que je suis, encore empêtré en lui-même, à l'heure où il prend la route.

JRC – *La route des airs... Paris-Bucarest ?*

MMZS – Non, je tiens à prendre le train. Quarante-huit heures de voyage, c'est ce que je veux, de façon à me rendre compte de la distance qui me sépare de mon pays, et c'est aussi ce que mon vœu de pauvreté exige. Je me revois, ce 18 août 1995, sur le quai de la gare de Nice, revêtu de mon habit noir de franciscain, avec mes trois sacs, montés les uns après les autres dans le compartiment, et plus encore avec la joie dans mes reins et cette sensation de plénitude qui m'envahit... Que je suis heureux ! Nous roulons en direction de Venise. Mon père, de sa tendresse maternelle, a glissé dans l'un de mes sacs un bon pique-nique pour son « toujours » fils.

MMZS – Rien. Et si je restitue quelques-u[...]
paroles de cette femme amoureuse de Dieu, c'e[...]
que je crois qu'elles contiennent des enseignem[...]
pourraient être utiles à ceux qui entendent s'approc[...]
âmes pour les faire quelque peu monter dans les r[...]
célestes, même si, comme l'affirmait Dostoïevsk[...]
n'est donné à personne de transformer les hommes[...]

Avant que je ne la quitte, elle me raconta une petite[...]
toire du temps où elle était maîtresse des novices, et v[...]
savez que les histoires – Jésus le sait qui utilise abond[...]
ment ce procédé – se gravent dans la mémoire. « Un j[...]
me dit-elle, j'étais découragée au sujet d'une novice.[...]
revois précisément où j'étais : sur le petit perron près [...]
l'hôtellerie. "Oh, mon Dieu ! m'écriai-je, ce qu'il faut d[...]
patience !" En réponse, une voix distincte se fit entendr[...]
à l'intérieur de mon âme : "Parce que tu n'aimes pas !"[...]
Vous savez, après avoir reçu cette épée acérée dans le[...]
cœur, j'ai compris ce que l'amour attendait. Et depuis,
lorsque je croise l'hymne à l'amour de saint Paul et que
j'entends la parole "l'amour est patient", j'ajoute toujours
dans mon cœur : "comme Dieu est patient". »

Puis une dernière parole : « Ce sera dur, mon petit
frère... Nous allons rester très unis, dans une union non
seulement de prière, mais de vie. » Il fallut bien ici lâcher
sa main, en laissant sa vie défaite et remise à la Passion
du Christ dont elle vivait l'offrande, immobilisée sur son
lit de souffrance, capitonnée d'oreillers, les yeux clos par
une indicible intériorité, vierge et mère, c'est du moins
ce que je percevais de son mystère. Je pouvais partir.

JRC – *Partons*.

JRC – *Pourquoi « toujours » ?*

MMZS – Parce qu'il faut sans cesse rappeler que la paternité et la maternité s'exercent jusqu'à la mort, et non jusqu'au mariage des enfants ou à leur entrée en religion. Certes, les parents ne tiennent plus la main de leur progéniture, mais il leur revient tout de même de demeurer au centre d'un engendrement qui perdure dans le temps à travers une première action souterraine que l'on appelle la prière et qui se continue par une multitude d'autres actions, fussent-elles accaparantes, qui vont de la garde des petits-enfants aux repas préparés, aux leçons révisées, au soutien sous toutes ses formes. Parents, ils sont et ils demeurent. De même, les enfants doivent rester coûte que coûte les enfants de leurs parents et renvoyer l'ascenseur, pardonnez-moi, à ceux qui les ont mouchés et torchés pendant l'enfance. Il y a là une exigence d'amour qui, bien remplie, nous ennoblit. Sur ce plan d'ailleurs, les musulmans – et Dieu doit s'en réjouir – nous dament le pion, car ils considèrent comme un honneur et non comme une gêne de prendre en charge leurs parents âgés, leur évitant ainsi les mouroirs que, pour notre part, nous faisons pousser comme des champignons dans nos sociétés dites évoluées, en prenant bien soin de nous répéter tous les jours que nous avons fait le bon choix en les parquant dans une résidence. Et nous nous le redisons d'autant plus fortement que nous n'en sommes pas convaincus. Malheureusement, de nombreuses communautés religieuses vont aussi dans ce sens. C'est un désastre évangélique ! Bien sûr, il y a des cas ingérables qui nécessitent une assistance médicale de chaque instant, mais au-delà de ces états gravissimes, combien mon cœur est blessé quand je vois des enfants sortir leurs vieux parents de leur cadre de vie pour les placer contre leur volonté dans des maisons de retraite où ils sont privés, qu'on le veuille ou non, de l'amour familial. Rien d'étonnant alors à ce qu'ils déclinent à la vitesse grand V. On invoque alors mille motifs pour justifier nos choix, mais on en oublie un de poids : le satané égoïsme. Sur l'autre versant, cette semaine, je suis allé visiter une maman extraordinaire de quatre-vingt-cinq ans qui garde sa fille dans sa maison depuis quarante et un ans, celle-ci étant depuis l'âge de dix-sept ans plongée dans un état végétatif à la suite d'une anesthésie générale mal dosée en vue d'une opération bénigne. Sa fille aujourd'hui âgée de cinquante-sept ans, qui semble ne rien saisir du monde extérieur, vit comme une petite reine dans sa chambre bien arrangée, saturée d'amour et, si elle tient, c'est évidemment à sa mère qu'elle le doit. D'aucuns élèveront les bras en disant : « C'est inhumain. Il aurait mieux valu qu'elle meure ! La vie de sa mère a été gâchée ! » Le Christ, élevant les siens, j'en suis sûr, à la plus haute gloire, serrera contre lui cette mère déjà sainte et adorable. Voilà ce que m'inspire le sandwich de mon père.

JRC – *Heureusement que votre père vous l'a préparé, car il est l'occasion de retrouver peut-être dans nos réserves un peu d'amour pour les nôtres et de respect pour leur liberté…*

MMZS – Je suis profondément touché que vous ne cherchiez pas de justifications à la mise à l'écart de nos parents âgés.

JRC – *Remontons dans le train que nous n'avons pas quitté…*

MMZS – Volontiers. Durant ce voyage, en songeant à ce que je vais vivre, une seule pensée me retient, refléter la Vierge : « Ma Mère et moi, nous sommes un ! » Le vivre et le montrer.

JRC – *Toujours le père Kolbe et sa pensée en filigrane sur votre parcours de vie...*

MMZS – Toujours. Et avec lui je partage aussi son amour pour le train, ses compartiments, ses dialogues inattendus, rendus désormais quelque peu difficiles en raison des lecteurs MP 3 et de leurs écouteurs. Mais en ces temps ancestraux – 1995 –, il était encore possible de se regarder en souriant et d'échanger trois ou cent mots. Nous régressons dans la relation humaine, et le mouvement semble irréversible, inutile donc de s'étendre ou de pleurer. À présent, laissez-moi vous faire sentir le climat de vie qui s'annonce et qui me réjouit, en vous racontant mon voyage qui en dit bien plus que tout ce que je pourrais vous livrer sous forme de concepts.

JRC – *Vous avez raison : rien ne vaut le réel...*

MMZS – En franchissant la frontière autrichienne, le wagon s'est obscurci sous le vert massif des sapins. Une femme hongroise, assise en face de moi, professeur à l'université de Budapest, part dans de grands développements sur son pays, y mêlant l'histoire de sa vie, de ses ancêtres, de ses fils, tandis qu'elle me donne une barre de chocolat et m'offre en même temps une image pieuse et deux tubes de paprika, « pour assaisonner votre viande », me lance-t-elle. Vous voyez, l'ambiance à la Elvire Popesco ! Finalement, Elvire s'endort, ma voisine de banquette prend le relais, une certaine Eva qui ploie sous des problèmes affectifs. Je lui offre une médaille qu'elle glisse immédiatement à son cou ; et c'est avec elle – la sainte Vierge a tout prévu, car il me faut une interprète pour prendre mes billets et trouver le bon quai – que je rejoindrai en taxi la gare de Vienne d'où mon départ est prévu. Je dois vous dire ici que l'on m'avait mis fortement en garde au sujet des Roumains, me disant que leur situation de pauvreté les poussait au vol, et qu'il fallait donc faire très attention aux valises, et c'était mon intention. Pour décrocher un chariot à la gare de Vienne, je mets dix schillings dans la fente du système et me voilà parti jusqu'au bout du quai pour me retrouver devant un train des années 1950 d'une vétusté accablante. Là, j'achète une couchette, dix-neuf dollars, je monte dans le train avec mes paquets, et dans la précipitation, j'oublie dans la fente du chariot mes dix schillings. Soudainement, une fillette monte dans mon compartiment ; elle n'a pas plus de dix ans, son prénom est Johanna. Sur un beau sourire, elle me dit : « Père, vous avez oublié *ça* dans le chariot ! » et elle me tend ma pièce. Un baiser, une médaille, et la mort de tout préjugé. Voilà pour mon premier contact avec le peuple roumain.

La nuit tombe. Personne dans le train. Et je dors, et je tourne, et je tremble de froid, mes mains s'embrument, je suis seul, je suis pauvre, je suis comblé… J'arrive dans une gare dont j'ai perdu le nom. Des centaines de gens sur les quais et des milliers de paquets au bout de leurs bras usés. Changement de train. Un jeune homme me voit descendre du wagon, me prend en charge, me conduit sur le bon quai, me dit son désir d'être prêtre, il a vingt-cinq ans, il s'appelle Bogdan ; je prie pour lui, une médaille dans sa main. Un certain Paul surgit, empoigne deux de mes sacs, file à l'avant du train, me fait signe de me presser, monte dans le premier wagon, m'installe, redescend, me regarde, un grand geste de la main démesurément bon et disparaît. Qu'en pensez-vous ?

JRC – *Je ne vois que de l'amour…*

MMZS – …mélangé à de la misère qui l'induit et qui, par conséquent, le fait naître. Voilà la vérité. Dans ce wagon où je prends place pour les dernières vingt heures de voyage, nous sommes très nombreux, plus nombreux que le nombre de places. Devant moi, un jeune ménage années 1940 aux mains noircies par le travail quotidien. L'homme tient pudiquement sa femme dans ses bras où elle dort épuisée. Un jeune homme orthodoxe assis à côté de moi me parle immédiatement « religion ». Plus loin, un pauvre de chez pauvre, avec son beau visage de vieillard et ses pieds enserrés dans des chiffons tenus par des lacets de ficelle, ne cesse de prier, les mains jointes sur ses genoux. Près de la fenêtre, un autre couple me sourit avec respect et m'adresse tout de suite la parole, tandis que dans le couloir un homme s'approche de moi, me tend sa bouteille d'eau, me supplie de boire au goulot, ce que je fais. En échange, une médaille dans sa main. Surgit alors un grand jeune avec une poire : « Tenez, Père, mangez ! » Lui aussi aura son cadeau. De temps en temps, sans explication, le train s'arrête en rase campagne ; des usines à l'abandon, en bord de voie, et des hommes qui descendent du train à toute vitesse remplir leurs bouteilles d'eau à de vieux puits rouillés. Et nous repartons. Et c'est la nuit. Dans le couloir, deux pauvres enfants cherchent à dormir, leur père est couché par terre, j'enlève mon camail, prends sur mes genoux les deux enfants qui s'endorment en pesant deux tonnes.

C'est curieux, il me semble être à Bethléem, c'est du moins l'image qui monte en moi, celle de la crèche. Il ne manque que les animaux, mais la chaleur humaine est là autour de moi et Dieu partout. Encore une journée de train et nous arrivons enfin en gare de Roman, petite ville de soixante-dix mille habitants située dans la plaine moldave, où les franciscains ont bâti après la révolution un monumental Institut théologique devenu leur quartier général. Tout de suite, sans que je demande rien, mes sacs sont descendus sur le quai ; je n'en peux plus, le sommeil a manqué, la nourriture aussi, il est dix heures du soir. Où se trouve le séminaire ? Je demande à un homme qui passe en poussant son vélo. « Plus loin, me dit-il, je vous accompagne ! » Et le voilà qui met un sac sur son porte-bagage, un autre sur le cadre du vélo, et nous partons en zigzaguant, car mon sauveteur est complètement saoul – je viens de m'en rendre compte –, et je vous avoue que, malgré la fatigue, je ne peux pas m'empêcher de rire en me regardant courir derrière ce vélo qui oscille d'un côté à l'autre de la route. Évidemment nous manquons le séminaire ! On revient sur nos pas. Cent mètres de trop. Enfin, nous y sommes. Au portail d'entrée, je remercie mon ange gardien qui m'embrasse avec la ferveur de l'alcool, avant de rencontrer un jeune frère aussi élancé que sa jeunesse qui tout de suite empoigne l'un de mes sacs et s'en va taper à la porte du provincial qui surgit devant moi de toute sa voix au français parfait : « Frère Michel-Marie, vous arrivez de France ? Comme ça ? En habit religieux ? – Eh oui, mon Père, il faut bien faire quelque chose pour le Seigneur ! – En avion ? me demande-t-il. – Non, en train ! – Je suis fier, répondit-il, que vous ayez choisi de voyager en franciscain. Allez manger quelque chose. Vous devez être éreinté. Demain matin, nous nous retrouverons à six heures et demie pour le bréviaire, suivra la sainte messe. Bonne nuit ! » Sur ces trois mots, intuitivement, je sens qu'avec cet homme, le courant passe. Et je ne me trompe pas.

JRC – *Un accueil plutôt martial…*

MMZS – Direct et chaleureux, juste ce qu'il faut pour secouer la vieille nature qui a tendance à trop s'écouter et à perdre ainsi ses forces. À partir de maintenant, vous allez voir que tous les hommes que je vais croiser appartiennent à la race des lutteurs et des braves, à commencer par ce père provincial, le père Sabau, emprisonné durant des années sous le régime communiste, véritable soldat de Dieu qui, dans sa prison, gravait sur son savon les prières pour que ses frères détenus pussent les réciter avec lui. Je le revois, avec ses soixante-huit ans, rejoindre les couvents et les paroisses franciscaines de Roumanie pour résoudre les problèmes qui se dressaient sous la misère qui imposait sa loi, redonner vie de l'intérieur aux diverses communautés, infusant l'esprit de saint François, cherchant inlassablement de l'argent à droite et à gauche pour subvenir aux besoins vitaux de la masse de jeunes qui se préparait au sacerdoce, filant jusqu'en Allemagne pour nourrir de pains ses enfants séminaristes. Comment voulez-vous, devant des hommes de cette pâte, vous arrêter sur votre propre personne, évoquer votre fatigue ? Impossible ! Je vous dis encore deux mots sur lui pour que vous puissiez entrer dans un style de présence sacerdotale que j'admire. Le lendemain de mon arrivée, il me fera visiter l'Institut franciscain de théologie où réside l'ensemble des séminaristes, le réfectoire, la cuisine, les dortoirs. Nous entrons dans l'un de ces derniers, après avoir tapé à la porte ; deux jeunes se redressent d'un coup et dans un très grand respect saluent le provincial qui en me les présentant me dit : « Celui-ci est orphelin, il a dix-sept ans, nous l'avons recueilli, et nous espérons que tout ira mieux pour lui ! » D'un geste sûr, il le recoiffe de ses doigts, arrange sa mèche sur le front. « Que lisiez-vous ? dit-il au second, en voyant un livre entre ses mains. Ah ! vous étiez en train de prier ? C'est bien, continuez ! » Je sentis là respirer une immense paternité qui se répandait efficacement sur ces garçons. C'est donc cet homme de feu qui va définir ma mission de vice-maître des novices en me disant simplement ceci, toujours dans son style direct, déterminé et argumenté, ô combien appréciable : « Je vous demande de prendre en main ces quarante-quatre jeunes et de les former sur tous les plans. Ce sont de bons garçons, très pieux, venant tous de familles laborieuses et nombreuses. Ils sont habitués à la vie de travail et donc au sacrifice, mais… mais… attention ! Quand j'étais au séminaire, on nous disait : "Faites ceci", et une seule fois suffisait. Aujourd'hui, chez nos jeunes, ça reste *ad libitum*. Travaillez sur la docilité. Il en va de l'œuvre divine. Puisque vous aimez le père Kolbe, faites-les entrer dans son exemple et sa pensée, soyez leur grand frère, gagnez leur confiance, ce ne sera pas facile, nous avons été sur nos gardes durant cinquante ans, persécutés par un régime qui nous obligeait à mentir pour nous protéger. Formez-les, formez-les ; dégagez en eux le meilleur. Et que le père Kolbe vous aide à conserver votre enthousiasme et à le transmettre. Comptez sur mon soutien. »

JRC – *Vous avez dit il y a un instant que le « style direct, déterminé, argumenté » est appréciable chez ceux qui exercent l'autorité. Pourriez-vous préciser ?*

MMZS – Mettons-nous bien d'accord et, sur ce point, Barrès vient à mon secours : « L'autorité, écrit-il, c'est moins la qualité d'un homme qu'une relation entre deux êtres. » C'est dire que le responsable, le supérieur, le chef, appelez-le comme vous voudrez, est appelé à former avec ses subordonnés une sorte de constellation où s'entrecroisent l'étoile du but prédéfini, l'étoile des moyens à prendre et, par conséquent, l'étoile du commandement, mais aussi l'étoile de la collaboration qui suppose l'étoile de la confiance, l'étoile de la franchise, l'étoile de l'obéissance, sans oublier, bien sûr, le soleil de l'admiration réciproque, sans lequel un temps fou est perdu en conflits inutiles. Si toutes ces étoiles brillent au firmament de l'œuvre commune, l'avenir non seulement est sauvé, mais se construit. La faiblesse de l'autorité – et je ne place pas sous ce mot des caractéristiques d'ordre psychologique ou comportemental – se situe dans la volonté calculatrice, réfléchie, mesurée, pesée, de ne rien ébranler en quelque camp que ce soit, de manière à ne recevoir les foudres de nulle part et à ne créer aucun remous. Du coup, on ne sait plus ce que l'autorité attend, pense et veut ; tout est brouillé sous le flot d'une pensée qui se veut la plus universelle possible pour ne pas être condamnable – surtout pas de vagues ! –, et c'est ainsi que tout se complique sous les non-dits, les bruits de couloirs, les interrogations, les élucubrations imaginatives qui se plaisent à brouter dans des contextes flous. Même le pape, voyez, ces dernières années, contesté pour trois fois rien, profané dans sa personne par les médias, n'a pas trouvé à l'intérieur de l'Église un front de défense uni pour le sauver alors qu'il proclamait la vérité ! À force de chercher la nuance, de n'enflammer, que dis-je, de ne gêner ni Pierre ni Paul, de ne déplaire à personne, d'« être intégré », comme on dit aujourd'hui, on finit par trahir passivement. Un bon chef, rien ne vaut un bon chef, qui indique une ligne et la défend, et dont on connaît les points de vue, comme rien ne vaut un bon père qui montre à ses enfants le juste chemin pour parvenir au but fixé par la vie, même s'il court le risque de ne pas être compris. Encore une fois, je plaide ici pour une autorité inventive et déterminée qui affiche une ligne, un programme, une direction, et qui se place au centre d'une constellation où les autres sont constitués collaborateurs à part entière et mettent en œuvre de tout leur talent la visée prédéfinie.

JRC – *Avec les Roumains, vous étiez dans cette lumière…*

MMZS – En effet, et c'était libérateur. Quand la tête gouverne en fonction du but à atteindre et non à partir de l'opinion qu'elle redoute, ça marche, et tout le monde est rassuré !

JRC – *Vous allez donc rester à Roman dans ce grand séminaire ?*

MMZS – Très peu de temps. Trois jours après mon arrivée, avec le bon père Maragno, mon ancien recteur de postulat, nommé père maître, nous partons, accompagnés du père provincial, pour la petite ville de Husi, située au nord-est du pays, où, à l'ombre de la paroisse catholique, le noviciat a été construit. C'est là que nous attend notre mission de formation en faveur de quarante-quatre novices à peine sortis du bac, dont dix-neuf à ce jour sont prêtres.

JRC – *Quelles sont les premières choses qui vous frappent ?*

MMZS – Les deux prêtres au service de la paroisse, usés jusqu'à la corde, donnés sans restriction à la cause de Dieu, s'épuisant sous des horaires impossibles. L'un finit sa journée à neuf heures et demie du soir, archi-cuit, prend son repos et se relève à une heure et demie du matin pour gérer la paroisse, préparer son catéchisme et ses homélies, dire la messe, confesser, visiter les malades et partir en forêt pour récupérer un peu de thé rouge et d'ail sauvage pour la cuisine de la maison ; l'autre, emprisonné durant sept ans sous le régime infâme, continue son chemin de croix en se dépensant à sa tâche de curé, visitant et accueillant ses paroissiens, s'occupant de la maison, du jardin, de l'église, et de l'intendance de notre noviciat. Quarante-six bouches à nourrir, ce n'était pas rien ! D'autres prêtres m'atteignent en plein cœur. Pour vous, j'en sors un de l'album de mes souvenirs : le père Johann, ordonné en 1951, arrêté dans la première année de son ordination, trois ans et demi de prison, dont une année de travaux forcés, avant de devenir ensuite cheminot sans bien évidemment jamais révéler son sacerdoce, et cela pendant trente ans. Après la révolution, il sera nommé immédiatement professeur de philosophie au séminaire. Lors de notre première rencontre, en échangeant quelques mots de présentation, il pose sur ma joue sa main paternelle, et fera de même dans la foulée au Père âgé assis à table près de moi. De l'amour simple, de l'amour vrai. Dans la chambre à côté, un prêtre agonise… Un frère se tient près de lui en permanence. L'amour veille à côté de la douleur. Voyant qu'il ne mourait pas, un prêtre se décide à célébrer la messe contre la paroi de sa chambre : un dernier souffle en pleine consécration. À chacun sa morphine. Qui ne dispose pas de moyens humains trouve en Dieu le nécessaire.

JRC – *Vous n'avez donc pas manqué du nécessaire…*

MMZS – Je ne crois pas, puisque la foi et l'amour se disputaient à qui aurait la première place.

JRC – *Mangiez-vous à votre faim ?*

MMZS – Nous mangions beaucoup de polenta de maïs. Pratiquement jamais de viande, sauf deux fois par an lorsque frère cochon était assassiné. Le matin, un bout de lard avec de la moutarde, parfois une tomate, et un bol de thé rouge. Le soir, la soupe aigre-douce, leur fameux *bortch*, un délice fort appréciable quand il faisait moins vingt degrés. La nourriture était limitée, toutefois nous avions eu la chance de dénicher un camion de petites pommes, si bien que tout l'hiver, à chaque repas, l'une d'entre elles venait nous réjouir en dessert. Le père maître se donnait beaucoup de mal pour faire venir entre autres d'Italie des pâtes et du fromage, et c'était fête dans tous les cœurs de nos garçons quand les spaghettis arrivaient sur les tables et qu'ils les arrosaient – c'était leur préférence – de sucre en poudre ! Beaucoup de garçons souffraient de l'estomac, le volume de nourriture n'étant pas suffisant pour leur âge, mais cependant aucun d'eux ne se plaignait. C'était ainsi depuis leur enfance. De temps en temps, on voyait débarquer leurs grand-mères, avec en bout de bras, malgré leur grand âge, de grands sacs contenant un peu de vin, des petits morceaux de poulets rôtis, qui une endive, qui quelques noix ! Et la joie des garçons, c'était alors de se partager ces trésors et de pouvoir ensuite – ils en demandaient l'autorisation toujours accordée – dormir avec leur grand-mère ! Un autre monde sans doute plus évolué que le nôtre.

JRC – *Et la maison était tout de même agréable ?*

MMZS – Pas de chauffage, du moins sur les premiers mois. Les garçons se couvraient bien et gardaient à l'intérieur leur bonnet ; je vivais avec mon habit enveloppé d'une large écharpe, couverture sur les épaules dans ma chambre. Je me revois dans la salle de cours dire à ces garçons façonnés depuis la sixième par la vie des saints qu'on leur lisait au petit séminaire : « Réjouissez-vous, vous voilà enserrés dans leur condition. La pauvreté sublimée par la foi ouvre le cœur, dispose à l'oubli de soi et, ô privilège unique, travaille au salut des âmes ! » Et pour ce combat, croyez-moi, ils étaient toujours partants. Je me souviens d'avoir repéré un jour un novice marchant dans la neige, chaussures trouées. « Nous allons t'acheter de nouvelles chaussures, lui dis-je, tu ne peux pas continuer comme ça ! » Mais il me répondit : « Non, car chez nous des pauvres seraient encore contents de posséder celles qui sont à mes pieds. » Donc, nous avions froid. Pas d'eau en dehors de celle du puits qu'il fallait tirer trois fois le jour. Par la suite, grâce à nos frères d'Italie, nous avons pu faire venir l'eau jusque dans la maison, une eau blanche, visqueuse, non potable, mais quelle grâce que de pouvoir se laver, car les puces faisaient rage. Les jeunes étaient habitués à leur présence, nous l'étions beaucoup moins. Il fallut attendre l'hiver pour en être délivrés. Si je vous dis que ces conditions précaires n'ont jamais été pour moi source de souffrance, me croirez-vous ?

JRC – *Porté, vous deviez être porté…*

MMZS – … par Dieu notre Père, c'est sûr ! Il voyait ses enfants pauvres – je veux parler de nos garçons –, tous enfants des campagnes désirant le sacerdoce, travaillant depuis l'âge de cinq ans aux champs dès quatre heures du matin avec leurs parents, avant de prendre une misérable soupe froide *in situ* et de regagner l'école. Voilà ce que furent leurs vies. Alors, il était bien normal que notre Seigneur voulût aussi que leurs formateurs fussent introduits dans l'univers du manque – il n'est jamais trop tard – et le vissent aussi se dissoudre sous les coups de la confiance en la divine Providence. Des images gravées en moi me poursuivent encore… J'entrevois, dans la nuit la plus noire, un de nos pères âgés remplissant son seau au puits du village, en grande patience, à l'aide d'un vieux gobelet. Il semblait me dire : « Le temps est là pour qu'on s'en serve et non pour qu'on le dévore. » Et ce petit enfant d'une dizaine d'années, Andrei, dont les parents nous avaient tous invités dans leur maison pour prendre un beignet et un verre de vin, afin de prier pour leur grand fils qui venait de trouver la mort accidentellement. Impossible d'oublier cette table de guingois disposée dans leur jardin sur laquelle les beignets attendaient. Chaque novice en prit un, le petit Andrei était près de moi, et je lui glissai à l'oreille : « Va, prends un beignet, toi aussi ! » L'enfant me regarda et d'un hochement de tête très adulte me fit signe que non ! « Ces beignets sont pour vous, non pour moi ! » ajouta-t-il. Tout cela pour vous dire que là-bas, dans ce trou sans allure, durant un an, j'ai appris à vivre.

JRC – *Comment s'organisaient vos journées ?*

MMZS – Elles étaient entièrement consacrées à l'accompagnement des novices. Du matin jusqu'à la nuit, tout était vécu ensemble : la prière silencieuse, la récitation du bréviaire et du chapelet, la célébration de la sainte messe, les cours, les repas, les moments de détente. Et le soir, de nombreux tête-à-tête dans la confiance où les secrets des cœurs se répandaient...

JRC – *Qu'enseigniez-vous ?*

MMZS – Le père maître reprenait l'essentiel des données de la foi, assurait la formation doctrinale, introduisait à l'étude de la Bible, et présentait saint François, sa pensée, son esprit, ses écrits, tout un monde en parfait accord avec le saint Évangile. Pour ma part, évidemment, je m'occupais de la grâce et de l'organisme surnaturel, de théologie mystique et ascétique, de la vie spirituelle sous toutes ses coutures, et de la doctrine mariale de Maximilien Kolbe, bien sûr. Après cinq heures, l'après-midi, je commentais des vies de saints, et je donnais aussi deux heures de « savoir-vivre » par semaine, moment très apprécié où chacun prenait avidement des notes. Le reste du temps était consacré, comme je vous le disais, à la prière, à la récitation du chapelet, et à de grandes promenades et de belles parties de football dont les novices étaient très friands. Nous allions aussi parfois par les rues de la ville, en charrette tirée par un cheval, mendier quelques sacs de farine de maïs ou quelques grappes de raisin et, comme toujours, les plus pauvres, sans un mot, se saignaient pour soutenir notre noviciat. Au retour de ces moments de fraternité, une tranche de pain pour chacun, accompagnée d'un peu d'eau du puits pris dans le même seau et bu à la même timbale de fer. Mais ici je tiens à vous le dire encore : rien ne me coûtait. Je n'ai donc aucun mérite. J'aimais cette simplicité de vie, ces garçons à l'intelligence pratique ; je vénérais leur piété solide et éminemment vocale, leur esprit de mortification, leur élan d'idéalité, et l'amour en forme de souci qu'ils portaient à leur famille. Ces jeunes hommes, tous issus d'un univers pauvre et inculte sur le plan intellectuel, pourraient en remontrer en matière de foi, de courage, de constance, d'éducation, de langage, de maintien, de propreté, de pureté aussi, à de nombreux jeunes de chez nous élevés dans le coton de la facilité, et qui ne savent plus pousser qu'un double cri, celui de l'insatisfaction et de la récrimination. En vous disant cela, ne croyez pas qu'avec le recul, je magnifie la situation roumaine en la mythifiant. J'ai vécu douze mois nuit et jour auprès de ces garçons, et j'ai parfaitement analysé ce qu'ils étaient et ce qu'ils avaient dans le ventre. Nous sommes à des années-lumière de leur lumière.

JRC – *Serait-ce la foi qui donne à leur vie cette noblesse et cette densité que vous nous faites partager ?*

MMZS – Oui, c'est la foi. Je dirais plus précisément : la prière qui prouve la croyance en l'invisible et la volonté de dépendre de Dieu. Ces garçons, comme d'ailleurs leurs parents, étaient de grands priants. La foi structurait leur pensée et leur vie quotidienne. Toutes les familles allaient chaque jour à la messe et récitaient ensemble le chapelet. Leur souci était de parvenir à cette fameuse sainteté qui les faisait rêver, cachée sous les statues de leurs églises. Et cet attrait transpirait de toute part. Tenez, une autre image, parmi des milliers, qui me revient à l'instant : je porte la sainte communion à un jeune novice terrassé par la fièvre. La porte de sa chambre est ouverte, j'entre, le garçon est au centre de la pièce, en pyjama, agenouillé, les yeux brûlants, les mains jointes, attendant son Seigneur. Ses lèvres s'entrouvrent sur une foi profonde. Ce maintien, cette rigueur, cette densité, en disent long sur l'enracinement de la foi dans le terreau de leur vie.

Je vous disais que le soir, beaucoup venaient frapper à ma porte pour libérer leurs cœurs, me confier leurs questions souvent d'ordre spirituel, mais aussi leurs difficultés, leurs soucis de famille, et ce qu'ils attendaient alors avant tout autre conseil, c'est que je leur dise : « Allez, nous allons prier ensemble, et tout va rentrer dans l'ordre ! » Et cette attitude *m'obligeait* à tout vivre et à tout recevoir dans la lumière de Dieu.

JRC – *Isolé au fin fond du monde, sous un mètre de neige, loin de votre famille et de vos amis, il ne vous restait à vous aussi que la prière pour porter les vôtres...*

MMZS – D'autant plus que mon père connut en cette période une aggravation du terrible mal qui depuis deux ans le rongeait. Soutenu par mon frère, il continuait son chemin avec un courage impressionnant, ne s'écoutant pas, marchant de traitement en traitement, sans émettre la moindre plainte. Il appartenait à la race des silencieux, toujours cravaté et souriant, malgré la diminution de ses forces. Un jour, je reçois de lui un coup de téléphone – c'était pratiquement de l'ordre de l'impossible car, vu l'état du réseau, il était très difficile de se joindre. J'entends la voix paternelle se répandre en de brèves questions, se préoccupant de savoir si tout allait bien, si je ne manquais de rien, si je parvenais à combattre le froid, si la nourriture était suffisante, etc. Puis soudainement mon père me lança ces mots : « Tu sais, c'est peut-être la dernière fois que nous nous entendons, car je sens très bien que je suis en train de perdre l'usage de la parole. Mais surtout ne t'inquiète pas. L'essentiel, c'est que toi, tu ailles bien ! » À cette annonce, ma gorge se noua en une seconde, et après avoir posé l'écouteur, ne pouvant agir d'aucune manière – j'étais si loin ! –, aux prises avec un désarroi déjà tenace, étrangement, j'ai tout de suite repensé à l'église San Andrea delle Fratte où la sainte Vierge était apparue à Ratisbonne, vous vous en souvenez ? là où le père Kolbe avait célébré sa première messe. Je me suis souvenu que mon père, en visite à Rome, avait beaucoup aimé ce lieu, et s'était écrié : « Enfin, un autel où le tableau de la Vierge est au centre, au-dessus du tabernacle ! »

JRC – *C'est vrai que dans la plupart des églises nouvellement créées, la Vierge, comme bien d'autres représentations des saints, n'est plus placée dans le sanctuaire…*

MMZS – En effet, aujourd'hui, on déplace volontiers la sainte Vierge pour la mettre à l'entrée des édifices sous la seule raison qu'elle nous conduit au Christ, ou dans un coin de chapelle pour qu'elle laisse à Jésus sa primauté, quand on ne la met pas au rancart parce que la piété mariale, ça suffit, et que notre prière doit être christologique ! Primat du *raisonnable* sur le cœur. Quant aux saints, même s'ils peuvent être les vecteurs d'une rencontre avec le divin, leurs représentations, avouons-le, ne sont guère appréciées. Nos frères protestants, éminemment rationnels, nous entraînent ici dans leur sillon dénudé. Le tabernacle lui-même finit souvent dans un angle, même obscur, sous prétexte que le désir de conserver les saintes hosties ne remonte pas à l'Antiquité chrétienne ! Voyez, cette volonté artificielle de faire tomber dans la forme, mais dans une forme indigente, des conceptions théologiques, fragmentaires d'ailleurs, avec l'idée sous-jacente de sortir les gens – que l'on prend au passage pour des arriérés et des sots – de leur piété peu éclairée. Mais bon sang ! qu'on laisse les personnes prier comme elles le veulent et comme elles le peuvent, avec leurs méthodes, leurs goûts, leurs accentuations propres, au lieu de vouloir à tout prix, en purificateur, du haut de nos visions qui ne sont que des idées incomplètes, museler la rencontre avec l'invisible. Je ne vois pas du reste ce qu'il y a de répréhensible à garder le tabernacle au centre du chœur des églises, avec sa petite lumière rouge qui indique la présence du Sauveur, et de voir à ses côtés la sainte Vierge, sa Mère ! Il n'y a pas de doute : trop de réflexion à partir de notions érigées en principes nuit à l'équilibre du sujet qui croit penser. J'ai été frappé dernièrement de cette affirmation de Charles Dantzig : « C'est la combinaison de l'art et de l'émotion, dit-il, qui fait les meilleurs livres » et j'ajouterai volontiers : et les meilleures églises ! Dessécher le cœur humain en le désaimantant de ce qui l'attire, en l'occurrence du tabernacle ou de la Mère de Dieu, est un mauvais choix que l'on paiera cher dans l'ordre de la transmission de la foi. Sauf exception, les constructions contemporaines d'églises, épurées, que dis-je, le terme est trop noble, évidées de toute représentation, ne portent pas à la piété. Mais évidemment, pour paraître intelligent, il faut dire le contraire et n'aimer que la sobriété des lignes. Si bien qu'aujourd'hui, peu osent lever la voix et proclamer leur désenchantement naturel. Mais laissons là le débat. Je reviens à mon père gravement malade et à cette joie prégnante qu'il éprouva en présence de ce tableau de Marie, dominant le tabernacle. Immédiatement, j'ai téléphoné à l'un de mes frères franciscains de Rome, le frère Vincent Cosatti, en lui demandant de se rendre dans cette église et de faire célébrer douze messes pour mon père. Aussitôt dit, aussitôt fait, comme il se doit quand l'amitié est divinement nouée. Un mois plus tard, mon père au bout du fil, étrangement serein et même joyeux : « Sachant, me dit-il, que tous mes cheveux allaient tomber sous l'effet du traitement, je suis allé chez mon coiffeur pour préparer l'épreuve en les faisant couper très court. Et là, je ne saurais l'expliquer, pendant qu'il me coupait les cheveux, j'ai pensé à la Vierge, mais tu sais, celle que nous avions priée ensemble dans l'église où elle apparut à Ratisbonne – et immédiatement, je me suis senti mieux et, depuis, cela va très bien ! » Vous imaginez ma stupéfaction en entendant ces paroles, surtout que mon père n'était absolument pas au courant de ma démarche. À partir de ce jour, ma confiance en la valeur propitiatoire de l'Eucharistie s'est décuplée et c'est pourquoi j'invite sans cesse les fidèles, et y compris les infidèles, à faire célébrer des messes à l'intention de leurs vivants et de leurs morts. Mais quoi ! c'est évident ! Appliquer le sacrifice du Christ, c'est-à-dire sa douloureuse Passion et sa mort atroce et imbibée d'amour – la mort d'un Dieu ! – à une âme, demeure le chemin royal qui ouvre au bonheur le plus sûr. Mais nous manquons de foi, et en pataugeant de la sorte entre le doute et la semi-confiance, on n'obtient rien.

JRC – *Tout le monde n'obtient pas la guérison attendue, malgré les prières et la célébration de la messe !*

MMZS – Mon père non plus ne l'a pas obtenue et comme des milliards de personnes, il a quitté la terre dans un corps exténué. Dieu ne peut pas vouloir que l'on ne meure pas. Comment saisirait-il ses enfants pour les emporter dans son Être ? Il faut bien que l'âme se détache du corps putrescible ! De temps en temps, il contrecarre les lois naturelles, mais alors pour montrer essentiellement qu'il est là et que demain, il nous attend. Cependant, les grâces obtenues par la célébration de la sainte messe partent de l'autel au profit de la personne dans des directions insoupçonnées et, en elle, un bien s'accomplit dont la compréhension nous est habituellement fermée. À nous la confiance, à Dieu l'efficacité !

JRC – *Dans votre livre magnifique,* Cette nuit, l'éternité, *vous évoquez la figure de l'un de vos jeunes novices, frère Valentin-Marie, devenu prêtre, mais seulement pour huit jours, la mort interrompant son parcours de lumière. Et sous vos mots semblent se bousculer, dans un mouvement de balancier, la foi et la douleur…*

MMZS – Vous connaissez le mot d'Épicure : « La mort fait que nous habitons une ville sans remparts. » C'est dire que nos proches, nos aimés, malgré l'amour que nous leur portons, ne peuvent être sauvés par nous de cette apparente horreur en forme de rapt. On se rencontre, et l'on sait déjà que ce n'est pas fortuit ; on s'approche par la connaissance, on pénètre à pas feutrés dans l'être inconnu, on comprend lentement que l'on se comprend, on s'unit malgré soi par le cœur et l'esprit, enfin, on est chez soi en l'autre, et c'est l'indispensable union qui naît, assurée sous sa véhémence que Dieu lui-même en est l'auteur, quand soudain, car c'est toujours trop tôt, laissant tout juste une adresse à la statue de la Vierge où l'on ira pleurer, l'un s'en va. Nous sommes ici au centre de la vie.

JRC – *De la vie qui meurtrit…*

MMZS – Si l'on s'arrête à soi. Voyez, lorsque je pense à Valentin, c'est-à-dire tous les jours, et plusieurs fois par jour, je pense à sa joie et à son bonheur éternel qui a commencé bien avant le mien. Peut-être devrais-je même me dire si j'avais la foi gros comme un grain de moutarde : « Ô le petit chanceux, il est avec Jésus et Marie ! », mais j'avoue que je résiste un peu, tout en me réjouissant pour lui, imaginant son être immergé en cette indescriptible éternité de gloire qui n'en finit plus. Au fond, je le sais vivant, et cela me comble, et cela me suffit.

JRC – *Mon Père, bien que vous ayez consacré à sa personne votre dernier livre, voudriez-vous nous dire encore deux mots sur lui ?*

MMZS – La fréquentation des saints ne lasse pas, et le récit de leur vie est plus mobilisateur que tous les traités de théologie réunis. Volontiers, donc, je vous dis deux mots qui risquent – je vous préviens – de devenir cent. Novice parmi les novices, j'ai donc fait sa connaissance à Husi. Rapidement, par sa seule attitude, à la fois volontaire et silencieuse – et cette alliance ne trompe pas –, j'ai vu la griffe de la sainteté. Valentin était un garçon très idéal, à la sensibilité vive, de tempérament effacé, réservé, calme, équilibré, de structure plutôt solitaire mais en même temps dynamique en ses gestes. Il n'y avait rien de lymphatique en lui. Sportif, participant volontiers aux récréations communes et aux jeux qui étaient organisés, il apparaissait toujours joyeux, un tantinet taquin, *scherzoso*, comme disent les Italiens. Toutefois, il redoutait les pertes de temps, et la superficialité, il la fuyait comme la peste. « Je dois lutter, m'écrira-t-il durant sa formation en Italie, pour que la télévision n'entre pas dans ma vie et n'éteigne pas en moi l'esprit de prière. Que de temps perdu, alors qu'il y a tant de choses à faire ! » C'est un jeune de vingt ans qui s'exprime ainsi. Au noviciat, il était un enfant au cœur pur, à l'allure simple, transparente, spontanée, et j'entends encore son rire rempli d'innocence, de cette innocence venant tout droit d'une jeunesse préservée et construite à la lumière de l'Évangile dans un milieu où le péché sous toutes ses formes était redouté plus que la misère. Il lui arrivait de s'énerver, de se mettre en colère, de ne pas comprendre le peu d'entrain dont les autres faisaient preuve, notamment durant les parties endiablées de football. Lui, sur le terrain, en défenseur, courait sans cesse, et s'il apercevait que l'un de ses coéquipiers flânait, alors là, ça chauffait, et c'est là qu'on l'entendait crier. Néanmoins le soir, je puis en témoigner, il se rendait dans la chambre de celui qu'il avait verbalement tancé et, à genoux, comme dans les livres d'images, lui demandait pardon.

JRC – *Les autres novices se rendaient-ils compte de sa valeur ?*

MMZS – Bien sûr. Mais vous savez ce que disait Cocteau : « La jeunesse est injuste. Elle se doit de l'être. Elle se défend contre l'invasion de personnalités plus fortes que la sienne. » Certains riaient de lui, le trouvaient trop pieux, cherchaient à le prendre en flagrant délit de faiblesse. C'est ainsi : les élèves trop sérieux sont toujours contestés, ce qui revient à dire jalousés. Et pourtant, il était *un* parmi les autres, ne cherchant jamais à se distinguer, à se mettre en valeur, à s'imposer, à se singulariser, à prendre la parole de manière intempestive. Je ne l'ai jamais vu se mettre en avant.

Sur les quatre cents heures de cours que j'ai données aux novices, je puis affirmer que pas une seule fois il ne s'est distrait de l'écoute, n'a parlé à son voisin, ne m'a interrompu pour poser une question, pour formuler une objection, comme d'autres d'ailleurs ont pu le faire sans grand mal. Doté d'une belle intelligence et de grandes capacités intellectuelles, il se donnait à fond dans ses études ; rien ne passait devant son devoir d'état d'étudiant. Aussi il devait lutter, et il le fit tout au long de ses années de formation, pour ne pas rechercher les notes les plus hautes en vue de satisfaire le désir d'être le premier qui pouvait légitimement l'habiter. Pour s'entraîner dans cette voie, il avait pris l'habitude de remercier le Seigneur pour les notes excellentes des autres. Je le revois encore, le soir, écrivant son journal dans la salle d'étude, révisant les thèmes traités, préparant les petits examens avec beaucoup d'application. Quant à l'amour de la pauvreté qui le caractérisait – ce qui n'était généralement pas le cas de ses camarades d'infortune qui ne rêvaient que d'une chose : posséder enfin ce qu'ils n'avaient jamais eu – et Dieu sait si l'on pouvait les comprendre –, il veillait sur elle comme sur un trésor. Il sentait que la possession pouvait mettre en péril l'idéal évangélique et encombrer la marche vers Dieu. « Surtout, me disait-il, avec cet accent qui semblait repousser une forte tentation, que le désir d'une vie facile et confortable n'entre pas dans mon esprit ! » En visitant de nouveau avec vous son âme, je ne peux que déceler en Valentin cette maturité chrétienne qui suppose une action très intense de Dieu en son être. Tous les soirs, durant une année, il est venu quelques minutes dans ma chambre me confier ses secrets, ses désirs, sa soif du sacerdoce, son élan pour le salut des âmes, et toute la peine qu'il éprouvait en songeant notamment à ses parents, à ses frères et sœurs – ils étaient neuf – qui manquaient du nécessaire. Et notre rencontre nocturne s'achevait toujours sur quelques *Ave Maria* égrenés sur le même rosaire que je garde précieusement – un saint s'en est servi ! – et qui avaient le pouvoir d'endormir la douleur et de promettre un avenir meilleur. Même plus tard, lorsque je le visiterai à Assise durant ses années de formation théologique, je retrouverai toujours le même enfant, le même élan – ça rime ! –, le même cœur désireux d'aimer par la prière et concrètement ceux qui vivaient avec lui. Je me rappelle cette parole qui caractérise son agir et que j'ai tout de suite notée : « Aimer, voilà ce que devrait être notre seule préoccupation. J'ai cette année de nombreux cours à suivre, beaucoup de choses à apprendre, de nombreuses matières à étudier, mais par-dessus tout, je veux m'investir dans l'amour ! »

JRC – *À ceux qui désireraient découvrir davantage le frère Valentin-Marie, je ne saurais que renvoyer à votre livre bouleversant* Cette nuit, l'éternité, *où la vie et la mort se touchent de près en créant de l'espérance comme deux silex frottés l'un contre l'autre font naître le feu...*

MMZS – Quelle belle et juste image ! Cher Jean-Robert, un dernier mot au sujet du père Valentin-Marie si vous me le permettez. Parfois, lorsqu'il m'arrive de me demander pourquoi mon chemin fut si peu linéaire, pourquoi j'ai quitté les dominicains, pourquoi je me suis retrouvé à Rome, pourquoi j'ai donné ma disponibilité pour la Roumanie, pourquoi j'ai été choisi pour cette mission, une seule réponse me vient à l'esprit : uniquement pour que la rencontre avec ce jeune Valentin-Marie à l'étoffe de saint soit rendue possible ! Avec lui, aujourd'hui, dans la plus stricte intimité que protège le silence de la foi, j'use mon sacerdoce, et pour que ce fait soit encore plus patent, j'ai fait graver sous le pied de mon calice son nom, de manière à ce qu'il offre avec moi le saint Sacrifice dans lequel il a pénétré le 5 juillet 2003 avec tant de réalisme en se vidant de son propre sang. Tournons la page.

JRC – *Au fait, en ce qui vous concerne, vous n'avez toujours pas « progressé » dans votre chemin vers le sacerdoce en recevant notamment ces fameux ordres mineurs que vous auriez dû recevoir en cours de formation ?*

MMZS – En Roumanie, je travaille, je ne dis plus rien, je n'interviens plus, je laisse aller, j'attends. Cependant, les tergiversations françaises ne sont pas du goût du sacerdoce roumain qui vit dans l'urgence et dans la nécessité de la transmission de la foi, et non dans la réflexion, le discernement, les étapes, l'œuvre du temps, le mieux… et sous la panoplie du parfait petit administrateur, bien installé dans sa prudence, assis au milieu de ses pairs, se demandant pendant de longues heures si l'œuf dans son assiette est cuit ou dur. Un coup de fil du père provincial de Roumanie au supérieur de France, donné de sa voix tonique exprimant des idées justes et claires, et l'omelette était servie. Je reçus les ministères institués au milieu de mes novices le 2 décembre 1995. À pas de loup, mais inoffensifs, j'avançais.

JRC – *Et toujours pas d'ordination diaconale à l'horizon, malgré votre formation achevée ?*

MMZS – C'était impossible, je vous le rappelle, puisque je n'étais pas encore profès solennel de l'ordre franciscain. Il me manquait encore une année de vœux, bien que ma durée de présence dans la vie religieuse dépassât largement, je vous le rappelle, le nombre d'années exigées. De plus, les besoins en Roumanie étaient immenses. Un nouveau prêtre eût été le bienvenu. Je n'étais pas seul à le penser et à le désirer. Le père maître, mon frère de combat, le cher père Maragno, avec lequel je vivais depuis de nombreux mois, ainsi que le père Sabau, provincial de Roumanie, qui me connaissaient sous toutes les coutures, s'étaient rencontrés à ce sujet au mois de juin et s'étaient promis d'évoquer le problème devant le nouveau père général dont la visite était imminente. Pourquoi ne pas demander à Rome, pensaient-ils, vu mon parcours, une dispense d'une année de vœux, de manière à pouvoir anticiper la profession solennelle au mois d'octobre et recevoir dans la foulée, au mois de décembre, le diaconat. Les novices informés de cette possibilité bondissaient de joie. Vous savez, nous ne formions qu'une seule famille et, tout au long de l'année, les soucis des uns et des autres devenaient les soucis de tous. La santé chancelante des parents du père maître, celle de mon père, si fragile, la situation angoissante de telle ou telle famille de novice, telle maman aux prises avec la maladie et, là-bas, en Roumanie, toutes devenaient mortelles, tel père de famille qui buvait, tel frère ou sœur sans travail et donc sans revenu, mon ordination à venir, tout cela était porté par tous. Le 25 juillet, le père Augustin Gardin, alors père général fraîchement élu de notre ordre, aujourd'hui évêque de Trévise après avoir été le secrétaire de la congrégation pour les instituts de vie consacrée et les sociétés de vie apostolique, posait le pied sur le sol roumain, et l'enfonçait en chacune de nos maisons, prenant la mesure de la situation à la fois exceptionnelle de cette province au regard du nombre des candidats à la vie religieuse, mais aussi de la dureté de leurs vies, et plus encore de la vaillance dont tous les religieux faisaient preuve. Ce fut une joie pour moi de le rencontrer, et je me souviens de cet instant qui dura une bonne heure, où nous avons marché tous les deux évoquant de nombreuses problématiques touchant à notre mission en Roumanie avant d'aborder ma situation personnelle et la possible dispense pour accélérer l'accès aux ordres. La réponse du père général fut nette : « Dès que je serai de retour à Rome, je consulterai le Saint-Siège pour voir en quelle mesure cela est possible. » À peine avait-il prononcé ces mots, que le ciel – je sais que vous me croyez – s'est obscurci jusqu'à faire descendre la nuit la plus noire. Le père général eut à peine le temps d'ajouter : « Vite, montons dans ma chambre, je n'ai pas fermé ma fenêtre ! », qu'un orage s'abattait avec une violence inouïe sur le séminaire. Arrivés dans sa chambre, les volets rapidement fermés, nous sommes restés dans l'obscurité. Intérieurement, je n'ai pas pu faire autrement que de faire le lien avec le premier jour de mon entrée dans l'ordre, où la même chose s'était produite. Pour moi, au cœur de cette nuit inattendue, ce fut clair : j'eus la prémonition que le démon s'apprêtait à sortir ses crocs et à mettre en pièces le projet divin. Le père général se risqua à allumer sa lampe de bureau, griffonna sur un papier les nombreuses années que j'avais déjà accomplies dans la vie religieuse, puis me salua d'un beau signe de tête qui nettement laissait espérer la victoire. Malgré l'orage, j'étais rassuré. Mais le bonheur, ce n'est jamais pour longtemps sur la terre, nous le savons bien ! Pagnol a ce mot délicieux dans *Le Château de ma mère* : « Telle est la vie des hommes. Quelques joies très vite effacées par d'inoubliables chagrins. Il n'est pas nécessaire de le dire aux enfants. » Ne l'étant plus depuis fort longtemps, je souscris à cette affirmation qui, bien loin d'être désespérante, ouvre au loin la perspective de l'univers nouveau et promis par l'Apocalypse où « Dieu lui-même essuiera toute larme. Et la mort ne sera plus ; ni deuil, ni cri, ni douleur ne seront plus ; car les premières choses s'en seront allées ». Et avec elles, la méprise sur les êtres, le faux sérieux des hommes, à brûler dans les taillis de l'enfer. Oh, que cela va me changer !

JRC – *En attendant, vous continuez votre parcours roumain au milieu de vos novices...*

MMZS – Toujours heureux, et plus que cela, comblé par la présence de ces garçons qui s'approchaient du don total de leur vie au Seigneur, et par la fraternité qui régnait entre tous les religieux que nous étions, attelés au travail apostolique en cette province roumaine à la fois dynamique et renoncée…

JRC – *… sur ces derniers mois de noviciat qui sont enfin traversés sous la chaleur de l'été !*

MMZS – … avec le retour de nos sœurs les puces ! Mais laissons-les tranquilles, d'autant qu'elles seront inextirpables.

Pour m'en tenir à ma pauvre histoire, durant le mois d'août, le père Maragno va préparer avec beaucoup de soin un rapport sur ma personne destiné à prendre place dans la demande de dispense à adresser au Saint-Siège. Tout est donc prêt. Nous n'attendons plus que le signal de Rome. Entre-temps, la santé de mon père s'aggrave. Nous sommes au mois d'août, le noviciat tournant au ralenti, une dernière soirée inoubliable sous la joie et les chants auprès de mes novices – et je file vers la France pour le soutenir. Une halte à Paris, le temps d'embrasser la Mère de Dieu à la rue du Bac et de ramasser cinq cents cartouches à l'effigie de Marie à distribuer à l'inconnu. Puis, en arrivant à Nice, le sourire de mon père, ses bras grands ouverts, sa présence courageuse, simple et noble. Dans les jours qui suivront, la nouvelle tombera pour m'inonder de joie. D'un coup de téléphone, le père général m'assure que le Saint-Siège est tout à fait disposé à m'accorder cette dispense : « Il suffit, précise-t-il, que les frères de France préparent le dossier. » De son côté, lui, ferait suivre.

JRC – *Cette fois-ci, vous approchez !*

MMZS – Oui, c'est exact, mais vous connaissez la devise apparemment archi-simple de Bernadette Soubirous : « Il suffit d'aimer ! » Et dans ce « Il suffit… » il y a tout un monde de présupposés qui se cache, comme derrière « Il suffit que les frères de France préparent le dossier » il y aura beaucoup de palabres, de suspicions, de mots creux, d'incertitudes, de peurs, sans compter les non-dits. Bref, pour l'heure, je ne sais pas encore ce qu'ils trament, je me contente de ma joie en voyant que Rome est fidèle au rendez-vous de l'urgence et souscrit à la nécessité du sacerdoce pour le monde. Avant de repartir pour la Roumanie, quelques heures encore à l'ombre de la grotte de Massabielle, une confession générale à Paris, autrement dit trente-sept ans de péchés balayés par la grâce, suivie d'une journée à Rome dans mon ancienne communauté avec des frères chaleureux au possible et… l'avion se perd dans l'infini.

JRC – *Vous êtes heureux de rentrer ?*

MMZS – Et comment ! Je suis heureux de retrouver ma mission au sein d'un ordre qui est ma chair ! À peine de retour, mes enfants, mes novices, sont suspendus à mon cou, bonheur des retrouvailles ! et nous reprenons le rythme avec les vendanges, la joie de tous en bandoulière, le beau regard intérieur de Valentin, coupant les grappes, jamais très loin de moi, et les cours, et la prière, et la dernière ligne droite bourrée de conseils. Pour ma part, je commence intérieurement une grande retraite préparatoire à la profession solennelle, tout en demeurant avec le père maître le plus présent possible aux novices.

Avec le mois d'octobre, le froid est de retour. Le père maître fait tout son possible pour améliorer nos conditions de vie, veillant sur le volume de nourriture qui reste faible ; il est extrêmement vigilant sur ces points. Rien d'étonnant à ce qu'il ait été nommé, après son séjour en Roumanie, directeur général de la *Caritas Antoniana*, grande et imposante structure au service des plus pauvres du monde entier, soutenue par l'immense générosité des fidèles qui viennent à Padoue prier saint Antoine pour lui arracher des grâces. Le père Maragno était un vrai père pour les novices, et un authentique frère pour moi. Parmi des centaines d'actions communes, je veux me souvenir avec vous du jour où nous sommes allés visiter à l'hôpital de Iasi l'un de nos garçons atteint de tuberculose. En entrant dans la salle commune – ils étaient quinze par dortoir –, un petit enfant atteint de méningite nous regardait fixement ; sa mère était à ses côtés, sans crainte de la contagion. Toujours l'amour, toujours l'amour, au-delà de la protection de soi ! Oui, c'était imprudent, mais n'est-ce pas le divin Maître qui nous a rappelé « qu'il n'est pas de plus grand amour que de donner sa vie pour ses amis ». Et impossible aussi d'oublier l'attitude de notre novice ! Dès qu'il nous aperçut, il courut vers nous et lâcha ces mots : « Vite ! Faites quelque chose, je vous en supplie, je meurs de faim ! Depuis que je suis là, je n'ai pratiquement rien mangé si ce n'est de la soupe et du thé ! » Immédiatement, nous avons couru acheter un pain, et si vous aviez vu avec quelle avidité il l'a mangé, je vous assure que jamais plus vous ne pourriez jeter la moindre tranche de pain sec ! Pauvre adolescent affamé comme des millions d'autres. Notre garçon, quelque peu rassasié, a fini par sourire. La souffrance réparée agrandit le cœur. Une dernière accolade fraternelle et nous redescendons par un escalier obscur pour nous retrouver en pleine morgue, que dis-je, dans une cave sordide, suintante d'humidité et de désolation, et sous l'odeur fétide, la présence de corps à demi nus, jetés çà et là, certains avec des tuyaux dans le ventre, cadavres profanés par l'indifférence. *Ecce Homo !*

JRC – *La mort, la mort, toujours présente en votre vie…*

MMZS – Surtout *la mort à soi* que Dieu m'impose à travers le silence des frères de France qui continuent à prendre le temps de réfléchir, comme il se doit, quand on ne vit pas dans l'urgence des situations. Je me soumets donc, j'attends, avec dans l'esprit cette pensée du cardinal Journet qui, en cette période, ne cesse de me poursuivre : « Ayez donc de grands désirs, magnanimes, vastes comme le monde, semblables à ceux de Jésus en Croix. » C'est magnifique, n'est-ce pas ? Dieu, j'en suis sûr, ne supportant pas la passivité de l'âme. Enfin, une nouvelle arrive... mais elle n'est pas celle que j'espère ; c'est la voix de mon frère, qui résonne encore en ma mémoire : « Notre père est au plus mal. Pourrais-tu venir ne serait-ce que quelques heures auprès de lui ? – Écourter la formation de mes novices qui s'apprêtent à prononcer leurs vœux, lui répondis-je, me paraît inimaginable. Non, je ne peux pas m'absenter, ce serait irresponsable ! » Je crois que ce jour-là, les dents serrées, le cœur en charpie, j'ai traversé pour la seconde fois dans ma chair – la première quand je laissai Paris – la jalousie de Dieu qui au fond doit être admise. N'a-t-il pas tous les droits sur le mouvement de notre vie dont il est le vrai Père ? « Celui qui aime son père ou sa mère plus que moi n'est pas digne de moi. Celui qui ne prend pas sa croix et ne me suit pas, n'est pas digne de moi. » Je suis donc resté à mon poste de combat quelques semaines encore, laissant à la sainte Vierge et à mon bon ange – et je le leur ai dit – la charge de prendre ma place près du lit de mon père, et ils s'en sont bien sortis. Le programme terminé, à la veille de la profession religieuse de mes novices – en ultime sacrifice, cette fois-ci dans l'autre sens, car j'aurais tant aimé être près d'eux à l'heure de leur envol –, je décidai de partir pour la France, *via* Rome, où un frère, le père Enzo Poiana, aujourd'hui recteur de la basilique de Padoue, m'attendait à l'aéroport avec son large sourire, accompagné de quelques jeunes de mon ancienne paroisse romaine. Le lendemain matin, il me conduira, devinez où ? à l'église San Andrea delle Fratte où il célébrera la sainte messe à l'intention de mon père, entouré des deux bustes en marbre de Carrare d'Alphonse Ratisbonne et de mon frère Maximilien Kolbe. Le paradis !

JRC – *Comme elle est belle, cette complicité de cœur que vous partagez avec vos frères, ceux de Rome, de Padoue, et ceux de Roumanie !*

MMZS – C'est en ces heures fraternelles que le bonheur d'être à l'Immaculée sous l'habit franciscain se fait, dans mon être, intense. Loin de moi l'idée de quitter l'ordre ! Je veux vous le redire ici : malgré l'attitude des frères de France, rien en moi n'est remis en question.

JRC – *De là, vous rejoignez Nice…*

MMZS – … pour retrouver et découvrir mon pauvre père dans l'incapacité de pouvoir désormais accomplir les gestes les plus simples et les plus quotidiens. Je vois bien qu'il ne peut plus rester seul et que mon frère ne peut pas tout assumer. La pensée de devoir demeurer près de lui, à son entier service, en attendant son heure de départ, se fait lumineuse. Un coup de fil au père général, qui m'encourage en en appelant à mon devoir, d'autant plus que ma mission de vice-maître est achevée. Les novices sont à Dieu, au moins pour trois ans, je peux donc prendre le large et, en frère franciscain, commencer à servir jour et nuit celui à qui je dois la vie.

JRC – *Comment vivez-vous intérieurement votre retour ?*

MMZS – Je n'ai pas d'état d'âme. J'obéis à Dieu et je continue d'aimer. La Roumanie vient de s'éteindre, sauf dans mon cœur.

Chapitre 12

L'ÉBLOUISSANTE MORT

JRC – *Mais, au fait, vous attendez toujours la décision des frères de France quant à l'anticipation de votre profession solennelle en vue de votre ordination diaconale ?*

MMZS – Oui, l'affaire tourne encore. Je ne baisse pas les bras. Rome est favorable. La France doit rendre son avis et préparer le dossier de dispense. Cependant, pour l'heure, mon père occupe mon cœur, mes mains, et toute mon énergie. Inlassablement, sans un jour de répit, j'irai de la cuisine à sa chambre, de la prière à l'échange, durant sept mois, vivre auprès de lui mon plus beau noviciat.

JRC – *Nous permettez-vous de franchir la porte de votre maison et de vous y voir vivre ?*

MMZS – Avec grande discrétion, je veux bien entrebâiller la porte de la maison de mon père, mais pas plus… uniquement pour donner force et valeur à ceux qui gardent leurs malades à domicile et qui sont souvent l'objet de critiques acerbes sous prétexte qu'ils s'usent. Oui, ils s'usent, c'est vrai, mais en aiguisant l'amour, ce qui les rend encore plus humains et par là même, plus beaux, plus chrétiens. En ces mois crucifiants – car il n'est pas facile de voir descendre dans la tombe les êtres aimés, bien que nous sachions par la foi qu'ils montent ! – j'ai recueilli de l'exemple de mon père confronté à la souffrance destructrice, non seulement des paroles, ce qui est déjà beaucoup, mais des lumières sur l'âme humaine, sur la façon dont Dieu s'y prend pour la transformer et la conduire au royaume. En me penchant à nouveau avec vous sur ces humbles mois, je m'aperçois déjà qu'il n'y a là rien d'exceptionnel, si ce n'est qu'un homme est en train de mourir en se laissant faire.

JRC – *Qu'avez-vous fait tout de suite en arrivant près de votre père ?*

MMZS – La cuisine, le linge, le repassage, le ménage, des heures de lecture à haut voix, du *Figaro* jusqu'aux poèmes dont les chutes rimées parvenaient à le faire sourire, alors qu'il anticipait lui-même les derniers mots des alexandrins. Je dois beaucoup, presque autant qu'à ses amis le visitant, à l'*Anthologie* de Georges Pompidou qu'il gardait près de lui en fidèle compagne. C'est incroyable de constater à quel point la poésie, de ses rythmes et de ses musicalités, soigne la joie et rétablit une sorte d'équilibre intérieur…

JRC – *Et sur le plan religieux ?*

MMZS – Outre certaines lectures qui ouvraient sur de bons et fructueux échanges, je me suis employé à ce qu'il accepte de grand cœur la visite du Christ à travers la venue d'un prêtre qui, de sa bonté visible sur ses traits – car tout le succès tient au visage –, le porta au désir de recevoir le sacrement de pénitence, l'onction d'huile sainte, et la communion. Ce fut vraiment mon premier souci. Que la grâce puisse fortifier l'âme et donner au corps en écho une secousse salutaire. Car c'est de la pure folie, quand on est catholique, de laisser mourir les nôtres sans le secours des sacrements. Le démon prétexte la peur pour empêcher le prêtre de pénétrer dans la chambre bientôt mortuaire. Il sait, lui, l'inventeur des ténèbres, le créateur de l'angoisse, ce qu'il ôte à l'âme en agitant le spectre de la prétendue peur. « Mon Père, ne venez pas ! Il va s'affoler, il va penser qu'il n'en a plus pour longtemps ; il ne faudrait pas que ça le démoralise ! » Voilà ce que l'on entend sortir de la bouche de chrétiens qui ne le sont plus. Ceux-ci ne regardent désormais que l'aspect psychologique des choses au détriment de l'action du sacrement lui-même ; et par ce fait, la plus grande majorité des hommes meurt ainsi – à la païenne – sans secours divin. Pour pallier cette fameuse peur qui, en certains cas, je veux bien l'admettre, pourrait survenir en la personne qui n'a jamais rencontré un prêtre de toute sa vie, il existe un chemin simple. Il faut que le prêtre soit appelé au chevet du malade au tout début de sa maladie, lorsque celui-ci est encore valide et qu'il a le sentiment qu'il peut tout à fait s'en sortir. Je dis souvent aux personnes qui viennent me voir pour me parler de l'état de tel ou tel parent : « Dites à votre père ou à votre mère ceci : "Tu sais, je connais un prêtre qui est devenu un véritable ami, et il serait content de venir te rendre une petite visite. Tu vas voir comme il est chaleureux, comme il est bon ! Et je suis sûr que ça te ferait du bien ! Qu'est-ce que tu as à perdre ?" » Voyez, il n'en faut pas plus, ce n'est pas bien compliqué, et quatre fois sur cinq, ça marche ! Et quand le prêtre est là, il suffit d'une minute de conversation pour que le malade soit rassuré, et qu'il redemande un jour sa visite. Et si ce n'est pas la première fois, ce sera la deuxième, ou la troisième qu'il recevra les sacrements. Cessons aussi de considérer nos malades comme des demeurés qui ne se rendraient pas compte de leur état. Je me souviens qu'un jour, mon père, alors qu'il était tranquille, allongé sur son lit, me dit sur un ton neutre : « Ce n'est pas facile de mourir en hiver ! », et cet autre jour où je le pris en photo lors d'une promenade : « C'est très bien ainsi, me dit-il, tu auras un souvenir de mes derniers mois. » En vérité, grâce à Dieu, chacun peut savoir ou ressentir à peu près où il en est. J'insiste donc : les sacrements appartiennent à l'ordre vital. Trouvez le bon prêtre, cherchez-le, certes, consonant avec l'esprit de votre malade, mais par pitié, agissez par touches successives dès le début de la maladie. Et quand les anges sonneront l'heure du départ, vous serez étonné de voir votre mourant réclamer votre « ami prêtre ». Souvent, pour ne pas dire toujours, on pousse, cette fois-ci sans crainte de les effrayer, nos vieux parents à mettre en ordre leurs affaires temporelles de manière à ce que la succession se déroule au mieux et que personne ne soit lésé, mais les affaires de leur âme, on s'en fiche. On est fou !

JRC – *Ne laissez-vous pas entendre ici un risque de damnation ?*

MMZS – Avant de considérer les derniers sacrements – absolution, extrême-onction, communion – comme un passeport tamponné au poste frontière de la douane du Ciel, donnant droit à un libre passage, il faut les regarder comme trois occasions fabuleuses pour remettre entre les mains de Dieu le passé, le présent et, bien sûr, l'avenir. Le passé avec ses inévitables péchés, ses culpabilités, ses remords, est détruit par l'absolution ; le présent, avec son état de déréliction, d'angoisse et de mort avançant à petits pas, est fortifié par l'extrême-onction ; l'avenir, avec en plein Ciel la vision du Corps crucifié, immolé et glorieux du Christ, est déjà étreint dans la sainte communion. Que demande le peuple de Dieu, du pape au dernier baptisé ? Quoi de meilleur dès ici-bas ? Sur les derniers mètres, l'Église et sa grâce fondent sur vous, redistribuent les cartes, mettent entre vos mains la possibilité d'une mise à plat in extremis du pauvre *moi* sacrément tiré à hue et à dia durant la vie. Assuré de la compassion, de l'indulgence, de la tendresse de Dieu, qui viennent de tomber sous la main du prêtre qui absout, sous l'onction d'huile sainte qui adoucit les plaies, et par le don de la sainte hostie, le voyage s'annonce paisible en première classe. Quant à l'enfer – il faut bien que le démon dorme quelque part ! –, j'en suis effondré, mais je dois vous dire que la souffrance éternelle qu'il promet peut s'ouvrir devant certaines âmes qui, sans aucune circonstance atténuante de quelque ordre que ce soit, choisiraient dès ici-bas le camp de la méchanceté et de l'opposition haineuse envers Dieu. En tout cas, ce qui est certain, c'est que du côté du Père céleste, c'est l'attente inconditionnelle en paradis de chacun de ses enfants. C'est dire qu'une âme damnée – s'il y en a une ! – atteint, blesse, meurtrit (mais ce ne sont là que des mots humains qui ne disent pas la profondeur de la déchirure) le cœur paternel de Dieu. Toutefois, la justice divine promise par le Christ ne laissant pas impunis les agissements des hommes aux conséquences graves doit alerter l'âme humaine sur le jugement qui l'attend à l'instant de la mort, et la conduire, au moins sur les derniers mois de sa vie, au regret, au pardon, à la réparation des torts, si cela est possible, mais aussi à la confiance éperdue envers celui qui est son Père et Créateur. Vous voyez donc ici que l'homme trouve son intérêt à se soumettre à plus grand que lui à l'heure où il s'amenuise dangereusement sur le plan corporel et où l'âme renouvelée doit prendre le dessus.

JRC – Cela dit et bien dit, revenons à votre avenir ! Du côté des vivants, du côté des franciscains, quelles nouvelles recevez-vous ?

MMZS – C'est la grande déception. Au début de mon séjour à Nice, le supérieur de France m'appelle pour me dire que ma demande de dispense sera traitée lors d'une rencontre à Gênes. On fait traîner l'affaire, on renvoie devant d'autres instances, rien de bien nouveau : les procédés du monde. Un autre frère du Conseil m'appelle pour me dire : « On réfléchit ! », comme s'il s'agissait de régler l'avenir de la planète. Et puis c'est le silence, le long silence, qui durera de longs jours. Pas une visite, pas un appel, sauf de mes petits frères roumains ou de tel ou tel frère d'Italie. Face à cette inhumanité fla-grante, à l'autre extrême, l'exemple de mon père me bouleverse. Dans ses silences comme dans ses propos, en lui, à l'aube de la mort, tout m'apparaît simple, juste, grand, et surtout dépouillé de duplicité. En moi, pour la première fois, surgit l'idée de sortir de la juridiction française de l'ordre, véritable étau suspicieux, manquant résolument de hauteur de vue. Et je ne m'arrête pas là… Je vais plus loin, je descends lentement à l'école de mon père, humble baptisé, qui m'éblouit jusqu'à cet ultime questionnement intérieur : « Si j'arrêtais tout, si je repartais à Paris, si je reprenais mon métier ? Et si, tout simplement, j'accomplissais le bien hors de ces structures anémiées par manque de souffle évangélique ? » Si je vous livre aujourd'hui la détresse et le dénuement intérieurs dans lesquels je suis alors entré, c'est pour montrer jusqu'à quel point la tentation peut ébranler l'âme et la pousser vers des extrêmes : « Mon Dieu, mon Dieu, pourquoi m'as-tu abandonné ? » Et pourtant, depuis l'enfance, le sacerdoce est dans mes viscères, le père Kolbe pulse de tout son esprit dans mon esprit. Et mon père se meurt et moi avec, au milieu de mes lessives, de la cuisine, de mes sourires près de son lit où un matin de très bonne heure, regardant par la fenêtre, je lui dis pour ne rien dire : « On dirait que le soleil se lève… » Et il me répondit : « Il va aussi se lever bientôt pour toi ! » Et en effet, il se leva pour moi. Un coup de téléphone du supérieur de France – je vous rappelle qu'ils sont cinq dans leur conseil à devoir décider de mon sort pour une troupe qui n'excède pas avec eux dix frères ! Le couperet tombe : la dispense est refusée. Le seul frère français de la bande s'y est opposé, un autre qui est polonais et qui ne m'a vu qu'une fois au cours d'une rencontre fraternelle est du même avis – celui-ci, appelé à devenir formateur, quittera d'ailleurs le sacerdoce quelques mois plus tard pour se marier. Quant au supérieur, il n'a pas su défendre cette cause pourtant archi-limpide, largement soutenue par ceux qui m'avaient vu vivre.

JRC – *Comment avez-vous réagi ?*

MMZS – Bien que ce soit interdit, je puis vous le jurer : sans aucune amertume dans mon cœur ou dans ma voix. Cette décision m'apparaît si illogique qu'elle ne peut alors à mes yeux que contenir et révéler une volonté expresse du Seigneur et de sa Mère. Et je veux de plus qu'à tout prix l'amour triomphe. Pour une fois que l'occasion m'est donnée de souffrir injustement et de ressembler malgré moi quelque peu – voyez, je n'ai aucun mérite – à mon cher Maximilien éprouvé par la stupidité de ses frères qui ne comprennent pas son action, j'entends bien profiter de cette situation.

Et les jours passent. Je ne sais pas ce que je vais devenir, et je vous avoue que cela ne m'intéresse presque plus. Mon père, seul, occupe mon âme. Un appel du supérieur de France m'apprend que le père général, en apprenant le vote du Conseil, « est entré dans une colère noire à l'égard des opposants ». Je m'en réjouis ; cependant, l'opposition qui vient de la base ne desserre pas et j'attends donc que le sommet rende caduc le vote du Conseil, la faiblesse de l'autorité étant, à mes yeux, la source de tous les maux. J'explique à grands traits la situation à mon père exténué ; il n'a qu'un mot : « Que sont ces généraux qui ne commandent pas ! » Les jours qui suivent, c'est le silence…

JRC – … *que vous allez rompre…*

MMZS – … en rompant avec l'ordre. Et je vous assure qu'il m'a fallu m'accrocher au bastingage du Ciel pour vaincre mon émotivité, décrocher mon téléphone, appeler mon supérieur pour lui asséner ces simples mots : « Je t'annonce que je quitte l'ordre ! »

JRC – *Où êtes-vous allé chercher cette force ?*

MMZS – Vous voulez dire : cette mort que je m'infligeais ! Je suis allé la chercher dans mon honneur bafoué. Car je dois vous avouer que malheureusement, pour l'honneur, et pour exprimer le juste et le vrai, je suis capable de me saborder ; car enfin pour l'heure, le grand perdant dans cette affaire, c'était moi. Je ne savais pas ce que j'allais devenir. Je n'avais devant moi aucune porte de sortie. Et puis, je n'en pouvais plus, mon père mourait à petit feu et les bons frères français autour de leur table, loin de ma peine, continuaient de régenter mon existence sur laquelle ils semblaient posséder tout pouvoir. Je leur ai donc montré qu'en une seule seconde, par ma seule résolution, ils ne possédaient plus rien, leur décision tombant à plat, s'annulant sur l'instant. De fait, il convenait aussi que je réagisse ainsi, car si j'acceptais cette décision, il eût fallu que j'explique à mes novices que leur formateur, nommé par le père général, était refusé par des frères, contre l'avis de Rome, à la profession solennelle. Peut-être certains de mes jeunes novices seraient-ils allés jusqu'à douter de mon honnêteté, de la qualité de l'enseignement qu'ils avaient reçu, mais plus grave encore, auraient-ils pensé qu'il était possible de s'opposer à l'autorité suprême.

JRC – *Comment votre supérieur de France a-t-il reçu au téléphone votre décision ?*

MMZS – Il ne s'y attendait pas. Il était perdu. Le dialogue fut court comme son souffle. Cinq minutes plus tard, le téléphone sonnait, c'était le père général. Nous avons parlé une bonne heure ensemble. Avec vigueur il m'annonça « qu'il condamnait sévèrement les agissements des frères », et me proposa tout de suite un éventuel changement de province, en me disant « qu'un tempérament de pionnier comme le mien était nécessaire à l'extension de l'ordre et que par conséquent il m'ouvrait toutes les portes ». Néanmoins, précisa-t-il, « pour le moment, il ne faut plus songer à la France ». Après ce long coup de fil paternel, je ne savais plus que penser. D'autres appels vont suivre, l'ancien général, des frères amis dispersés en Europe, à commencer par les plus baroudeurs, tel le frère Mario, intrépide aumônier du port de Venise, le père Maragno, bien sûr, mon compagnon de combat en Roumanie, m'assuraient de leur soutien ; les lettres des novices vont affluer, le père Coli du conseil général de l'ordre, responsable des provinces franciscaines de tout le pourtour méditerranéen, m'appellera aussi pour me dire son indignation. Je suis littéralement déchiré à l'idée de quitter l'ordre. Je réfléchis, je prie – et c'est un nouveau coup de fil du supérieur de France qui retentit : « Je tiens à me montrer solidaire de cette décision. Il n'y a pas de raisons que deux frères seulement soient rendus coupables de ce choix. Partout, dans l'ordre, on nous crache dessus. Mais cette affaire a du bon. Elle nous permet de nous demander quel genre de présence nous entendons offrir à la France, quel type de frères nous voulons... Nous nous préparons au chapitre spirituel où nous allons réfléchir [encore réfléchir pour la énième fois !] sur les rapports entre l'apostolat, la vie commune et la prière. » En entendant ce verbiage, j'ai tout de suite pensé que le drame ou l'erreur, comme vous voudrez, était de se demander : « Quel type de frères voulons-nous ? » et non : « Quels frères l'Esprit saint nous envoie-t-il ? » En tout cas, pour moi, après ce coup de téléphone, il était clair désormais que le danger que je représentais à leurs yeux se situait du côté de cet équilibre entre ces trois dimensions qui, en toute vie, est toujours compromis. La fougue du père Kolbe, ses initiatives, ses voyages, ses prédications, son apostolat très personnel, ses prises de position audacieuses jusqu'à vouloir modifier la règle de saint François – oui, il est allé jusque-là ! –, n'ont contrarié en rien la marche de l'ordre franciscain, bien au contraire, sa forme de vie, ses orientations et son témoignage furent source d'enrichissement. Je voulais marcher dans cette lumière, sortir du *conventino* et de son cloître, pour faire prendre l'air à la Vierge Marie en la faisant connaître et aimer, je voulais battre le rappel des âmes, sans blesser pour autant la vie commune, mais mes frères ont eu peur ; je leur pardonne, je ne leur en veux pas ; maintenant même, je les bénis, eux qui ont été indirectement les artisans de la volonté divine, d'autant plus qu'aujourd'hui en France, la phalange franciscaine conventuelle est admirablement bien conduite par un vrai fils de François aux vues larges et prophétiques, accomplissant désormais un travail pastoral remarquable. Je voudrais, avant de clore cette affaire, revenir sur la possibilité qui m'était laissée de rester dans l'ordre franciscain en rejoignant un autre pays. Bienveillante et délicate attention du père général ! Toutefois, quitter la France, laisser ma langue et ma terre déchristianisée comme peu de nations le sont au monde pour des histoires internes à une communauté, ne me semblait pas équitable. Ma décision sera donc maintenue : je m'en vais... à l'instar de mon père qui s'en va... vers l'inconnu.

JRC – *Au fond, frais émoulu pour l'ordination sacerdotale, les études théologiques en poche, votre avenir était loin d'être défini...*

MMZS – Sauf dans le cœur de la Vierge. La suite de l'histoire ne me permet pas d'en douter. La mise à la rue de ma vocation – il n'y a pas d'autre mot –, due à l'usage aveuglant de structures et rouages déficients, semblait m'inviter à reprendre la route de Paris et de ses cabarets où les relations humaines avaient paradoxalement une autre tenue, plus irriguée par l'amour, moins conventionnelle et bureaucratique. Comme je vous le confiais tout à l'heure, à un comma près, je retournais en arrière, ce que la sagesse du Christ ne recommande jamais. Par grâce, j'eus l'idée de téléphoner au père Perrin, à qui j'expliquai en long et en large la situation. Sa première réponse fut éloquente, et enfin humaine et engageante : « Je suis avec toi ! Vise le primat du sacerdoce. Si tu le veux, je demande à Mgr Sardou, l'archevêque de Monaco, qui est un ami, ou à Mgr Bernard Panafieu, l'archevêque de Marseille en qui j'ai toute confiance, ce qu'ils pensent de cette situation, et s'ils seraient prêts à t'accueillir dans leur diocèse. Réfléchis. Donne-moi vite une réponse. » Et il reprit : « On est très fort avec toi ! » Une route semblait s'ouvrir. Suivirent deux jours d'affliction où je touchai le fond. Dans la chambre à côté, la vie s'éteignait... Ce n'était pas le moment de penser à soi ou de flancher ; c'eût été irrecevable et malvenu face à mon père agonisant, lucide et volontaire. De la cuisine à sa chambre, sur dix mètres de couloir, j'en profitais pour réfléchir : Monaco, tant d'heures passées auprès d'Aimé Barelli, au cabaret du Casino, au Café de Paris, peut-être convenait-il d'aller chanter plus loin ? Quant à Marseille, je ne savais que penser : cette ville, malgré son ampleur, me semblait éminemment régionale ; fallait-il y être né, avoir l'accent pour y vivre ? Et puis, serais-je capable d'entrer dans le clergé séculier, d'arrêter mes pas sur une ville, de servir dans un périmètre défini ? En ces jours, il ne me restait plus que le père Perrin qui régulièrement me téléphonait, lui, l'aveugle, y voyant beaucoup mieux que tous les éplucheurs de dossiers, prenant des nouvelles, suivant de

près ce que l'Esprit saint devait, me disait-il, « immanquablement me souffler ». À l'angle d'une conversation,
un matin, il m'annonça à brûle-pourpoint que le père
Benoît Rivière, son fils de prédilection, vicaire épiscopal, aujourd'hui évêque d'Autun, était prêt à favori-
ser ma venue dans le diocèse de Marseille. Ensemble,
nous parlâmes aussi longuement de son œuvre *Caritas
Christi* qui s'évertuait à prouver depuis plus de soixante
ans, par la vie de ses membres, que tout baptisé pouvait
parvenir à la sainteté en vivant en plein monde, chacun
dans sa couleur. Oh, que cette perspective m'allait bien !
Le père Perrin m'apparaissait aussi amoureux du Christ
que de la liberté humaine, aussi attaché à l'Église qu'à
tout homme de bonne volonté. Et cela m'allait aussi
très bien. Et puis, au fond, je lui devais mon départ de
Paris pour la vie religieuse ; pourquoi ne pas continuer
à lui faire confiance ? C'est donc ce que je vais choisir
de faire au jour de la Pentecôte, après avoir demandé
conseil à mon frère de la terre, à des amis très chers, et
à ma pauvre intelligence. Tout le monde est d'accord.
Le père Perrin est aux anges. Le soir même, le téléphone retentit, c'est sa voix : « L'archevêque de Marseille, très ému, s'associe à mon action de grâce pour
ta venue parmi nous. » Les portes sont donc ouvertes.
Je n'en reviens pas. Mais pour l'heure, j'oublie tout,
la vie est ailleurs, même si elle s'amenuise. 21 mai :
mon père reçoit l'indulgence plénière *in articulo mortis*
avec un beau sourire et à l'invitation d'un prêtre chaleureux – c'est l'idéal – récite lentement dix *Ave Maria*.
« Premier mystère, la Résurrection. » Elle n'est plus très
loin. Avec lenteur, mon père lève la main et se signe
en suivant le mouvement de l'absolution. Il reste trois
jours. Nous ne sommes plus en hiver, peut-être la mort
sera-t-elle douce ? Mon père, assis dans son lit, me

regarde, me sourit, et de sa fine voix me lance cette parole étonnante : « Si demain je ne suis plus là, surtout ne t'inquiète pas. Tout va bien, je suis en paix. » Pas une perfusion, pas un médicament ne l'assiste, seulement de la prière et, je crois, un brin d'amour reconnaissant de la part de ses fils. Près de lui un carnet où à la première page il a inscrit ces mots : « L'amour est une chose que nul homme, nulle femme, ne peut créer pour soi. Le plaisir de ceux qui aiment est de donner. » Ce n'est plus lui qui maintenant me donne la main pour aller au jardin public de mon enfance ou à l'enterrement de ma mère, c'est moi qui la lui prends pour le conduire cette nuit au jardin des oliviers où mon frère et moi, épuisés par la journée, nous nous endormirons quelques minutes, le temps de son ravissement… Après une prière intense où l'âme était peut-être encore là, je connus alors la grâce insigne de préparer son corps pour la nuit du tombeau. À ne laisser faire à personne si l'amour en a la force. Le lendemain, l'avalanche de l'amitié sous les coups de téléphone, les télégrammes, les visites, et les fleurs par centaines. « Sommes de tout cœur avec vous dans le grand malheur qui vous frappe… » Décidément, que le monde se perd dans la tristesse en égarant la foi. Il faut absolument le lui dire.

JRC – *Merci, mon Père.*

MMZS – Merci surtout à mon père.

Chapitre 13

LA CONFIANCE ACCORDÉE

JRC – *Vous voilà donc arrivé à Marseille…*

MMZS – Auparavant, il y eut évidemment une pre-mière rencontre avec Mgr Panafieu dont je garde un sou-venir ému. Je me revois accompagné par le père Perrin – car il avait tenu à me conduire lui-même jusqu'à la résidence épiscopale malgré ses quatre-vingt-douze ans et la lenteur de ses pas – dans le bureau de l'archevêque de Marseille qui me reçut très chaleureusement et dans un élan de confiance qui, au regard de ce que je venais de vivre, me surprit. Cela faisait longtemps que je ne percevais plus, au sein de l'institution ecclésiale, la sim-plicité de l'Évangile. Sans attendre, il me dira sa joie de m'accueillir. Entre-temps, il avait demandé, comme il se doit, des rapports à l'ordre dominicain qui n'avait plus entrevu mon visage depuis quatre ans, et à l'ordre franciscain que je venais de quitter, en quelque sorte à contrecœur, pour les raisons que vous savez. Je me sou-viens de cette réflexion de l'archevêque alors qu'il tenait en main l'ensemble du dossier : « Michel-Marie, me dit-il, écoute-moi bien, je n'ai pas l'intention de t'habiller en dominicain ou en franciscain. Je te reçois volontiers dans le diocèse et te confie à la garde de deux prêtres en qui j'ai toute confiance : le père Benoît Rivière, chargé de la pastorale des jeunes et de l'enseignement catholique, et le père Louis Sankalé, curé du Sacré-Cœur, tous deux vicaires épiscopaux. »

JRC – *Et bientôt tous deux évêques !*

MMZS – En effet, voyez, j'ai été à bonne école. C'est le 5 septembre 1997, jour de la mort de mère Teresa, que je vais arriver à Marseille. J'ai trente-huit ans. Religieusement, je ne suis plus rien, je ne porte aucun habit, mon passé semble décousu, et l'on peut penser qu'avec mon parcours, je suis instable, et qu'il convient donc d'être prudent. Chez ces deux prêtres, la bienveillance prédomine. Voulant répondre à leur confiance, je vais donc tout de suite me jeter dans le travail apostolique que l'on me confie : un lycée catholique, une école primaire, une présence à l'aumônerie des étudiants et, surtout, une participation active à la basilique du Sacré-Cœur où la vie paroissiale est dense. Mes journées et mes débuts de nuits sont remplis jusqu'à n'avoir pas même le temps de penser à l'avenir. Cependant, deux mois seulement après mon arrivée, et j'en reste ébahi, Mgr Panafieu me laisse entendre qu'il songe à m'appeler à l'ordre du diaconat en vue de la prêtrise. Cette rapidité me laisse sans voix et, bien sûr, me réjouit. Le Seigneur me voudrait-il prêtre séculier ? Tout semble désormais l'indiquer. Le 28 avril, l'appel au diaconat est rendu officiel ; le 21 juin, je suis ordonné.

JRC – *Je suppose que vous avez préparé avec beaucoup de soin ce grand jour ?*

MMZS – Dans le cœur surtout. Mais pour le reste, en cohérence avec la pensée qui m'habite et que j'ai déjà exprimée, à savoir que la hauteur du don reçu doit être révélée par la vie et non par les flonflons : donc, pas de faire-part, pas d'image souvenir, pas de fête, pas de repas. Je quitterai Marseille le soir même de l'ordination accompagné d'un jeune ménage, amis très chers, pour filer en direction du monastère de la Visitation de Tarascon, où mère Marie-Marguerite m'attend dans la douleur constante et irrémédiable de l'offrande. Le lendemain matin, j'étais à l'autel où je prêchai pour la première fois – longuement, d'ailleurs, pour récupérer le temps perdu –, et l'après-midi, dans la chambre de cette mère, je recevais sa joie et les dernières consignes.

JRC – *Vous voilà donc harnaché au diocèse de Marseille.*

MMZS – Qui aurait pu prévoir cette issue ? Je dois dire que la confiance de Mgr Panafieu et sa ferme décision d'avancer rapidement ont été pour moi déterminantes. Si les choses avaient traîné en longueur, si j'avais senti la moindre suspicion, il est sûr que j'aurais repris la route afin de protéger ma vocation. Car le découragement venu des ralentissements causés par les hommes peut devenir insupportable, et l'appel divin, pourtant bien ancré – vous l'avez vu –, se perdre. La personne qui se présente et qui pense à la prêtrise doit être *a priori* reçue comme un don de Dieu. Avant de sortir du kit du parfait formateur le pied à coulisse pour mesurer dans les rouages du candidat ses aptitudes intellectuelles, son équilibre psychologique, son implication dans la vie de l'Église, décortiquant son histoire familiale et personnelle, il convient de se mettre en prière, à deux genoux, et de rendre grâces, déjà, de la venue de cette vie et de comprendre ce que le Saint-Esprit veut pour elle ! Trop de prudence, trop d'interrogations, trop de défiance, nuisent à l'œuvre divine. Recevons l'être qui se présente, et dans ce verbe *recevoir*, plaçons tout le respect auquel il a droit. Les personnes, avant d'être des cas, sont des personnes. Et si les formateurs sont appelés formateurs, c'est justement pour *former* des jeunes qui ne le sont pas, et qui, par conséquent, au départ, sont loin d'être au point. Mgr Panafieu aurait pu invoquer mille raisons pour me refuser, mais il a choisi de poser un acte de foi, et pour mes dix ans de présence à Marseille, malgré mes limites, je le revois me dire, le visage souriant : « Non, rien de rien, non, je ne regrette rien ! » Voyez, même cette simple repartie montre bien qu'il prenait en considération toute ma personne jusqu'à mes nuits parisiennes. Sans jamais sortir du cadre et des structures de vie ecclésiale, Mgr Panafieu n'en était pas pour autant le vassal. Une petite lucarne restait ouverte, et c'est par là qu'il m'a fait passer. Je lui en suis infiniment reconnaissant.

JRC – *Va-t-il vous confier d'autres responsabilités ?*

MMZS – En plus de la paroisse, du lycée catholique et de l'école primaire, je vais recevoir en partage l'aumônerie du grand lycée Perrier et des collèges avoisinants. De plus, Mgr Panafieu me confie la responsabilité de deux mouvements : les laïques missionnaires de la Charité de mère Teresa, mouvement alors important sur Marseille, que je vais accompagner durant sept ans au rythme d'une conférence par mois, ainsi que les auxiliaires du Cœur de Jésus regroupant des laïques vivant de la spiritualité de Montmartre. À ce travail d'accompagnement spirituel, s'ajoute aussi ma présence au sein des fraternités *Caritas Christi*, auprès du père Perrin, qui ne va pas tarder à partir pour la gloire du Ciel. Vous voyez, grâce à Dieu, je ne manque pas de travail.

JRC – *Le père Sankalé vous soutient ?*

MMZS – Je crois pouvoir affirmer – mais il serait plus respectueux de le lui demander – que nous avons partagé ensemble, sans la moindre divergence sur le plan spirituel et théologique, et sans jamais le moindre heurt, la charge pastorale, jusqu'au jour où le Saint-Père le choisit pour apôtre en l'envoyant comme évêque en Guyane. Ce prêtre fut un frère bienveillant, à la fois proche et respectueux, tombé du Ciel pour me comprendre, et duquel je reçus la certitude que l'on ne peut revitaliser une paroisse sans soigner la liturgie et prêcher avec ses entrailles.

JRC – *L'année suivante, vous receviez enfin l'ordination…*

MMZS – Oui, comme vous dites, « enfin ». Vous vous souvenez de la parole que Marthe Robin glissa à l'oreille de ma jeunesse ? « Il vous faudra beaucoup de temps. » Pas de doute : cette petite sainte crucifiée, bien qu'aveugle, lisait l'heure aux pendules du Ciel. Dix-neuf ans s'étaient écoulés depuis cette prophétie. Le 30 mai 1999, en la solennité de la très Sainte Trinité et en la fête de sainte Jeanne d'Arc – quel mariage épique ! – je recevais avec quatre confrères la grâce de la prêtrise. Et je revois dans le défilé des prêtres imposant les mains sur les nouveaux ordonnés, le bon père Perrin, aveugle et en chaise roulante, à bout de forces, cherchant dans sa nuit, à tâtons, le contour de ma tête pour y poser ses mains lumineuses.

JRC – *Au cours de l'ordination, quel fut pour vous le moment le plus fort ?*

MMZS – Tout fut grand et beau. J'étais au Ciel et j'ai gardé la plupart du temps les yeux clos. Cependant, la consécration des mains sous l'onction du saint chrême m'a bouleversé. J'avais justement les yeux fermés quand je sentis nettement une goutte d'huile sainte tomber au creux de ma paume. J'en fus surpris car je m'attendais sous les doigts de l'évêque à une onction plus qu'à cette ingérence. Engendré, j'étais comme engendré par la substance du Christ, traversé par une grâce féconde. Ce geste divin qui me poursuit encore me montre à quelle profondeur d'être l'homme est configuré au Christ dans ce sacrement. J'ai aussi tenu à ce que ce soit un frère franciscain qui me revête de la chasuble. Ne faut-il pas coudre sa propre vie avec tous les pans de son histoire ?

JRC – *Et cette fois-ci, après l'ordination, je suppose qu'il y eut grande fête autour de vous ?*

MMZS – Le soir, avec l'un de mes confrères, nous avons désiré recevoir nos parents et amis sur la montagne sainte, au pied du sanctuaire de Notre-Dame de la Garde. Privilège unique jamais plus renouvelé. Nous étions heureux d'être près d'elle avec nos affections les plus chères de la terre. Là, se sont retrouvés non seulement les miens, mais aussi des amis de Paris, du temps de mon piano, des amis de Toulouse et de Bordeaux, du temps de l'habit blanc, et de nombreux frères franciscains et amis de Trévise, de Padoue, de Rome, et même de Roumanie, du temps de l'habit noir. Pas de musique, pas de champagne, mais des centaines de sourires et de serrements de mains en présence de la très sainte Vierge Marie qui, bien qu'immobile, ensoleillait de sa dorure ma première nuit sacerdotale.

JRC – *Et votre première messe ?*

MMZS – Elle fut vécue, le lendemain, enveloppée d'une grande sobriété, au monastère de la Visitation de Tarascon, assisté du père Luc Lalanne, chancelier du diocèse d'Aix, et de Mgr Jean-Pierre Ravotti, chanoine de Toulon, ami de toujours, et chantre imbattable de Marie-Madeleine. Ce jour-là, mère Marie-Marguerite me reçut, définitivement alitée, le corps exténué, l'âme ne tenant qu'à un fil, celui de l'abandon. Je célébrai la sainte messe revêtu de la chasuble de François de Sales, offrant aussi le sacrifice avec le calice du saint. Céleste, intemporelle, ailée, vaporeuse, je ne sais comment définir cette atmosphère d'où rayonnait la surnaturalité de l'action divine. Un déjeuner nous attendait ensuite, joliment préparé et offert par les sœurs. Avec mes plus proches – une vingtaine seulement –, l'après-midi s'en est allé sous la conscience éblouie d'avoir vécu en deux jours des événements au retentissement universel.

JRC – *Qu'entendez-vous par là ?*

MMZS – Un prêtre de plus, cela signifie que le sang du Christ va continuer de couler sur les autels du monde pour irriguer les âmes de la vie divine en les fortifiant de l'intérieur par la sainte communion. Vous vous rendez compte de ce que j'affirme ici. Quand j'entends la foule des baptisés proclamer qu'il n'est pas nécessaire d'aller à la messe pour vivre selon les valeurs de l'Évangile, que l'on peut très bien être chrétien en s'abstenant de toute pratique, mais quel aplatissement, quelle ignorance, quel malheur, quelle méprise, quelle maladresse ! Le Christ n'est pas venu mourir au milieu de sa création pour nous laisser un code de conduite et des valeurs à mettre en œuvre ; il n'est pas venu en maître philosophe seulement « donner sens », comme on dit aujourd'hui, à nos existences ; il est venu avec le désir intense de pénétrer le composé humain en se laissant assimiler comme un aliment. Abîme d'amour indéfinissable, l'un vivant dans l'autre, l'autre vivant dans l'un ! Voilà ce dont l'homme se prive en demeurant dans un rapport avec Dieu qui le cantonne à se tenir au-dessus de nos têtes, régissant le monde en despote, surveillant la réalité humaine d'en haut. Le mystère est beaucoup plus impressionnant et plus beau ! Le Christ, sous l'apparence d'une hostie, descend lui-même dans nos âmes et jusque dans le tissu cellulaire pour nous vivifier de toute sa Personne. Ici, le rêve de l'amour devient réalité : ne faire plus qu'un avec l'être aimé. En outre, le sacrifice du Christ, renouvelé sur les autels, à la portée infinie, s'il agit sur l'âme humaine qui s'en approche, rejaillit aussi en déflagration de grâces sur l'univers entier, notamment sur les âmes qui sont en purgatoire, et qui trouvent un soulagement, voire une libération, à travers la réfraction de grâce opérée par la sainte messe. Tout cela nous dépasse, mais j'y adhère de tout mon être au regard de la doctrine séculaire de l'Église et de l'enseignement des saints et des mystiques. De fait, vu sous l'angle de l'efficacité, un prêtre nouveau provoque par son action sacramentelle, dans l'univers visible et invisible, une véritable succession d'effets semblables aux ronds dans l'eau qu'une pierre jetée forme dans un lac.

JRC – *Après le don de la prêtrise, vous avez été nommé officiellement vicaire au Sacré-Cœur.*

MMZS – En effet. Après le départ du père Sankalé, un nouveau recteur fut nommé, mais il ne restera que dix-huit mois. Puis il y eut l'arrivée de Mgr Jean-Pierre Ellul qui insuffla un nouvel élan auquel, avec d'autres confrères, notamment le père William Astic, membre du très bel institut Notre-Dame-de-Vie, nous avons répondu, je crois, de toute notre énergie. Cette collaboration sera riche en initiatives. Rien d'étonnant ! Lorsque les êtres s'entendent bien sur le plan humain, quand ils marchent dans la même lumière de foi, quand ils sont soucieux de l'évangélisation des masses, partagent le même amour pour l'Église, ne passent pas leur temps à déblatérer sur les orientations du Saint-Père, mais cherchent à les mettre en œuvre loin de tous les combats d'arrière-garde, les affaires du bon Dieu avancent, et la vie est agréable. Il n'y a rien de plus pénible et de plus freinant que de vivre dans un climat d'opposition latente. L'œuvre commune nécessite une pensée commune ! Le pape Jean-Paul II et le cardinal Dziwisz, son secrétaire, en ont été la preuve vivante durant plus de quarante années. C'est dire que l'efficacité la plus haute – et c'est bien ce que nous recherchons, du moins je l'espère – se cache toujours derrière des conceptions communes orientant dans une même direction les potentialités de chacune des parties.

JRC – *Je me souviens notamment des grandes soirées que vous organisiez dans la basilique !*

MMZS – Soirées organisées à la demande du cardinal Panafieu qui, comme vous le savez, était un ami des arts et de la culture. Aimant à citer ce passage du concile Vatican II : « Le monde a besoin de beauté pour ne pas sombrer dans la désespérance », il désirait que de belles et grandes célébrations déploient le mystère chrétien, ou encore mettent en lumière le thème général de l'année pastorale. L'appel aux vocations, le mystère de l'Avent, la réconciliation, la paix dans le monde, la famille, l'Eucharistie, tous ces sujets furent traversés au fil des années, réjouissant et formant le cœur de centaines de Marseillais. Deux à trois mois de préparation où s'investissaient plus de cent personnes, travaillant d'arrache-pied dans une unité et une générosité impressionnantes pour, à chaque fois, une seule soirée réunissant plus de mille deux cents personnes.

JRC – *Parallèlement à ces soirées grandioses, vous avez continué vos divers ministères... et l'écriture de vos livres...*

MMZS – Il me semble bon de tenir à la fois l'exercice régulier et scrupuleux de la tâche confiée et de songer à élargir le champ apostolique par des projets plus ambitieux. Du moins pour ma part, je ne puis fonctionner autrement. L'infanterie et l'artillerie doivent se donner la main pour arracher la victoire ! Aussi, il faut à la fois le combat sur le terrain, et des tirs au loin pour étendre la conquête. J'ai en effet continué l'ensemble de mes ministères dans ce quartier du Sacré-Cœur, excepté auprès de l'école catholique, tout en continuant d'écrire pour les âmes plus lointaines.

JRC – *Pour quelle raison avez-vous arrêté votre présence dans l'école catholique ?*

MMZS – Le chef d'établissement avait distribué à tous les élèves une brochure éditée par la région Provence-Alpes-Côte d'Azur, contenant les portes à pousser en cas de grossesse inattendue, autrement dit les adresses du Planning familial et des établissements publics pratiquant l'IVG, ainsi que tout l'équipement du parfait petit « protégé » : méthodes contraceptives, pilule du lendemain, recours à l'avortement, etc., sans prendre soin d'accompagner ce cadeau empoisonné, inacceptable en notre contexte, d'un éclairage didactique. J'ai donc manifesté mon indignation, suppliant que l'on revoie notre copie ; il n'y eut rien à faire. Je fus donc dans la nécessité de démissionner de ma charge. Mgr Panafieu, qui pourtant cherchait toujours à sauver l'unité et à éviter toute fracture, me soutint totalement, prenant même la décision de ne plus nommer d'aumônier dans ce lycée durant deux ans. Je ne regrette pas d'avoir agi de la sorte. Dans ce domaine, toute compromission est mortifère. On ne donne pas à des jeunes de quinze à dix-huit ans les clefs de la chambre à gaz.

JRC – *Cette question de l'avortement, qui n'en est plus une pour notre société puisque cet acte médical est légalisé, vous habite-t-elle encore ?*

MMZS – Acte médical ? Vous voulez plutôt dire : acte de boucherie ! Déchirer le corps d'un enfant dont le cœur bat dans le ventre de sa mère, mais qui sommes-nous pour légitimer un tel acte ? En vous disant cela, je repense à ces mots poignants de Lamartine qu'il met sur les lèvres d'un chevreuil cerné par l'homme au terme d'une chasse à courre, et que l'on pourrait placer dans la bouche de l'enfant sur le point d'être supprimé : « Qui es-tu ? demande le chevreuil au chasseur. Je ne t'ai jamais offensé, pourquoi m'as-tu ravi ma part de ciel, de lumière, d'air, de jeunesse ? Cependant je te pardonne, il n'y a pas de colère dans mes yeux, il n'y a que de l'étonnement. »

JRC – *Aucune situation ne peut à vos yeux autoriser un avortement ?*

MMZS – Aucune, excepté si la vie de la mère est en danger. Cette position catégorique, je la reçois et la fais mienne pour la seule raison (qui n'est pas religieuse) que, vous comme moi, nous avons été des embryons, et que cela donne deux personnes humaines ! Et comme nous n'avons pas le droit de vie et de mort sur une personne humaine, fût-elle potentielle, on ne touche pas à l'embryon, mieux, on le vénère. D'autre part, je n'accepterai jamais que l'on tire dans le dos, à bout portant, sur l'innocent, le faible, le fragile, le désarmé. C'est proprement lâche et écœurant ! Pauvre petit bébé sauvagement arraché aux entrailles maternelles et jeté dans un crématorium sans sépulture. Bien des chiens et des chats ont meilleur destin.

JRC – *Pensez-vous que la position de l'Église catholique qui est en France n'est pas assez incisive sur ce point ?*

MMZS – Sur cette question, évitons de généraliser. De nombreux évêques sont fermement opposés à cet acte criminel et le disent ouvertement. En cela, ils ne sont pas courageux, mais seulement cohérents et je suis sûr que Dieu notre Père les bénit de tenter ainsi de sauver leurs petits frères menacés. Il est évident que j'ai entendu comme vous Simone Veil proclamer que si l'épiscopat en 1975 s'était opposé fermement et en bloc à la légalisation de l'interruption volontaire de grossesse, la loi n'aurait jamais été votée. Quoi qu'il en soit, je rêve parfois – mais ce n'est qu'un rêve, donc une illusion – que face à la prochaine aggravation de la loi soumise à la Chambre et entérinée par le président de la République, un geste fort soit posé par nos évêques, un geste à la Jean-Baptiste : que diriez-vous, par exemple, s'ils arrivaient comme un seul homme au palais de l'Ély-sée, déposant sur la table de la démocratie leur Légion d'honneur, se montrant ainsi déterminés à faire front aux lois iniques qui s'opposent à la vie ? Que de parents seraient alors éclairés sur leur intention criminelle, que de femmes seraient sauvées du désarroi psychologique dans lequel elles demeurent souvent durant des années après leur acte, et que d'enfants tout simplement sauvés ! Je suppose que, le lendemain, les journaux annonceraient en première page la nouvelle stupéfiante d'un épiscopat uni contre la culture de mort, et qu'enfin, la nébuleuse indécise dans laquelle les hommes se maintiennent à ce sujet à force de subir le lavage de cerveau du « morale-ment correct » serait aussi dissipée. Mais ce n'est pas la peine de rêver, les Jean-Baptiste ne courant pas les rues. Oublions tout. Et prions pour tous ces bébés massacrés que Dieu doit combler tout de suite en plein Ciel !

JRC – *Vous croyez au destin éternel de ces fœtus déchiquetés ?*

MMZS – Oui, en raison de l'âme immortelle – elle porte bien son nom – que chaque être humain reçoit au moment de sa conception, celui-ci ne pouvant plus retourner au néant. Et puis un fait que je tiens de la bouche même du père Perrin m'a profondément bouleversé. Un jour où il s'était rendu chez Marthe Robin à laquelle il était très lié, il avait demandé à Solange sa secrétaire et au bon père Finet de bien vouloir le laisser seul avec Marthe, de manière à ce qu'il puisse lui parler dans le secret. En tête à tête, Marthe lâche ces mots : « Vous savez, mon Père, ces derniers temps, j'ai pris l'habitude de prier avec les enfants avortés. » Le père Perrin fut surpris de cette remarque et garda le silence. Lorsque Solange et le père Finet revinrent dans la chambre, le père Perrin dit à Solange : « Regarde la bonne idée qu'a eue Marthe : elle prie avec les enfants avortés ! » À cet instant, Marthe répliqua : « Ah, non, mon Père, ce n'est pas une idée ! Je les ai vus ! » Je crois donc fermement que ces petits enfants sont sauvés du néant et qu'ils prient dans l'univers de Dieu pour leurs parents faibles, inconscients ou manipulés.

JRC – Et nous qui ne sommes pas évêques, que pourrions-nous faire pour ces enfants ?

MMZS – Les défendre tout simplement, eux et leurs mères, en nous élevant avec la voix contre la banalisation de ce meurtre désormais remboursé par la Sécurité sociale, et en offrant aussi une aide concrète et continue à ce binôme en danger. Parfois, il en faut si peu pour sauver une vie.

À la jeunesse, mais aussi aux personnes qui vont de partenaires en partenaires, il faut redire que les parties de jambes en l'air, si elles débouchent sur la venue d'un nouvel être, doivent être assumées jusque dans leurs conséquences. Qui veut la jouissance doit être prêt à la responsabilité, car jouir et tuer forment un couple infernal. Deux cent vingt mille enfants avortés par an sur notre terre de France, un enfant sur quatre supprimé dans le sein maternel, et vous voulez que Dieu bénisse notre pays, donne paix et prospérité à notre nation et nous protège de la crise économique ? Là, pour le coup, il ne faut pas rêver. Notre France s'enfonce dans la décadence. Si nos progrès sociaux servent à la mise à mort légitimée de nos enfants, attendons-nous au pire, il ne va pas tarder. À la suite de nos derniers papes, tous les évêques, les prêtres et les diacres ainsi que tous les baptisés et les hommes de bonne volonté, religieux ou non – et cela pourrait représenter une grande force –, devraient impérativement, face à la montée de la barbarie désormais admise, s'unir et opposer un non radical à la domination de la mort sur la vie. Il convient aussi que nous priions intensément pour les responsables de cette légalisation qui semblent ne pas parvenir à comprendre la portée dramatique de leur décision. Et que cesse aussi ce silence infâme souvent choisi pour ne pas heurter – c'est le grand argument – les femmes qui ont avorté, alors qu'en vérité celles-ci ont besoin de mesurer l'étendue de leur acte, de manière à ce qu'elles puissent offrir un véritable pardon à leur enfant et, si elles sont croyantes, à Dieu. C'est à ce prix qu'elles effaceront de leur conscience la culpabilité qui dans la plupart des cas les poursuit et les gangrène parfois sur de longues périodes de vie.

JRC – *Vous avez de nouveau évoqué le père Perrin. Allez-vous rester proche de lui après votre ordination sacerdotale ?*

MMZS – Bien évidemment, jusqu'à me trouver près de lui, providentiellement, le soir même de sa mort. Il eut une mort admirable, digne des saints lucides, qui n'en finit plus d'éclabousser de sa hauteur tranquille ceux qui pourraient légitimement éprouver une forme de peur face à « notre sœur la mort corporelle », comme aimait à l'appeler François d'Assise.

JRC – Je me permets de vous demander le récit de ses derniers instants, d'autant plus que je viens d'apprendre que la province dominicaine de Toulouse à laquelle il appartenait vient de décider l'ouverture du procès diocésain en vue d'une éventuelle béatification…

MMZS – Le père Perrin tenait ses bras le long du corps, les yeux étaient clos. Lui qui était aveugle depuis l'âge de huit ans, il allait enfin voir, c'est ce que je me disais au pied de son lit. Quelques mouvements de la tête sous une respiration difficile, et son bras qui de temps en temps se levait, dont je ne comprenais pas l'intention. Tout à coup, ce fut clair en mon esprit : il appelait sur lui le geste de l'absolution. À trois reprises durant cette lutte, je lui donnai le pardon de Dieu, les maîtres spirituels et les mystiques ayant appelé l'attention des prêtres sur l'ultime combat où Satan joue ses dernières cartes pour tenter de ravir l'âme. Sur ce plan, les analgésiques ne font pas grand-chose ! Le combat demeure, même si le corps et le cerveau sont figés hors de toute douleur. Puis le Père s'est apaisé ; l'immobilité sembla dominer jusqu'à laisser croire aux quatre amis les plus chers qui étaient près de son lit, qu'il venait d'entrer dans un coma profond. À son oreille, je lus en son entier le chapitre 17 de l'Évangile selon saint Jean, et quand je fus à son terme : « Père, je leur ai fait connaître ton nom et je le leur ferai connaître, pour que l'amour dont tu m'as aimé soit en eux, et moi aussi en eux », à cet instant précis, le père Perrin souleva brusquement ses bras en signe d'offrande et les laissa retomber sur le drap ; tous, nous fîmes un bond en arrière. L'heure était venue. J'entonnai le *Salve Regina*, quand la vie s'arrêta de battre. Il voyait. J'étais heureux pour lui.

JRC – *Et malgré la foi, le mur du silence…*

MMZS – Cher Jean-Robert, n'appuyez pas trop sur cet aspect, vous risqueriez d'y laisser votre peau. Quel mot sublime que celui de Bernanos : « Le péché contre l'espérance, le plus mortel de tous » !

JRC – *Vous avez raison. Pourquoi au fond cette vie ne se prolongerait-elle pas ?*

MMZS – Le Christ apporte cette certitude au jardin du tombeau vide, et les apparitions de Marie au cours du temps sont là pour manifester avec réalisme la vie qui se poursuit. Sous la seule perspective de la foi, même la vie terrestre reprend du poil de la bête, et la voici soudain plus honorée que jamais. Élie Wiesel l'a très bien fait remarquer en rappelant que dans le ghetto de Varsovie, la veille des déportations, des amoureux se juraient un amour éternel, des enfants venaient au monde, et l'on se mariait… Et Marguerite Yourcenar, en écho, dans son chef-d'œuvre *Anna soror*, mettra sur les lèvres de Dona Valentine mourante ces deux mots féeriques qui disent bien la vérité : « Rien ne finit. » Ah, si l'homme contemporain pouvait épouser ce regard de lumière !

JRC – *Pour revenir au père Perrin, le sentez-vous proche de vous ?*

MMZS – Sur le plan spirituel et pastoral, je lui dois beaucoup. Son visage intérieur, son approche pastorale, lorsque je les traverse, me mettent en présence de sa personne. Vous savez, tout au long de sa longue vie religieuse et sacerdotale, il a été habité par une seule question : « Pourquoi Dieu veut-il être aimé ? » Et sa réponse cent mille fois répétée venait toujours sur ses lèvres accompagnée d'un sourire épanoui comme s'il avait trouvé une pépite d'or : « Eh bien, tout simplement, disait-il, parce qu'il aime ! » Aussi, il rappelait sans cesse qu'il convenait toujours de se maintenir sous la certitude de l'immense amour que Dieu nous portait et de ne jamais douter de cet amour personnel et actuel, Dieu n'attendant qu'une chose : être aimé en retour par nous, ses enfants, avec la même démesure dont il fait preuve en nous aimant. Je vous assure que cette perspective extrêmement positive est libérante. C'est l'échange et la qualité de l'amour entre la créature et le Créateur qui sont recherchés avant tout, et non la volonté d'atteindre je ne sais quelle perfection vertueuse qui m'assurerait son amour et l'obtention de ses bonnes grâces. Non ! je suis infiniment aimé de Dieu, c'est la pierre de fondation de mon existence ; quoi que je fasse de bon, d'incomplet ou de mauvais, cet amour demeure, indéfectible, guettant mon propre amour. Toute la vie chrétienne, avec ses inévitables efforts pour mettre en œuvre les exigences de l'Évangile, ne sera alors qu'une manifestation de mon amour en réponse à l'amour de Dieu. Dès que vous entrez dans cette lumière, croyez-moi, vous ne traînez plus les pieds pour accomplir votre devoir, et les résolutions que vous avez prises ont une durée de survie supérieure à la moyenne. C'est logique ! Quand vous aimez un être, vous vous mettez en quatre pour le satisfaire, pour le rendre heureux, pour le combler ! Vous ne cherchez pas à être vertueux pour lui plaire ou pour que votre conscience ne vous reproche rien, car vous ne vous regardez plus vous-même, vous ne voyez que l'autre, et de plus, en répondant parfaitement à son amour, vous en devenez vertueux.

JRC – C'est large et c'est beau ! Voilà pour le plan spirituel. Et sur le plan pastoral ?

MMZS – Un événement mystique que le père Perrin m'a confié, et que je dévoile volontiers aujourd'hui, a ouvert dans ma vie une brèche dans ce champ si délicat de la direction des âmes. Le père Perrin dirigeait spirituellement une jeune femme que nous allons appeler Marie, et qui vivait déjà, me disait-il, dans les sommets de l'amour mystique tels que Thérèse d'Avila les décrit dans son *Château intérieur*. Cette jeune femme dit un jour au père Perrin : « Mon Père, le Seigneur est très content de vous, parce que vous mettez les âmes en paix, si bien que cela lui permet de bien travailler dans les cœurs. » Le confesseur dominicain reçut cette parole avec reconnaissance mais ne voulut pas y prêter grande attention. Quelque temps après, cette jeune femme devait lui dire encore : « Mon Père, Jésus m'a annoncé que bientôt il va m'unir à lui comme jamais ! » Là, le Père fut étonné de cette dernière parole, car il ne voyait pas comment Dieu pouvait aller plus loin dans cette âme. Je vous rappelle que le père Perrin était un véritable maître spirituel, très averti dans les voies divines ; j'en veux pour preuve une lettre de Simone Weil qui se trouve à la Bibliothèque nationale, dans laquelle elle ne craint pas d'affirmer que le père Perrin est un nouveau Jean de la Croix. Mais revenons à notre histoire. Le père

Perrin, les jours qui vont suivre, va s'absenter de Marseille et à son retour il croisera dans la rue une amie de cette jeune femme qui l'interceptera : « Mon Père, vous ne savez pas ce qui est arrivé à Marie ? – Mais non, répondit-il, que lui est-il arrivé ? – Mais comment ! On ne vous a pas prévenu ? Mais elle est morte ! » « À ce moment-là, me dit le père Perrin, je compris l'annonce de ce sommet d'union divine annoncé et, du coup, revenant à sa première parole reçue désormais de Jésus, je ne cesserai plus de mettre les âmes dans la paix ! »

JRC – *Et vous suivez vous-même cette voie ouverte par le père Perrin ?*

MMZS – Vous voulez dire : cette voie empruntée par le père Perrin mais désirée par le Christ ! Car je ne vois pas que Marie-Madeleine ou l'autre bon larron aient reçu l'indulgence plénière de leurs fautes et conservé en eux une quelconque inquiétude, ne fût-ce que la simple pensée d'avoir blessé le Christ. Sous sa miséricorde infinie, la re-création des êtres, le renouvellement des âmes, s'accomplissaient sans chichis et surtout, sans grandes clauses attendues du côté du pénitent. Il suffisait que celui-ci sorte de son ravin pour que notre Seigneur lui saute au cou et l'emporte dans sa joie. Si le monde était conscient de cette mutation intérieure possible, atteignant en boomerang toute la réalité créée, le printemps éternel quitterait les frontières de l'utopie.

JRC – *Et vous, mon Père, vous allez quitter la basilique du Sacré-Cœur…*

MMZS – …pour rejoindre le sommet de la célèbre artère de la Canebière où se trouve juchée une vieille dame néogothique : la paroisse Saint-Vincent-de-Paul, dite « Les Réformés » parce que, au XVIIIe siècle, un couvent de pères augustins réformés se dressait en ce lieu.

JRC – *Allons-y comme la foule qui aujourd'hui s'y presse.*

Chapitre 14

Ô MARIE,
QUE SERAIS-JE SANS TOI ?

JRC – Votre nomination vous a surpris ?

MMZS – Elle a surgi, inattendue. Un matin, je suis appelé à l'archevêché. C'est Mgr Rivière, alors évêque auxiliaire, qui est chargé de me communiquer la nouvelle, et je me souviens de cet instant où il ouvrit la fenêtre de son bureau pour me conduire sur une terrasse qui dominait toute la ville. C'est là qu'il me montra au loin les deux flèches de l'église en me disant : « Mgr Panafieu te nomme curé de cette paroisse. On ne peut pas faire plus central ! » Puis il ajouta : « Malgré les indéniables efforts des prêtres qui se sont succédé en ce lieu et la diversité des plans pastoraux mis en œuvre, le développement n'est toujours pas au rendez-vous, la communauté est plus que réduite. Fais tout ce que tu peux, on te donne carte blanche. » Et en sortant, quelque peu abasourdi par cette nouvelle, mais ô combien galvanisé à l'idée de relever un défi de cette taille, je croise Mgr Panafieu qui, satisfait de ma réponse positive donnée sur fond d'enthousiasme, me lance : « Je compte sur toi !

Ouvre-moi le plus possible les grilles et les portes de cette église ! »

JRC – *Là, mon Père, permettez-moi de rappeler ici que cette église des Réformés a traversé des moments de houle qui ont failli lui être fatals ! En effet, dans les années 1980 il était de bon ton de décrier le style néogothique de cet édifice par ailleurs « inchauffable », « vide de fidèles », « dangereux par ses risques de chute de pierres », etc. Ainsi le diocèse décida sa fermeture. Sa démolition fut même envisagée pour laisser place à plusieurs projets, dont une faculté ! Mais c'était compter sans l'indignation des Marseillais qui ont réagi devant le scandale de cette église fermée. Aussi, à l'initiative des quatre comités d'intérêt de quartier concernés, fut créée l'ASPRA (Association pour la sauvegarde, la participation à la restauration et à l'animation de l'église des Réformés). Puis, conscient de l'enjeu pastoral de cette église, Mgr Robert Coffy décida de lui redonner sa chance en la confiant, en septembre 1989, au père Jean Bonelli. Celui-ci envisagea d'en faire une vitrine de l'Église de Marseille, une sorte de « musée d'Orsay » comme il disait, une « Fnac chrétienne » pour reprendre ses images chocs. Dans cette optique, un plan d'aménagement intérieur fut établi, séparant l'édifice en trois « aires » affectées respectivement au cultuel (le chœur actuel), au culturel (les trois nefs) et un espace d'accueil (la première travée) pour la billetterie. Toutefois ce projet longuement étudié n'eut pas le temps de voir le jour. Quant au père Yves Négrier, votre prédécesseur direct, il prit à cœur de faire engager de gros travaux de restauration, notamment le nettoyage intérieur, et nous fit découvrir tout l'intérêt des vitraux magnifiques que possède l'église. C'est également à ce prêtre que l'on doit la commande du bel autel de célébration en marbre placé dans le chœur. Quant aux célébrations, elles se tenaient dans la crypte pendant la période située entre la Toussaint et les Rameaux ; aux beaux jours, et pour les grandes fêtes liturgiques, les messes avaient lieu dans l'église. Voilà où en était la situation.*

MMZS – Une situation que l'on m'a décrite à grands traits et devant laquelle les voix sont unanimes ; on me supplie de demeurer comme le chien devant le gibier, « en attente » durant au moins une année sans prendre le risque de modifier le moindre paramètre. Voilà le conseil qui m'est donné de tous côtés. Vous pouvez du reste, si cela vous dit, faire le tour de tous les diocèses de France, partout vous entendrez la même chanson : on observe, on se tait, on prend la mesure de ce qui existe, et l'on attend un an avant de déplacer le moindre bouquet de fleurs. En soi, cette injonction est sage et donc recommandable. Cependant, fort heureusement, je ne l'ai pas suivie. Parfois, en bonne morale, nous le savons bien, les principes ne s'appliquent pas. Entre le mois de juin et le mois de septembre où je dois prendre ma charge, je vais aller discrètement, de manière à ne pas gêner mon prédécesseur, respirer dans les rues avoisinantes le parfum de ce quartier où se côtoient d'importantes communautés non chrétiennes, composées de juifs, de musulmans turcs, de maghrébins, de comoriens au milieu desquelles le Christ essaie de survivre à moitié asphyxié par la présence majoritaire de l'islam et plus encore par le silence d'un christianisme beaucoup trop enfoui. Charles de Foucauld, qui se voulait une pure présence chrétienne au milieu de ses Touaregs musulmans, portait sur son grand habit religieux un cœur surmonté d'une croix de couleur rouge qui ne laissait aucun doute sur l'amour choisi, sans oublier le rosaire qui pendait à sa ceinture de cuir. Présence, oui, mais présence signifiante ! Nous en reparlerons. Bien sûr, je vais, comme il se doit, visiter mon prédécesseur et recevoir de son expérience de précieux conseils. Nous allons longuement échanger ensemble sur la situation de la paroisse et je me souviens notamment de son mot : « Je ne comprends pas pourquoi on te nomme ici, il n'y a pas grand-chose à faire. » De son côté, le cardinal Panafieu me demandait de quitter tous mes apostolats, de manière à pouvoir, dès la rentrée, me consacrer exclusivement à la renaissance possible de cette paroisse. Durant cette période intermédiaire, à partir des nombreux renseignements que j'avais pu glaner sur la vie de cette petite communauté paroissiale courageuse mais retranchée la plus grand partie de l'année dans la crypte de l'église, mais aussi en prenant conscience de la position stratégique du monument placé au sommet de la ville, ouvert à tous les vents, j'ai rêvé avec la sainte Vierge de voir un jour cette église devenir un beau et grand lieu de prière pour toute la cité phocéenne.

JRC – *Alors, quel plan d'attaque allez-vous suivre ?*

MMZS – Eh bien, de la basilique du Sacré-Cœur où j'étais encore en fonction, j'ai préparé un programme d'action extrêmement précis à mettre en œuvre dès mon arrivée.

JRC – *Sans connaître à fond les rouages de la situation...*

MMZS – C'est ainsi. Et je vous assure que cet élan intérieur qui me portait à agir de la sorte me dépassait.

J'étais comme soulevé par une force intuitive qui me poussait à repenser et à organiser rapidement une nouvelle forme de vie paroissiale. Le 11 septembre 2004, j'étais installé par le cardinal Panafieu dans mes fonctions. Il eut alors ce mot plein d'humour : « Pourvu que les flèches ne s'effondrent pas ! » Ce jour-là, l'église était remplie de mes anciens paroissiens du Sacré-Cœur et quelques prêtres amis concélébraient. À cette occasion, je prononçai un sermon programme dans lequel j'annonçai qu'à partir du 21 septembre, que l'on soit dix ou cent, qu'il fasse chaud ou froid, la messe serait célébrée tous les jours dans la grande église et non plus dans la crypte. Première décision impopulaire pour la petite communauté existante qui, pour des raisons de chauffage et pour resserrer les rangs de la communauté réduite, s'était avantageusement réfugiée dans ce lieu. Mais ce n'était pas là les seules raisons de leur choix. Les voûtes majestueuses et triomphantes de cet édifice étaient, pour un certain christianisme, malvenues ; il était nécessaire que l'église, jusque dans son architecture, adoptât des proportions plus humbles, plus conformes à un soi-disant esprit d'Évangile. Petitesse, humble présence, discrétion, sobriété absolue du rite, rejoignaient parfaitement les attentes du Christ, car, paraît-il, il aurait particulièrement en abomination la recherche du vaste, du grand, du somptueux, et même du nombre avec son inévitable puissance. « Ce n'est pas le nombre qui compte », répètent à longueur de journées, de sessions et autres réunions, certaines équipes pastorales et leurs bergers ! Entre nous, heureusement que saint Paul n'a pas été un chaînon de cette vision réductive et mortifère, sinon nous ne serions pas là ! Je suis désolé, mais le nombre compte dans le cœur de Dieu : « Allez, de *toutes* les nations faites des disciples ! » S'enfermer dans un sous-sol, fût-il de belle qualité, avec au-dessus de la tête une immense église était à mes yeux un non-sens criant et une reconnaissance d'échec en l'avenir. L'église était là, debout ; elle avait résisté, comme vous l'avez rappelé, à toutes les destructions et réaffectations, ce n'était pas pour rien. Sans doute fallait-il lui redonner sa première place en permettant que le sacrifice du Christ fût célébré journellement sur l'autel majeur. C'est ce que nous avons fait et faisons depuis sept ans. Puis j'annonçai que l'église serait désormais ouverte durant douze heures, du matin jusqu'au soir, sans interruption.

JRC – *On dit souvent que cela n'est pas toujours possible en raison des vols...*

MMZS – Allons à la source du problème au lieu de le constater et de rester inerte devant cet éventuel danger. Allez, un peu d'organisation ! L'objection du vol que vous venez d'évoquer court en effet les rues et les propos des prêtres beaucoup plus que des voleurs d'ailleurs, jusqu'à devenir presque un mythe qui au fond nous arrange en nous libérant de la garde des lieux saints. L'ouverture des églises tout au long du jour, ce doit être notre premier combat. Arrangeons-nous. Si la maison de Dieu est fermée, si la porte d'entrée est close, toutes nos exhortations sur la charité, sur l'ouverture du cœur, sur l'accueil de l'étranger – et Dieu sait si nous sommes forts en ces discours –, sont vaines. Nous existons, nous, prêtres, pour permettre la rencontre entre Dieu et l'âme, et dans sa propre maison, quand c'est lui qui invite, les fruits sont à tous les coups abondants. Une église ouverte, c'est le premier pas de notre mission, c'est Jésus qui reçoit chez lui !

JRC – *Et des vols, en avez-vous eu en sept ans ?*

MMZS – Un seul, le dimanche, à la fin de la messe, avec cinq cents personnes dans le vaisseau. En semaine jamais, car il y a toujours l'un des nôtres qui prie. Le secret est là, et pas seulement pour dissuader les voleurs, mais pour donner le goût de demeurer dans la maison du Père.

JRC – *Vous avez donc ouvert les portes...*

MMZS – ... et nettoyé l'église de fond en comble sous la direction d'un sacristain en or, avec qui je collabore en grande amitié depuis les commencements. Durant plusieurs jours, chacune dans son angle, de petites et grandes mains ont travaillé dur. Le sol fut entièrement repoli ; les mosaïques, restituées dans leur beauté originelle, dégagées d'une couche de crasse séculaire ; les colonnes, le chœur, les autels, les chapelles latérales, les chaises, les bancs, et jusqu'à la moindre ferronnerie, sans oublier la sacristie, tout fut repris par l'effort humain qui frottait fort ! Il fallut plusieurs semaines, que dis-je, plusieurs mois pour rendre à cette église son lustre. Je veux le rappeler ici sans détour : on ne peut espérer une fréquentation élevée de fidèles si l'église ne brille pas de mille feux. C'est impossible ! Regardez nos grands magasins, nos commerces, et même nos brasseries, nos restaurants, si la propreté n'est pas au rendez-vous en ces lieux, si la dimension esthétique est négligée, c'est le vide assuré. Sans compter que l'on ne pourra jamais faire croire aux hommes que le Christ lui-même habite dans le sanctuaire, si l'environnement n'est pas à la hauteur de la présence divine. Et puis, la présence du Christ au tabernacle exige cette propreté absolue ! En arrivant dans cette église, je me suis tout de suite rendu au tabernacle et j'ai moi-même changé tous les linges qui enveloppaient la sainte réserve, et je continue de le faire régulièrement. Que le Christ soit serti de linges immaculés ! L'amour passe, nous le savons bien, par le chas d'une infinie délicatesse ! Tout ce qui avoisine l'autel, tout ce qui touche de près le sacrifice eucharistique doit être d'une blancheur engageante. Aussi, de nouvelles nappes furent confectionnées, les anciennes avec leurs dentelles, remises en état ; des ornements furent créés ; les ciboires, les calices, les coupes retrouvèrent leur splendeur dorée. Restauration et création se donnèrent la main pour manifester que ce lieu était habité par le *beau* Dieu comme on l'appelait au Moyen Âge.

JRC – *Je suppose que vous avez été aidé pécuniairement pour réaliser cette œuvre de restauration et d'embellissement !*

MMZS – Pardonnez-moi en ces temps de crise économique d'oser vous dire que l'argent n'est jamais un problème ! Les bienfaiteurs ne manquent pas dans les rangs des fidèles dès qu'il s'agit de servir le mystère de la présence de Dieu au milieu des hommes. D'ailleurs, quand les caisses sont vides au sein d'une église, il ne faut jamais oublier de se demander pourquoi. Peut-être les gens ne sont-ils plus contents de nous ? Peut-être les avons-nous déçus ? Peut-être ne répondons-nous pas à leurs attentes ? Alors, le robinet se ferme. Et c'est très bien, et c'est juste : Dieu donne là où il est honoré.

JRC – *Continuez, mon Père, de nous faire connaître vos premiers gestes, qui semblent avoir été si déterminants sur l'avenir de cette église...*

MMZS – Je me suis également tout de suite occupé de la sacristie et de son fonctionnement. Restauration générale et rétablissement du silence absolu en ce lieu. Croyez-moi, c'est capital ! Le silence est source de fécondité surnaturelle. La sacristie n'est pas un lieu de passage où les animateurs liturgiques, les quêteurs ou autres paroissiens, voulant parler au prêtre, se pointent en dernière minute avant la messe. Tout cela est mauvais pour tout le monde, à commencer par le prêtre qui doit se revêtir des ornements dans le plus grand silence et la plus dense intériorité. Chez nous, personne, en dehors des célébrants, du sacristain, des enfants de chœur, des grands servants, ne pénètre dans la sacristie, et personne n'en est offusqué. Il suffit d'expliquer.

JRC – *Étant seul prêtre en cette église, je suppose que vous êtes aidé dans votre tâche par de nombreuses personnes...*

MMZS – En effet, plus de soixante baptisés travaillent avec moi dans cette vigne – et volontiers ! Chacun a sa place et sa responsabilité. Je puis vous assurer que le climat général de notre paroisse est un climat familial. Nous ne sommes pas dans une entreprise, un bureau professionnel, un syndicat, une association. Par conséquent, tout est géré sous les couleurs de la famille ! L'infrastructure est légère, pour ne pas dire inexistante. En annonçant cette réalité, je suis sûr que de nombreux prêtres ouvriront grand leurs yeux en se demandant comment cela est possible. Et pourtant, les faits sont là. Nous n'avons pas de réunions régulières, nous ne passons pas notre vie à discuter, à organiser, à réfléchir à l'orientation qu'il faut prendre ou ne pas prendre. Tout simplement, parce que, en famille, les choses ne se déroulent jamais selon ce mode artificiel. Nous sommes des enfants de l'Évangile qui ont appris du Christ à l'écouter et à le suivre en s'asseyant à sa table, et c'est pourquoi, tous les jours, je choisis de rencontrer mes collaborateurs, en principe dans un bar autour d'un bon café, ou à midi pour un déjeuner. Rien de formel. Tout dans la vie ! Une exception pour le conseil économique que je réunis régulièrement, car il faut bien pouvoir étaler les dossiers ; toutefois nous dînons ensemble comme des amis au milieu des chiffres de manière à ne pas sortir d'un véritable climat familial ou amical, comme vous préférerez.

JRC – *Mon Père, expliquez-nous concrètement comment vous procédez pour organiser les activités de la paroisse ?*

MMZS – D'abord, il convient que vous sachiez que je n'accepte pas que des laïques se consacrent aux activités de la paroisse au détriment de leur famille. Même si nous avons besoin d'aide et que nos initiatives exigent de grandes préparations, je ne permets d'aucune manière que les couples sortent le soir et laissent leurs enfants au nom d'un engagement ecclésial. C'est à mes yeux un non-sens, lourd de conséquence et non béni de Dieu. Je ne vois pas la mère de Don Bosco laisser sa maison pour venir aider le curé en soirée ! Que les baptisés se donnent à fond dans leur milieu professionnel ; que la mère de famille, si elle ne travaille pas, serve le Christ en servant son mari et ses enfants ; que les couples reçoivent leurs amis et les impressionnent par la force de leur amour et la ferveur de leur attachement au Christ et à Marie, mais par pitié, n'en faisons pas des clercs, des demi-prêtres, des druidesses, des gardiens du temple ! Que les laïques restent laïques et que les prêtres restent prêtres ! Quant aux personnes plus âgées, retraités et autres qui veulent aider, la porte est grande ouverte mais seulement en journée, car il est bon qu'eux aussi continuent de mener une vie sociale et amicale hors du sanctuaire et donnent le témoignage de leur être transfiguré par la foi. Chez nous, la collaboration du prêtre avec ses frères baptisés est intense, les responsabilités sont bien définies, la confiance est partagée. Chacun est à sa place comme un humble ouvrier de l'Évangile, le prêtre gardant la sienne. Et c'est le moment de rappeler que ce dernier a reçu la charge de sanctifier, d'enseigner et de gouverner. C'est ainsi qu'il participe, comme l'a très bien rappelé le concile Vatican II, à « l'autorité par laquelle le Christ lui-même construit, sanctifie et gouverne ». Ces fonctions lui sont propres et ne doivent donc pas lui être enlevées au profit de je ne sais quel gouvernement interne à la vie pastorale. Qu'il consulte, qu'il prenne conseil, qu'il s'enrichisse à la lumière des désirs et des attentes des fidèles, qu'il se considère comme un pauvre serviteur redevable aux lumières des autres, cela est très bon ; cependant, c'est à lui qu'appartient de définir les orientations de la paroisse et de mettre en œuvre ce qu'il juge nécessaire pour son bien. La communication de la vie divine qui est la raison d'être de sa mission sacerdotale passe aussi à travers son gouvernement pastoral. Il revient aux fidèles de faire confiance à leurs prêtres et d'ajouter les couleurs au dessin de toute leur grâce baptismale, et c'est énorme.

JRC – *Revenons à vos premiers temps à la paroisse. Qu'avez-vous mis tout de suite en place ?*

MMZS – La sainte Vierge ! Car sans elle, c'est la stérilité assurée. Nous avons du mal à pénétrer dans ce mystère avec radicalisme et, pourtant, c'est là que tout se joue. Je me suis donc empressé de déplacer la magnifique icône du XIXᵉ siècle représentant Notre-Dame du Perpétuel Secours, jusqu'alors suspendue sur une colonne qui ne la mettait pas en valeur, pour la placer au-dessus du siège du célébrant de manière à ce que ce soit Marie qui dirige symboliquement la prière de la communauté. Nous avons également désiré que le rosaire en son entier soit récité tout au long du jour. Et depuis, nous ployons sous les grâces. Essayez, vous allez voir !

JRC – *Il faut avoir le temps de prier longuement...*

MMZS – C'est vrai, cher Jean-Robert, vous avez raison, et l'élan intérieur aussi parfois nous manque ! C'est pourquoi il me semble qu'il est bon qu'en chaque paroisse il y ait des rendez-vous quotidiens de prière disposés le long de la journée pour soutenir notre volonté de prier davantage. Qu'avons-nous de mieux à faire que d'offrir au tout-venant la possibilité de s'unir à une prière commune ? Dans la foulée, nous avons aussi consacré l'église au Cœur immaculé de Marie et placé à son front sur notre icône un magnifique diadème en or venu tout droit de la générosité des fidèles. Voilà pour Marie dès les premiers mois !

JRC – *Tout au long de ces années, vous avez continué d'aménager avec beaucoup de sens esthétique votre église, notamment en créant des chapelles latérales...*

MMZS – Oui, pour que la sainteté soit rendue palpable à travers des statues, des tableaux assortis de petites monographies qui donneraient le goût d'emboîter le pas et de leur ressembler. Faisons le tour : la chapelle de l'Amitié où l'on aperçoit Vincent de Paul et François de Sales se tenant par le bras ; la chapelle de l'Enfance spirituelle, avec la petite Thérèse et ses parents désormais bienheureux ; la chapelle de la Sainteté contemporaine où ont pris place Maximilien Kolbe, mère Teresa, Don Alberione et Jeanne Beretta Mola ; la chapelle de la Médaille miraculeuse, dédiée aux apparitions de notre Mère à Paris, rue du Bac ; la chapelle de la Parole de Dieu où les évangélistes trônent en gravures du XVIIe au-dessus d'une magnifique Bible ouverte et offerte à la contemplation des fidèles ; la chapelle Jean-Paul II qui vient d'ouvrir ses portes en laissant apparaître une très belle statue du nouveau bienheureux ainsi qu'un portrait du martyr polonais Jerzy Popieluszko ; la chapelle de la Passion de Jésus où l'on peut retrouver tous les instruments de son calvaire et, toute proche, une représentation de sainte Gemma Galgani, grande mystique du début du XXe siècle, incomprise sauf de son Jésus.

JRC – *N'oubliez pas, mon Père, la magnifique Pietà, travail provençal du XVIIIe siècle, que vous avez placée à l'entrée de l'église, et qui appartenait, je crois, à Charles Trenet !*

MMZS – Quelle belle œuvre ! En passant chaque jour devant elle, je ne manque jamais de me redire qu'après la mort, « y a d'la joie ! ». Voyez, cher Jean-Robert, toutes ces réalisations n'ont pas d'autre fin que de servir la foi et de l'entraîner vers les sommets.

JRC – *Il est vrai qu'en entrant dans votre église, on est saisi par une atmosphère qui plonge dans un autre monde.*

MMZS – J'espère que c'est le Ciel !

JRC – *Ce qui est impressionnant aussi quand on y entre, c'est de voir les visiteurs s'arrêter pour lire attentivement les premiers mots très bien encadrés sur lesquels ils tombent. Si vous me le permettez, je voudrais les livrer ici en leur entier à nos lecteurs pour comprendre le climat qu'ils instaurent : « Vous voici dans la maison de Dieu... »*

MMZS – Pardonnez-moi de vous interrompre. Avant de tomber sur ce texte, la première phrase qui est offerte aux visiteurs se trouve encadrée à l'intérieur des tambours : « Entrez dans le silence, le Christ habite en ce lieu. »

JRC – *Vous avez raison. Le ton est donné. Et puis, on trouve donc le fameux texte : « Vous voici dans la maison de Dieu. Avant toute visite, souvenez-vous que le Christ habite en ce lieu, présent sacramentellement dans la sainte hostie placée dans le tabernacle du maître-autel. Une lumière rouge signale sa divine Présence. En vous approchant, soyez sûr qu'il vous aime, vous comprend, entend vos pensées et vos prières. Son amour infini vous attend : puissiez-vous lui rendre amour pour amour. Et Marie, sa mère, qui est aussi la vôtre, invoquée dans cette église sous le vocable de "Notre-Dame de Tout Pouvoir", au moindre appel de votre part, viendra vers vous, et de sa tendresse maternelle vous comblera bien au-delà de vos propres attentes. Gardez la foi ! Le Christ et Marie sont vivants dans la gloire du Ciel où ils vous attendent un jour pour une éternité de bonheur. Faites-leur confiance ! »*

MMZS – Cela vaut tous les dépliants du monde ! Qui entre dans une église doit trouver le Christ avant que de s'extasier sur des voûtes et des vitraux ! L'histoire du bâtiment, les descriptifs des œuvres d'art ont certes leur importance, mais en second regard… Quant aux affiches et aux tracts de tout poil, même s'ils expriment la vitalité de l'église, bien sûr ils doivent trouver leur place, mais sans jamais défigurer l'harmonie du lieu. Les grands panneaux sont souvent, reconnaissons-le, de mauvais goût ; ils brisent jusqu'au cheminement des touristes qui s'arrêtent en cours de route et qui sortiront sans saluer le Christ, et peut-être même sans articuler la moindre prière. Le tabernacle, la statue de la très sainte Vierge, le rayonnement des saints, voilà ce qui doit attirer le cœur hors de lui !

JRC – *Après ce tour à peu près complet de votre église, je voudrais que vous nous racontiez bien simplement une de vos journées pastorales habituelles.*

MMZS – Vous savez, elles ne sont jamais identiques, mais enfin, on peut y retrouver tout de même quelques constantes. Le matin, après avoir ouvert les grilles de l'église, je me tiens à la disposition de tous ceux qui désirent se confesser, puis c'est l'heure du petit déjeuner que je prends tous les jours avec mon cher sacristain, et comme on sait que je suis toujours là, il est rare qu'il n'y ait pas quelqu'un, et souvent des grands jeunes, qui se joignent à nous pour ce moment simple comme la vie : un croissant, un petit café, deux échanges. C'est là que le programme de la journée s'élabore, que je donne aussi la marche à suivre, s'il y a une célébration d'obsèques ou un baptême qui nous attend dans la matinée, si un prêtre s'est annoncé pour célébrer la messe, ce qu'il convient de préparer ou d'acheter... Le tout, je le rappelle, partagé dans un contexte d'amitié. Durant ce temps, je rencontre aussi des personnes du quartier devenues presque des amis, dont beaucoup se sont éloignées de la foi ou, du moins, ne pratiquent plus, sans oublier nos frères musulmans avec lesquels je converse chaque matin en me disant qu'ici à Marseille je m'habitue à la réalité du Ciel où toutes les races – hommes de toutes nations et de toutes couleurs – seront unifiées dans le Christ.

Éric Satie dont je vénère la musique disait toujours quand on lui parlait de sa mère écossaise : « Rien ne germe sans mélange. » Et c'est pourquoi, le matin, en tournant mon café de Colombie, je me plais à Marseille et en Algérie !

JRC – *Et c'est vous, mon Père, qui offrez le café et les croissants ?*

MMZS – Toujours, car je me suis rendu compte que le *vulgum pecus* ne parvient pas à croire que le prêtre vit modestement. Voyant qu'aucun progrès sur ce point n'est possible et que l'on ne cesse d'accuser l'Église d'être riche, je préfère laisser croire que je suis généreux plutôt qu'avare. Alors, je paie et je laisse un bon pourboire. C'est le bon chemin, je crois, pour toucher les cœurs qui ne peuvent s'empêcher, au fond, par un vieux réflexe naturel, de juger les êtres sur leur bonté.

JRC – *Après le petit déjeuner...*

MMZS – La continuation du travail jusqu'à midi avec, comme pour tout prêtre, les affaires de la paroisse, la préparation des homélies, les dialogues avec les uns et les autres, les visites aux malades, l'écriture de mes livres, le tout emmêlé de prières…

JRC – *Vous oubliez les obsèques !*

MMZS – À ne surtout pas négliger ! Les célébrations d'obsèques sont des occasions rêvées pour toucher les sans-papiers de la pratique religieuse et tenter par la grâce du Christ, traversant l'humanité du prêtre, d'atteindre le cœur humain, en premier lieu dans la rencontre préparatoire avec la famille endeuillée, et ensuite, durant le rite lui-même en soignant son déroulement et en particulier l'homélie.

JRC – *Durant les obsèques, vous célébrez à chaque fois la messe ?*

MMZS – En principe, oui, et si, sur ce point, la famille s'oppose, j'essaie d'ébranler leur position souvent non fondée.

JRC – *Que la famille soit pratiquante ou non ?*

MMZS – Cela n'a aucune importance. C'est pour l'âme du défunt que la messe est appliquée, et sans doute a-t-elle grandement besoin d'être secourue par le Christ lui-même !

JRC – *De plus en plus de personnes choisissent de recourir à la crémation pour eux-mêmes ou pour les leurs et de disperser les cendres. Qu'en pensez-vous ?*

MMZS – Je suis fermement opposé à ces pratiques. Je ne vois se dégager de cet anéantissement du corps que de mauvais fruits. Mais quoi ! toute sa vie, on a fait attention à son corps, on l'a soigné, on a recouvert de Biafine la moindre brûlure et, à la fin, on le crame dans un four à mille deux cents degrés avant de s'occuper du squelette qui, évidemment ne brûlant pas, doit être au sens strict tiré par les pieds pour le faire glisser dans un broyeur qui le pulvérise ! Comme vous le savez, durant le temps de la crémation, la famille attend dans un salon que l'urne soit apportée. Toute ma vie, je reverrai cette maman que j'avais accompagnée pour la mise à la flamme de son jeune fils de vingt-sept ans. Au cours de cette heure et demie que nous avons passée ensemble et qui dura une éternité, de temps en temps, elle se tapait la tête contre le mur et criait : « Mon fils est en train de brûler ! » Et puis, soudain, l'urne est là, sous vos yeux : « Mesdames, messieurs, observons une minute de silence ! » Et l'on voit danser sur l'urne mortuaire encore chaude des particules de cendres qui vous font froid dans le dos. Tout cela est inhumain et par conséquent irrecevable. Quant à la dispersion des cendres, elle n'est pas permise par la sainte Église. Le corps, même anéanti par les flammes, doit reposer dans un cimetière et attendre la résurrection. Pourquoi vouloir perdre à ce point la trace de ceux que nous avons aimés ? Et pourquoi l'homme choisirait-il pour lui-même de disparaître à tout jamais dans la mer ou je ne sais où ? Je connais des personnes qui ont dispersé au vent leurs proches et qui ont cru bon d'enterrer au pied d'un bel arbre leur chien enveloppé d'une couverture, calé dans un couffin avec ses jouets ! Mais où va donc se nicher un illogisme pareil et une conception si basse de la dignité humaine ! Même à Auschwitz subsistent

429

des fosses où les cendres ont été enfouies. Il faudrait que tous les prêtres s'insurgent contre ces pratiques qui laissent entendre que l'homme retourne au néant.

JRC – *Votre réalisme me brûle... Pour revenir vers votre journée, elle est donc entièrement consacrée à la rencontre des personnes, à l'administration des sacrements, à la prière et au travail personnel...*

MMZS – En effet. Cette organisation est rendue possible notamment grâce au travail remarquable et si précieux de ma secrétaire qui, tout en assurant la gestion de la paroisse et la tenue de mon agenda, assure le courrier, reçoit et répond au téléphone à longueur de journée. Un autre accueil est assuré dans l'église tout au long du jour de manière à ce que personne ne puisse se plaindre, selon le joli mot de Zundel, « de n'avoir pas rencontré la tendresse de Dieu ». Il y a aussi dans notre organisation une deuxième secrétaire à plein temps et toujours bénévole qui tient les registres des actes en les calligraphiant comme on le faisait autrefois.

JRC – *Vous insistez beaucoup sur l'accueil...*

MMZS – Je rappelle sans cesse à ceux qui ont reçu cette mission du Ciel qu'à travers eux, c'est Dieu qui accueille ; et surtout, je ne cesse de leur enseigner qu'ils ne sont pas des super-chrétiens qui se situeraient entre le prêtre et le fidèle, et qu'en conséquence ils ne doivent pas émettre le moindre jugement sur ceux qui se présentent, notamment dans le champ du discernement quant à la qualité ou à la prétendue non-qualité de leur démarche. Pas de pharisaïsme à bord du navire ! Nous sommes tous en voie de conversion. Je suis peiné de voir des chrétiens dits « engagés » exercer un pouvoir de discernement sur leurs petits frères qui sont peut-être malgré les apparences plus avancés qu'eux sur le chemin de la sainteté. Les accueillants n'ont qu'une chose à faire : mettre en œuvre l'amour du Christ ! La simplicité de l'échange vécu dans un rapport d'égalité entre les êtres est la juste lumière, me semble-t-il, qui doit présider aux rencontres qui se déploient dans nos églises. Chez nous, je vous l'assure, tout est simple et fraternel. La consigne est donnée : pour toute demande sacramentelle, ceux qui accueillent expriment leur joie et renvoient vers le prêtre – et c'est lui et lui seul qui, pénétrant l'âme, va déterminer, en fonction non pas d'un système préétabli, mais de la situation de la personne et de sa forme d'esprit, la pédagogie à suivre. C'est à cette façon de procéder que nous devons à notre catéchuménat paroissial d'être un instrument vigoureux au service du don de la grâce.

JRC – *Ça, vous pouvez le dire, les chiffres sont là : après m'être renseigné auprès de vos collaborateurs, force est de constater que vous avez baptisé en six ans plus de cent adultes, et préparé cent soixante-sept personnes à la confirmation !*

MMZS – Et à la dernière veillée pascale, vingt-sept baptêmes de plus et soixante-deux confirmations d'adultes ! C'est le fruit d'une pédagogie où la bonté, le respect des personnes et de leurs situations, la volonté de s'adapter à leurs possibilités et à leur disponibilité, sont nos propres exigences. Des rencontres régulières – très bien animées par trois ménages et trois autres personnes qui s'entendent à merveille – structurent la vie du catéchuménat. À chaque rencontre, un enseignement, la découverte d'un saint et d'une manière de prier, mais aussi des ateliers où chacun peut poser ses questions en matière de foi, et en appui, bien sûr, et sur ce plan-là j'insiste beaucoup, l'assiduité à la messe dominicale. Et voyez, le grand miracle de cette affaire, c'est qu'après le baptême reçu, ces nouveaux enfants de Dieu, parfaitement insérés dans la communauté, restent pour la plupart fidèles.

JRC – *Ce qui n'est pas le cas partout !*

MMZS – Encore une fois, ce qui est de l'ordre des moyens ne doit jamais être sacralisé. Je ne vois pas pourquoi il faut absolument deux ans, trois ans, selon les diocèses, pour recevoir le baptême ! Je pense qu'un jour, et je l'appelle de tous mes vœux, nous rejoindrons le camp de la souplesse et de la nuance, autant dire le camp de l'intelligence. J'attends avec impatience que les évêques permettent à chaque prêtre d'agir en ce domaine librement en partant des personnes, c'est-à-dire de ce qu'elles sont, et non d'un plan réfléchi autour d'une table de réunion. Il y a des êtres qui en deux mois de préparation pourraient très bien recevoir le baptême. Ce fut d'ailleurs le cas de Jacques et Raïssa Maritain. Le 5 avril 1906, ils confient à Léon Bloy leur désir d'être baptisés, et ils le seront le 11 juin 1906, à peine deux mois plus tard ! Voilà un bel exemple à suivre ! De plus, nous nous rendons compte que des catéchumènes dont la préparation dure parfois jusqu'à l'usure – véritables parcours du combattant – s'arrêtent en cours de route parce qu'ils changent de région, parce qu'ils n'en peuvent plus, parce que c'est trop lourd, parce que leur enthousiasme est mis à trop rude épreuve, parce qu'on les éreinte avec nos discussions, sans compter ceux qui, après avoir reçu le baptême, disparaissent de nos assemblées. Mais qu'on se remette en question ! Il y a cinq ans de cela, une maman étrangère à la foi, élevant seule son enfant de trois ans, m'a demandé de le baptiser, ce que j'ai accepté immédiatement. Au cours de notre conversation bienveillante où je n'ai pas cherché à connaître ses motivations pour voir si son enfant « *méritait* » le baptême, elle me parle soudainement de son grand fils de vingt-trois ans, lui aussi extérieur à la foi. Je lui demande s'il serait possible de le rencontrer – elle est heureuse de l'intérêt que je porte à son fils –, et ce garçon viendra me voir. Ensemble, nous allons longuement parler de sa vie, de ses études ; il préparait un master en physique. Tout de suite il a *pigé* ce que représentait la grâce du baptême. Je vais le recevoir cinq fois pendant deux heures et, tous deux, nous déploierons sous le feu de ses questions l'ensemble des mystères. Évidemment, je vais lui demander de venir à la messe tous les dimanches, ce qu'il a fait. Et je l'ai baptisé, avec son petit frère, en accord avec Mgr Panafieu, comme on baptise un nouveau-né, comme on a baptisé dans l'Église durant des siècles des millions d'hommes, comme Alphonse Ratisbonne le fut un jour à Rome, mieux, comme saint Philippe baptisa l'eunuque, à la suite de dix minutes de conversation. Dans les mois qui suivirent, ce garçon vint tous les jours à la messe, impressionnant ! La grâce travaillait. Et aujourd'hui, il est moine dans l'un des monastères bénédictins les plus florissants de France. En vérité, en vérité, je vous le dis, en allant au cas par cas c'est là qu'on a le plus de chances de ne pas se tromper, et puis entre nous, s'il n'y avait qu'à suivre le système établi, à quoi servirait donc le Saint-Esprit ? Allez, de l'air, de l'air, pour que la grâce puisse s'engouffrer ! Je vous redis donc mon attente : que soit laissée au discernement de tout prêtre la possibilité de baptiser une personne adulte, s'il la juge prête, à l'instar d'Ananie qui baptisa le futur saint Paul à toute vitesse.

JRC – *Espérons que vous serez entendu. Parmi toutes les personnes qui se présentent en votre église, je suppose qu'il y a un bon nombre d'entre elles qui demandent une aide concrète ? Comment vous y prenez-vous ?*

MMZS – Sur ce point, nous sommes très bien organisés. Mais je crois vous avoir déjà dit que je n'aime pas beaucoup parler de ce que nous faisons dans l'ordre de la charité. « Que ta main gauche ignore ce que fait ta main droite », martèle le Maître aux vaniteux que nous sommes. Ce que je puis simplement vous confier, c'est que celui qui a faim trouve chez nous à manger, celui qui est dans le désarroi est écouté, celui qui a besoin d'une paire de chaussures, d'un manteau, d'une chemise, les reçoit, celui qui désire voir un médecin le trouve, celui qui a réellement besoin de quelques euros ne repartira pas les poches vides, celui qui veut un évangile, un chapelet, une médaille, sera comblé. Restons-en là.

JRC – *Nous en étions à l'heure du déjeuner.*

MMZS – Déjeuner que je ne prends jamais seul, vécu dans un restaurant ou une brasserie de la ville. C'est là un moment privilégié offert à une seule personne. Pas de perte de temps ni de dialogue insipide ou léger : ici, c'est la vie d'un être qui se réfléchit et se contemple.

JRC – *Et toujours en soutane...*

MMZS – Toujours ! Il n'y a pas de raison de perdre en cours de route un seul regard humain, qu'il soit bienveillant, acquis à la cause, ou empreint de mépris pour le serviteur de Dieu. Tout homme a le droit de rencontrer un prêtre. Le service que nous rendons est si essentiel pour le salut que notre visibilité devient un moyen tangible et efficace, plus que jamais nécessaire, pour permettre cette rencontre... Et sur ce point d'ailleurs l'Église demeure constante dans sa discipline. Le droit de l'Église exige du prêtre qu'il soit reconnaissable. Les régimes communistes, eux, ne s'y trompent pas : sachant l'importance pour la communication de la foi de l'habit religieux, ils s'empressent toujours de l'interdire. Quant à ceux qui prétendent que la soutane crée une distance entre les êtres, je puis en tout cas vous assurer que c'est là une vue de l'esprit venue de quelque idéologue, car chaque jour, j'expérimente au contraire, surtout chez les plus pauvres, l'attrait qu'elle exerce sur eux. Sa forme anachronique, en décalage complet avec la manière commune de s'habiller, renvoie immédiatement à un autre monde. Et il est bon qu'au milieu de l'uniformisation que subit la masse humaine en tout domaine, le prêtre, par son seul habillement – et l'impact causé par ce qui se voit est immense –, donne sa note en choisissant le camp du contraste et même de la discordance, de manière à indiquer un au-delà de la temporalité qui, en ce moment plus qu'en d'autres moments de l'histoire, roule à vide et pour elle-même. Et puis, mettez le pape en civil, vous allez voir la dégringolade ! Alors que les mots ont perdu leur sens, le langage symbolique est aujourd'hui plus que nécessaire pour inscrire et graver dans le tissu social la présence d'hommes et de femmes épris de Dieu, reliés d'ailleurs emblématiquement aux saints et aux saintes représentés dans les églises. Cela n'est pas sans importance. Cette question de l'habit clérical, et en particulier de la soutane, est à mes yeux loin d'être secondaire et elle mérite vraiment que l'Église qui est en France y prête attention. Son témoignage en dépend.

JRC – *Après le déjeuner en plein vent...*

MMZS – De nouveau le travail personnel jusqu'à cinq heures, certes souvent bouleversé par telle ou telle nécessité ou événement... Enfin, je descends à l'église pour exposer le saint Sacrement durant une heure et demie, et prends place dans mon confessionnal jusqu'à l'heure de la messe.

JRC – *Vous avez toujours des pénitents ?*

MMZS – En principe. Cela est dû en grande partie au fait que mes horaires ne changent pas. Chacun sait qu'il peut me trouver et recevoir le pardon de Dieu à huit heures du matin, et l'après-midi dès cinq heures. Sauf urgence de dernière minute, je suis toujours présent. Ensuite, je célèbre la sainte messe, puis j'expose de nouveau le saint Sacrement, cette fois-ci sans limite de temps puisque c'est le moment où je reçois sans rendez-vous qui veut voir le prêtre. C'est là un moment très important de ma vie. Les gens défilent, m'apportant leurs soucis, leurs maladies, leurs attentes, leurs désirs. Qui un conseil, qui une confession, qui une question, qui une bénédiction, qui un appel au secours, qui un besoin matériel. C'est vraiment le tout-venant, avec foi ou sans foi, qui se pointe dès sept heures du soir dans la maison de Dieu. Jésus de l'autel surveille le flot, un grand servant prie face à lui avec les paroissiens qui demeurent souvent jusqu'à la fermeture de l'église, advenant généralement entre vingt et une heures et vingt-trois heures.

JRC – *Ces rencontres se font donc sans rendez-vous préalable ?*

MMZS – Le soir, oui. Le samedi après-midi, où je reçois jusqu'à l'heure des confessions, ce sont là souvent des personnes qui viennent de loin, et donc il est important que je leur consacre plus de temps ; il faut donc s'organiser. Mais en soirée, ma joie est grande d'être à l'écoute de tous ceux qui se présentent et dont je n'ai pas compliqué la vie en les obligeant à prendre rendez-vous avec le prêtre comme ils doivent le faire avec leur médecin, leur avocat ou leur dentiste. Je considère que le prêtre doit être abordable à n'importe quelle heure du jour ; on doit pouvoir lui parler, même deux minutes, sans avoir besoin de lui téléphoner. Il me reste ensuite à dîner et à prier – quelquefois dans la rue pour un dernier chapelet – et à faire très attention de ne pas partir dans un travail d'écriture, car je risque alors de perdre le sens du temps et du repos nécessaire...

JRC – *De longues journées...*

MMZS – De belles journées... où se déploient aussi des liens forts, je tiens à le dire, parce que la prêtrise qui est une imitation de la vie du Christ implique des amitiés que la paternité sacerdotale admet. Mes fils et mes filles spirituels sont ma chair. Ils vivent au centre de mon cœur et de mes soucis. Je les aime et les porte, notamment au *Memento des vivants* durant le canon de la messe, au seuil de la consécration.

JRC – *Mon Père, parlons justement de la messe qui est chez vous, j'oserais dire, le catalyseur de la foule !*

MMZS – C'est la messe de notre Seigneur Jésus Christ, son sacrifice rédempteur, vécu un jour sur le mont Golgotha en présence de sa Mère, continué sur les autels du monde, telle que la sainte Église nous demande de la vivre. La messe, quoi ! dans toute sa splendeur…

JRC – *C'est entendu ! Je vois que vous ne voulez pas que nous laissions penser que votre messe aurait une valeur intrinsèque supérieure à celles qui dans notre pays sont célébrées. Mais enfin, tout de même ! Comment expliquez-vous la présence de centaines de chrétiens d'origines si diverses appartenant à tous les milieux sociaux ? Oui, je dois le dire ici : de la prostituée jusqu'au chef d'entreprise, de la bonne famille catholique aux protestants qui sont aussi chez vous présents, tout le monde est là ! Permettez-moi de rappeler que pour la dernière messe de Pentecôte, j'en ai été le témoin, la prière universelle a été faite en trente-huit langues, toutes parlées en votre paroisse. C'est tout de même extraordinaire, donnez-nous votre secret !*

MMZS – Allez le demander au Ciel qui fait selon ses idées ! Première porte à gauche, celle du cœur, en entrant : ce sont les appartements de la sainte Vierge, elle vous dira tout.

JRC – *Mais de votre côté ?*

MMZS – De notre côté, il y a un agencement que nous mettons en œuvre et qui veut unir l'univers de la charité la plus concrète, qui, chez nous, se traduit par cette adaptation aux personnes et à la volonté de les comprendre et de nous mettre tous – prêtre et laïques – à leur portée en leur faisant plaisir, avec la présence prégnante de la sainte Vierge tout au long du jour par la récitation du rosaire, les *Ave Maria* récités à l'issue de la messe, la volonté de faire connaître ses mystères de vie par la prédication : souvenez-vous de la confidence de saint François Xavier, l'un des plus grands apôtres de l'histoire : « J'ai trouvé les âmes rebelles à l'Évangile à chaque fois qu'à côté de son Fils j'ai négligé de présenter la Mère. » À cette alliance, il faut ajouter la présence quotidienne du prêtre, père, confesseur et ami – et avec au centre et au sommet de la vie paroissiale la célébration mystique de la sainte messe.

JRC – *Qu'entendez-vous par là ?*

MMZS – L'habitation du mystère. Le prêtre, les fidèles et, en eux, les facultés humaines d'intelligence, de volonté, d'imaginaire, de mémoire, sollicitées par la vue, l'ouïe, l'odorat, le toucher, doivent être emportés – je dirai presque : malgré soi – dans le sacrifice du Christ et jusqu'en plein Ciel où il est désormais glorifié. Quant aux éléments matériels, de la chaise bien encaustiquée au retable le plus précieux, et jusqu'à l'air chargé d'encens qui circule autour de l'autel, ils sont appelés à soutenir et à transporter l'âme humaine dans la compréhension, l'expérimentation, la pénétration de la Passion, de la mort et de la sainte résurrection du Christ. Voilà l'enjeu auquel nous sommes confrontés :

faire descendre le Ciel sur la terre, en recourant à des éléments qui ne peuvent être que terrestres. Plonger l'âme dans l'action suprême du Christ par une alchimie, ou pour employer une expression que je trouve heureuse chez Chateaubriand, par une « machine poétique » qui emporte l'homme dans les régions célestes. Le résultat est assuré, puisque l'homme, à moins que des sophistes lui aient tordu l'intelligence et déformé le jugement, est attiré vers plus grand que lui. Pascal n'affirmait-il pas que « notre instinct nous fait sentir qu'il faut chercher notre bonheur hors de nous » ? C'est ce service que le culte doit rendre à l'âme humaine, en la soulevant hors d'elle-même, ou, plus précisément, en la faisant vivre en elle-même.

JRC – *Voilà pour le fond...*

MMZS – ... qui ne peut apparaître et libérer son volume de signification que par la *forme*. Aujourd'hui, nombre de pasteurs opposent *fond* et *forme*, sous prétexte que l'extériorité honorée par le rite et l'environnement architectural et décoratif nuirait à la pureté du sacrement de l'Eucharistie, d'où leur volonté de sabrer le langage symbolique, de dépouiller à outrance l'enveloppement formel, fichant en vérité dehors la matière, en vue de rejoindre la prétendue authenticité du geste christique. Mais quelle désincarnation ! Laissez-moi vous dire ici que cette position *inhumaine*, parce que privée de sa dimension sensible, ne correspond pas à l'homme et même le fait fuir, excepté bien sûr quelques doctrinaires qui ne se nourrissent que d'idées. Malheureusement, dans les rangs du clergé ces « idéovores » sont légion et empoisonnent la soupe des pauvres, car les pauvres, les vrais, ceux qui, là où ils vivent, sont frustrés de beauté, sont heureux d'en posséder quelques éclats en participant au culte catholique.

JRC – *Et la beauté, cela commence...*

MMZS – ... par l'ordonnance de l'église, par la propreté du lieu, par la pureté des linges, par le silence qui doit y régner, par la lumière rouge qui, au maître-autel, indique la présence vivante du Sauveur.

JRC – *Au maître-autel ?*

MMZS – Oui, au maître-autel, et non dans un trou caché où il est souvent relégué pour permettre, paraît-il, la prière silencieuse. Il est évident que si l'église est visitée par un million de personnes par an, le saint Sacrement doit s'exiler dans une chapelle latérale, mais voyez, chez nous, où quarante mille personnes passent chaque année, le Christ demeure au centre, et je vous assure que cette position stratégique donne au monument sa valeur de maison divine et attise ainsi l'esprit de prière : « Seigneur, s'écriait le psalmiste, j'aime le séjour où tu habites, le lieu où demeure ta gloire ! » Que le Christ reprenne donc sa place au cœur du sanctuaire et les fidèles et les moins fidèles et jusqu'aux touristes les plus réfractaires percevront, par cette seule Présence, un mystère qui les dépasse et qu'ils se doivent de respecter, qu'ils y croient ou non !

JRC – *Et la petite musique que l'on entend parfois en arrière-fond dans les églises, y êtes-vous favorable ?*

MMZS – Pas du tout. Le visiteur n'a pas à être *bercé* en entrant dans le lieu saint. Seul le silence est à même de le confronter à la divinité. Il faut que subsiste une certaine aridité pour que la voix de Dieu puisse creuser au fond de l'âme… et que des réflexions en l'homme puissent se former sans être perturbées par d'autres champs sonores.

JRC – *Retournons à votre messe dominicale et livrez-nous quand même les secrets que vous mettez en œuvre pour remplir votre église le dimanche matin…*

MMZS – Encore une fois, je n'ai pas de secrets. Tout au plus, comme je vous l'ai dit, je donne à la matière de jouer son rôle dans l'œuvre de Dieu. J'organise donc le théâtre divin qu'est la liturgie. Je mets en scène l'action sacrificielle du Christ en ne sacrifiant aucun élément qui pourrait servir à la magnifier, tout en suivant bien sûr très scrupuleusement les rubriques du missel romain. Il n'y a donc rien à inventer, rien à déplacer, rien à modifier. Il n'y a que la ferveur à susciter chez ceux qui s'exposent au Corps livré, au Sang versé ; et cette ferveur, elle doit d'abord jaillir de l'être du prêtre, de son immersion dans le mystère, de sa voix qui soulève et entraîne, même si son timbre est faible, qu'importe ! une force, un élan, une conviction, doivent percer. Le monocorde est prohibé par la vigueur du Christ décelable en son propre mouvement de vie ! Il faut un rythme à la célébration de la messe, une cadence soutenue, à l'image des journées du Sauveur, de sa Passion et de son crucifiement. Les coups de fouet, le bois sur les épaules, la route avec ses chutes et ses relèvements, et, au sommet du mont, le corps allongé, les clous enfoncés dans les mains, les pieds sous le tintement des marteaux, et la Croix dressée, et le cri d'abandon, et la fermeté de Marie, et la tête qui bascule dans la gloire, poitrail ouvert ! L'ampleur et l'excellence de l'holocauste du Christ exigent un élan et une qualité d'ensemble excluant toute médiocrité. C'est donc au prêtre d'orchestrer la mort et la résurrection du Christ sous les chants, la musique, le silence et la parole.

JRC – *Je retrouve ici la dramaturgie qui éclate en votre livre bouleversant,* La Passion de l'amour *!*

MMZS – Livre qui m'est cher, mais ô combien inférieur au mystère qu'il prétend décrire. Cependant, ces pages demeurent pour moi une entrée réaliste dans l'univers eucharistique dont je dois être le premier garant devant Dieu.

JRC – *C'est donc vous qui décidez de l'agencement général de la messe avec ses chants, sa musique, ses mouvements ?*

MMZS – Bien évidemment. Le prêtre est le premier responsable de la liturgie. C'est lui qui en premier lieu doit travailler à la cohérence interne de la célébration, en fonction des textes, de sa prédication, de ce qu'il entend, dimanche après dimanche, faire naître dans le cœur de ses fidèles. Il ne faut d'ailleurs pas plus d'un quart d'heure pour déterminer les chants. Ce n'est pas la peine de se réunir une soirée et de mobiliser ainsi cinq laïques pour « bâtir », comme on dit aujourd'hui, des célébrations. Que ces hommes et ces femmes travaillent à ramener dans le giron de l'Église leurs connaissances et leurs amis ! Voilà leur mission apostolique la plus féconde ! Ce n'est pas de décider des chants de la messe. On a vitupéré pendant toute la fin du XIXe et la moitié du XXe siècle les grenouilles de bénitier, les dames d'œuvres, et on recommence à flanquer les baptisés dans le temple à longueur de journée ! Fichons-leur la paix ! Et puis, si le prêtre ne prépare plus la liturgie, qu'est-ce qu'il lui reste à faire ? À présider le conseil économique ou le conseil pastoral de sa paroisse ? N'ayons pas peur de remettre en question nos modes de fonctionnement. Que le prêtre reprenne sa charge de sanctificateur, et celle-ci commence bien avant d'être à l'autel, lorsqu'il prépare dans la prière la liturgie du dimanche.

JRC – *Mon Père, vous allez vous mettre à dos les nombreux laïques qui œuvrent dans les paroisses...*

MMZS – Pourtant, je ne leur veux aucun mal, croyez-moi ; je leur rappelle simplement que leur mission de baptisé ne consiste pas à diriger une paroisse, à donner le ton d'ensemble à la liturgie, et par là même à se substituer au prêtre. Chez nous, pour l'Eucharistie, de nombreuses petites mains se donnent sans compter : qui la préparation des feuilles de chants, qui la prière universelle, qui les fleurs, qui les luminaires, qui le choix des lecteurs ; cependant, je le redis, c'est le prêtre et le prêtre seul qui doit demeurer le responsable de la liturgie. Si je parle ainsi avec autant de netteté, c'est parce que je souffre aussi de voir et d'entendre régulièrement des prêtres m'exprimer leur désarroi face à des laïques détenteurs de pouvoir, décidant de tout, organisant la liturgie dominicale à partir de leurs propres sensibilités, ne laissant au prêtre que la possibilité de se soumettre. C'est inadmissible ! Rien d'étonnant à ce que des jeunes séminaristes à qui l'on serine toute la journée qu'ils devront savoir s'y prendre avec les laïques, comme s'ils allaient se retrouver devant une armée de prédateurs qu'il faut savoir amadouer, se découragent à la vue de certaines situations pastorales où le curé fait le café et les laïques disent la messe ! Encore une fois, je ne nie absolument pas la nécessité de travailler avec les fidèles, je la défends même – soixante baptisés sont à mes côtés pour mettre en œuvre la vie de notre paroisse –, mais cette aide incomparable faite de conseils et d'actions concrètes ne saurait se substituer à la présence du prêtre qui a reçu de Dieu notre Père la *cura animarum*, la « charge des âmes ». Il lui revient donc de gouverner, d'enseigner, de sanctifier et, par conséquent, de veiller avec un amour jaloux sur la liturgie.

De même, il est regrettable – et puisque j'y suis, je le dis – que l'on continue, malgré l'interdiction formelle de Rome, de donner à des laïques femmes et hommes qui travaillent en pastorale au sein d'un hôpital ou d'une clinique le titre d'*aumônier*. Mais quoi ! qu'on les appelle du nom que l'on voudra, mais pas de celui d'aumônier qui est réservé au prêtre. Vous connaissez quelqu'un qui est à toute extrémité dans la clinique du coin – et je le dis parce que cela m'est arrivé plusieurs fois –, vous téléphonez pour savoir si vous devez venir, et l'on vous répond : « L'aumônier est déjà passé et *elle* a prié et béni le malade, donc, ce n'est plus la peine que vous vous dérangiez ! » Voyez comme la simple confusion du langage, reposant sur une ecclésiologie défectueuse, peut produire un naufrage. Je me souviens même qu'une fois, avec une religieuse new look modèle 1975 qui était « aumônier » d'un hôpital, j'ai dû me battre verbalement pour avoir le droit de dire la messe pour une pauvre femme qui vivait chez les sœurs de mère Teresa. Obligé d'élever le ton, et Dieu sait si ce n'est pas mon genre, et d'apporter tout le nécessaire jusqu'à l'encensoir pour donner à cette pauvresse la richesse du Christ. Mais quand donc cessera ce désordre qui nuit au bonheur des âmes ?

JRC – *Eh bien, dites-moi, avec vous, les choses ont le mérite d'être claires ! Où en étions-nous ?*

MMZS – Au programme de chant déterminé par le prêtre ! À ce sujet, nous avons formé en notre paroisse un groupe de chant que je réunis tous les dimanches matin une heure avant la messe. Ultime préparation fort sympathique où la joie n'est pas absente. Cette chorale a pour mission d'entraîner la foule car, chez nous, il n'y a pas d'animateur de chants. Le curé chante, la chorale soutient, l'assemblée suit. Les agitateurs de bras sont d'ailleurs dans la plupart des cas inutiles, sauf bien entendu s'il s'agit de tenir une foule de plusieurs milliers de personnes. En notre paroisse, avec plus de cinq cents fidèles à la messe du matin, et parfois avec plus de huit cents personnes pour les grandes fêtes, personne ne dirige d'un ambon. J'y suis formellement opposé, tout simplement parce que l'animateur forme dans la plupart des cas une sorte d'écran entre l'autel et la nef, et les gens qui le regardent ne sont plus concentrés sur le sacrifice, et peut-être même cessent-ils de prier, pour suivre les bras qui remuent. Ne me dites pas que pour le *Kyrie*, le *Sanctus*, le *Notre Père*, l'*Agnus Dei*, nous avons besoin d'épouvantails qui brassent du vent pour entonner et s'unir au Christ par le chant ! Sans compter qu'une partie de ces laïques – ne m'en veuillez pas de dire ici la vérité – ne sont pas toujours compétents, les voix sont souvent moyennes, pour ne pas dire mauvaises, leurs gestes inopérants, et leurs tenues civiles jurent dans le chœur comme une verrue au milieu du visage. Quand l'animateur ou l'animatrice arrive en pantalon et chaussures de sport, les bras nus, et reste planté là jusqu'à la fin de la messe, c'est d'un mauvais goût que le dernier des théâtres n'admettrait pas.

JRC – *Beaucoup vous répondront que tout cela n'est pas l'essentiel, que la liturgie n'est pas un « théâtre »...*

MMZS – Eh bien, je regrette que ces « beaucoup » dont vous parlez aient une conception si basse du théâtre ! Permettez-moi de rappeler que ce substantif est dérivé de *théa*, qui signifie : « contemplation », à rapprocher du mot grec *thauma*, qui signifie « merveille ». Les chrétiens ne sont-ils pas appelés à *contempler*, que dis-je, à s'extasier devant la *merveille* que représente le sacrifice du Christ ? Et puis, n'oublions pas que dans l'Antiquité romaine, le théâtre était aussi l'endroit où se déroulait un combat singulier. En connaissez-vous un de plus unique que celui du Christ s'immolant par amour et ressuscitant pour la gloire ? Je suis désolé, mais avant de manger, il y a à *contempler* dans la sainte Eucharistie, et aussi à éprouver, à ressentir, à pénétrer, à pleurer peut-être, en tout cas à s'immerger dans la *merveille* que représente le don absolu du Christ à son Père – et sans beauté, sans unité, sans mouvement concerté, sans cohérence d'ensemble, sans dimension sacrée, sans musique parfaitement orchestrée, sans le détail soigné, on n'y croit pas à votre Christ qui meurt et qui ressuscite ! Parfois, on en arrive à ce que la foi doive déjà venir au secours et aider à supporter des pans entiers d'Eucharistie où le mystère est aplati par l'insignifiance de la forme ! En vérité, ne pas avoir de forme, c'est en avoir *une* mais d'une pauvreté affligeante. Ouvrons les yeux ! Des milliers de personnes se plaignent de s'ennuyer à la messe, c'est navrant ! D'autres plus averties sont obligées de se pincer le bras et de ligoter leur sensibilité en se disant : « Mais cela ne fait rien, c'est le Christ ! Ce n'est pas grave si la célébration n'est pas porteuse, nous avons la foi, nous savons que le Christ est présent. Bien sûr, les enfants ne veulent plus aller à la messe, mais que voulez-vous, on ne peut pas négliger notre paroisse ! »

JRC – *J'avoue que ce genre de discours est courant...*

MMZS – Il devrait remettre en question nos manières de penser et d'honorer la liturgie. Pour ma part, il m'arrive régulièrement de me corriger de telle mauvaise habitude prise à l'autel à force de célébrer la sainte messe.

JRC – *Je reviens à la question du chant puisqu'elle joue énormément sur la qualité de la célébration. Si le prêtre ne chante pas, s'il n'y a pas de chorale, comment faire ?*

MMZS – Dans ce cas-là, il me semble bon de placer l'animateur avec un micro dans l'assemblée, en bord de rang sur une allée latérale ou dans un angle de la nef, mais toujours face au chœur. Encore une fois, pas d'écran entre l'action du Christ à l'autel et l'assemblée qui prie et qui s'offre. Et c'est la ligne que nous tenons pour l'animation de la messe anticipée du samedi soir.

JRC – *Sur quoi veillez-vous en préparant l'Eucharistie ?*

MMZS – Sur tout. À commencer par l'âme du prêtre qui doit prendre conscience avant la messe de son état de pécheur et de la nécessité pour lui d'être soutenu par le Ciel, et c'est pourquoi je tiens à réciter, juste avant d'entrer dans le sanctuaire, le *Mater pietatis*, prière très ancienne qui a l'avantage de rappeler au prêtre son indignité, s'il l'avait oubliée, et d'appeler sur lui le soutien de la sainte Vierge dans le sillage de celui qu'elle offrit un jour à Jésus quand il pendait au bois de la Croix. Je veille sur le silence qui doit envelopper l'assemblée avant l'entrée du célébrant ; je veille à la qualité musicale et aux paroles des chants ; j'exige beaucoup des organistes dont le jeu doit se maintenir en accord parfait avec le célébrant – et chez nous, nous sommes bien servis ; je veille à ce que les mélodies grégoriennes trouvent leur place notamment durant la distribution de la sainte communion en semaine ; je veille à réciter avec les fidèles à la fin des messes quotidiennes la prière à l'archange saint Michel ; je veille sur la présentation des feuilles de chants ; je veille sur la beauté des ornements ; je veille sur l'aube du prêtre qui doit être immaculée et parfaitement repassée ; je veille sur la propreté de mes mains ; je veille sur mes chaussures, qu'elles soient cirées parfaitement ; je veille à changer tous les jours le purificatoire, le manuterge et l'amict ; je veille sur la netteté des nappes ; je veille à ce que les livres et rituels soient recouverts des couleurs liturgiques ; je veille sur l'harmonie des fleurs offertes chaque semaine par une bienfaitrice ; je veille sur la brillance des vases sacrés et des chandeliers ; je veille sur la blancheur des hosties, et c'est pourquoi je les achète à Naples où la fabrication est impeccable. Les hosties dites dorées ne sont pas à mes yeux à l'image de l'Agneau, pas même du pain azyme qui toujours est de couleur blanche, parole d'enfant juif ! Si d'ailleurs j'en avais le pouvoir, par amour pour Jésus et pour donner au langage symbolique un avenir, je retirerais de la vente, au moins en nos monastères, ces hosties qui n'en sont pas. Je veille sur le vin, nous prenons le meilleur et le plus cher, pour offrir à Jésus au changement de substance une matière à peu près noble ; je veille sur la sonorisation, sur les lumières, sur la diction des lecteurs, sur l'inclination qu'ils doivent offrir à Dieu en montant dans le chœur ; je veille sur le service de l'autel, sur la profondeur et la foi des grands clercs et des servants d'autel ; je veille à l'allant général de la célébration ; je veille dès le début de la messe à ne prononcer aucune parole qui ne soit présente dans le missel : après le signe de croix, le rite parlant tout seul, pas de mot d'accueil, rien de prosaïque, et surtout pas de demi-sermon délayé, de manière à laisser à l'homélie toute sa force ; je veille sur celle-ci, que je prépare longuement ; je veille comme un lion sur la consécration, qui est le cœur du mystère, en ralentissant à mort lors de la transsubstantiation ; je veille à ce que les concélébrants éventuels n'élèvent pas la voix durant le canon afin de ne pas servir la discordance ; je veille aux génuflexions que le missel impose au prêtre en tâchant de les habiter ; je veille à ce que les fidèles eux-mêmes se mettent à genoux durant la prière eucharistique ; je veille avec un soin jaloux sur la distribution de la sainte communion – sur les lèvres, en pensant à mère Teresa et à Jean-Paul II qui n'aimaient que ce mode, mais aussi dans la main, donnée lentement, pour obliger la conscience humaine à se souvenir que Dieu est là. Je veille sur les annonces et les derniers mots prononcés, où la cordialité doit être manifeste ; je veille sur l'ampleur de la bénédiction finale chargée de grâces ; je veille à ce que le dernier chant soit toujours offert à notre Mère ; je veille sur les milliers de mains que je serre sur le parvis et les dizaines de baisers que j'accorde volontiers à toutes mes brebis fidèles, infidèles, perdues et retrouvées.

JRC – *Et sur vous, mon Père, veillez-vous quelque peu ?*

MMZS – La sainte Vierge y pense sous la bonté de mes paroissiens qui prient pour moi.

JRC – *Je comprends mieux pourquoi vous êtes obligé de rajouter des chaises en votre église...*

MMZS – Qu'il soit bien entendu que la renaissance de cette paroisse de Marseille ne repose pas sur *l'instrument* que je suis, souvent désaccordé. Il faut aller plus haut pour trouver les coupables. Marie fait tout. Voilà le secret. Cependant *l'instrument* joue son rôle au milieu des cordes et des cuivres ou, si vous préférez, des encouragements et des critiques. Pour ce qui me concerne, en un mot simple et juste que je vole à Cocteau, « je travaille, je suis un ouvrier, un artisan qui s'acharne ».

JRC – *Et sur quel établi travaillez-vous actuellement ?*

MMZS – Sur celui de l'avenir de l'homme qui ne pourra se passer de prêtres. Quelques garçons, désireux de vivre le sacerdoce dans l'esprit, la manière et le style que j'ai essayé de livrer dans ces entretiens, réfléchissent sérieusement à imiter le Sauveur dans sa farouche volonté de rejoindre toutes les âmes, et en priorité celles qui l'ignorent ou le rejettent. À Nancy, le père Lacordaire commença ainsi l'un de ses sermons : « Mes frères, je vous apporte le bonheur ! » Il me semble que ces garçons courageux et élancés n'ont pas d'autre ambition. Mais pour l'heure, comme il convient à l'homme de foi, je n'en sais pas plus. L'avenir est à Dieu.

JRC – *Un grand merci, mon Père, pour ce tour de vie chargé de lumières...*

MMZS – Merci à vous, cher Jean-Robert. Il faut maintenant que je vous laisse. La Vierge m'attend sur mon rosaire.

TABLE DES MATIÈRES

Composé par Nord Compo

Imprimé en France par CPI
en mai 2015

POCKET - 12, avenue d'Italie - 75627 Paris Cedex 13

N° d'impression : 2016139
Dépôt légal : octobre 2014
Suite du premier tirage : mai 2015
S24229/03